国家出版基金项目

NATIONAL PUBLICATION FOUNDATION

江定育 著

民国时期东南沿海海盗研究(1912—1937)

厦门大学出版社

XIAMEN UNIVERSITY PRESS

国家一级出版社

全国百佳图书出版单位

图书在版编目（CIP）数据

民国时期东南沿海海盗研究：1912—1937/江定育著. —厦门：厦门大学出版社，
2018.11
（海上丝绸之路研究丛书）
ISBN 978-7-5615-6855-2

Ⅰ.①民…　Ⅱ.①江…　Ⅲ.①海盗—研究—中国—1912—1937　Ⅳ.①D693.98

中国版本图书馆 CIP 数据核字（2017）第 320844 号

出 版 人　郑文礼
责任编辑　薛鹏志
封面设计　夏　林
技术编辑　朱　楷

出版发行　厦门大学出版社
社　　址　厦门市软件园二期望海路 39 号
邮政编码　361008
总 编 办　0592-2182177　0592-2181406(传真)
营销中心　0592-2184458　0592-2181365
网　　址　http://www.xmupress.com
邮　　箱　xmup@xmupress.com
印　　刷　厦门集大印刷厂

开本　720 mm×1 000 mm　1/16
印张　21.25
插页　2
字数　350 千字
印数　1～3 000 册
版次　2018 年 11 月第 1 版
印次　2018 年 11 月第 1 次印刷
定价　65.00 元

本书如有印装质量问题请直接寄承印厂调换

厦门大学出版社
微信二维码

厦门大学出版社
微博二维码

海上丝绸之路研究丛书

总　　序

　　海上丝绸之路是自汉代起直至鸦片战争前中国与世界进行政治、经济、文化联络的海上通道,主要包括由中国通往朝鲜半岛及日本列岛的东海航线和由中国通往东南亚及印度洋地区的南海航线。海上丝绸之路涉及港口、造船、航海技术、航线、货品贸易、外贸管理体制、人员往来、民俗信仰等诸多内容,成为以往中外关系史、航运史、华侨史乃至社会史研究的热点领域。

　　当然所谓"热点",也随时代的变化而呈现出冷热变化。鸦片战争前后,林则徐、姚莹、魏源、徐继畬、梁廷枏、夏燮等已开始思索有关中国与世界的海上关系问题,力图从历史的梳理中寻找走向未来的路。此时,中国开辟的和平、平等的海上丝绸之路何以被西方殖民、霸权的大航海之路所取代? 中国是否应该建立起代表官方意志的海军力量,用于捍卫自己的国家利益,保证中国海商贸易的利益?

　　随着20世纪中外海上交通史学科的建立,张星烺、冯承钧、向达等对海上丝绸之路进行了诸多开拓性的研究。泉州后渚港宋代沉船的出土再度掀起了海上丝绸之路的又一股研究热潮,庄为玑、韩振华、吴文良等学者在这方面表现显著。20世纪80年代之后,海上丝绸之路研究又获得了国家改革开放的政策支持,呈现出"百花齐放,百家争鸣"的活跃局面。学者们对中国古代海外贸易制度演变、私人海上贸易、中国与东南亚海上交通路线、贸易商品和贸易范围等问题进行了更加深入的探讨。

　　进入21世纪,海上丝绸之路建设与研究逐渐明显地被纳入到"海洋强国"战略之中,先是有包括广州、漳州、泉州、福州、宁波、扬州、南京、登州、北海在内的诸多沿海港口的联合申请世界文化遗产项目的启动,继而有海洋考古内容丰富的挖掘成果，接着是建设海洋大国、海洋强国的政策引导，建设 21 世纪海上丝绸之路成为该领域研究更强劲的动员令。

从海上丝绸之路百年研究史中，我们能清晰地体会到其间反复经历着认同中华文明与认同西方文明的历史转换，亦反复经历着接受中国与孤立中国的话语变迁。

从经济贸易角度看，海上丝绸之路打通了中国与沿线国家之间的物资交流通道，中国的丝绸、陶瓷、茶叶和铜铁器纷纷输出到海外各国，海外各国的珍奇异兽等亦纷纷输入中国。在海上丝绸之路上活跃的人群频有变幻，阿拉伯人、波斯商人是截至南宋为止海上丝绸之路上的主角，时至明代，中国的大商帮如徽商、晋商、闽商、粤商乃至宁波商人、山东商人等等都纷纷走进利厚的海贸领域，他们不仅主导着中外货品的贸易，而且还多次与早先进入东亚海域的西班牙、葡萄牙、荷兰直至日本的海上拓殖势力展开了针锋相对的斗争，或收复台湾，或主导着澳门的早期开发。时至清代，中西海上力量在亚洲海域互有竞争与合作，冲突有时也会特别地激烈。中国的海上贸易力量在西方先进的轮船面前日益失去优势，走向了被动挨打的境地，但民间小股的海商、海盗乃至渔民仍然延续着哪怕是处于地下状态的海洋贸易，推动着世界范围内的物资交流与汇通。从文化交流角度看，货物的流动本身已是文化交流的重要载体，东亚邻国日本对"唐物"充满敬佩与崇拜，走出中世纪的欧洲亦痴迷中国历代的书画及各种工艺，因此，伴随着丝绸、陶瓷等的向外输出，优秀的中华文化亦反复掀起一波又一波的中国热。

在既往的海上丝绸之路研究中，或着眼于国际间的经贸往来，或着眼于港口地名的考辨、航海技术的使用与进步，或着眼于各朝海疆疆域、海洋主权的维护等内容，这些或被纳入中外关系史学科，或被定义为边疆史地研究，缺乏整体系统的全面把握。

重建 21 世纪海上丝绸之路战略的提出是在建设海洋强国的国策下的具体而微，这标志着中国将重启与海上丝绸之路沿线各国之间业已悠久存在的平等的国与国之间的政治关系、和谐的文化交流与融合互摄关系以及国与国之间友好的民间交往等等，历史的梳理便于唤起人们对共同文化理念的笃信，便于彼此重温既往共同精神纽带之缔结的机理，历史传统可以历经岁月的淘洗而显得清晰，亦势必将主宰人们的心理倾向和处世态度。

因此抓住重建 21 世纪海上丝绸之路的时代契机，认真开展历史上海上丝绸之路的人文思索和挖掘，其学术意义与社会意义都是不可小视的。借着国家"一带一路"策略的东风，海上丝绸之路研究进入了新的再出发阶段。与中国综合国力的迅速提升相比，中国当下的文化建设似未得到足够的重视。我们理应回归到更加理性的层面，思索在海上丝绸之路早期阶段中国话语权的树立，思索海上丝绸之路顿挫时期中国海洋话语权的失落，思索当今建设海上丝绸之路时我们在文化上、历史中可以寻找到的本土资源，形成具有中国风格、中国气派、中国特色的话语体系，弘扬儒家"仁"、"和"、"协同万方"思想，为新时期人类和谐、和平、合作开发利用和开发海洋做出我们自己的理论贡献。

如今，包括广州、漳州、泉州、福州、宁波、扬州、南京、登州、北海在内的九个港口城市联合申请世界文化遗产，这些城市的港口史研究均能被称为申遗的重要佐证。

如今，海洋考古取得了长足的发展，诸多的沉船考古新发现为我们拓展海上丝绸之路的研究提供了丰赡翔实的资料来源。

如今，若干新理论、新方法和新史料的调查、汇集与整理为我们开展专题性的研究提供了更好的平台。

我们有充分的理由相信，海上丝绸之路系列丛书的面世将能够向世人充分展示海上丝绸之路更加丰富的历史面貌，揭示以中国为主导的海上丝绸之路时代贸易的实态、参与人群及其生活方式、海洋贸易及其制度管理状况等，从而使中国海上丝绸之路文化有更进一步的呈现，为新时期海上丝绸之路建设提供一份资鉴。

王日根

2016 年 12 月

目　　录

图表目录

第一章

绪　　论

诚实的劳动，换来的是辛苦和贫困，而海盗的生活，带来的是富足、充实、快乐、安逸、自由和权力。混这行的所有风险，最糟不过眉一皱、眼一闭，有什么不能平衡的呢？

我的座右铭是：生命短暂，须尽欢。①

韦尔斯海盗巴塞洛缪·罗伯茨

（Bartholomew Roberts，1682—1722）

一、研究动机及目的

自人类从事海上贸易以后，海盗便随之而起。早期在地中海、爱琴海的商贸圈，便有海盗出没打劫商船的情形，这种现象到 15 世纪后更加活跃。由于国界不再以陆地屏障为界线，海洋的另一端拥有无限的财富，因此吸引并等候航海者叩关。地理大发现后，大西洋出现掠夺船只的私掠船，甚至有皇室指定的"合法"掠夺船，在海上进行"非法"抢夺。② 此种行为建立在国

---

① 奈杰尔·考索恩（Nigel Cawthorne）著，黄丽莉、黄玉珍译：《海盗的故事》，台中：好读出版社，2009 年，第 3 页。

② 最著名的私掠船长是获英国伊丽莎白女王（Elizabeth Ⅰ，1533—1603）颁发为皇家爵士的弗朗西斯·德雷克（Sir Francis Drake，1540—1596），他在初期以奴隶贸易为主，后来成为皇家允许的私掠船主之一。森村宗冬著，吴锵煌译：《海盗事典》，台北：霹雳新潮社，2008 年，第 216 页。

与国之间的敌对状态，故被某一方认为是正当行为。此私掠制度因不够完善及西方各国日益挞伐，渐渐不被接受，各国反以消灭海上非法势力为己任。

笔者接触海盗的研究，源于许雪姬《日治时期台湾面临的海盗问题》一文。该文对日据初期，日中之间对海盗问题的处置有精辟的见解。不过，民国之后的海盗问题，乏人关注，因此笔者欲一探究竟。本书研究目的为：

1. 探讨民国东南沿海海盗出没之现象。依照区域社会史研究，所谓的良民与盗贼是一体两面。官方史料记载的角度，总以高高在上、不容侵犯的立场记载动乱。此种海上犯难的活动，模棱两可，一为官方史料过于主观，有失偏颇；二来"民、贼"难以区分，并无一定证据可供分辨。所以，笔者想以社会及时局的变动来解释这些临海边境人为何要变成"盗"。①

2. 探索海盗最常使用的手法及掠夺的物品。

3. 讨论海盗事件何以升格成国际事件。清末中国被迫签订许多不平等条约，当中以内河航行权与各口岸的开放最为严重，使中国门户洞开，海防难以实行。又海盗利用领海界线作案，以广东及香港中间的大亚湾为例，海盗数次犯案后，引起英国政府注意，派军舰攻击大亚湾沿海村落，致使双方不满。

最后则是中外对海盗问题认知的不一致。中国认为海盗既然为中国人所为，即在中国领海内犯案，当由中国政府处置，不劳外国势力干涉。但各国以商船在中国领海内遭到劫船，中国政府无力保证海上安宁，迫使外国以保护商船安全为由介入，派军舰在中国领海内巡逻，此举遭中国政府抗议，称侵犯中国主权。

4. 分析中国政府对海盗问题的防制与难船救助。又海盗不仅抢劫货物、财物，也将乘客视为肉票绑走，向家属索取高额赎金。因此保险内容及遇难船只如何获得赔偿，也是重要问题之一。

二、研究回顾

笔者从国家图书馆台湾期刊论文网搜寻海盗的相关研究，法学、海洋学

---

① 黄志繁：《贼民之间：12—18 世纪赣南地域社会》，北京：生活·读书·新知三联书店，2006 年，第 11～13 页。

及军事学界集中讨论现代海盗在法律上的定义、防范手段及攻击形态等议题,与本书较为相关的是海盗罪的演进及制定。至于史学界对中国海盗的研究,则以明代的倭寇、明末清初的海商集团、清代的职业海盗(清中叶的蔡牵等集团与清末因西山政权而起的广东海盗等)较多。有关前人研究成果,兹介绍如下。

通史研究首推郑广南《中国海盗史》一书,[①]该书将中国海盗变化分成夏商周至东汉和帝、东汉安帝至隋唐五代、宋至清嘉庆三个阶段。书中收集各朝关于海盗的史料,并详细叙述各朝海盗的特色。郑广南认为海盗之所以出现,多与天灾人祸有关,许多贫民认为海盗是无本的生意。

明代倭寇研究以郑梁生的《明代倭寇》为代表。[②]该书对倭寇作了详细的定义与解释,依照组成分子与性质的不同分期,将倭寇的起因跟朝廷实施海禁政策进行结合,认为官府封民财路,迫使沿海居民为"求利而入海"。另外由于明代中后期政治腐败、官师海防体系空洞等因,根本无法对抗倭寇,以致倭乱四起。

明末清初,东南沿海的贸易网络热络非凡,有荷兰人、西班牙人、葡萄牙人及日本人参与。此期较为著名的人物有颜思齐、郑芝龙、刘香、李旦、林道乾、林凤等人。学界以郑氏集团为对象的研究很多,因非本书讨论范围,故不赘述。

清代海盗的研究,多集中在广东、福建一带,并将贸易与沿海地理环境、天灾人祸等因素结合,探讨海盗的兴衰。如刘平在《清中叶广东海盗问题探索》一文,提到乾隆朝将出口港限定在广东一地,但东亚国家对于中国物资(军械、硝磺、大米、铁器等)的迫切需求,造成走私贸易的兴盛,海盗因此而起。[③] 姜修宪、王列辉的文章指出,走私与海盗行为有时是难以区别的,早期海盗抢劫对象为走私贩卖鸦片烟的商船,后因走私船武装日益强大,海盗便以商船为目标。[④]

---

① 郑广南:《中国海盗史》,上海:华东理工大学出版社,1999 年。
② 郑梁生:《明代倭寇》,台北:文史哲出版社,2008 年。
③ 刘平:《清中叶广东海盗问题探索》,《清史研究》1998 年第 1 期,第 39～49 页。
④ 姜修宪、王列辉:《开埠初期闽浙沿海的海盗活动初探》,《安徽史学》2006 年第 2 期,第 24～30 页。

穆黛安(Dian H. Murray)的《华南海盗,1790—1810》,[①]提到政治安定,人口激增,因生计上的需求,人们转向海上发展。关于海盗组织研究,有安乐博(Robert J. Antony)撰的《罪犯或受害者:试析 1795—1810 年广东省海盗集团之成因及其成员之社会背景》一文,[②]他将海盗分成核心海盗跟无辜受害者,前者包括盗首和盗伙,后者则是被俘而被迫服劳役。安乐博指出这些人中,被官府追捕而行刑的,大部分不是真海盗,因此在运用官方史料时,应避免掉入预设立场。

清中叶广东海盗的研究,以林智隆、陈钰祥的文章探讨较为集中。[③] 陈钰祥以安乐博的研究为基础,撰写《盗民相赖,巩固帮众:清代广东海盗的组织与行为(1810—1885)》一文,审视了 1810 年后自愿成为海盗的人数,发现从 32% 提高到 83.31%,增加 50% 以上。另外他还提到"贫苦"与"鱼汛不力"为此时期海盗形成的主因。该文否定张保仔(1786—1822)率众投诚一事,理由是这些海盗不事生产,给予的赏赐入不敷出,反给社会带来更大负担。[④]

以上研究成果给予笔者不少启发。而与本书相关的研究,主要有松浦章、许雪姬、戴宝村、吴蕙芳及应俊豪等学者,兹介绍于后。民国海盗活动范围虽在中国沿海一带,但日本于 1895 年后占有台湾,当时于台湾海峡活动的海盗也不在少数,因此笔者以地域作研究之空间区别。

台湾海盗的研究,首推日本学者松浦章的《中国的海贼》一书。[⑤] 该书从汉代开始,一直介绍到 1970 年左右的现代海盗。松浦氏另发表《日治时

---

① 穆黛安著,刘平译:《华南海盗,1790—1810》,北京:中国社会科学出版社,1997 年。

② 安乐博:《罪犯或受害者:试析 1795—1810 年广东省海盗集团之成因及其成员之社会背景》,汤熙勇主编:《中国海洋发展史》第七辑,下册,台北:"中央研究院"人文社会科学研究所,1999 年,第 439~451 页。

③ 林智隆、陈钰祥:《前事不忘,后事之师:清代粤洋海盗问题的检讨(1810—1885)》,《美和技术学院学报》第 28 卷第 1 期,2009 年 3 月,第 121~141 页;陈钰祥:《在洋之盗,十犯九广:清咸同年间广艇海盗布兴有事迹考》,《故宫学术季刊》第 24 卷第 2 期,2006 年,第 109~144 页;陈钰祥:《清代中叶广东海盗之研究(1810—1885)》,《成功大学历史学报》第 34 期,2008 年,第 93~130 页。

④ 林智隆、陈钰祥:《盗民相赖,巩固帮众:清代广东海盗的组织与行为(1810—1885)》,《高雄海洋科大学报》第 22 期,2008 年 2 月,第 131、138~139 页。

⑤ 松浦章:《中國の海賊》,东京:东方书店,1995 年。

期台湾海峡的海盗》《日治时期台湾海峡的海难与海盗之缉捕》两篇文章。^①前文以《台湾日日新报》及《台湾总督府公文类纂》为主,介绍台湾海盗事件;后文则将海盗事件当作海难的一种形式,并增加"领事会议关系杂件——南中国领事会议"此一史料。松浦氏整理出由台湾总督府扣押的中国船只资料。

2010年,台湾成功大学人文社会科学中心举办海洋文化学术研讨会,松浦氏发表一篇《浙东海域海盗之探讨》。^② 该文以浙江、宁波沿海为背景,对20世纪初期此地沿海航运和渔业做一概述,接着以《时事公报》报导海盗案件分述商船、渔船等海盗袭击的案例。该文没有归纳20世纪的浙江海盗特色,也没提到民间的自我防卫能力,不过根据报纸分析得出当时遇害的商船及渔船,因作业关系至此地皆有被劫的风险。另外,作者也提到海盗口音的不同,认为内陆地区的流动人口也有加入海盗集团的可能。松浦氏的写作风格,多为搜集史料作为每节的行文内容,较少以探讨的方式将资料做一分析及归纳。不过,《中国的海贼》在后半段(清末至现代),利用了大量的报纸、绘报、刊物来呈现海盗的现象,给予笔者搜寻史料有很大的启发。

许雪姬在《日治时期台湾面临的海盗问题》一文,^③以《台湾日日新报》及《台湾总督府公文类纂》等史料,对日中两国之间在海盗问题的外交处置,有精辟的看法及举例。文中提到:"台湾割让后,每一次的海盗事件,就会引起一次的中日交涉,问题十分复杂。"双方以"振成利号"事件作为日后解决海盗问题的判例,这也是该文的重点所在。

"振成利号"船员虽向清朝官署报案,清朝官兵也明确地处理不法海盗,绳之以法,但对赔偿问题却不让步。因日方要求赔偿金额2万多圆,清方根据陈培年船难的赔款金额来算,只愿意赔款6000圆。清方认为条约明文规定,若遭海盗之难,货物被掠夺,将货物追出交还受害者,至于死伤者,政府没有赔偿之责。日方的立场是清朝无力管制海盗,让条约国商船无法安心

① 松浦章:《日治时期台湾海峡的海盗》,收入松浦章著,卞凤奎译:《东亚海域与台湾的海盗》,台北:博扬出版社,2008年,第163～192页;松浦章:《日治时期台湾海峡的海难与海盗之缉捕》,《台北文献》直字第145期,2003年9月,第57～82页。

② 松浦章:《浙东海域海盗之探讨》,发表于2010年10月8—9日成功大学人文社会科学中心主办的2010年海洋文化学术研讨会,第361～384页。

③ 许雪姬:《日治时期台湾面临的海盗问题》,收入台湾省文献委员会整理组编辑:《台湾文献史料整理研究学术研讨会论文集》,南投:台湾省文献会,2000年,第27～82页。

从事商业,国际法上,清朝当负全责,更何况对死伤者没有一定的赔偿额度,日方只要求至当的额数。经过2年反复的折冲之后,清朝最后答允以5700圆作为赔偿金额,并要求删去"抚恤"字眼,不过日方坚持不让。但比起日方的婪索,清朝以6000圆为底线的目标算是达成,双方皆有台阶可下。往后遇难,清朝绝不屈服,不允许日人随意加码,以此为底线。许氏从《台湾日日新报》整理出94笔海盗抢劫事件,但并未进一步探讨其中的问题,特别是"振成利号"判例是否延续到民国时期,作为双方海盗问题的立基点,须进一步厘清。该文未附参考地图,但就研究日据时期的海盗而言,许氏可说是第一人。

戴宝村在《船难与救难:日治初期台湾海难史研究(1895—1912)》一文中,[①]对台湾海峡船只遭难的问题有分门别类的叙述,其中一项谈到海盗问题。戴氏仅将报纸及公文类纂记载的海盗案件,挑出数件作为代表叙述而已,并无深入分析。该文开创现代海难史研究先河,在海洋研究议题上值得肯定。

至于民国海盗研究,可从吴蕙芳《大陆学界有关民国盗匪之研究》略窥学界对盗匪问题的探讨。[②] 该文以民国盗匪问题作为主轴,首以白朗个案的研究开启此议题的研究风气,并朝区域性与通论性研究发展。由于该文性质乃研究回顾,多以陆地盗匪研究为主,并归纳出民国盗匪成因的几个重要因素,在引介资料上对笔者在史料的找寻过程中帮助良多。

应俊豪在《外交与炮舰的迷思:1920年代前期长江上游航行安全问题与列强的因应之道》一书,[③]以长江流域作为背景,分别讲述美国、英国、日本如何应对长江航行安全。外国船只因内河航行权得以经由水路进入中国内地,与当地航运发生纠纷。另因中国内战及匪患问题,迫使外船自卫,军队以护航为由进入。书中提到活跃于江、河、湖的海盗,以抢劫外船维生等事,因此该书虽以内河作为主轴,仍旧给予笔者海盗问题在国际面向的思

---

① 戴宝村:《船难与救难:日治初期台湾海难史研究(1895—1912)》,《台湾文献》第61卷第3期,2010年9月,第191~242页。

② 吴蕙芳:《大陆学界有关民国盗匪之研究》,收入中华民国史专题第四届讨论会秘书处编:《中华民国史专题论文集第四届讨论会》第2册,台北:"国史馆",1998年,第1855~1888页。

③ 应俊豪:《外交与炮舰的迷思:1920年代前期长江上游航行安全问题与列强的因应之道》,台北:学生书局,2010年。

考。

此外,应氏尚有《外交、军事与海盗:五卅事件后英国政府对广东海盗问题的因应对策》一文。[①] 该文重点有二:一是英国政府与香港政厅对于南中国海盗问题的角力;二是 1925 年后,因五卅事件导致中国人民强烈反英,原先英国与广东政府有良好的剿盗关系,双方顿时仇视。因此,1927 年英国借国府内部发生分裂,以武力扫荡南中国沿海村落,引来不少争议。原本打击海盗为各国所默认及带有正义的象征,如今变成中国人民仇视大英帝国主义的入侵。故在北伐军进入南京后,利用五国公使会议,将海盗问题抛诸国际,试图将其升格成国际问题。该文为笔者在撰写列强对中国海盗问题的看法,特别是英国方面的态度时提供了启发。英国政府考虑到国民政府将成为中国新主人后,使用"炮舰外交"压迫中国政局的机会日益减少,同时在对海盗问题的防备上,也将船只自保放在首位,减少军队介入的次数。

当代海盗研究可参考许可的《当代东南亚海盗研究》,该书由博士学位论文改写出版,以马六甲海峡及南海海盗为研究对象,以国际海事局的海盗报告、海事安全委员会的会议报告及沿海国家的情报机构资料为数据源。该书第二章谈及东南亚海盗与海上贸易,仅以叙述方式介绍葡萄牙、西班牙、荷兰、英国、中国及东南亚当地土著与海盗之间的关系。第三章直接切入海盗与国际海运业,并没有提到民国时期的东南亚海盗。[②]

根据前人研究回顾,可知民国时期的海盗研究正处于起步阶段,部分学者的研究仅局限在某一地域或区域,尚无一专著探讨民国海盗的特色与发展,故笔者认为此议题值得讨论。

三、研究范围与时间断限

本书的研究范围,以东南沿海省份为主,依序是江苏、浙江、福建、广东四省。各省沿海均有不少暗沙、浅滩及岛屿,而部分鲜为人知的岛屿,往往成为贼寇聚集或活动的区域。根据报导的出现频率,海盗出没地可能有:江

---

① 应俊豪:《外交、军事与海盗:五卅事件后英国政府对广东海盗问题的因应对策》,发表于 2010 年 10 月 8—9 日成功大学人文社会科学中心主办的 2010 年海洋文化学术研讨会论文集,第 405~440 页。

② 许可:《当代东南亚海盗研究》,厦门:厦门大学出版社,2009 年。

苏省外的暗沙群及长江出海口—舟山群岛,江浙交界处的杭州湾、台州湾与温洲湾,福建的三都澳、平潭海、兴化湾、湄州湾,闽粤交界的南澳岛、红海湾、大亚湾及珠江口,香港与澳门的外海岛屿等。

海盗行为并不是沿海村落民众造成的。举例来说,沿海渔村村民成为海盗,大多是因渔村经济不稳定,加上民初日本渔船越界捕鱼,导致渔获量减少。更有甚者,还有日本船只在中国领海内禁止中国渔民进入,及破坏中国渔具等行为。清代以来,渔村保有的陋习——抢船,也被视为海盗行为的一种。关于此点,部分保险业者对渔民搬运货物的行为,视为强盗罪,并不算海盗行为。

另外因民国时期的地方军阀在混战过后,败兵逃窜各地,造成兵匪合一的现象。在某些海盗案件里,也有散兵、逃兵犯案的迹象与证据。因此,笔者认为须对当时的社会背景做一了解,尤其是沿海内陆的民生及风俗情况。其实,以往的研究都指向海盗定从陆地而去,人类虽不能脱离海洋而活,但绝不可能生活在海洋上。故以海盗的活动来说,在每一次成功劫船后,回到根据地的第一件事,便是筹划下次劫船的会议,并将抢来的物品(钱财、货物、商品等)转卖。接着,向岸上民众购买生活必需品及获取情报,当准备活动一切就绪后,再返回根据地,等候时机。由此可知,海盗必定从陆地而去,但与海盗生活圈相关的人,其实是非常庞杂的。

在时间断限上,以1912—1937年为限。以前人研究来说,对近现代海盗的研究集中于19世纪末。许雪姬一文以日本占据台湾后,将海盗问题延伸成两国间的国际问题,不过其文仅着重与台湾相关的海盗案件,鲜少谈到大陆方面的措施。因此民国时期的海盗研究,目前仍乏人问津。应俊豪的专书及文章有提到列强势力进入长江流域及南海,以及他们对海盗问题的处置及响应,可惜的是尚未谈到中国沿海海盗问题。日本学者松浦章在《中国的海贼》一书第六章提及清末至现代的海盗,但仅以报纸、画报及一些片段资料对海盗做描述,未深入探讨。故笔者认为此议题的探讨,需将时间断限定在1912年中华民国建立,到1937年抗日战争全面爆发为止。至于抗日战争全面爆发后,外海尚有海盗踪迹,国民政府鼓吹"海盗"进行抗日游击战,但也有不少"海盗"为日人雇用,成为向导,至此已不在本书讨论范畴内。

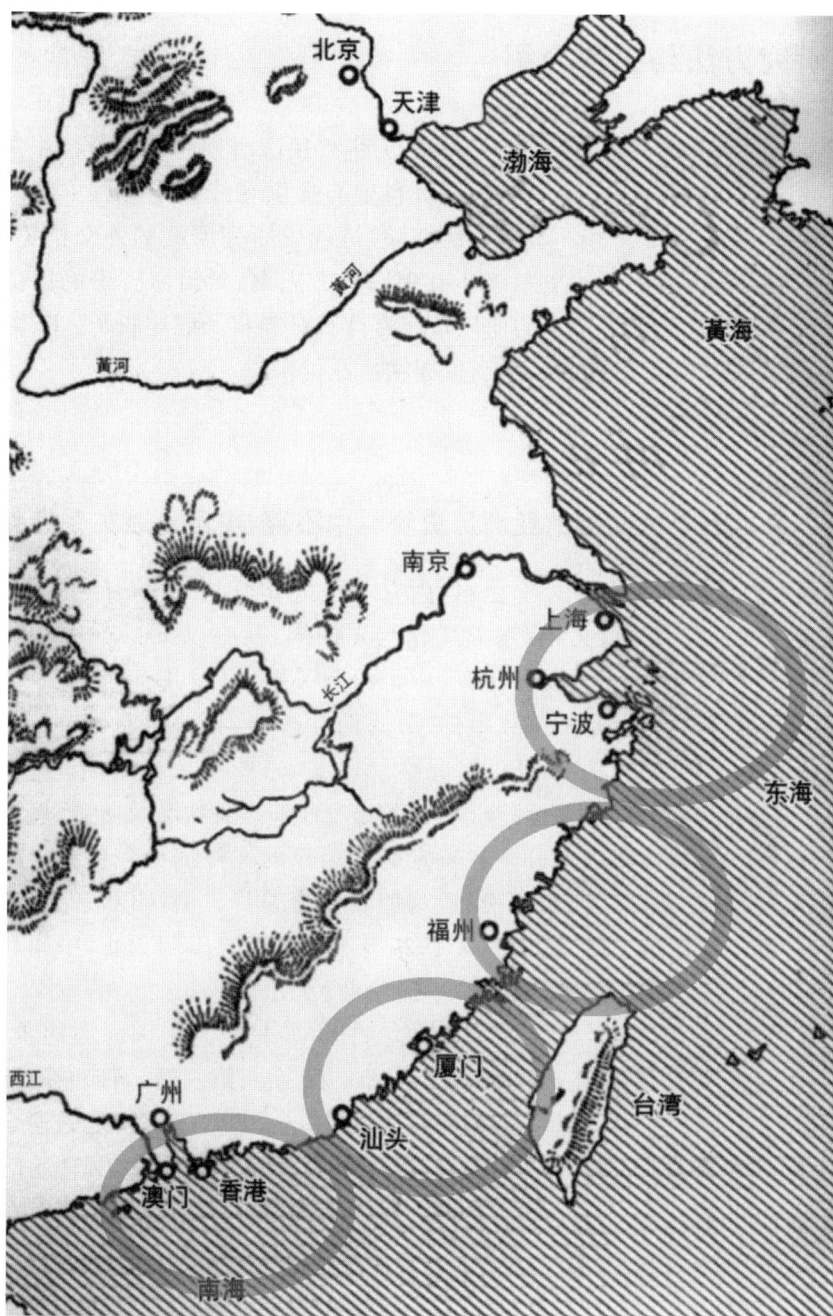

图 1-1　民国时期海盗出没地点

资料来源：廖乐柏（Robert Nield）著，李筱译：《中国通商口岸：贸易与最早的条约港》，上海：东方出版中心，2010 年。

四、研究方法与史料介绍

本书的研究方法以文献归纳及分析为主。民国时期的海盗资料非常散乱,幸有日本国立公文书馆亚洲历史资料中心提供在线查询,以《中国海贼关系杂件》最为重要。另外,"中央研究院"近代史研究所藏的外交档案,也提供"护渔"等相关议题的史料。还有中国地方志书,对沿海省份的民情有详细的记载。最后则是报纸的使用,以《台湾日日新报》和《申报》为主,借由报导整理、统计海盗犯案的手法及掠夺物品。

（一）史料

1. 日本国立公文书馆亚洲历史资料中心藏《中国海贼关系杂件》[①]

本史料为日本外务省外交史料,内有十三门分类,有政治、外交、条约、军事、经济、交通、都市、文化（东方文化）、先例等,其中以 F 门一类八项的"水难、海损、海贼"最为重要。所存《中国海贼关系杂件》共有四卷,另外特将"营口ニ于ケル英人船员拉致事件"分为两卷,一共有六卷记载当时海贼活跃的情况、受难船只状况、征讨情况等。

每一卷内容可分成三大部分,第一部分为近来海盗状况及防制,接着第二部分为船舶遭难,第三部分则将特定遇难船只的文件编为一部。因此在档案下载及分类上,以年号、年份、遭难船名作为编目。例:昭和三年(1928年)/3·锦江丸遭难事件,该史料从 1926 年开始,到 1943 年为止,中间有数年(昭和十二年至昭和十七年,1937—1942 年)无记载。

本史料第一卷以 1927 年为主,除提到日本船只受到中国海盗的袭击,对五国公使会议防制海盗会议上多有记录。第二卷、第三卷、第四卷陆续将每年所发生的海盗事件,做一整理及报告。内容包罗万象,除了船只遇难事件以外,日本官方对中国地区做了不少调查,这些资料构成本书论述的主轴。

---

① 目前资料源于图像文件,可上亚洲历史资料中心查询,http://www.jacar.go.jp/ (2012 年 5 月 2 日登入)。

2."中央研究院"近代史研究所藏《外交档案》①

"中央研究院"近代史研究所藏的外交档案,可分成三部分,分别是总理各国事务衙门(1860年),外务部、北洋政府外交部(1928年),国民政府外交部(1930年)档案。外交档案对海盗的记载集中于外务部时期,也就是清末。民国以后对海盗引起的纠纷反而难以寻及,可谓耐人寻味。不过,引起海盗原因的一点,日人越界捕鱼及护渔此两项目上,在北洋政府外交部时期,可找到数十笔相关资料。

3.中国地方志书

本书探讨中国东南沿海地区,其范围以苏浙以南沿海为界。在地方志书的运用上,以沿海地区为主,如《广东图说》、《南日岛志》、《江苏沿海图说》、光绪《广州府志》、光绪《惠州府志》、乾隆《归善县志》、嘉庆《新安县志》、乾隆《海澄县志》、民国《平潭县志》、民国《同安县志》等。

以上这些志书,对华中、华南地理位置与环境、人文风俗等均有详细的记载。中国边疆研究资料文库·海疆文献初编的《沿海形势及海防》,以及陈支平主编《台湾文献汇刊》的《新译中国江海险要图志》等书,对东南沿海外的岛屿分布、洋流、风向及暗礁、港湾形势等也有详细的介绍。

(二)报纸

1.《台湾日日新报》

《台湾日日新报》于1898年由日人守屋善兵卫并购《台湾新报》与《台湾日报》而成。1944年,台湾总督府将《台湾日日新报》与其他五家报纸合并为《台湾新报》。《台湾新报》自1944年4月1日发刊,至1945年日本投降为止。其发行史几乎与台湾总督府共存亡,是本书重要参考资料之一。以电子版查询海盗有69笔,海贼有962笔,海寇有11笔,可用于比较个案异同点之分析。

---

① 台北"中央研究院"近代史研究所档案馆提供在线查询及影像阅览,http://archives.sinica.edu.tw/main/search.html(2012年5月2日登入)。

2.《申报》

《申报》为近代中国发行时间最久、具有广泛社会影响的报纸。其全称为《申江新报》,创刊于清同治十一年(1872)。创办人为英商安纳斯脱·美查(Ernest Major)。1949 年,中国人民解放军接管上海防务后,因为《申报》为中国国民党党产而宣布停刊。前后计经营 77 年,共出版 25600 期。①

目前,《申报》已做成在线数据库,可供查询,笔者以关键词海盗、海寇护航、海贼、海匪、劫船、水上警察等搜寻,初步搜寻到上万笔资料。本报使得笔者在运用日文报纸时,可搭配中国报纸比较,找出其他被忽略的细节。

3.《读卖新闻》

《读卖新闻》为日本国内权威性的报纸大宗,创刊于明治七年(1874年),由安子俊等三人于东京创办而成。初为市井小报,持"俗谈平话"的编辑方针,以刊载通俗小说为主要特色。

笔者初步搜寻有近 556 笔海贼报导。值得一提的是,《台湾日日新报》与《读卖新闻》在战时的报导中,出现批判敌对国家袭击日本商船,而使用"海贼行为"一词,但这些大致出现频率不高,只有战争时才会有如此字眼。本报纸可补《台湾日日新报》对某些事件描述的不足。

(三)网络数据库

1.亚洲历史资料中心

亚洲历史资料中心是通过互联网,在计算机画面上提供日本政府有关机构所保管的亚洲历史资料的电子资料中心,由国立公文书馆负责营运。亚洲历史资料涵盖近现代日本与亚洲邻近各国关系的历史资料,是很重要的公文档案和记录。

笔者目前仅能以网络方式使用此数据库,拜在线数据库之赐,得以关键词搜寻"海贼",得到 264 笔的数据。其中大部分为大正、昭和年间的资料,不乏陆军省大日记、外交档、军事报告等,补原史料之不足,尤以《中国海贼

---

① 维基百科,http://zh.wikipedia.org/zh－tw/％E7％94％B3％E5％A0％B1(2012 年 5 月 2 日登入)。

关系杂件》最为重要。其他尚有关于中国海盗的档案,如《海贼予防法并同细则の件》《海贼讨伐の件》《台湾西海岸海贼船の件》《国民党军の海贼讨伐に关する件》等,资料相当丰富。

2. 国立国会图书馆①

日本国立国会图书馆是日本唯一的国立图书馆,根据《国会法》第130条"为了便于议员展开调查研究,国会根据相关法律,设置国立国会图书馆"的规定,遵循《国立国会图书馆法》于1948年成立。该图书馆的藏书来源有二:一是原帝国图书馆,二是原属于帝国议会的贵族院、众议院的图书馆。由于近年来致力于电子图书馆的服务,因此馆内有许多藏书可于在线浏览及复印,非常方便。②

该图书馆收藏许多20世纪的日文书籍,包括对中国研究的丛书,特别是秘密会社、中国风俗、边区研究等,光以关键词"中国"搜寻,便有6万多笔资料可供调阅,可见资料量之庞大。而且该馆全面开放书籍电子化,因此非常方便使用。

3. 民国时期期刊全文数据库(1911—1949)③

由上海图书馆、上海科学技术情报研究所制作的《全国报刊索引》,第1～3辑收录1911—1949年间出版的3532种期刊,243万余篇文献。内容集中反映此一时期政治、军事、外交、经济、教育、思想文化、宗教等各方面的内容。

该数据库提供许多民国时期的小报,特别是难以搜寻的时人谈论,为笔者提供了许多非官方性质的资料,使笔者对海盗问题有更深的探讨。同时根据该数据库,可以获得许多当时的照片,与文章配合佐证。

---

① 国立国会图书馆,http://iss.ndl.go.jp/(2012年5月2日登入)。

② 国立国会图书馆指南,http://www.ndl.go.jp/en/aboutus/pdf/pamphlet_cn.pdf(2012年5月2日)。

③ 民国时期期刊全文数据库(1911—1949),http://www.cnbksy.cn/shlib_tsdc/product/detail.do? productCatId=6(2012年5月2日登入)。

4.政府公报信息网①

政府公报乃国家重要典章制度之汇集,举凡军政措施、法令文告、人事任免、会议记录等,有助于近代史之研究。政府公报信息网收录民国初年以来,中央及地方政府出版之60余种公报,其内容包括政府公布之法令、规章以及政策措施。举凡像是《惩治盗匪条例》、《海洋渔业管理局巡舰服务规则》、《海军舰艇警备规程》、《广东省政府军事厅组织法》、《缉私卫商暂行条例》、《海上捕获条例》、《县长办理盗匪案件考绩暂行条例》、《缉盗护航章程》、《军政部查验自卫枪炮及给照暂行条例》等,对本书第五章的写作颇有帮助。

（四）外人记载

由于上述多是官方史料,对行文来说恐有失偏颇。外人对民国海盗的记载,首推徐有威、贝思飞（Phil Billingsley）的《洋票与绑匪：外国人眼中的民国社会》一书,②为本书提供了许多思考面向。该书收入许多外国人在中国境内遭遇盗匪挟持、绑票等经历,与海盗有关的篇幅有传教士孟慕贞（M. Monsen）被绑记、美国记者阿列霍·历历乌斯（Aleko E. Lilius）与中国海匪同航经验及 A. C. 麦凯（Mackay）的闽江匪窟逃生记。

另有日人后藤朝太郎《土匪村行脚》一书,③该书以作者自身旅行经历对中国的海盗村及土匪村有不少记载。他将海盗分成海与江湖两种,集中叙述洞庭湖、长江流域一带的海盗。而井东宪在《中国の秘密》一书中,④以标题"南中國海の秘密"述说南中国海盗的活动,并对福建、广东、香港、澳门一带进行分析。

五、内容结构

本书的内容结构,除了绪论与结论外,正文可分成四章,以下依序介绍

---

① 政府公报信息网,http://gaz. ncl. edu. tw/sys_intro. jsp(2012 年 5 月 2 日登入)。
② 徐有威、贝思飞主编：《洋票与绑匪：外国人眼中的民国社会》,上海：上海古籍出版社,1998 年。
③ 后藤朝太郎：《土匪村行脚》,东京：北斗书房,1938 年。
④ 井东宪：《中国の秘密》,东京：秋丰园出版部,1939 年。

各章节内容。

第二章为近代中国海盗发展与民国社会背景,主要谈论中国海盗的发展及民国沿海社会背景。从明代以来的倭寇、明末清初的海寇商人、清代职业海盗到民国海盗,中国海盗在每个时期的发展各有特色。比如说,前期倭寇及海寇商人以武装贸易形式在海上活动。但清中叶广东海盗成为一种职业,烧杀掳掠的程度比之以前有过之而无不及。民国海盗使用武器,已从冷兵器发展到热兵器,海盗规模不及以往,海盗行为因应船只规模、性质,作案手法变化无穷。

另外,沿海社会的发展也是本章的重点。以往来说,沿海渔村通常被视为海盗的组成分子。其实,不仅是渔村村民会成为海盗,连内陆军人、流民及居住在海上的疍民都有可能成为盗匪的一分子。因此,有必要了解社会背景,特别是这些边缘民的身份及其带来的社会问题。政府在此时的角色原是维持治安,但因盗匪剿不甚剿,改采招抚手段,将这些不法分子吸收成为海防队等。但政府并没有很好地利用这些盗匪,行以盗治盗的功效,部分盗匪会倚借官方的授权,改为特定时间出没,并向其他盗匪集团收取官护费等,使情况更加糟糕。

第三章为民国时代的海盗特色。本章首先提到海盗船的类型,以中国式帆船为主,并探究海盗活动的海域。接着,分析江浙以南至广东外海的岛屿、洋流及季节风,再来提及海盗武器的来源、使用类型及著名的海盗头目。

之后,利用《台湾日日新报》及《申报》整理海盗报导的新闻,进行量化分析,以比例图呈现他们打劫手法及抢夺的物品类型,归纳出数种最常使用的手法。当然这与船只类型及特定海域有关。最后以三位外国人遭到海盗绑架的经验,来呈现当时海盗打劫及绑肉票的情况。

第四章为海盗案件与交涉。本章先从国际法对海盗的定义及认知入手,叙述外国对中国海盗的定位,并以国际的默认原则及与中国签订的条约作为判别。另从中国内部法令对海盗的惩治,看海盗问题的性质。

接着以《中国海贼关系杂件》所收录的劫船案件来分析,主要以英国与日本两国的案件为例。随后,以1927年召开的五国公使会议中谈论海盗防制的准则,来看外国政府如何加强对中国海盗的打击及船只保护。由于英国在1927年数次动用军队攻击南中国沿海村落,引起中国人民及政府的不满。因此,英国为了将舆论压力减少并转移焦点,特别召开海盗防制会议,以国际力量将海盗问题升格为国际问题。

　　因着国际势力日益侵犯中国主权，从 1925 年五卅惨案后，南中国反英运动日益激烈。1928 年有锦江丸事件，同年 5 月更在山东发生济南惨案，中国人民将矛头一致指向英日帝国主义。通过本章的描述，将海盗问题的深层面扩大成国内民众反对不平等条约及帝国主义的侵略。

　　第五章为中国对海盗问题的防制及难船救助。前述各章均提及中国政府对沿海盗匪管制不力，导致商船被劫。但实际上，中国对治安的维持，尚有一定水平。因此，笔者分成两部分讨论：一是从硬件（治安维持单位）；二是从软件（相关法令）来看民国时期的海盗防制。

　　再来提到难船救助问题，如被海盗抢完的船只的后续补偿、保险及救助该如何进行。保险业在 20 世纪初于中国刚发迹，对海盗的掠夺及人员安全的保障，尚未有完善的规划，故借由本节可初步了解保险及救助等后续措施。

第二章

近代中国海盗发展与民国社会背景

　　本章讨论民国海盗兴起的背景。第一节叙述清代以前的海盗集团、性质与变化，并叙及民国时期的海盗演变，为因应时代变迁而改变的特性。第二节分析民国社会发展中的沿海渔业及渔村，兼论边缘民与政府之间的角力等问题，如地方流氓、流民、退伍军人、疍民等，来看剿抚的选择。

第一节　明清至民国的海盗变化

一、明清时期的海盗发展

（一）从倭寇到海商

　　明代海盗以"倭寇"著称，因"日本在东南大海，近日所出。故以名之，即古倭奴国。海中诸夷，倭最强盛"①，便以为倭寇就是日本人。学界对明代倭寇的分期，以嘉靖三十一年（1552 年）为分水岭。前期倭寇主要特征在于组成分子为日本西陲的武士与海盗集团，他们劫掠目标为粮食、水手及男女人口、漕船等。后期倭寇不全由日本人组成，多来自江苏、浙江、福建、广东等沿海贫苦居民，或对明朝怀抱不平的知识分子等，由新兴的商人带领所组

---

　　① 　松浦章、卞凤奎编：《明代东亚海域海盗史料汇编》，台北：乐学书局，2009 年，第 4 页。

成。掳掠项目除粮食、男女人口外，凡值钱的财物无不成为他们的目标。他们劫掠时既有奸民为其向导，为其接济，更有贿赂官军泄露军情，躲避军队追捕者。[①]

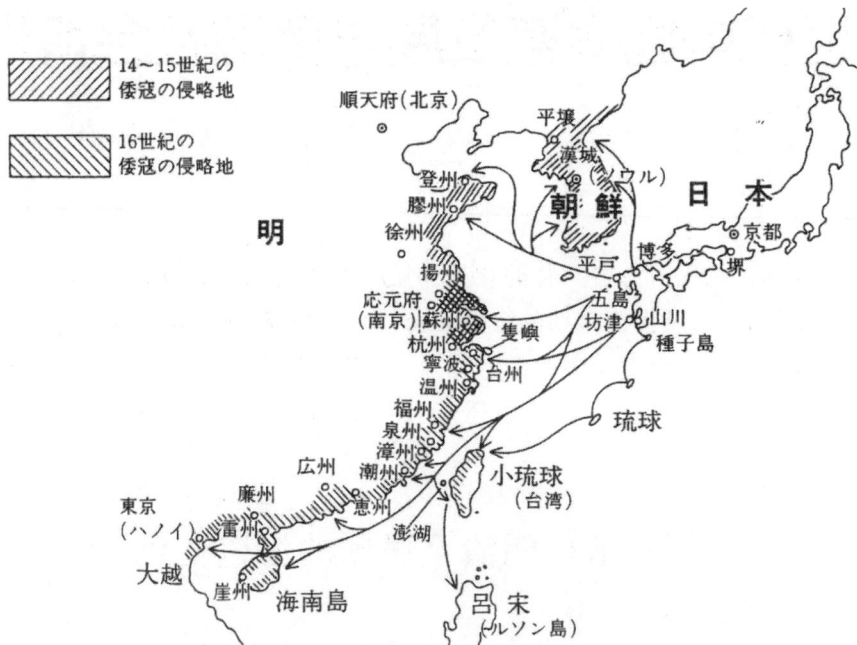

图 2-1　倭寇袭击中国沿海示意图（14—16 世纪）

资料来源：松浦章：《中國の海賊》，东京：东方书店，1995 年，第 59 页。

明代沿海倭寇与海寇时商时盗，无法捉摸，故明朝实行海禁政策，以减少交集。[②] 但海禁造成相反的结果，因禁之愈严，物价愈高，而趋之者愈众，形成"官市不开，私市不止"的情况。日本海商留海滨不去，在浙江双屿港、福建月港、梅岭与安平港，广东南澳岛等地盘留，由中国商家负责承揽番货。中国海盗与商民同日本海商合流，最终酿成倭患。[③]

多数学者认为明代倭寇起因与海禁政策有关。理由有四：一是沿海居

---

① 郑梁生：《明代倭寇》，台北：文史哲出版社，2008 年，第 25～26 页；松浦章：《中國の海賊》，东京：东方书店，1995 年，第 62～63 页。

② 郑梁生：《明代倭寇》，台北：文史哲出版社，2008 年，第 42 页。

③ 禾成：《古代海盗之一：倭寇》，《人民公安》2000 年第 12 期，第 8 页。

民生计困苦,为求生存,不得不犯海禁,铤而走险。二是政治腐败,受贿情形屡屡可见,有奸民、贪官出现,设官置吏原是以御寇安民为目的,如今却殃民益寇。三是官方认为"去外国之盗易,去中国之盗难;去中国之盗犹易,去中国衣冠之盗尤难",对违反海禁令者,毫不留情。为解除沿海倭乱,出重典克制,但严刑厉法造成衣食于海者失重利,走私者无法靠岸补给,无家可归,转而变成益寇。四是明代海防体系漏洞百出,船只、人员不敷使用,官员玩忽职守,武备松弛,兵员逃亡率高,无法与倭寇作战。[①]

至于倭寇形象转变成海商,后者仅是追求海外贸易的重利而入海。部分学者认为海盗与海商为一体两面,以"海寇商人"称呼他们也不为过。[②]明天启四年(1624),荷兰殖民者登陆台湾,建立赤崁城,作为东方贸易据点,明政府再度启用海禁政策来应对。这样做的结果使得一些专门从事日本、台湾及南洋各地多角贸易的走私活动再度猖獗,并形成数个实力雄厚的海商集团。著名的有李旦集团、颜思齐集团、郑芝龙集团、刘香集团以及刘六、杨七、钟斌等集团。[③]

明末出现亦商亦盗的武装贸易集团,与当时国际贸易有关。早在正德、嘉靖年间,葡萄牙人占据满剌加(马六甲),企图阻断中国与南洋的往来与贸易,中国商船驶往南洋,率被劫掠,海路几断。在这种情况下,为了确保商船队的安全,维护海上贸易的利益,中国海商也拿起武器,改走武装贸易路线。此后与西方殖民者交流时,多以亦商亦盗的面貌出现。以荷兰来说,占据台湾后,想独占中国与日本、南洋各地之间的贸易航线,封锁中国对外贸易。此举严重威胁到郑氏集团的利益,故郑芝龙(1604—1661)一方面继续维持与荷兰的贸易关系,另一方面对荷兰的挑衅行径展开对抗(如图2-2)。此种亦商亦盗的行径,反映出海商要求海上自由贸易的权利,为反海禁政策的一种激烈手段,具有破坏性的一面。[④]

为了冲破明清海禁政策,除亦商亦盗的形式之外,情报网的设置是他们得以成功的因素之一。他们广泛联络沿海各地居民,建立许多据点,安插

---

① 郑梁生:《明代倭寇》,台北:文史哲出版社,2008年,第161~174页。

② 翁佳音:《十七世纪的福佬海商》,汤熙勇主编:《中国海洋发展史论文集》第七辑上册,台北:"中央研究院"人文社会科学研究所,1999年,第61页。

③ 王日根、陈支平:《福建商帮》,香港:中华书局,2000年,第44~45页。

④ 王日根、陈支平:《福建商帮》,香港:中华书局,2000年,第99~103页。

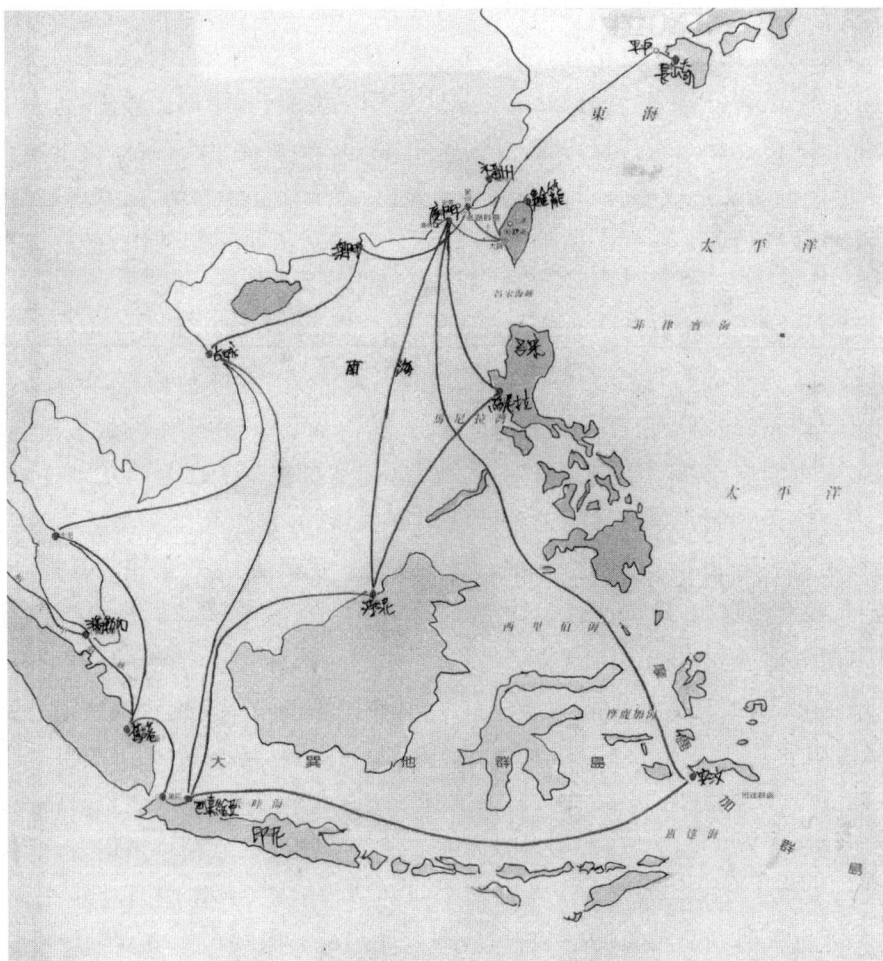

图 2-2　郑芝龙海商集团的活动范围及路线

资料来源:汤锦台:《开启台湾第一人郑芝龙》,台北:果实出版社,2002 年,第 6 页。

备注:图为笔者重新所绘。

"窝主",利用这些据点来搜集情报、收购出海货物、囤积番货、销售商品等。这些据点在官府追捕时可为他们提供数点优势:一是提供掩蔽。二是情报搜集得当而运动自如,轻车熟路。三是沿海小民勾结海盗可得到厚利,而视海寇为衣食父母,视军门如世代仇雠,有的贩取柴米酒肉以馈之,有的打造刀枪铅铳以助之,有的收买货物以资之。[①]

值得注意的是,郑氏集团在对抗清廷时,曾以"通洋之利养军"的方略,发展海外贸易。初期来看,成效非凡,得以获利。后期受限清廷迁界令的影响,导致军粮补给不顺,甚至不足。而在贸易品的销售方面,也因为物资得来不易,无法交易大量合适的贸易品,陷入困境。[②] 由于清廷长期封锁,切断与大陆的经济联系,郑军失去内力支撑,只能独自经营台湾。与此同时,海外贸易也逐渐衰落,不能满足其军费支出。[③]

(二)清代的职业海盗

清朝前期政治安定,人口激增,乾隆三十二年(1767 年),广东人口接近700 万,嘉庆十七年(1812 年)更达 2000 万。滨海地区田少人多,他们多以捕鱼贩海、运货为业,但遭官府剥削,适逢天灾,民不聊生,许多人转往海上发展,有的便直接成为海盗。[④] 乾隆朝将贸易口岸限定在广东一地,许多东亚国家对于中国物资(军械、硝磺、大米、铁器等)的迫切需求,造成走私贸易的兴盛,而海盗也因此而起。[⑤]

此时期的海盗与明末清初亦商亦盗有很大不同,这群由沿海贫户、流民组成的非法团体,主要以抢劫商船、掳人勒赎等犯罪为活动方式。他们鲜少从事经商买卖或走私贸易,也无强烈的政治意识和企图,更未发展出陆上军事组织。此时海盗变成一种职业,凭着非法手段劫财,和官兵在海上进行殊

① 王日根、陈支平:《福建商帮》,香港:中华书局,2000 年,第 106～109 页。

② 谈谭:《论 17 世纪郑氏海商集团的生存困境》,《中州学刊》第 2 期,2010 年 3 月,第194 页;余丰:《从明末清初郑氏的海上经营看中国古代的海权维护》,《台湾源流》第 42 期,2008 年 3 月,第 103 页。

③ 余丰:《从明末清初郑氏的海上经营看中国古代的海权维护》,《台湾源流》第 42 期,2008 年 3 月,第 109 页。

④ 穆黛安著,刘平译:《华南海盗,1790—1810》,北京:中国社会科学出版社,1997 年,第 29～31 页;禾成:《古代海盗之二:艇匪与旗帮海盗》,《人民公安》2000 年第 12 期,第 12页。

⑤ 刘平:《清中叶广东海盗问题探索》,《清史研究》1998 年第 1 期,第 39 页。

死决斗。[①] 其中的例外，是曾在台称王的蔡牵（1761—1809）。[②]

蔡牵、朱濆等人被灭后，清廷重新部署海防，此后劫案限于"洋面劫掠，不久即去"的模式，海盗无法轻易登岸（如图2-3）。不过道光以后外国势力进入，海盗的骚扰又掀起另一高峰。[③]

学者认为清代海盗的组成分成核心海盗与无辜受害者，前者包括盗首和盗伙，后者则是被俘而被迫服劳役者。他们都是生活于"良民"的边缘，以渔夫人数最多，时渔时盗，通常只是为了贴补家用铤而走险，但有些会直接成为海盗。这些人中，被官府追捕而行刑的，大部分不是真的海盗。[④]

成为海盗的原因，可分成自愿与非自愿。林智隆、陈钰祥接续安乐博的研究，统计出后期自愿性的海盗占所有海盗总数的83.31%，这说明清代中晚期沿海地区生计难讨及海盗专业化，理由多以"贫苦"、"渔汛不旺"为主。非自愿性可细分成被威胁加入者、被鸡奸者、被掳押禁船舱者等。[⑤]

海盗之间存有"同乡结合观念"，不同海域的海盗也曾短暂合作过。以闽浙海盗与粤洋海盗的合作关系为例，便是以西山政权[⑥]为后盾的粤洋海盗，与闽浙海盗相互交换，占据天津劫掠路线，一同分享利益。平民加入海盗之前的职业，多为水手、水师兵丁、舵夫、渔夫、撑艇等与海相关的工作。

---

① 李若文：《飙风战海女英枭——论蔡牵妈》，《台湾文献》第57卷第1期，2006年3月，第194页。

② 吴建升：《嘉庆十年（1805）海盗蔡牵攻台行动之研究》，《昆山科技大学学报》第4期，2007年7月，第145页。

③ 李若文：《清季海盗在台湾的出没——人本主义地理学空间观点的考察》，汪荣祖主编：《地方史研究集》，嘉义：中正大学台湾人文研究中心，2007年，第71页。

④ 安乐博：《罪犯或受害者：试析1795—1810年广东省海盗集团之成因及其成员之社会背景》，汤熙勇主编：《中国海洋发展史》第七辑下册，台北："中央研究院"人文社会科学研究所，1999年，第439～451页。

⑤ 林智隆、陈钰祥：《盗民相赖，巩固帮众：清代广东海盗的组织与行为（1810—1885）》，《高雄海洋科大学报》第22期，2008年2月，第131～133页。

⑥ 1770年代，越南（安南）黎朝衰微，以阮文岳、阮文惠、阮文吕兄弟为首的西山农民起义爆发。1787年，西山军入据河内，黎朝国王黎维祁向清廷求援，乾隆帝派两广总督孙士毅率数万清军远征，结果惨遭大败。但西山政权建立，并没有带来越南国内的安定，南方的阮福映在法国人的支持下，与西山政权展开了数十年的战争。连年战争，国用缺乏，乃奖励海盗，四出剽掠，遂酿成嘉庆朝海疆之巨患。刘平：《乾嘉之交广东海盗与西山政权的关系》，《江海学刊》1997年第6期，第118页。

图 2-3 蔡牵、朱濆集团的活动地点

资料来源：李若文：《清季海盗在台湾的出没——人本主义地理学空间观点的考察》，汪荣祖主编：《地方史研究集》，嘉义：中正大学台湾人文研究中心，2007 年，第 59 页。

由于具备航海技术，因此他们非常适应海盗生活。①

当时靠海盗过活的人甚多，如充当眼线、接济物资、代匪销赃及收取规

---

① 陈钰祥：《清代中叶广东海盗之研究(1810—1885)》，《成功大学历史学报》第 34 期，2008 年 6 月，第 98～104 页。

费等,这些人除一般平民以外,尚有不肖弁兵及地方士绅。[①] 海盗也会勾结商人,因为海盗在很多方面需要海商的协助,例如提供船只、造船技术、舵工等,乃至供应米谷、资金或其他必要物资;建立销赃管道,卸货囤积乃至藏宝的场所。[②] 有清末浮世绘之称的《点石斋画报》,记载许多有趣的社会状况,其中两幅画提到海盗劫船的情形。

图 2-4　计破贼船

资料来源:吴友如等:《点石斋画报》元集第 1 册,广州:广东人民出版社,1983 年,第 83～84 页。

由图 2-4 来看,这些海盗搭乘小船对商船进行打劫或索取保护费。广宁县一位黄姓商人,满载货物回乡,不料途中遭遇海盗勒索。黄姓商人苦苦哀求数日后再行给付,于是双方便协议隔日交付。这段时间,黄姓商人广招人手及枪炮,翌日匪徒知其背约,便以两艘快船前来劫船。幸黄姓商人早有

---

①　蔡同炳:《海盗蔡牵始末(上)》,《台湾文献》第 25 卷第 4 期,1974 年 12 月,第 3 页。
②　李若文:《追寻文本世界的海盗踪迹——关于台湾蔡牵的传说》,《台湾文献》第 60 卷第 1 期,2009 年 3 月,第 122 页。

准备,顿时火枪声四起,匪徒知无法得手,便哀求饶命,该货船遂得以幸免。从图 2-4 中可清楚看到,贼多持刀,人数约 10 人,搭乘小船 2 艘,攻击体积庞大、移动缓慢的商(货)船。

从图 2-5 则看出海盗数十人持刀乘小船前来,但舟内人员孱弱,不敢与之搏斗,遂让海盗得逞,劫走金银。待海盗离去之后,有一人至船尾,备有仪式的器具,披发向洋面念念有词。原来,凡有遇盗劫难者,用此法咒盗,其金银便必会归还,可叹当时民智低落。从图 2-5 中也可看到盗匪数人,搭乘小艇前来抢劫。

图 2-5 咒盗

资料来源:吴友如等:《点石斋画报》行集第 7 册,广州:广东人民出版社,1983 年,第 59~60 页。

官府起初与海盗正面交锋,但效果不彰,改用招抚,以示天子仁义。不过,虽然暂时给予这些接受招降的海盗官位安置,但他们尚称不上正规水师,只是一群乌合之众为求生存,暂时避于官府屋檐下。官方并未加以运用"以盗治盗",或使其成为对抗外国的水师。之后,民间自组私人海上力量,借打击海盗、维护洋面安全之由,在洋面讹取保护费,垄断"护航"事业,使官府招安的成果无法根除海盗之本。[①] 1894 年《申报》报导,福建、广东沿海村落皆为著名海盗巢穴,以打劫往返南洋贸易的船只维生,官府缉捕海盗归案后,问其抢因,以饥寒交迫不得已,可怜盗匪身世并予以开释,不料此后竟更加猖狂。[②] 纵使在严刑峻法下,沿海民众迫于种种原因或投机取巧,依旧犯案无数。

二、民国时代的海盗

民国时期的海盗资料较难探询,原因在于中国内乱持续不断,加上各地因清代遗留下来的地方团练或私人军队,盘踞一方。又政治没有统一,有南北政府之争,故只得根据一些访问记录、报纸、地方文史资料汇编及日方对中国盗匪做的调查报告、海上巡察记录来讨论。

台湾与大陆之间的贸易非常热络,日据时期的台湾总督府虽已切断与大陆的贸易,代之台湾与日本间的海运贸易网络,于促进岛内经济方面的同时,使其融入日本经济圈内。[③] 但与大陆的贸易并不亚于其他时代。以往返台海间的移动人口来说,日据初期(1895—1919)每年将近有 9600 人次,这还不包括以走私及结婚的形式入台者。

海盗利用夏季的季节风,于每年的 6 月到 9 月,等候台湾沿岸的航行船只或台湾与大陆往返的贸易船只,以暴力行为强迫取财,出没地点以福建省沿海萧禧、湄洲、大乌龟、小乌龟、南日岛等六处居多(图 2-6)。[④] 民国海盗作奸犯科,又有土匪、马贼临海而成为海盗,一可退回陆地重操旧业,二与本行相去不远,海盗是兼业的一种。[⑤] 这些盗匪势力虽不大,却是军阀吸收的

① 林智隆、陈钰祥:《盗民相赖,巩固帮众:清代广东海盗的组织与行为(1810—1885)》,《高雄海洋科大学报》第 22 期,2008 年 2 月,第 140 页。

② 《海盗猖狂》,《申报》第 7711 期,1894 年 10 月 8 日第 3 版。

③ 戴宝村:《近代台湾海运发展:戎克船到长荣巨舶》,台北:玉山社,2000 年,第 129 页。

④ 《南中國沿岸二于ケル海賊船占拠地搜查状況復命書　台湾总督府警部富井藤平外二名》,《公文雑纂》卷十八,《海外视察復命》,1919 年 3 月 10 日,图像文件号:0013、0023。

⑤ 《满洲の馬賊(二)》,《台湾日日新報》1904 年 10 月 26 日第 1 版;《满洲馬賊详述(承前)》,《台湾日日新報》1904 年 11 月 1 日第 4 版。

对象。亦军亦匪的情况，让盗匪更加为所欲为。

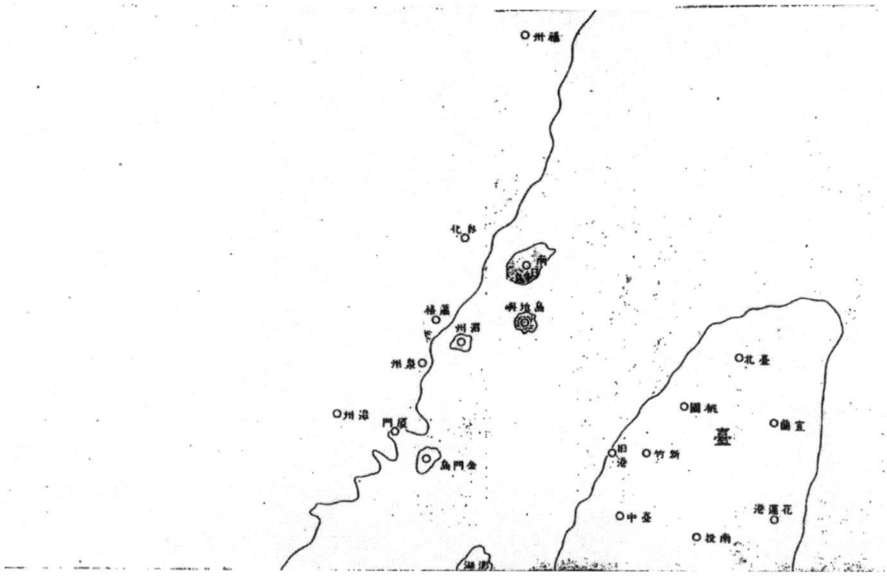

图 2-6　1919 年位处台湾海峡的海盗根据地

资料来源:《南中國沿岸ニ于ケル海賊船占拠地搜查状況復命書　台湾总督府警部富井藤平外二名》,《公文雑纂》卷十八,《海外视察復命》,1919 年 3 月 10 日,图像文件号:0041。

以广东南澳岛为例,民初有一间"三合公司",是由南澳人吴品三(1882—1933)、陈顺(1886—1926)、曾伯崇(1872—1928)组成的海盗集团。吴品三原姓张,家里务农,曾过继给澄海都司吴本张做养子。吴品三眉清目秀,读过书,体格魁梧,力气过人,可以抱起重达百斤的茶花大盆,绕场一周。他留有两撇胡子,时人以"八万"称之。陈顺又名陈孝、陈阿客,诨号"贼目",父亲是清末秀才。陈某身材矮壮,行动敏捷,能攀桅尾,腾越过船,撑竿翻墙,步履如飞。不过他凶悍狠毒,杀人成性。前后三任老婆因小故触犯而被其虐杀。曾伯崇,又名汉明,幼年给曾氏做养子,也读过书,为人老谋深算,阴沉寡言,人称"乌面兽"。入赘吴氏,一妻三妾,故也称"三姓(杨、曾、吴)司令"。①

------

① 河北文史资料编辑部编:《近代中国土匪实录》(下卷),北京:群众出版社,1992 年,第 146～147 页。

　　他们为获得乡亲的支持,不论商船还是渔船,只要表明是某乡某村何许人,便挥手放行。全岛的居民不必担心他们的骚扰。反之,他们还频繁地发放食物、衣物和财物,收买人心。[①]

　　《读卖新闻》于 1895 年便有三合公司的报导。[②]《台湾日日新报》则报导,该海盗集团虽被中国官宪追捕,但实际以招安方式收抚。1924 年驻闽南一带的民军张贞部为扩张势力,也曾对这些海盗进行招抚收编。[③]

　　陈顺是三合公司中最先落网伏法的一个。他于 1926 年在厦门试图混入一轮船,在后舱小便之际,卷起裤筒时,不慎露出系在小腿上的手枪,被水手发现。水手立即通知船长,该船升起求救旗号,警察上船搜查,陈顺只得乖乖投降,数日后被判死刑。1927 年,南澳人民要求清除匪患的呼声日益高涨,地方保安局、黄埔军校学生及中共地下党员组成县清匪委员会和保安队。接连破获匪穴,迫使吴品三率残众投奔饶平及闽南匪帮,三合公司经此打击后,难以东山再起。不过,吴品三在旧友吴俊廷(陈炯明旧部)的帮助下,于 1928 年劫取英籍船只"汉阳号"3000 吨大批货物,为此英国政府向国民政府抗议,国府被迫赔偿 50 万元,下令剿灭南澳海盗。至此,三合公司面临灭顶之灾。[④]

　　三人被捕后,所残留的余党,续组"柘林联益公司",活动海域在汕头、香港、南澳岛一带。之后,改名"永和龙公司"。他们平时伪装成良民绅士,向往返船只收取"海上保险金",月收入可达 4 万元以上。船只挂有该公司发予的小旗,可保在该海域航行的安全。不过,也有遭掠夺者,表示该海面上不止一个海盗集团在活动。[⑤] 该资料后半段提到日本质疑中国军队扫荡海盗的真实性,因为中国政府仅逮捕并枪决主脑及共谋数人,其余海盗则以招

---

　　① 刘慕白:《中国土匪纪实》,广州:暨南大学出版社,1993 年,第 186 页。

　　② 《广东黄埔地方で暴徒蜂起　海贼三合会匪と通谋か》,《读卖新闻》1895 年 10 月 11 日第 2 版。

　　③ 《對岸に跳梁する　海贼の本部は　拓林の聯益公司　小贼一千贼船多數を所有 随所に民船を夺略　中國官憲の取締は有名無實》,《台湾日日新报》1925 年 2 月 7 日夕刊第 2 版。

　　④ 蔡少卿主编:《民国时期的土匪》,北京:中国人民大学出版社,1993 年,第 264~266 页。

　　⑤ 《拓林联益公司为对岸海贼本部》,《台湾日日新报》1925 年 2 月 8 日夕刊第 4 版。

降手段编入政府单位,但南澳一带的海盗势力依旧。[①]

另一个海盗猖獗的地点是南日岛,据《南日岛志》叙述:

> 兴化洋外,群岛星罗,其最大者有四,曰平潭、曰江阴、曰南日、曰湄州。南日土质硗薄,耕田稀少,全区丁粮共只一百零两,人民贫困。多海盗,任何商船经南日岛,必栗栗危惧,不敢久泊。然南日非尽盗,不过盛衰乘除,亦视政治之良否为转移也。[②]

由上可知,南日岛人口稀少,因农耕条件不佳,居民以海盗为副业,商船路过此地皆胆战心惊。该志叙及岛民性情,健讼好斗,往往因细微之事而发生械斗,不惜倾家荡产,甚至循环报复不已。不过因政治日益平定,岛民械斗风稍退,人民多以农为正业,渔捞畜牧为副业,忍苦耐劳的毅力是其他地方人民所不及之处。[③] 该志声称岛民因政治的安定与否,决定是否为海盗的说法令人质疑。

从《台湾日日新报》的报导来看,南日岛民几乎皆操海盗为业,甚至伪装成普通商船,难以辨别。[④] 1933 年,因中国海军对南日岛海盗束手无策,惠北、帅尾二乡联合动员 700 人、船 30 艘,与海盗决战一日之久,毙盗四五十人,随后南日岛遭海盗纵火。离开的海盗随即向峰尾乡邻近数十村落劫掠,乡民力勇抗拒,幸应瑞、大同两舰经过,派陆战队助战,幸免于难。[⑤] 来年国府派江元舰至南日岛进剿,再经大同舰派兵登陆搜索后,已无海盗踪迹。[⑥]

但 1934 年帆船"林发利号",在该岛附近遭到八九艘海盗船包围,"林发

① 《國民黨軍の海賊討伐に関する件》,《公文备考·雑件三》卷一二六,1926 年 5 月 14 日,图像文件号:0437～0440。

② 中国地方志集成编辑委员会编:《中国地方志集成·乡镇志》专辑 26,上海:上海书店,1992 年,第 897 页。

③ 中国地方志集成编辑委员会编:《中国地方志集成·乡镇志》专辑 26,上海:上海书店 1992 年,第 898 页。

④ 《海賊船と根据地》,《台湾日日新报》1913 年 8 月 16 日第 7 版;《海賊难治》,《台湾日日新报》1913 年 8 月 17 日第 6 版;《台湾近海に海賊根拠地は福州の南日岛》,《读卖新闻》1918 年 7 月 22 日第 5 版。

⑤ 《惠北乡民毁南日岛匪薮与盗海战竟日》,《申报》第 21727 期,1933 年 10 月 7 日第 10 版;《海匪袭峰尾乡 经陆战队击退》,《申报》第 21732 期,1933 年 10 月 13 日第 3 版。

⑥ 《江元舰搜剿闽海匪》,《申报》第 21900 期,1934 年 4 月 8 日第 6 版;《大同舰自南日岛返厦》,《申报》第 22010 期,1934 年 7 月 29 日第 7 版。

利号"随即开炮示威,趁隙逃离。[①] 该岛因地理位置优越,不管是岛民还是其他海盗集团,均以此岛作为根据地,在官军前来追缉时,化整为零;官军离去后,故态复萌。报导尚提及海盗利用海面平稳之际,才出来活动,证实该岛海盗船无法离岛太远,或在风浪稍大时进行掠夺。福建省于1935年在南日岛增设军警联合处,防备该岛不受海盗霸占。[②] 随着1931年抗日战争爆发,该省在1940年劝导岛民组织武力保卫家乡,一方面防止日军进犯,另一方面则防海盗再度卷土重来。可见在抗日战争期间,外海岛屿还是有海盗活动存在。[③]

另外,浙闽一带洋面,海盗巢窟星罗棋布,行劫往来船只中最大的海盗巢穴为浙海沈家门之巫拉门,为大帮海盗团。其内部组织分为侦探部、执行部、经纪部,下有三大股势力,每股约有千人。侦探部专任派盗至各大埠及洋面,侦察出海之货船、放洋日期及开往地点、经行所在;执行部根据情报,调派盗匪,出海劫掠;经纪部负责分派赃物及处理肉票赎回事宜。

再者,闽地湄洲、平潭一带,以劫掠渔船的小股海盗居多,又有浙属温州洋内之海盗,集中于凤尾行屿、东西矶、金星港,各又可分成三段,有12处之多:南麂山、北麂山、北鱼山、四公山、韭山、中矶、东矶、西矶、竹屿、吊棚、南港岛、北港岛。这些岛屿多洞穴,大者可容200人,小者亦可容百人,洞中别有天地,每当涨潮之时,洞口为潮所封,外人无从寻觅。海盗在洞口均设有闸板,得以在水中出入,如此天险,难以察觉。

平日行劫则分地段,若需大帮出动,则又合成一系。浙温一带的海盗,又可分三大系:一为下山系,以江浙交界之松门、横门等处为主;二为上山系,凡川礁、蒲市、西首草、大埔、厦□屋为主;三为山底系,以本白门、牛头门、皮丝门为主。此三系海盗有3000多人,除这些职业海盗以外,尚有平日散居各村者,俨同良民,几无可辨别,待军队甫退,又出劫如故。非有实力民团,助官兵随时捕剿,殊难肃清。[④]

---

① 《南日岛海贼渐见活动》,《台湾日日新报》1934年4月11日第8版;《南日岛の海贼ども　ボツく活动を开始　危く虎口をのがれて　中國戎克船基隆に入港》,《台湾日日新报》1934年4月11日夕刊第2版。

② 《南日岛设军警联合处》,《申报》第22394期,1935年8月29日第9版。

③ 《闽东岛屿相继收复　仅余数处尚为海盗盘踞》,《申报》第23777期,1940年5月16日第8版。

④ 《海务丛记》,《申报》第20202期,1929年6月20日第23～24版。

三、小 结

从历代海盗演变来看，规模的缩减为明显的改变。从王直(？—1559)以降的海商(盗)集团，其组织都非常有规模，就连清中叶的海盗为了与政府对抗而形成海盗联盟，也能呈现当时海盗集团的声势。不过，民国的海盗，规模大都比不上以往的集团，多为一种地方性质的劫掠活动。虽说海盗对某海域进行势力划分，向往返船只征收过路费，保航行安全，但与清代海盗相比之下，某些海盗打着救国军的旗号，对沿海省份进行骚扰，带有一点私人武力的掠夺色彩。

当时使用的船以中国帆船为主，值得注意的是，一些大型轮船超过数千吨位，时常成为海盗觊觎的目标。因此，手法的转变，彰显出民国海盗的狡猾。除了以海盗船突袭，开火迫使船只停船接受掠夺以外，另一种常见方式为假扮乘客登船，伺机而动，待控制船只后，开往其他海面进行劫掠。此手法用于大型船只居多，沿海轮船或远洋商船均曾被劫过，其中又以英国、日本两国之船为多。

除手法因应船形大小改变以外，海盗使用的武器，从冷兵器转为热兵器。一般来说，船内空间狭小，以手枪为最佳武器，故海盗集团大部分配有步枪及手枪，若装备更好一些的，则有手榴弹、小炮等。根据一些报导，也有在海面部署水雷，等候船只误触爆炸后，前往"收成"者。[1]

民国海盗与岸上民众的联系，也较前朝更为紧密。前述提到，海盗光靠海洋无法生活，举凡船只的建造和修理、人员的增补、生活必需品的补给、情报的搜集、赃物销售管道等，均需陆地人民帮忙进行。因此，依赖海盗过活的沿海民众，不仅是海盗的后援，更为其提供藏匿空间与协助伪装。

---

[1] 《广东省沿岸二于ケル海贼出没二关スル件》，《中国海贼关系杂件》第三卷，1930年5月3日，图像文件号:0020。

第二节　沿海社会背景

一、渔业的发展

中国渔业发展缓慢，技术与机器的使用也停留在人力为主的阶段，渔村生计颇为困苦。相较之下，日据时期台湾的渔业在日人技术引进及渔业组织形成的情况下，开设水产加工、后制、养殖渔业等，渔民工作项目多，生活较大陆来得优渥。[①] 中国沿海渔村生计与各地渔团、渔商、政府机关及民间团体相关联，除要缴交许多名目的捐费、会费以外，还有船只修理费用、人员的聘请，甚至是特定海域的保护费等，渔民负担不轻。同时，日本渔船越界捕鱼之多，日本军舰为保护渔船作业，不时驶入中国渔场，危及中国渔民的权益。

（一）条件与设备

中国东南沿海七省临海，海岸线一万二千余里，沿海岛屿罗立，海岸曲折，海底平坦，多属沙泥底之冲积层，其水深底质，莫不适宜于渔业之条件。又因海流风向，寒暖二流之会合，形成许多良好渔场。[②] 沿岸渔场以渤海、黄海、东海、南海为主要地点，近海渔场以黄海水域的石岛、连青石到台湾海峡一带，及南海近海水域、粤东、粤西、北部湾等。外海渔场在四海（渤海、黄海、东海、南海）以外的海域，还有太平洋一带。[③]

清中叶以前，渔业发展无太大开创，主要跟海禁政策有关。海禁使人民无法从事近海渔业，却保护了鱼群的生长，使沿海渔场在每年渔汛期间，有非常丰富的收获。为防止海盗，保证海防安全，朝廷不惜损害渔业利益，要

---

① 台湾总督府殖产局：《台湾产业概要》，台湾总督府殖产局，1924 年，第 78～87 页。

② 李士豪、屈若搴：《中国渔业史》，台北：台湾商务印书馆，1980 年，第 8～9 页。

③ 欧阳宗书：《海上人家：海洋渔业经济与渔民社会》，南昌：江西高校出版社，1998 年，第 5～7 页。

求渔船一律改成小船,仅能在海边活动,并认为"滨海居民以海为田,采捕是其长业,渔船出海,海盗必借渔船而出,借渔船登岸。因此,欲弥海盗,先严渔船"。① 因渔船吃水甚浅,船底扁平,故能曳上滩岸,无须精备之渔港设备。行船俱用腕力或风力,故需费不巨。缺点为吃水既浅,易于覆没,又大都无甲板之设备,更易浸水,构造不固,不能耐浪。②

以福建渔业来说,根据地有十五处之多:西洋岛、北菱、南菱、虎山、霞浦、三沙湾、梅花、馆头、兴化、南日岛、坛泉岛、海州、厦门、金门岛、铜山湾。重要渔场有三:一是三沙湾至西洋岛沿海一带,二是南日岛、海坛岛附近,三是泉州至厦门之海面及铜山湾附近。渔船组织为二船一组,渔夫约十四人,出渔期数十天,共三万多人出海,每年渔获额约一千二百万元。

广东渔业,沿岸以多曲折著名,定点渔具因而发达。重要渔场有三:一是南澳岛之打□渔场,二是海门至汕尾之丝捻鲷渔场,三是香港至海南岛的对网渔场。渔船皆为普通式,速率迟缓,专依风力,估计广东沿海渔船在四千艘以上,渔民三万多人,年产额在八千万元。③

民国的渔业设备,在发动机渔船的使用及捕鱼方法等,尚停留在粗糙的程度。清末虽购置渔轮、发动机渔船,以官督商办成立渔业公司,但所费甚高,偏远地区的渔民根本无法享用。况以轮船经营渔业者,概多资本雄厚、规模较大,船中高级职员必为水产学校毕业,或留学水产学校,对偏远渔民甚无帮助。

1930 年日本资金进入,投资经营渔业公司,雇用中国渔民。部分渔货往泉州、永宁销售,部分销往厦门,各渔业公司也拥有自己的渔场根据地。不过,此种日本投资的渔业公司,仅设置在沿海大港,对偏僻地区的传统小渔港,帮助较少。④

---

① 杨金森、范中义:《中国海防史》上册,北京:海洋出版社,2005 年,第 570～571 页。
② 李士豪、屈若搴:《中国渔业史》,台北:台湾商务印书馆,1980 年,第 145～146 页。
③ 《中国之渔业(续)》,《申报》第 18341 期,1924 年 3 月 23 日第 23 版。
④ 《南中國海賊及漁業ノ状況ニ等关ル件》,《中国海贼关系杂件》第三卷,1931 年 7 月 30 日,图像文件号:0092～0094。

（二）渔村社会与生计

一般认为，海盗组成分子多来自沿海渔村，主因是维生不易。[①] 贸易兴起后，走私等所得高于渔猎，吸引渔民冒险。以福建海澄月港为例，起初只是个小渔港，但在贸易兴盛后，月港渔民抛弃本业，转从事商贸，使月港变成繁盛一时的商港。[②] 与此同时，走私也日渐频繁。伴随走私而来的海盗也油然而生，在走私船加强武装后，海盗便转向一般商船下手，慢慢形成数个控制某片海域的海盗团。至于渔村生计的不稳，多指向渔汛期间渔获量未达一定水平或因外力介入，尤以日本大型发动机渔船进入中国渔场，导致中国渔民渔获量不如预期，收支无法平衡。为此年年辗转成为盗匪的人数增加不少。[③]

沿海渔民除捕鱼外，也会经营其他副业，以补生活之不足。以福建莆田地区为例，计有渔民 8384 户，41908 人。渔船计 1240 艘，包括拖曳网、流网、钩钓及养蛏、养蛎等。此外，副业有采集海藻、海苔（红毛苔）等，收获相当丰富。惜乎以土法捞捕，靠小型渔船、舢舨、小驳船出海作业，效率不佳。且渔民与海搏斗，若一日不出海，便无收入。时日一久，身体不能支持，乃注射吗啡刺激，不知不觉中染上毒瘾，此情形甚为普遍。[④] 为支付注射费用，往往不惜成为海盗。渔民另一不良习惯便是赌博，事实上渔民狂赌，往往一博即负百金，表 2-1 舟山群岛的渔民消费支出其实是超过平均数的。

渔汛时期，渔船均带衣粮、银洋，故有些渔民会趁此时掠夺，增加额外收入。[⑤] 若要说"民贫而盗愈起"，则有失偏颇。但渔民知识未开，本着有利可图的心态而动。再者，税捐的繁杂，对渔民来说是沉重的负担。[⑥]

---

① 《海盗自承为渔夫　否认掳掠商船抗拒官兵》，《申报》第 20139 期，1929 年 4 月 16 日第 16 版。

② 欧阳宗书：《海上人家：海洋渔业经济与渔民社会》，南昌：江西高校出版社，1998 年，第 80 页。

③ 《中国山东附近公海ニ于ケル本邦出渔船取缔并调查报告书》，《本邦渔业关系杂件/中国沿岸渔业关系》第一卷，1925 年 9 月 30 日，图像文件号：0333。

④ 林国梁主编：《台湾兴安会馆落成纪念专辑——福建兴化文献》，台北：台北市莆仙同乡会，1978 年，第 87 页。

⑤ 《派轮护送渔船》，《申报》第 11666 期，1905 年 10 月 8 日第 3 版。

⑥ 欧阳宗书：《海上人家——海洋渔业经济与渔民社会》，南昌：江西高校出版社，1998 年，第 55～64 页。

表 2-1　1930 年代舟山群岛的渔民年平均收支概况

单位:元

收入项目	
渔获收入	2000
乘船费(以 3 人计,渔值 180 元,抽 10%)	18
共计	2018
支出项目	
渔伙工资	800
船钞	4.4
网具费	150
修船费	120
公所会费	4
饭食费(以全家 5 口计算)	360
船伙饭食(以 4 人 5 个月)	120
冰	—
盐	—
衣服费(每人每年 5 元)	25
交际费(亲友应酬及赌博消费)	300
婚丧费(平均每 8 年一次,每次 250 元)	31
住屋修理费(以自有房屋 3 间计)	72
借款利息(以每年 300 元,月息二分计)	72
杂费(含子女教育费)	30
共计	2088.4
收入减支出	−70.4

资料来源:王宗培:《中国沿海之渔民经济》,《经济学季刊》第 3 卷第 1 期,1932 年,第 127~129 页。

清代以来,渔业税捐,或按渔获价值课税,或依渔船大小收捐。前者称渔税,后者称船捐。渔税多采包办制,系招商承包制度,承包官吏额外浮收以肥私富,人民负担与国家收入差额甚为悬殊。船捐原与护洋缉盗有相辅相成之关系,后渐变其性质,为牌照税之一。[1] 另外,还有埠头捐,埠头原以保卫航业而设,但日久生弊,往往借端敲索。各地埠头又广立名目,无论空船还是重载,每通过一次,便受"敲骨吸髓"之苦。[2]

地方军阀滥征苛税也时有耳闻,以莆田县为例,军阀苛捐杂税,名目繁多,竭泽而渔,民困日甚。有命各乡种植罂粟,收取鸦片捐,美其名曰田亩捐。或行鸦片公卖,称为公膏店。对娼妓抽捐,称为乐户。另有田赋、契税预征至20年之后,且有秋节、午节、年关等借款,摊派富户殷商,予取予求。甚至准许公开赌博,抽取重税,还准民间广设花会场。[3]

表 2-2　1932 年江浙行商抽收之规费

征收行商	规费名称	抽收方法	每年总额数	备考
镇海正茂协顺渔行	神捐公川费	每元抽二厘,在货价内扣除	镇海各渔行计每年可抽收一万五千元	此项收入为各渔行所私有,所谓神捐、公川者借名而已
各地渔商	扣现	每百元扣一元或二元不等	仅在浙江一省每年在五万元以上	在浙江沿海一带均以每百元扣一元为准,日九九扣现
上海各渔商	码头捐公川费	以每元抽一分半为准	约九万元以上	此款除一部分解缴码头捐,余均为各渔行私有
沈家门各栈,定海、石浦、乍浦等处之各渔行	神捐天打捐	在货价内扣除(乍浦洪昌、润泰两渔行抽收每船至五角之多)	各地捐款每年在三万元以上	此捐款均以神捐为名,为各渔行、渔栈私有

资料来源:《国民党中执委关于江浙沪渔业状况函》,收入中国第二历史档案馆:《中华民国史档案资料汇编》第五辑第一编,财政经济(七),南京:江苏古籍出版社,1994年,第657页。

---

① 李士豪、屈若搴:《中国渔业史》,台北:台湾商务印书馆,1980年,第32页。
② 《呈请革除埠头捐款》,《申报》第16219期,1918年4月14日第11版。
③ 林国梁主编:《台湾兴安会馆落成纪念专辑——福建兴化文献》,台北:台北市莆仙同乡会,1978年,第561~562页。

表 2-3　1932 年江浙渔船进出上海港口缴纳各官署费用

官署名称	费用名称	数目
浙江建设厅	船舶牌照费	春冬两季,每季缴四元
江苏水警队	旗照费	春冬两季,每季缴一元
实业部渔业管理局	牌照费	每年一次缴三元、二元、一元不等
交通部航政局	定期检查登记费	每年一次缴十一元,另加刷号费一元
上海市公用局	登记费	每年一次缴三元三角
上海市财政局	月捐	每月缴四元三角五分
海关	刷号费	每年一次缴一元六角
法捕房捐	月捐	每月四元五角
监务稽核所	监捐	每担三角

资料来源:《国民党中执委关于江浙沪渔业状况函》,收入中国第二历史档案馆:《中华民国史档案资料汇编》第五辑第一编,财政经济(七),南京:江苏古籍出版社,1994 年,第 659 页。

以 1932 年江浙地区规费收取来看,渔业收入计 6000 万元(其中 1/3 为河鱼价),但规费、税捐也不轻,可见油水之丰(见表 2-2、表 2-3)。

渔汛期间,为盗船活跃之际,渔民会请求军舰护卫,但花费需渔民负担。日本驻芝罘领事的报告提到,中国军舰镇海号为保护渔场而巡航,开支费用由一千艘渔船及地方有力者商议。该舰装载乘组员四十名,士兵十名,每艘渔船以五元为基本燃料费用,随吨位高低而增。百石的渔船缴三十元四十五仙,八十石缴二十六元四十五仙,六十石缴二十二元四十五仙,五十石缴十八元四十五仙。[①] 此举加重渔民负担,军事部门经费短缺,只得向民间索取经费。至于民间团体也会以"护渔""公川费""神捐"等杂支,向渔船征收一元以上不等的金额,但多为中饱私囊(见表 2-4)。

---

① "在芝罘领事馆管内ニ于ケル『グチ』渔业ニ关スル报告书",《2・渤海湾龙口冲渔业关系(含鲷渔业关系)》,《本邦渔业关系杂件/中国沿岸渔业关系》第一卷,1927 年 8 月 2 日,图像文件号:0263。

表 2-4　1932 年江浙地区民间团体向渔船征收规费概要

团体名称	所在地	负责人	规费名称	征收方法	每年抽收总额数	用途
人和公所	沈家门	朱云水	水警专护费	借护渔为名，联络水警队向各帮渔船征收	上下两季合计五万元	为宁波各帮之护洋费
鱼栈公所	鱼栈公所	刘寄亭	公川费、公益费、栈费	由各栈在售出货价内扣收百分之二	三万余元	不明
靖和公所	靖和公所	陈人宝	护费、办理护渔公费	向嵊山一带捕鱼之渔船征收	一万六千元	护洋
永安公所	永安公所	史仁航	护费、办理护渔公费	向嵊山一带捕鱼之渔船征收	八千五百元	护洋
建帮八闽会馆	建帮八闽会馆	李胜纪郭阿多	护费、会馆费	一般每年征收一次，规定由十四元至二十八元附带一成会馆费	一万八千元	渔汛护洋经费、会馆费
对渔业公会	沈家门	刘谷人	公会费	每对鱼征费八元	一万二千元	护洋及公会基金
渔商协会	袋山东沙角	汤亦规戴免齐	公益费及护费	由协会规定征收	五千元	公益及护费
老渔商协会	袋山东沙角	陈莘庄	公益费及护费	由协会规定征收	八千五百元	公益及护费
维丰渔业公所	镇海邮浦	蔡汝蘅	水警专护费及护关费	连同水警队向渔船征收，每年分上下两季两次，每次收八元至十六元	二万四千元	为镇海各帮护军之专护费
永丰公所	鄞县江东后堂街	张申之	护洋费及报关费	以冰鲜船为主体，每船收八元至十六元不等	二万四千元	专充保护冰鲜船经费

团体名称	所在地	负责人	规费名称	征收方法	每年抽收总额数	用途
北蒲公所	鄞县城内双街	孙光传	公益费	随时征收	四千元	水警费
太和公所	石浦	胡常英	公益费及码头费	由客栈代扣	一千五百元	不明
渔业公所	石浦	潘	公益费及码头费	由客栈代扣	五千元	不明
台州渔业公所	临海北岸	项桩生 葛醴泉	事业公费	每渔船、渔户需按年缴五角至一元	六千元	不明
温岭渔业公所	松门温岭	刘柏榆 包卓人	事业公费	每渔船、渔户需按年缴五角至一元	三千五百元	不明
渔业公所	温州坎门	—	护费	每船抽收二十四元	二万元	秘密解缴海盗,充当保护费
敦和公所	上海	方椒伯	盐务捐	—	—	不明
敦和公所	上海	方椒伯 张申之	冰鲜船护费	进上海口之渔船每次纳十五元	四万五千元	专充保护冰鲜船之经费
江浙渔业公会	上海	邬振盘	公费及报关费	进上海口之渔船每次约四元或六元	一万二千元	专充会内开支及代船报关

资料来源:《国民党中执委关于江浙沪渔业状况函》,收入中国第二历史档案馆:《中华民国史档案资料汇编》第五辑第一编,财政经济(七),南京:江苏古籍出版社,1994年,第654～656页。

备注:本表为1932年实业部整理,发展渔业计划做成的调查报告,供国民党中执委议定江浙沪渔业状况用。该报告提到水警、渔棍及其他各种非法团体,抽收规费大都借护渔之名,实则渔民始终未受到护渔利益。

由于规费庞杂及外轮侵入、海上治安不稳等因素，江浙渔联处向渔民征收建设费，致使各处渔会均感不满，特地联合各区渔会向政府发声请愿，从中便可看到渔民生活疾苦，遭到层层剥削。如：

> 顾中国地势，自高原外，环以海岸江河，而近水居民，多系业渔，渔民商业此者不下数百万。此辈渔民泛家浮宅，出生入死于惊涛骇浪中，以性命博得鱼（渔）获物，其生活之困苦甚于农工。以近来领海上，外轮横行，海寇猖獗，渔业破产，救死已恐不瞻，何有余力自图建设，取之于渔，用之于渔……况该会并非各地渔区渔市合法团体所组织，不过假此名义，借以从中渔利。此渔民对建设费，万难认征者也。①

中国沿海渔村还有一个弊病，那就是"抢船"的陋习。② 抢船是因为民众的教育水平低下，加上渔村生计有限，迫使渔民必须向外讨生活，变成一种变相的讨海方式。但不是生计的主要来源，而是副业的一种。况且官府对这种现象的解读大多为民风未长，若随意逮捕犯人，会引来更大的民怨。

（三）相关渔政法规

明代因倭寇之乱，在沿海编定渔户之法，仅对沿海渔民做身份调查而已。清代海疆多事，左宗棠（1812—1885）及刘坤一（1830—1902）以筹办各省渔团向上请示，招饬沿海各省督府办理，但开办未久，旋即消灭。光绪年间复办，沿海府县多设渔团局，但中央渔业行政尚无特定组织，最后在农林科设有水产股专管。民国建立后，渔政归实业部，后政府北迁，将实业部分为农林、工商二部，渔政改归农林部管辖，下设渔业局。至此方有中央渔政专局，重视渔业发展。③ 1914 年合并农林、工商二部成农商部，下设矿政、农林、工商、渔牧四司，与渔业司执掌有关的项目有：(1)关于水产监督保护及教育事项；(2)关于渔业监督保护事项；(3)关于公海渔业奖励事项；(4)关于渔业团体事项……(9)其他关于水产畜牧一切事项。④

---

① 《江浙鱼联处昨电请撤销渔建费》，《申报》第 21662 期，1933 年 8 月 3 日第 12 版。
② 关于抢船的研究，可参考林玉茹：《清末北台湾渔村社会的抢船习惯——以〈淡新档案〉为中心的讨论》，《新史学》第 20 卷第 2 期，2009 年 6 月，第 115～165 页；许进发：《清季抢船事件与台湾沿海地区民众风俗》，《台湾风物》第 57 卷第 1 期，2007 年 3 月，第 71～100 页。
③ 李士豪、屈若搴：《中国渔业史》，台北：台湾商务印书馆，1980 年，第 14～17 页。
④ 李士豪、屈若搴：《中国渔业史》，台北：台湾商务印书馆，1980 年，第 18 页。

由于政府不重视渔业发展,1924年江苏省立水产学校对此提出了警语:

> 吾政府对于渔业亟应提倡,其理由有三:一曰为国家计。盖民以食为天,无食则不能为生,以中国沿海水面之广如此,而所产鱼类犹不能供沿海数省居民所需。内地人民有终其身不能一尝海味者,比比皆是,岂得谓平……二曰为沿海渔民计。我国沿海有数十万渔民,平时率以小本经营为生,而网小船破,捕捉艰难。一旦设有凶歉,则悉皆流为饿莩,甚且铤而走险,置身海盗。……而间接使沿海不靖,商旅不行,吾不知其咎将谁属乎。三曰为国家道德计。渔民捕鱼,赋税以数百万计,占国家岁收一大部分,且终年穷居海上,凡陆上居民所享之一切权利,彼辈皆不能一沾染之。若政府但知取之不竭,而不思归以少数金钱,以谋渔业上之改良,使彼辈得稍享利益,对于渔民是为不义。[1]

内文第二点对渔民生计问题,认为民贫必为盗,倘若造成此现象,为政府之过失。因此,若要根除海盗问题,首先要改善沿海渔民生活,使其衣食足而知荣辱,避免因贫困将他们推向犯法一途。

关于中国渔业的统筹规划,始于1932年实业部制定《海洋渔业管理局条例》。该条例将全国海洋渔业区划分四区,由北至南依序为东北区、冀鲁区、江浙区及闽粤区。管理局内部分设总务课、保安课及改进课。其中以保安课执掌的工作与护渔、查缉海盗有关。保安课负责:保护渔民渔商、巡舰指挥、私有护船许可及监督、监督本区内渔业警察及自卫团、稽查外船侵渔、编定渔船牌号及监督渔轮在禁渔区域内捕捞等事项。[2]

特别是"私有护船许可及监督事项",此与1915年《渔轮护洋缉盗奖励条例》有关,而部分船户是否以保护之名,行抢劫之实,需待厘清。不过,倒是有渔户借自卫之名,私持枪械,对落单的商船行抢,后来枪械管制条例实施,对武装渔船有些许管制。

1933年《申报》报导提及实业部对中国渔业发展,拟采治标方法:一、提高日本各种鱼类进口税。二、禁止日轮进入中国渔场。三、加派巡舰防缉海

---

① 《对于整顿中国渔业之管见(续)乙 政府对于渔业应极端提倡》,《申报》第18432期,1924年6月22日第22~23版。

② 《国民政府令制定"海洋渔业管理局组织条例"》,《国民政府公报》洛字第十一号,1932年6月20日,第3~4页,政府公报信息网系统识别号:D3200044。

盗。又有治本方法：一、设国立水产试验所。二、兴办新式渔业公司。三、设立水产学校。四、奖励远洋渔业。五、设立渔业银行。[1]

（四）中日渔业纠纷

日本为一海产消费大国，每年渔获量达 460 万吨（至 1934 年前的统计），价值约 300 亿日元，世界渔获量总计 1700 万吨，日本占 1/4。自明治维新以来，日本引进西方机械器具，发动机渔船的使用颇为重要。日本渔船在政府保障下，大规模发展远洋渔业，扩大范围。北至俄领沿海、阿拉斯加沿岸，南至印度、澳洲、新西兰沿海，并跨越太平洋，入美国大陆沿海，大幅提升捕获量。[2] 另外，水产加工方面，再制海产品，延长产品的鲜度及保存时间。这些物美价廉的海产制品大量销往中国。

日本自 1905 年引进轮船拖网后，与日本沿海渔业发生冲突，于 1911 年制定取缔规则，划定禁渔区域，即日本沿海区域不准渔轮曳网捕鱼，便改向中国近海发展。1914 年又扩大禁渔区域，将渤海、黄海作为渔轮捕鱼区域。1917 年，日本政府发给青岛日本渔业局补助金，赶造大型渔船七艘，扩张渔场，延伸渔区至山东南方、江苏海州一带。更利用沿岸租界及其他特殊地区移植渔业机关，设立根据地，如广东、香港、厦门、汕头、上海、青岛、烟台、旅顺、大连等。[3] 由于渔场近中国领海，中国以侵入领海、渔具损坏等理由，频频向日本抗议。[4]

以 1924 年的越界情况来说，日轮在渤海湾捕鱼酿成纠纷，日本以公海捕鱼自由权为由，逼迫中国政府不得擅自对日轮有任何禁止及赔偿。日轮行驶海面，误触沿海渔民所布置的渔网，造成损坏，日本也推托渔网设置已

① 《实部保障渔业办法》，《申报》第 21645 期，1933 年 7 月 17 日第 7 版。

② 《日本在华投资事业摘要》，收入中国第二历史档案馆：《中华民国史档案资料汇编》第五辑第一编，外交（二），南京：江苏古籍出版社，1994 年，第 961 页。

③ 李士豪、屈若搴：《中国渔业史》，台北：台湾商务印书馆，第 198 页；《日本在华投资事业摘要》，收入中国第二历史档案馆：《中华民国史档案资料汇编》第五辑第一编，外交（二），南京：江苏古籍出版社，1994 年，第 961 页。

④ 《中国山东附近公海二于ケル本邦出渔船取缔并调查报告书》，《本邦渔业关系杂件/中国沿岸渔业关系》第一卷，1925 年 9 月 30 日，图像文件号：0280。

在公海内,因此不允处罚。① 1925 年,日本渔船大顺丸、大理丸在崇明之花脑山、余山海面捕鱼,运至上海贩卖。北洋政府外交部随即抗议,日本渔船已违反国际公法,侵略中国领海主权。② 1926 年,日渔船鹤丸、洋产丸停泊在江海南关兜售渔货等。日船越界捕鱼之事,影响国权民生,特别是沿海居民的生计。侵渔关键在于领海与公海的界线,但当时对海线划分,尚无明确规定。③

　　在公海捕鱼原本是被各国允许的,并且被视为习惯国际法。从 13 世纪开始,一些沿海国家开始对海洋某些领域提出主权要求,少数海洋大国开始争夺海上霸权,在他们所控制的海域强行征收税捐,禁止外国人捕鱼和航行,打破原有的海洋秩序。荷兰法学家格劳秀士(Hugo Grotius,1583—1645),在 1609 年发表"海洋自由论",提出"海洋自由"主张。他认为海洋浩瀚无边,不能为任何人所占有,应为一切人类提供航行和捕鱼之用。但开放公海航行自由不等同于开放公海捕鱼自由,这与沿海国家对海洋资源的保护及使用,将会有所抵触。不过在 1893 年的白令海海豹仲裁案(the Bering Sex Fur Seals Arbitration),因美国逮捕在白令海捕捉海豹的英国渔船,造成纠纷,最后判决为美国败诉,不得以海豹乃濒临绝种动物为由,意图保护海洋资源发展而在公海随意逮捕他国船只。因此,公海自由可以包括两种原则:一是各国不得对公海全部或部分主张任何排他权利,也不得控制公海全部或部分;二是各国可以使用公海。依前述第二项原则,可以普遍进行之

　　① 北洋政府外交部,中日关系/渔业交涉,《日船越界捕鱼案》,《关于山东海面之日本渔船事系在公海捕鱼并未在中国领海由》,1924 年 6 月,"中央研究院"近代史研究所档案,馆藏号:03-33-073-01-016;北洋政府外交部,中日关系/渔业交涉,《日船越界捕鱼案》,《日本远洋渔船出渔渤海湾系属公海不能禁止亦不能无故赔偿损失及惩罚由》,1924 年 7 月,"中央研究院"近代史研究所档案,馆藏号:03-33-073-01-021。
　　② 北洋政府外交部,中日关系/渔业交涉,《日轮违约在石俚、蚧口各岛截买及捕鱼案》,《日本渔船大顺丸大理丸侵入崇明洋面捕鱼请抗议由》,1925 年 5 月,"中央研究院"近代史研究所档案,馆藏号:03-33-071-01-027;北洋政府外交部,中日关系/渔业交涉,《日轮违约在石俚、蚧口各岛截买及捕鱼案》,《日本渔轮两艘侵入崇明洋面捕鱼请提向日使抗议由》,1925 年 5 月,"中央研究院"近代史研究所档案,馆藏号:03-33-071-01-020。
　　③ 北洋政府外交部,中日关系/渔业交涉,《日本渔船在领海捕取及截买鲜鱼案》,《日轮在中国洋面捕鱼事就上年国务会议议决办法切实进行以期根本整顿由》,1926 年 5 月,馆藏号:03-33-072-01-006。

使用包括:渔捞、航行、铺设海底电缆管线、飞航、科学研究、军事使用等。①

1926 年,外交部致山东省政府的公文,提及数年来日船在中国领海捕鱼之纠纷,源于中国领海未划界线。尽管日本将渤海、黄海一带海域视为公海,则实际上已侵犯到中国领海权。② 加上日船在捕鱼过程中,不让中国渔船靠近渔场。更有甚者,日本直接派军舰在海面上巡弋,美其名曰保护日船不受海盗掠夺危险。③

立法院于 1929 年 10 月制定《渔业法》,对渔业人及渔权提供保障。并制止各地区滥征护渔规费,整顿护缉事务,第三十四条提及:"在渔汛期内,该管行政官署应呈请派遣护船,任救护巡缉之责。其办法由实业部定之。"④第三十八条提到:"有左(下)列各款情事之一者,该管行政长官署得呈请主管官厅转请实业部核准,给予奖励金……二设备护船常在一定水面任救护及巡缉者……"⑤1932 年江浙区海洋渔业管理局的护渔整顿,首先对该区的渔获物暂不征收护洋费,并扩充预算(巡舰每艘每月经费 2500 元,管理局经费每月 6650 元),以原有四艘巡舰继续执行勤务,另添置六艘巡舰。在尚未添购巡舰以前,向海军部商借四艘轻舰、财政部缉私舰二艘,供临时之用。⑥ 图 2-7 为当时巡舰所用的识别旗帜,由于前期并无统一的形式,常有政府、民间船只混用或借调,因此该旗帜的使用,呈现出护渔的新样貌。

1930 年后,侵渔之事依旧,主要集中于辽宁、山东、河北、江苏四省。南海也有被侵略的情形,远达海南岛附近海域。⑦ 中国人民见政府无法解决

---

① 黄异:《渔业法规》,台北:渤海堂,1999 年,第 44 页;许启业:《公海渔业登临检查管理制度之研究》,基隆:台湾海洋大学海洋法律研究所硕士学位论文,2006 年,第 13 页。

② 北洋政府外交部,中日关系/渔业交涉,《日船越界捕鱼案》,《筹划公海领海界线事》,1926 年 10 月,"中央研究院"近代史研究所档案,馆藏号:03-33-075-01-008。

③ 《日本违法悬案之一部(四)》,《申报》第 21086 期,1931 年 12 月 15 日第 9 版。

④ 《中华民国法律汇辑》第三册,台北:"国民大会宪政研讨委员会"编印,1966 年,第 2138 页。

⑤ 《中华民国法律汇辑》第三册,台北:"国民大会宪政研讨委员会"编印,1966 年,第 2138 页。

⑥ 《国民党中执委关于江浙沪渔业状况函》,收入中国第二历史档案馆:《中华民国史档案资料汇编》第五辑第一编,财政经济(七),南京:江苏古籍出版社,1994 年,第 660 页。

⑦ "日本ノ渔船我领海二侵入ス",《8. 领海问题(含一般纷争、事故关系)》,《本邦渔业关系杂件/中国沿岸渔业关系》第三卷,图像文件号:0359～0362;"第一六号",《3. 南中国沿海渔业状况》,《本邦渔业关系杂件/中国沿岸渔业关系》第四卷,1934 年 9 月 8 日,图像文件号:0167～0168。

图 2-7　1935 年护渔巡舰及渔业调查试验等船旗帜

资料来源：《国民政府令制定"护渔巡舰及渔业调查试验等船旗帜图案"》,《国民政府公报》第 1712 号,政府公报信息网系统识别号：D3500055。

侵渔问题,便发起爱国运动,拒买日本渔货。[①] 1931 年,中国与日本进行领海界线讨论,由内政、外交、财政、海军、实业五部联合联署,将海关监视范围以 12 海里作为基本领域,并将渤海湾视为中国的内海,禁止日船进入。[②] 交涉结果,中国方面同意在未达成协议前,无限延期宣布领界划分,并以自卫原则,将 12 海里改成国际惯例的 3 海里。[③] 鉴于中国海岸因地形因素,不是平滑完整的海岸线,还有坐落于洋中的孤岛。因此在界定领海界线时,需

---

①　"华人不买日鱼(汉口中西报)",《8.领海问题(含一般纷争、事故关系)》,《本邦渔业关系杂件/中国沿岸渔业关系》第三卷,1931 年 1 月 21 日,图像文件号：0373。

②　"中國领海界线范围问题",《8.领海问题(含一般纷争、事故关系)》,《本邦渔业关系杂件/中国沿岸渔业关系》第三卷,1931 年 4 月 10 日,图像文件号：0378。

③　按照以前火药为主的大炮射程为五六千米,也就是 3 海里之远,但随着口径的加大,16 英寸口径的大炮的射程已达 4 万米之远,相当于 21 海里,超过 12 海里过多。同时因为中国沿海海湾从北到南,尤以渤海湾为内凹之地形,故以内海为特殊限定,确保领海界线。"领海界线规定草案",《8.领海问题(含一般纷争、事故关系)》,《本邦渔业关系杂件/中国沿岸渔业关系》第三卷,图像文件号：0382。

进一步谈判。以防牵涉到与日本相关的岛屿领海界线，特别是台湾海峡、黄海及渤海湾一带。

二、边缘民问题

每当朝代更替，一些游手好闲之徒都会借机作乱，不得不说边缘民为社会的隐疾。但从人民生计角度来看，这些边缘民大多为失业者，没有谋生渠道，只好在地方上作乱。学者安乐博在《罪犯或受害者：试析 1795—1810 年广东省海盗集团之成因及其成员之社会背景》一文提到，大部分的罪犯都不是真的罪犯，只有少数想作乱的上位者，控制毫无选择余地的受害者，为他们的野心做事。[①]

（一）盗匪成因

学者吴蕙芳在《大陆学界有关民国盗匪之研究》一文，对民国盗匪层出不穷的主因归纳为四点：

一是经济因素。造成此一情况的关键在于地少人多，地权集中于少数人手上。若再加上土地贫瘠，天灾频仍，则对人民生计造成重大威胁。另尚有税收的压迫与外国经济的入侵，税收的压迫在于苛捐杂税项目过多，这点容易被盗匪以"劫富济贫"的口号来收揽人心。至于外国经济入侵，更加速中国农村经济破产，导致一批无业游民出现，增加盗匪队伍的来源。

二是政治因素。此点强调官逼民反的情况，可与苛捐杂税一并来看。贪官污吏的压迫及剥削，迫使人民走上险路，奋起反抗，发动民变。不过，在军阀混战时期，一些地方势力欲恢复政治力量，也会从事盗匪活动。而这些地方势力多集中在县交界处或偏远地区，官府难以根除。

三是军事因素。民国时期的特色之一在于各地军事力量兴起，导致混战不断。地方军团强拉平民作为军队补充来源，因此在战败后，大量溃兵、逃兵、散兵聚集成不法团体。

四是社会因素。大量外来移民与当地社会不融洽，这种流民心态、过客

---

① 安乐博：《罪犯或受害者：试析 1795—1810 年广东省海盗集团之成因及其成员之社会背景》，汤熙勇主编：《中国海洋发展史》第七辑下册，台北："中央研究院"人文社会科学研究所，1999 年，第 439～451 页。

心理,使得他们为求生存不惜诉诸非法手段。又民国以来,成立许多秘密会社,以辛亥革命之后的广东会党来说,其匪化主要是内外因素共同作用的结果。外部因素有政权更替频繁,导致民众遭受重复性,甚至是加重的盘剥;城市工业化水平低,无法容纳数量庞大的遣散民军队伍。内部因素则是部分会党长期为匪所形成的土匪亚文化的历史惯性作用。

吴蕙芳另提出辅助性成因三点:

一是历史因素。并非在民国建立后,盗匪才陆陆续续出现,打从清末便有以打家劫舍、拦路抢劫维生、扰乱社会治安、威胁人们生命和财产的不法分子。

二是地理因素。盗匪会因地理条件来决定掠夺活动,举凡骑马、驾船、步行等。一般来说,群山纵横、森林茂密、河湖纵错、海域辽阔等地,便是盗匪活动的适宜场所。值得注意的是,地理条件只提供盗匪活动的外在因素,若没有其他条件起决定性作用,地理因素将不会是产生盗匪的主要因素。

三是个人因素。举凡被追杀、欠债、逃犯、生性刁顽之者或愤于人间不平揭竿而起等,都有可能成为盗匪。而且盗匪之间的义气,表现在被官府捕捉到案后,于供词上提供仇家之名作为共犯,可见义气、仇恨之态。[①]

(二)边缘民类型

1. 兵员

清后期太平天国运动席卷华中、华北一带,各乡为自保,办团练、乡勇、团防、联防、民团等,维持地方治安。起初由官府主导,费用由民间筹措,后期武器的制造与购入均由乡民负责。这种地方性质的防卫组织,往往因乡与乡之间的冲突,转变成私人武力。此情况至民国更为强烈,以农民组成的红枪会、大刀会为显著。他们与军阀结合,失去原本农民自卫军的性质。不仅互相争权夺利,更与对立的村落发生争斗,杀人越货,无一不做。

民国时期兵与匪为一体两面,不管是裁兵、逃兵,还是收编土匪为兵,都脱离不了求生存的机会。以匪为兵的武装集团,为民国社会的特征之一。

---

① 吴蕙芳:《大陆学界有关民国盗匪之研究》,收入中华民国史专题第四届讨论会秘书处编:《中华民国史专题论文集第四届讨论会》第 2 册,台北:“国史馆”,1998 年,第 1873~1883 页。

1922 年《申报》报导,江苏省近来常发生抢案,皆因他省被革军警、匪党流入所致。现闽省又有溃散军队,难保无逃窜苏沪情事。[①]

大部分兵士尚处于"当兵吃粮"的境况,在军队中的士兵每月发饷不过五六元,还多拖欠不能按时发放。以张宗昌(1881—1932)的士兵为例,"吃的东西,普通是三等面粉的黑馒头,有的还吃不着,没有菜,汤是加了一点面粉的开水,衣服只有单、棉两套"。国民革命军的士兵待遇也很微薄,常被层层克扣。[②]

这些兵员具有寄生社会的性质,因故变成盗匪的可能性非常高,他们的存在使民国社会分裂程度加深,危机四伏。[③] 这些遭裁遣的退伍军人若没有得到善待,在解甲之后,是当强盗的天生材料,变成"兵而退则盗"的"复原转业"。[④]

2. 流民

民国各地匪情,遍至全国各省,一省之中,无一县没有盗匪;一县之中,无一乡镇没有盗匪。流民因生计问题,向其他省份前进,特别是大都市,但途中经过的地区,若有盗团活跃,必被拉去。固然当兵吃粮是一个选择,铤而走险过绿林生活也是流民的主要流向,且较当兵有过之而无不及。为盗虽犯法,然未必为盗者人人尽为官所捕。即被捕,亦不过一死,但不为盗则死在目前(饥寒交迫),为盗非特目前不死,且可以侥幸不死。[⑤]

流民组成的盗匪集团可分非正式、半正式与正式三种,判断标准以他们是否将盗匪当作职业来看待。多数时间里,流民只是将偷拐抢骗当作是另一种经济来源,甚少离家冒险。利用农暇时间犯案,于收获季节到来时,便

---

① 《水警提前开办冬防》,《申报》第 17840 期,1922 年 10 月 22 日第 13 版。

② 山东通志编辑委员会编:民国《山东通志》第 3 册,台北:山东文献杂志社,2002 年,第 1775 页。

③ 福本胜清:《中国革命を駆け抜けたアウトローたち:土匪と流氓の世界》,东京:中央公论社,1998 年,第 19～20、81 页。关于军匪生涯的经历,可参考《叶文龙的军匪生涯》《彭棠的土匪、军官、恶霸生涯》《汪柴水匪祸在惠安》,收入河北文史资料编辑部编:《近代中国土匪实录》中卷,北京:群众出版社,1992 年,第 440～461 页。

④ 艾瑞克·霍布斯邦(Eric J. Hobsbawm)著,郑明萱译:《盗匪:从罗宾汉到水浒英雄》,台北:麦田出版社,1998 年,第 32 页。

⑤ 池子华:《中国近代流民(修订版)》,北京:社会科学文献出版社,2007 年,第 194、199 页。

解散归乡,此乃非正式。半正式则是指匪徒长年偷盗抢劫,择一安全地方做巢穴,四出抢掠,活动范围从家乡拓展到自然灾害较轻微的地区。至于正式的,则是指不时向集镇和政治中心发起攻击,且规模庞大的匪团,在饥馑频繁年代,匪军可吸引大批饥饿农民群投入。[1]

不过流民也可选择乞丐一途。以行乞为职业的乞丐,其存在与职业行帮的盛行有关。虽说乞丐可能是社会福利不佳与失业率高而造成的问题,但丐帮的存在,也使得乞丐容易成为一股匪势。[2]

3. 疍民

沿海地区尚有居住在海上的人家,称为"蛋民",又称"蛋家"。而"蛋"字亦可换作"疍"。[3] 关于疍民的名称起源,一说是因为妇女的屁股很像鸡蛋,一说是他们的脚很像鸡蛋。广东合浦县有采集珍珠的职业,水上居民在采珍珠季节时,到海上抢取珍珠,他们也可能因劫掠行为而被称为"蛋民",说法不一。不过,他们是生活在船上的人,因此又以"艇民"为称。居住的范围从福建省、广东珠江流域及香港、澳门外海均可见其踪迹。所使用的语言及口音接近古吴音的广东腔、客家语及黎民语。[4]

蛋民的职业大都与水有关,举凡渔捞、走私贸易、海上运输,香港蛋民甚至还帮旅客托运行李。居住地若靠近岛屿,如福建三都澳、大东岛及韶安附近岛屿,部分蛋民也会做海盗。以海盗为本业的这些人,也是因为被压迫(税收过重)而被迫走上险路。他们会抢劫走私贸易的船只,及盐枭载送的

---

① 池子华:《中国近代流民(修订版)》,北京:社会科学文献出版社,2007年,第200～201页。

② 池子华:《中国流民史·近代卷》,合肥:安徽人民出版社,2000年,第168、178、182页。

③ 疍民研究起源于1930年代中国广东省广州市的岭南大学社会研究所,由伍锐麟及陈序经对三水市的疍民调查为先。主要针对人口和经济生活的内容为论文主轴,辅以统计学的研究。对疍家的历史文献、起源有初步的短期调查。1940年后,由于广东曾被日本占领过,由中山大学教授何格恩研究珠江流域的疍民与沙田这种后开发地域的土地利用及农业关系,如何借地从事水田耕作。其他关于疍民相关研究回顾,可参考:长沼さやか:《広东の水上居民:珠江デルタ汉族のエスニシティとその变容》,东京:风响社,2010年,第23～27页。

④ 《蛋民ニ关スル调书》,《民族问题关系杂件》第三卷,1937年6月4日,图像文件号:0172。

图 2-8　居住在运河道的水上居民

资料来源:林育德:《记忆邮递:百年前发自中国的 50 封明信片》,台北:脸谱出版社,2001 年,第 65 页。

盐船。这些蛋民以船为家,因此可随时改变居住地点,往其他地方移动。[1]

以上简述三种边缘民类型,为民国社会问题庞杂的因素之一,导致百姓流离失所,而最大的原因还是在于政治不安定,连年战端不断,生产蒙受破坏。

三、政府的角色

政府的职责乃是维持社会秩序,但国土过大及交通设备不完善,使官府的监控与取缔难以到达偏远地区。且国内各处内乱不断,财政极为混乱,某些地区官府苛税过度而失去民心。

以政府讨伐盗匪的花费来说,1914 年征讨河南省鲁山附近的白狼匪团费用为例,光半年花费,北京政府便支出 400 万元。陕西、河南、湖北、甘肃、四川等省府共支出 500 万元,总计 900 万元之多,征讨白狼匪团前前后后约

---

[1]　《蛋民二关スル调书》,《民族问题关系杂件》第三卷,1937 年 6 月 4 日,图像文件号:0173～0178。

26 个月,消耗费用至少 2000 万元。① 仅陆上匪团就已耗损数千万元,海上治安的防备,花费自然比陆上要来得贵上许多。1927 年广东省清除广东海盗的费用,除补各军舰武器弹药,增建四艘浅水炮舰,并在各河道设置无线电台,便要花费 70 多万元。② 由于海军的养护属于一种常态型的支出,海军不像陆军能"因粮于敌"。打海盗所需的硬设备,所费不赀,除去巡逻船只、人员、武器以外,平时的保养及情报搜集,皆须一笔持续稳定的资金。又海面广大,需建立数组巡逻队,分期、分地点巡视。

遭官军讨伐的败军残党,逃窜各地,不久又会再次作乱。③ 以 1929 年活跃于温州外海的海盗为例,他们以金清港内的鸡蛋山为据点,对航行船只进行劫掠。盗团内部阶级严明有序,以长官、副官、队长、参谋等称呼彼此,首领更为盗人渲染,称他有非常功夫,枪弹、炮火不能损其毫毛,非大事绝不轻易下山,部属各司其职,领口、司机、旗语、无线电均有专人司职。此匪对外声称原为白崇禧(1893—1966)军队,因白总指挥下野,为求生存,只得入山为"好汉"。④ 此疑为败军复原转业,他们精熟各种枪炮战术,并盘踞鸡蛋山,利用水域深浅、暗礁等天险,军舰等不能进剿,长期威胁附近海面。

且军阀政权为巩固自身统治地域,一面讨伐盗匪集团,一面又和盗匪集团形成一种共犯关系。军阀剿灭盗匪,可保障势力范围内的统治,却又需要盗匪作为预备军补充。地方政府也会受到匪徒的贿赂,对上呈报该地区并无任何盗匪,但实际为"上下交相贼",根本无法取缔。⑤ 以致盗匪集团一边躲避和袭扰军队的围剿,一边期待被收编。⑥ 官府将盗匪纳入体制,但原本体系未受改变,盗匪反而趁机兴风作浪。成为"官军"一分子后,便不再出没

① 小山清次:《統中國研究丛书》第 2 卷,东京:东亚实进社,1919 年,第 454～455 页。
② 《粤省之军政消息》,《申报》第 19366 期,1927 年 2 月 5 日第 10 版。
③ "『バイアス』湾ノ海贼ニ就キテ",《昭和六年/1.海贼一般状况并防压关系》,《中国海贼关系杂件》第三卷,1931 年 8 月 27 日,图像文件号:0108。
④ 《广济被盗中零零碎碎》,《申报》第 20350 期,1929 年 11 月 15 日第 19 版。
⑤ "『バイアス』湾ノ海贼ニ就キテ",《昭和六年/1.海贼一般状况并防压关系》,《中国海贼关系杂件》第三卷,1931 年 8 月 27 日,图像文件号:0109。关于政府吸收海盗,进而封官赐爵的研究,可以参考陈钰祥:《清代粤洋与越南的海盗问题研究(1810—1885)》,台中:东海大学历史学系硕士学位论文,2005 年,第六章。
⑥ 孙江:《土匪政治——从档案史料看民国初期华北的土匪》,收入中国社会科学院近代史研究所民国史研究室、四川师范大学历史文化学院编:《1910 年代的中国》,北京:社会科学文献出版社,2007 年,第 476 页。

犯案，而改成季节性作案，沿海各村庄船户，除渔业季以外，由他们发票证，按"官匪"分配的数额上缴款项，到期不交或数目不足者就会被逮捕。[1]

日人井东宪在《中國の秘密》一书中称北方军阀的将领皆为马贼出身，南方军阀则是海盗出身。他们利用当马贼或海盗所积累的金钱换取政府职位，原本无知无能的匪徒，可利用买官、接受招抚等手段晋升为政府干部。[2]可见这种被政府收编成军队的素质、纪律不一，甚至与军队同流合污，靠搜刮民脂民膏，满足私人利欲。

1913年《申报》刊载《论中国宜亟弭盗安民以祛政治进行之障碍》一文，提及治盗之要：

> 一在兵队……倘招募非人，在营则为兵，去伍则为盗。即兵即盗，即盗即兵，吾民尚有安枕之日乎……二在军官，军官有约束兵丁之责，黜陟兵士之权。若编列行伍以后，竟任其骚扰闾阎，剽掠乡里，不知以军纪部勒之则，将来退伍之时，必更肆无忌惮……但中央政府倘不将饷糈照发，使其迫于饥寒而流为盗，则又政府之责也……三在贫民……管子曰："衣食足而知荣辱。"西谚曰："面包者，道德之原料也。"由……[3]

以上弭盗安民，前两点述说军队纪律不佳，军官须负最大责任，加以兵员善待不周，以致逃往山林，据地为王。民国时期各地军阀乱政促使盗匪四起，加上根除不彻底，甚或与之合流。又招安原为一良法，一来军队可获兵员补充，二来以盗治盗，收事倍功半之效。但盗匪本质不随编制而改，反而以"官军"身份继续活跃，甚至变本加厉。

四、小　　结

在渔村习俗里，对于遇难船只可视为礼物的心态，导致劫掠风气颇盛。探究此因，渔民一方面有养家糊口的压力，一方面必须缴纳的规费也多。另日船以优越的技术与器械，投入中国渔场的竞争行列，甚至还破坏中国渔民

---

① 河北文史资料编辑部编：《近代中国土匪实录》中卷，北京：群众出版社，1992年，第62页。

② 井东宪：《中國の秘密》，东京：秋丰园出版部，1939年，第78页。

③ 《论中国宜亟弭盗安民以祛政治进行之障碍》，《申报》第14670期，1913年12月8日第1～2版。

的渔具,派舰"保护"作业中的日船。因此,渔民迫于无奈,选择海盗一途。

另一个造成民国海盗充斥的原因,在于败军残兵。此时期的兵匪为一体两面,许多兵员的补充,为四处抓来的无辜百姓。在一次败战后,这些人无处可归,若得一有力人士号召,往往便落草为寇。无怪乎这些兵员的转业,便是做盗匪。

至于政府因时局巨变,对偏远地区无法有效管理,地方盗匪以"天高皇帝远",一方面利用官府欲培植地方势力,需借助他们在地的网络;另一方面,这些盗匪希冀官府招抚,进而合法化,对其他盗匪团的掌控。可见此时期的地方政府,除无力根除盗匪问题外,反与之同流合污。

如此看来,时代变动导致人民生计不济,此为推力。从事海盗所需的成本,不需太多,仅以身投入,一次犯案便可获取大量利润,何乐而不为,此为拉力。军阀乱政、军队纪律不佳及不发军饷,此为取缔海盗不彰的阻力。又政府无力解决海盗,致使兵去任为盗、兵匪合流的情况,此为助力。

第三章

民国时代的海盗特色

本章第一节分析海盗作案用的船只、武器来源、自然环境的影响和海盗头目的素质。第二节以报纸整理的资料呈现劫船手法及收入，并从三位外国人的经验了解海盗的习性。第三节根据日本对南中国沿海的调查资料，来看海盗组织、纪律及成因。

以一首《海盗的歌》来做引子（每段"孩子们……"前均有其他字句，但碍于篇幅版面，仅节录海盗呼喊孩子们行动的句子）：

孩子们快御起中间的帆，追上前面那高大的楼船！孩子们快打起中舱的鼓，那船是羔羊，我们是老虎。孩子们快准备大斧长刀，赶上听他们绝命的呼号！孩子们快茹上船头的炮，一下子准把他舵楼轰掉！

孩子们快鼓起两舷的锣，锣声和着我悲壮的高歌！孩子们快响起铜琶铁板，和着我歌声的抑扬宛转。孩子们快些儿摇起长桨，那船上的人影纷乱慌忙。孩子们快些儿吹起号角，这准吓得他们魂飞胆落！

孩子们用劲儿狂喊高喧，这准吓得他们肉跳心寒！摇桨的孩子们挺身奋腕，那船不过只有二里多远。摇桨的孩子们桨快如风，那船上的人影越看越清。孩子们把船尾小帆张满，斜着向那船的左边快转！

孩子们掉转炮别要慌忙，对准了那船中段的圆窗。孩子们这一炮来得真好，那中间的大桅连帆歌倒。孩子们快看那烟焰多高，中间的大帆被炮火燃烧。孩子们，歇着罢，不须喧吵，这回他准的是逃脱不了。

孩子们个个都喜笑开颜，转眼这大船已到了当前。孩子们都不许狂奔急窜，临敌最要紧是自己别乱！孩子们准备长些的篙竿，快快钩住那华美的船栏。孩子们那一个捷足先得？快把那掌舵的首先结果！[1]

---

[1]　王希仁：《海盗的歌》，《晨报副刊》第 11 卷第 6 期，1926 年，第 15～16 页。

首先,歌词描写发现、追捕船只时,海盗升起主帆,并以人力划桨,更利用鼓、锣、号角及喊叫声,让船上人员心生恐惧,使他们手忙脚乱。其次,以大炮射击作威胁恐吓,目的是打断船只主帆,让他们丧失动力。最后,海盗以长枪射击,对该船做初步镇压后,用长竿钩住船只,海盗便一拥而上。从叙述可看到,海盗头目不断鼓励部属,除命令他们动作,更提醒他们临危之际必不能慌乱,这里体现"出海为盗"的这些人,同样挟着胆战的心态讨生活。

第一节　船只、武器及海盗头目

一、船只与水域环境

(一)海盗船的类型

　　通常来说,海盗船讲求移动迅速,自然就限制船只规模。常出现的船型,以中国帆船(Junk,戎克)为主,载重约 70 石到 200 石不等,船桅不超过两桅,当然也有三桅的船型。[①] 此种平底帆船长 12 米,宽 4.2 米,载炮数 12～25 门,乘载人数在 100 人左右。此外,也有小型平底帆船,适合 18～30 人搭乘,用于侦察、船与船之间的联络或是岸间的交通。[②]

　　以广东沿海的渔船种类来说,至少有数百种,多以风帆为动力,从《申报》对中国渔船的描述可看出一些端倪:

　　　　两头尖浅海船,多在北海海面捕鱼,长二丈八尺,广一丈,有一桅。高三丈四尺,船容渔夫四五人。此船连渔具约值银二百五十元。

　　　　海南艇,长三丈五尺,广一丈,载重百石,容渔夫七八人。船有二

　　① 《海贼船か商船か》,《台湾日日新报》1913 年 7 月 16 日第 7 版;《海贼船と根据地》,《台湾日日新报》1913 年 8 月 16 日第 7 版;《海贼船详报,三木樯の戎克船》,《台湾日日新报》1915 年 6 月 29 日第 7 版。

　　② 森村宗冬著,吴锵煌译:《海盗事典》,台北:霹雳新潮社,2008 年,第 179 页。

桅，大者高四丈，小者高二丈六尺。此船连渔具约值银八百元，多在粤海捕鱼，间往越南。

大开尾船，长五丈一尺，广一丈四尺，载重三百石，容渔夫八九人。船有三桅，头桅高三丈二尺，中桅高四丈六寸，尾桅高二丈。一网所得之量，鱼多时，可三千斤。此船连渔具，约值银八百元。

密尾渔船，长六丈，广一丈五尺，载重千石，亦有三桅。头桅高三丈八尺，桅中高四丈八尺，尾桅高二丈二尺。顺逆风均可行驶，顺风速度可比轮船，渔船中之最大者也。起网用车盘置于船面，鱼多时，每网可获四五千斤。船载十三四人，连渔具约值银二千元。[①]

图 3-1　三桅戎克船

资料来源：森村宗冬著，吴锵煌译：《海盗事典》，台北：霹雳新潮社，2008年，第179页。

图 3-2　单桅戎克船

资料来源：李钦贤：《台湾的风景绘叶书》，台北：远足文化公司，2003年，第35页。

其规模尚有渔团者，具舰队之形式：

有指挥船、传令船及驱逐船等。命令一下，齐向四方张开整网，约距三里海面，即叩海以驱鱼群，使集于网上，而捕获之。此项渔业，每队须大形渔船二只，小渔船四十只以上。然当鱼群盛至时，一网之渔获，

---

① 《中国之渔业（续）》，《申报》星期增刊第18341期，1924年3月23日第23版。

即可值银万元矣。其主要之渔获物,多为黄花鱼。[1]

江苏省渔民使用的旧式渔船有张网船、摇网船(流网船)、抢网船及旋网船等,船底均是平底,长约 40~50 尺,宽约 10 尺,有墙四道,也有三五道的。载重量最轻有 300 石,普通的有 400~600 石,大型摇网船有 50~60 尺长,载重量达 1000 石也有。小船渔夫人数 7~8 人,大船 11~12 人。大张网船长 80 尺以上,宽 20 尺,深 11~12 尺,吃水量 5~6 尺,载重量可达 1500 石,最大有 2000 石,搭载渔夫 16 人之多。

浙江省的渔船种类也颇多,有大对船、小对船、大钓船、小钓船、红头对、溜网船、大捕船、墨渔船、拉钓船、海蜇船、砂石船等,而大对船又有长船、短长、冬船、半冬船、春船等分别。普通旧式渔船船身不大,大对船长 70~80 尺,宽 15~16 尺,载重量 120~130 石,搭载 7~8 名渔夫;小对船长约 50 尺,宽 10 尺,载重量 70~80 石。最小的长 30~40 尺,宽 80~90 尺,载重量 60 石,搭载 4 名渔夫。[2]

图 3-3　往返大陆台湾之间的
　　　　双桅戎克船

资料来源:《明信片》,台湾百年写真 GIS 数据库,下载日期:2011 年 5 月 31 日。

图 3-4　浮水竹筏

资料来源:《明信片》,台湾百年写真 GIS 数据库,下载日期:2011 年 5 月 31 日。

---

① 《中国之渔业(续)》,《申报》星期增刊第 18341 期,1924 年 3 月 23 日第 23 版。
② 王宗培:《中国沿海之渔民经济》,《经济学季刊》第 3 卷第 1 期,1932 年,第 111~113 页。

　　若以沿岸小船或舢舨当海盗船使用，一来船底平坦，无法至外海活动；二来移动力稍嫌不足，难以追逐或逃跑。但不能忽略此种小船无法作为海盗船，因为某些港湾的地形，有着当地居民才知晓的暗礁及浅滩。海盗利用被害船入港前在外港等候，及触礁或搁浅之际，趁暗夜来临时，登上被害船只进行打劫。

　　海盗船的颜色，曾出现白色、黑色及红色等配色。其中以白色居多，通常漆在船只吃水部分以下。船体有黑、红相间，或船首涂红、船尾涂白的颜色配置，配色千变万化。据笔者推测，颜色差异可能为各地区分辨船只所用，也可能为某些渔团组织使用。吨位方面，吃水浅的船只颇受青睐，值得注意的是，吃水浅代表无法深入海洋太远，否则风浪稍大，船只易翻。除将抢来的船只当作诱饵继续使用之外，通常不会使用笨重的货船。

　　关于造船限制的问题，清中叶因海盗蔡牵等人横行海上，清廷为防止民间建造大船为海盗所用，因此有很长一段时间限制船只规模。清廷以若不加以限制船只规模，则有可能出现水师船只不堪海盗大船撞击而沉没，不仅追捕困难，也令朝廷颜面尽失，海盗气焰更加猖狂。[1] 不过，随着海盗被剿灭，清廷也取消造船限制，但船只大小维持在不超过 600 石。

　　因此，海盗因应民间船只的发展，并没有刻意打造大型船只。换句话说，就地取材，因地制宜。然而在动力方面，此时期渐有使用发动机设备，但需要燃料、维修及装置等费用。一般来说，民国时期的海盗船多以风帆动力为主，但海盗利用丰富的海上经验来观测风向、潮汐、暗礁等，让盗船在每次行动时，皆能掌握先机。

　　由图 3-5、图 3-6 所见，海盗船载重量最大的可达 600 石，最小的为 200 石。"曾船"指单桅，是为追求航行敏捷灵活的一种船型，由此船型推测海盗出没的地点应该离根据地不远。而这些海盗船船体最引人注目的是船舷两侧显著的鱼眼，称为"龙目"。例如福州船为外白内黑形凸，泉州船则外白内黑形扁，广东、安徽为外红内黑形圆，浙江船为外白内黑形圆，江南地区船眼为外白内黑形峣长，鱼眼的功用多为趋吉避凶的象征。[2] 此特征反映船只为中国人所有，并与渔业经营有关，也有部分是沿海货运使用的货船。大体而言，是可以确定的海盗船样式。

①　杨金森、范中义：《中国海防史》，北京：海洋出版社，2005 年，第 502、508 页。
②　戴宝村：《近代台湾海运发展：戎克船到长荣巨舶》，台北：玉山社，2000 年，第 38 页。

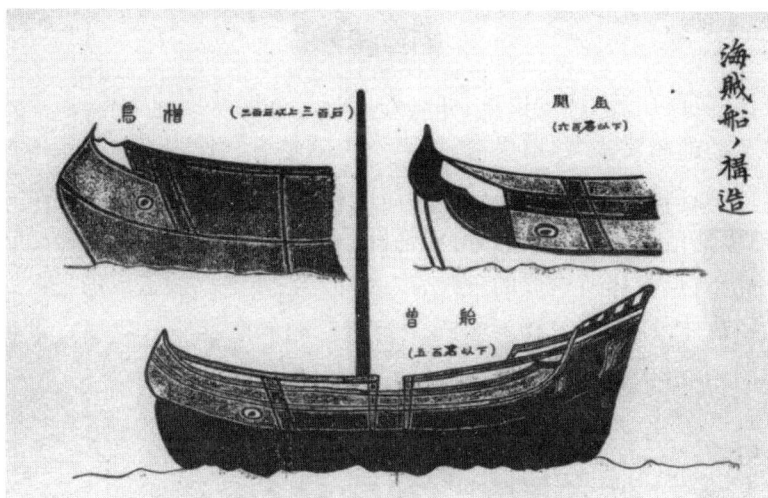

图 3-5　中国海盗船样式一

资料来源:《南中國沿岸ニ于ケル海賊船占拠地搜查状況复命书・台湾总督府警部富井藤平外二名》,《公文雑纂》卷十八,《海外视察复命》,1919 年 3 月 10 日,图像文件号:0039。

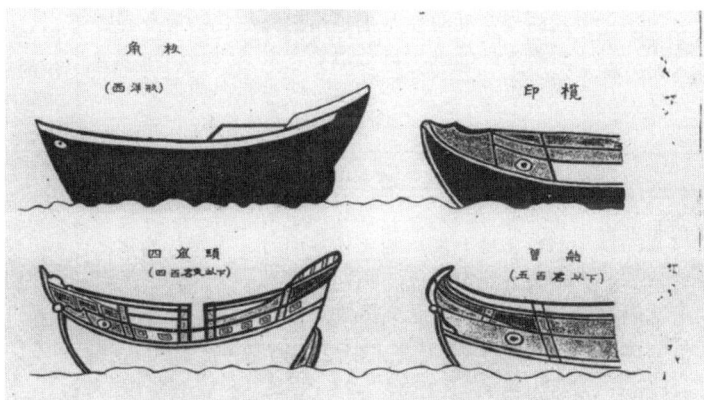

图 3-6　中国海盗船样式二

资料来源:《南中國沿岸ニ于ケル海賊船占拠地搜查状況复命书・台湾总督府警部富井藤平外二名》,《公文雑纂》卷十八,《海外视察复命》,1919 年 3 月 10 日,图像文件号:0040。

（二）水域类型

海洋环境可分成四个地域，即远洋、缘海、滨海及内陆水道。[1] 表 3-1 显示海盗活动的相关水域，以缘海、滨海及内陆水道三种为主。特定海域会限制船只活动，前述三种水域（远洋、缘海和滨海）都是沿岸船只可以活动的地点，自然而然地，这些水域成为海盗活跃的温床。水面状况的危险可区分成两类：一为有形物体所构成的危险，二为特定气候状况所造成的危险。这些危险不论属于哪一类，只要一出现便会使船舶的航行陷入险境。最糟的情况可能阻断航行，也可能只会限制或迟滞船舶运动的速度。[2]

表 3-1　海洋环境的水面特性

海洋环境	距离	位置	自然构形	水面状况	潮汐/海流
远洋	海洋范围广大，必须克服衍生的长远距离	视纬度而定	开阔大洋的广袤水域，使得其重要性非常有限	因为海象和雾的关系，故极具重要性	潮汐和海流的影响力都不大
缘海	范围有限，重要性不如公海	视纬度和其与公海水域的关系而定	半封闭的构形加上进出公海的通道经常受限，故极具重要性	因为海象和雾的关系，故极具重要性	潮汐具有某种影响力，但潮汐的涨落量通常不大
滨海	克服的距离很短	视纬度、缘海、公海水域之间的关系而定	对发生于此一海洋环境中的海军作战的所有面向都极具重要性	因为海象和雾，尤其是水下危险物体的关系，故极具重要性	发生于此一环境的许多面向中，潮汐的时刻扮演重要的角色

---

① 林博格：(Michael Lindberg)、托德(Daniel Todd)著，高一中译：《近岸、近海及远洋舰队：自 1861 年迄今地理环境对海军作战之影响》，台北：史政编译室，2005 年，第 123 页。

② 最常见的障碍物包括了礁石、暗礁、沙洲或沉船，其中某些障碍物是长时期且具有危险性的，另外一些障碍物只有在低潮时才会令人感到忧虑。林博格、托德著，高一中译：《近岸、近海及远洋舰队：自 1861 年迄今地理环境对海军作战之影响》，台北：史政编译室，2005 年，第 116 页。

续表

海洋环境	距离	位置	自然构形	水面状况	潮汐/海流
内陆水道	具有河川的线性特性	重要性视纬度和其与滨海和滨海以外水域之关系而定	水道宽度、航向、地形都是重要的考虑因素	因为水下和半沉的危险物体和某些地区所存在的浮冰和雾的关系,故极具重要性	海流具有重要性,但潮汐则不具影响力

资料来源:林博格、托德著,高一中译:《近岸、近海及远洋舰队:自1861年迄今地理环境对海军作战之影响》,台北:史政编译室,2005年,第123页。

表 3-2　海洋环境的水下特性

海洋环境	水深	海底特性	海洋生物	海水性质
远洋	非常深,平均一万二千英尺以上	对水面作战的影响极小	主要为游泳生物	海水具有层次,其影响力取决于纬度和季节的状况
缘海	深度不一,滨海水域很浅,中间部分的水域较深	对水面作战的影响极小	主要为游泳生物	海水具有层次,其影响力取决于纬度和季节状况
滨海	很浅,平均不到六百英尺	水深很浅,极具重要性	有游泳生物和底栖生物	海水具有层次,其影响力取决于纬度和季节状况
内陆水道	很浅	水深很浅,极具重要性	几乎或完全不具影响力	几乎或完全不具影响力

资料来源:林博格、托德著,高一中译:《近岸、近海及远洋舰队:自1861年迄今地理环境对海军作战之影响》,台北:史政编译室,2005年,第124页。

　　表 3-1 及表 3-2 说明水面特性及水下特性对船只的影响。水面特性以水面状况与潮汐、海流等项目,提到海相、雾及潮汐的影响,船长若对某一水域的习性、状况不清楚,很可能会发生触礁或翻船。当地居民因传承的经验及长年累月的观察,自然对特定海域非常熟悉。此二表虽以海军在水面上的作战作为参考,除远洋及缘海离岸较远的洋面外,海盗出没于滨海及内陆水道的概率较高。

二、东南沿海岛屿与季节

早期中国外海的岛屿，多是人烟稀少，尚未开发的孤岛。随着人口渐增，一些沿海百姓，因动乱被迫离开家园，前往未知的世界讨生活。学者郑广南认为海盗与岛屿画上等号之因，与他们的活动环境与方式有关。船只的修理及生活必需品的补给，均得靠大陆沿海港湾方可进行。但若在陆地建立根据地，则易遭官兵攻击，因此悬于洋面的岛屿成为最佳选择。一来可躲避官兵的追捕，二来可据地为王，三来成为活动的主要场所。[①] 东南沿海的岛屿分布众多，又以苏浙一带、福建、广东居多，依序是：上海、浙江外海，福建、广东与台湾海峡。

（一）江苏、浙江海面

扬子江在商务航运上，自与外国通商以来，无不得利者，有三省通谓之江的说法。华中一带江河均从此海口注入，内部流域遍及九省，为货物进出热络处。吴淞口一带，则因深浅不一，载重货船须雇用当地熟练水手负责取道，否则容易搁浅，又江心旋涡无数，尤需慎防。[②]

本区最大岛，首推崇明岛与舟山岛。崇明岛位于长江入海口，完全为大江冲积的沙洲，面积 1083 平方公里。舟山岛位于镇海外海，面积 469.3 平方公里，为浙江沿海第一大岛。附近岛屿极多，北起长江口，南到崎头洋，大小岛屿三百多个，总称舟山群岛，罗列于杭州湾口。这些岛屿都是没入海中的丘陵，所以各岛多以山名之，如马鞍山列岛（嵊泗列岛）、大戢山、小戢山、黄泽山、衢山、岱山、长涂山、普陀山、玉盘山与霍山等。[③]

---

① 郑广南：《中国海盗史》，上海：华东理工大学出版社，1998 年，第 381 页。

② 中国边疆研究资料文库·海疆文献初编：《沿海形势及海防》第一辑第五册，新译中国江海险要图志，北京：知识产权出版社，2011 年，第 695～696、729 页。

③ 陈汝勤、刘鸿喜、曹永和：《中国全集》第五册（海洋中国），台北：锦绣出版社，1982 年，第 49 页。

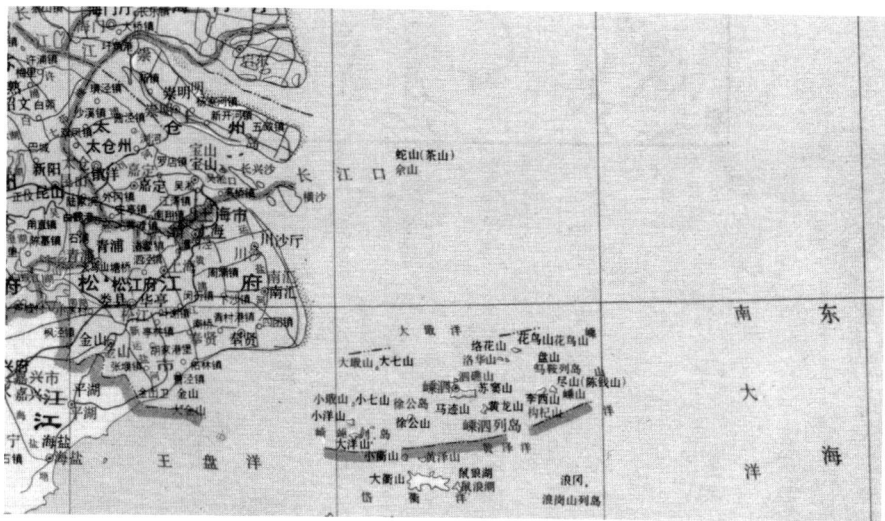

图 3-7　江苏南段—长江出海口及舟山群岛

资料来源:谭其骧主编:《中国历史地图集》第八册(清时期),北京:中国地图出版社,1996 年,第 17 页。

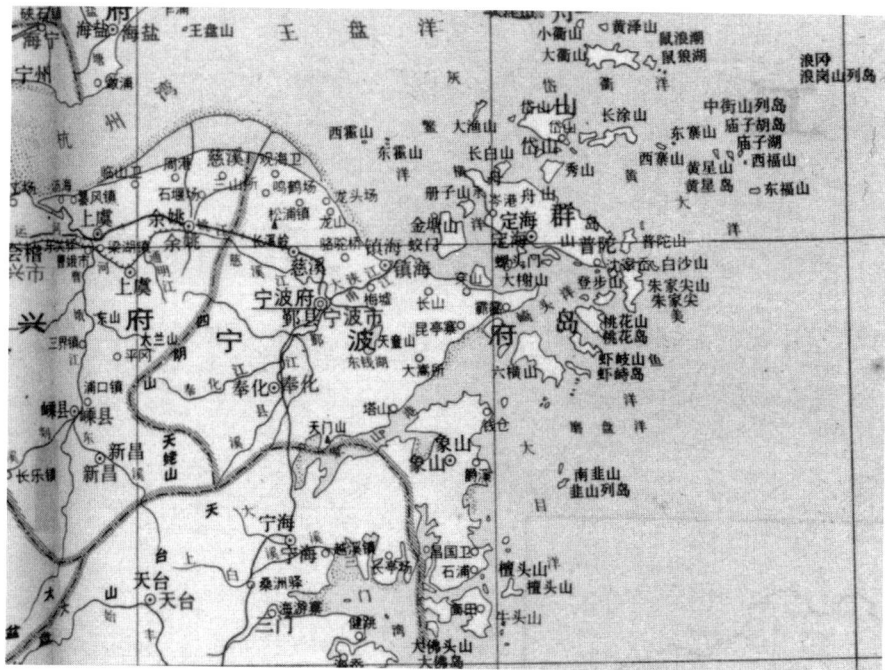

图 3-8　浙江省杭州湾沿海岛屿分布

资料来源:谭其骧主编:《中国历史地图集》第八册(清时期),北京:中国地图出版社,1996 年,第 32 页。

图 3-9　江苏北段沿海暗沙分布

资料来源：谭其骧主编：《中国历史地图集》第八册（清时期），北京：中国地图出版社，1996年，第17页。

长江口附近的海岛,有大洋山、小洋山、黄泥塥、薄刀嘴、筲箕山、虎筱蛇、马鞍山、中门堂、大指头、镬盖挡、姜公祠、壳子山、大乌龟、小乌龟、大三唐、小三唐、双连山、金山、白山、滩浒山、徐公山、大鸢山、上川山、下川山、江南山、柴山、白碛山、鹰巢山、半边山、四礁、马迹山、中柱山、北鼎新、小鼎新、大麦烘、金鸡山、黄龙山、小黄龙、南鼎新、枸杞山、陈钱山、壁下山、野猫洞、大盘山、章汉山、胡地山、张屿、花鸟山、东浦山、柏子山、迟迟山、东绿华、西绿华、畲山等。①

海州一带也是海盗时常出没之地,由于海州地处江苏与山东两省之间,因此官府在缉捕上明显有困难,于此发生的劫案有1927年平雄丸及海通丸事件。海州附近则有秦山、车牛山、平山、竹岛、鸽子岛、鹰游山、羊山、小团山、开山等。②

另外,从江苏北段沿海图来看(图 3-9),有许多暗沙存在,由北至南,依序为五条沙、大沙、北沙、长沙、瑶沙、蒲子沙、暗沙、得自羔沙、黄子沙、金字沙、庄家沙、朗家沙、勿南沙等。船只往北行,若船上水手对此海域不熟悉的话,可能会触礁、搁浅,甚至沉没,此时便是海盗出手的机会。

(二)福建、广东外海

1. 福建

福建兴化府属各岛,海盗充斥,吉口、湄州,贼多泊于此。漳泉的浯屿向为盗薮,圭屿居民凭海为非,东澳海口避风之处,寇船往来常泊于此,俗呼贼澳。③ 最为人所知,莫过于南日岛,日人称其为海盗大本营,④《南日岛志》记载:"多海盗,任何商船经南日岛,必栗栗危惧,不敢久泊。"⑤福州兴化湾外海的平潭县,在 1928 年发生了锦江丸事件。日本军舰借口锦江丸遭到当地海盗打劫,航行至此,射杀无辜渔民,造成平潭"二二八"惨案。

---

① (清)朱正元辑:《江苏沿海图说》,台北:成文出版社,1974 年,第 92~103 页。

② (清)朱正元辑:《江苏沿海图说》,台北:成文出版社,1974 年,第 104~105 页。

③ 郑广南:《中国海盗史》,上海:华东理工大学出版社,1998 年,第 385 页。

④ 《台湾近海に海贼 根拠地は福州の南日岛》,《读卖新闻》1918 年 7 月 22 日第 5 版。

⑤ 中国地方志集成编辑委员会编:《中国地方志集成·乡镇志》专辑 26,上海:上海书店,1992 年,第 897 页。

图 3-10 福建省兴化湾、湄州湾一带岛屿分布

资料来源:谭其骧主编:《中国历史地图集》第八册(清时期),北京:中国地图出版社,1996年,第43页。

此区著名的港湾有福州湾,为闽江入海之口,口内有五虎岛,别称五虎门。沙洲杂沓,山险层叠,具天然屏障,为福建数郡之锁钥。

福清湾,外海有平潭岛,面积290平方公里,为福建沿海第一大岛。屹立海中,地形狭而长,内向福清县仅隔海坛海峡,实福清之外屏。上荫闽江,下庇兴化,扼东南之要。

兴化湾,北为江口寨,南为黄石寨,海滨多为多事之秋,海外岛屿大小十余座,以南日最大,面积63平方公里。居兴化湾与平海湾之口门,为往南洋之良港海道。

图 3-11　福建省泉州、厦门以南岛屿分布

资料来源:谭其骧主编:《中国历史地图集》第八册(清时期),北京:中国地图出版社,1996年,第42页。

闽江口东约15公里的马祖群岛,自北而南约40公里,包括高登、北竿、南竿、西莒、东莒等岛屿,以南竿最大,面积约12平方公里。

湄州湾,外海有湄州岛,西北有两小澳,可供船只停泊。其重要性不下兴化湾。

厦门港,为五口通商口岸之一,面积108平方公里,东有大小金门岛,西有鼓浪屿,南有大担屿、小担屿,港内曲折宽深,可以泊舟避风。[①]

东山岛,位于铜山港之南,面积207平方公里,为福建沿海第二岛。[②]

---

① 《地理:中国沿海险要略说(续)》,《沧浪杂志》第3卷,1910年,第38～40页。

② 陈汝勤、刘鸿喜、曹永和:《中国全集》第五册(海洋中国),台北:锦绣出版社,1982年,第56页。

2.广东

粤洋东中路的北澎、中澎、南澎等岛屿,是潮州"贼艘经由暂寄之所",黄冈、大澳、放鸡、广澳、钱澳、赤澳,乃"潮郡贼艘出没之区",小星、沱泞、伶仃山、旗纛山、九洲山、老万山等为海盗樵汲、寄泊的岛屿。粤洋西路龙门岛也是一重要据点,"龙门者,海岐也。地枕交广之间,当钦州正面,为门户。自钦州发舟,不一日至。重峰叠嶂七十有二,错落大海中,大小各不相续。海疆多事,则往往海贼盘踞其中为窟穴"。[①]

图 3-12　广东省北段沿海岛屿分布

资料来源:谭其骧主编《中国历史地图集》第八册(清时期),北京:中国地图出版社,1996 年,第 45 页。

此区重要港湾有南澳岛,面积 1.7 平方公里,隔柘林、澳北与陆岸相望,周围三百里。山高而陡,形势险要,位于闽粤之间海中,地处南北海上交通要冲,"潮则通柘林,漳则通玄钟",为外洋番舶必经之途。岛上"田地沃饶",深水澳、云盖寺、龙眼沙三处,有田四五万亩。此岛地足耕种坐食,海可出鱼盐,"历代居民率致殷富",为"内洋海盗必争之地"。[②]

---

① 郑广南:《中国海盗史》,上海:华东理工大学出版社,1998 年,第 384～385 页。
② 郑广南:《中国海盗史》,上海:华东理工大学出版社,1998 年,第 384 页。

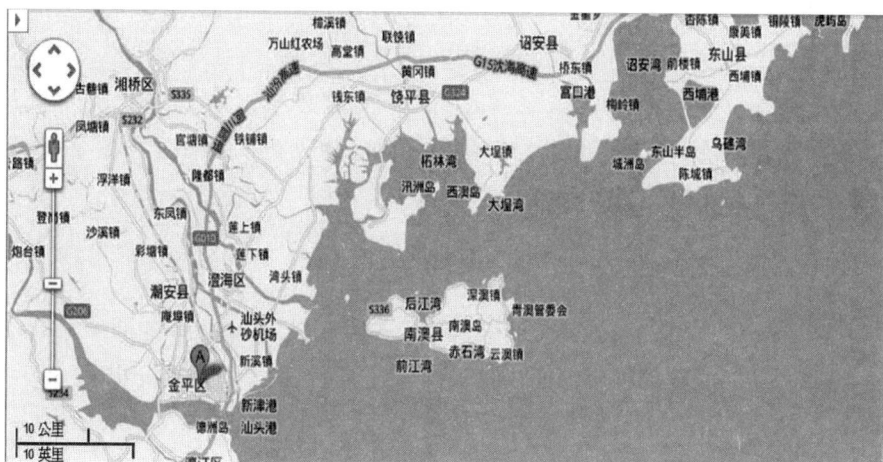

图 3-13　南澳岛与周边港湾、岛屿关系

资料来源：Google Map，http://g.co/maps/584s3，下载日期：2011/10/25。

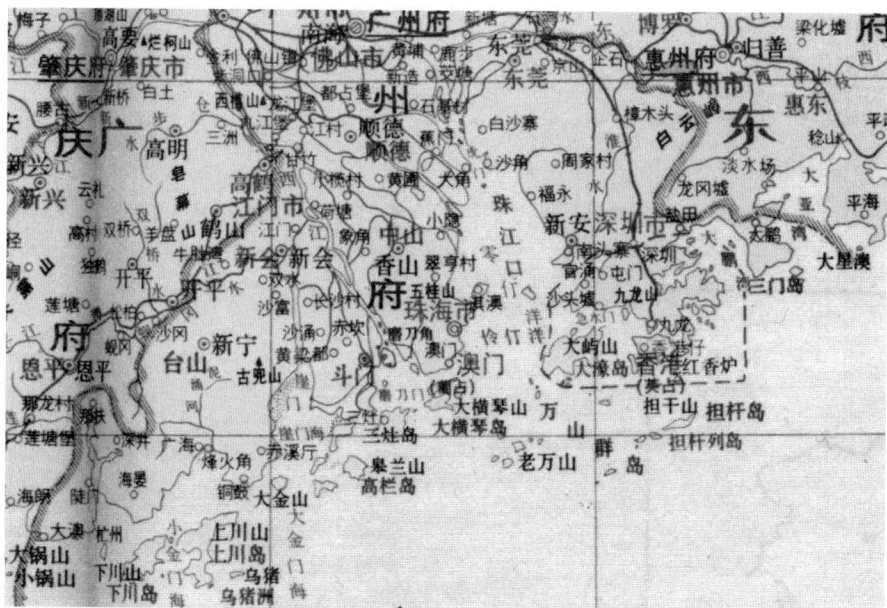

图 3-14　珠江、香港外海岛屿分布

资料来源：谭其骧主编《中国历史地图集》第八册（清时期），北京：中国地图出版社，1996 年，第 43 页。

广东湾,为珠江入海之处,岛屿星罗,水势急湍,为南海第一险要。港内以虎门为重要之口,若辅以军舰,则可巩固珠江流域。

大亚湾,位于香港与广东之间,为船只往返必经之地。此处常发生劫案,在于海面的国际化以及该地交通很不便。该处礁石颇多,深度不一,船只若触礁,常为附近渔民伺机抢夺的对象。

红海湾,以红海山岛著名,地处大亚湾之北。此湾西北部风浪大于湾外,船只容易遇险,夜晚需慎防渔船结队出没。

香港岛,位于粤江口之东,面积82平方公里,为南海沿岸良港。

上川山岛,位于北海湾外海,面积138平方公里。邻近有下川山岛,面积81平方公里,成为东西对峙的形势。

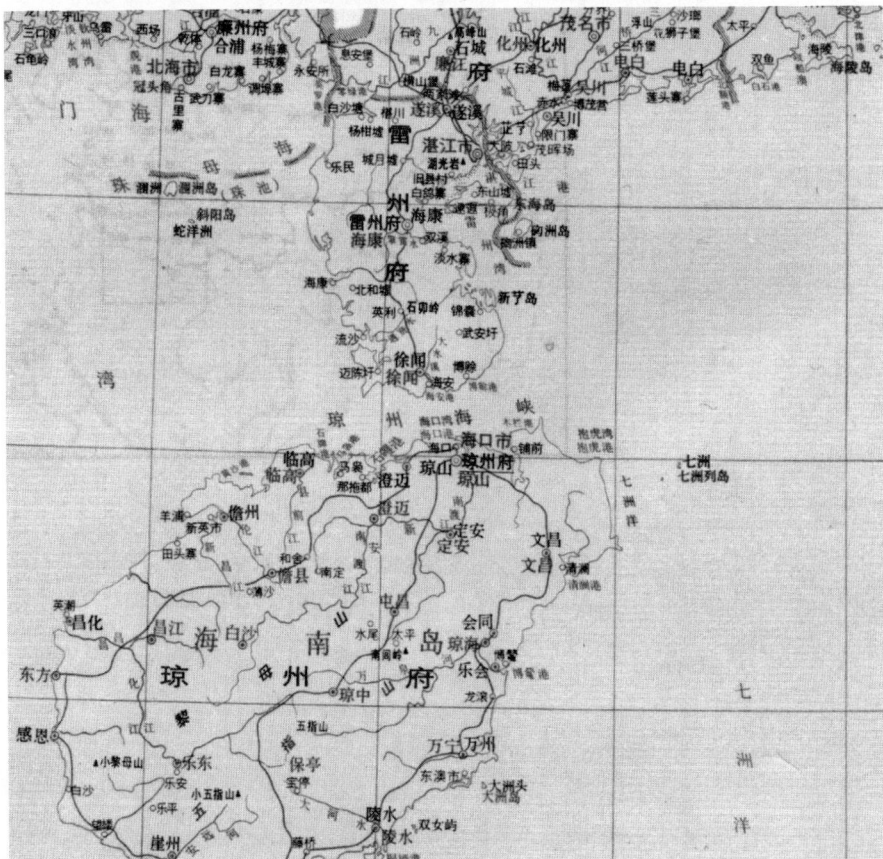

图 3-15　雷州半岛与海南岛

资料来源:谭其骧主编:《中国历史地图集》第八册(清时期),北京:中国地图出版社,1996年,第44页。

海陵山岛,位于阳江外海,面积 116 平方公里。

东海岛,位于雷州半岛东北,面积 317 平方公里,为广东沿海第二大岛。

海南岛,面积 33825 平方公里,为广东沿海第一大岛。榆林港,处海南岛之极南,港口宽深,可容巨舰。邻近越南、香港、广东,控制南海。[①]

(四)季节风的运用

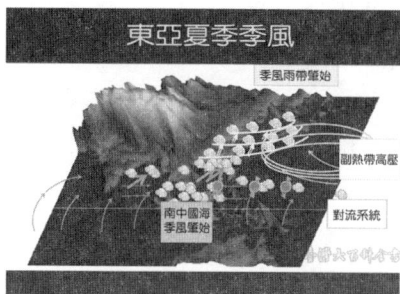

图 3-16　夏季季风

资料来源:《台湾大百科全书》,网址:http://taiwanpedia. culture. tw/images/media/earth/E001-3.jpg,下载日期:2012/2/23。

图 3-17　冬季季风

资料来源:《台湾大百科全书》,网址:http://taiwanpedia. culture. tw/images/media/earth/E001-2.jpg,下载日期:2012/2/23。

航行于中国沿岸的帆船,以风力作为动力来源,季节风成为往返的动线与方位。《新译中国江海险要图志》提到:"凡渡中国海,所值之风,东北风则狂而暴,西南风则轻而顺。"[②]东北风发于 8 月末至 11 月止,东北风寒而气肃,系由西伯利亚内陆发出,故风色变化无常。至于西南风起于南中国海,发于 4 月下旬至 10 月初止,挟带大量水汽。6—8 月以台风最常见,肆虐东南沿海一带。

船只除顺风而行,海洋底下的洋流也是船只航行的动力来源之一。风

---

① 《地理:中国沿海险要略说(续)》,《沧浪杂志》第 3 卷,第 40～41 页;陈汝勤、刘鸿喜、曹永和:《中国全集》第五册(海洋中国),台北:锦锈出版社,1982 年,第 56 页;中国边疆研究资料文库·海疆文献初编,《沿海形势及海防》第一辑第四册,新译中国江海险要图志,北京:知识产权出版社,2011 年,第 258 页。

② 陈支平主编:《台湾文献汇刊》第五辑(台湾舆地资料专辑),第九册,北京:九州出版社,厦门:厦门大学出版社,2005 年,第 64 页。

来东北，流则西南；风发西南，流则东北。两者互相变换于日本海峡。[①] 船只也可利用夜间的陆地风继续行驶，无怪乎部分船只在夜间遭到海盗袭击，极可能与船只夜行的灯光显目有关。因此，不论风向的更替，在东北季风时，由香港往返福州、上海、日本，或于西南季风时，从上海至香港等南洋各地，船只均有办法航行。

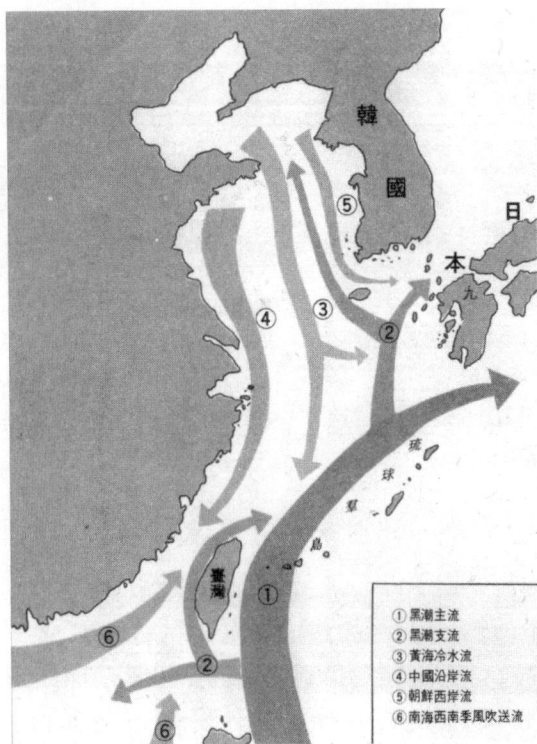

图 3-18　中国缘海洋流动向

资料来源：陈汝勤、刘鸿喜、曹永和：《中国全集》第五册（海洋中国），台北：锦绣出版社，1982 年，第 21 页。

　　每日的潮汐变化也间接或直接影响到海盗掠夺的活动，部分地区因每日的潮汐升降，让某些礁石出没。此变异虽可借由经验或调查得知，但于急流当中尚须多加注意小心。"台湾港湾之形势"一文提到："……欲建横海之

---

　　① 陈支平主编：《台湾文献汇刊》第五辑（台湾舆地资料专辑），第九册，北京：九州出版社，厦门：厦门大学出版社，2005 年，第 80 页。

功,操航海之业者,非熟审港湾形势,无以为下锚定泊之准备。"①就连老练的水手,在入港之际,也必定小心翼翼,深恐有任何闪失。总之,海盗以丰富的知识与经验,对岛屿分布、季风、洋流、潮汐等因素得心应手,在每次出击时取得有利位置。

三、武器来源

据一名美国记者阿列霍·历历乌斯(Aleko E. Lilius)对南中国海盗的观察,与他过去在华南地区看到的男人,都是些矮小、狭胸、女人味十足的家伙。这帮小伙子却很健壮,全身肌肉强健,胸部发达,裸露着上身,而且目光凶狠,一派典型海盗模样。他们之中有些人戴着宽边的帽子,这在华南地区比比皆是,还有一些人在头部和颈部扎着红头巾。②

图 3-19　新一代海盗王

资料来源:徐有威、贝思飞主编:《洋票与绑匪:外国人眼中的民国社会》,上海:上海古籍出版社,1998 年,图片第 3 页。

图 3-20　船上的"女"海盗

资料来源:徐有威、贝思飞主编:《洋票与绑匪:外国人眼中的民国社会》,上海:上海古籍出版社,1978 年,第 286 页。

海盗组成分子略可分成四类,一是沿海渔民。由于中国渔民普遍认为在外海若遇见遭难船只,便呼朋引伴、成群结队往难船行驶。渔民生活普遍

---

① 《台湾港湾之形势》,《台湾日日新报》,1905 年 11 月 11 日第 2 版。

② 徐有威、贝思飞(Phil Billingsley)主编:《洋票与绑匪:外国人眼中的民国社会》,上海:上海古籍出版社,1998 年,第 280~281 页。

困苦,因此遭难船只的出现,乃上天赐予他们的礼物。二是陆地邻近海域或河道的强盗与山贼。同为是盗,仅因地域环境的不同而有所区别,以致名称不同。活跃于东北的马贼,也有以海盗为副业者。三是散军、流军或失意政客。地方军阀因打败仗而四处逃逸的现象很多,有些便群聚落草,成为海盗。这种败军转变盗匪的复员,成为他们的最佳选择。四是商旅集团。民国时期沿岸贸易非常热络,中国船只携武器上船,名为自卫,实为抢劫的例子也不少。

　　另外,日人井东宪在《中國の秘密》中提到活跃于香港的海盗团,组成分子可分成三种:第一种是纯然由中国人组成,第二种由中国人与外国不良人士共组,第三种是将一些流浪者组织起来的不知名海盗团。[1] 该书仅以国籍作为海盗组成来源,并未有深入的调查,不过可确定的是,海盗大都由中国人组成是无误的。

图 3-21　《摄影画报》的记者所拍摄的海盗

　　资料来源:《香港海盗》,《摄影画报》第 9 卷第 3 期,1933 年,第 30 页。(下)妇女与儿童各手备长枪盒子炮,行其盗劫之生活。下上角为盗匪所居之村落,形似一渔村,固不知为杀人放火之根据地。

　　海盗的指挥系统分成四种:第一种为土匪系统。从陆地土匪变成海盗,

---

　　① 井东宪:《中國の秘密》,东京:秋丰园出版部,1939 年,第 73～74 页。

指挥权在土匪头目手上。第二种是三点会匪系统。由当地有力量的盗匪团互相秘密结盟,共推指挥一人。第三种是同族系统。同族形成的团结力最强,听从老总家的指挥。第四种是同乡系统。以一个村落为主。①

由图 3-22、图 3-23 可看到,海盗的装备多以步枪与手枪为主,传统冷兵器为辅。由于船上空间小,一般来说,匕首、短刀类武器要比长刀好使。若配有手枪,则威胁加倍。半数海盗皆有携枪,武器类型为新旧混用。海盗的装备不仅有步枪、手枪,更有手榴弹、大炮等,不过更为危险的武器,是随意放置在某一海面的水雷。②

图 3-22　三名全副武装的海盗

资料来源:徐有威、贝思飞主编:《洋票与绑匪:外国人眼中的民国社会》,上海:上海古籍出版社,1998 年,第 281 页。

图 3-23　负责撑船的海盗

资料来源:徐有威、贝思飞主编:《洋票与绑匪:外国人眼中的民国社会》,上海:上海古籍出版社,1998 年,第 298 页。

---

① "南中国海贼及渔业ノ状况二等关ル件",《昭和六年/1.海贼一般状况并防圧关系》,《中国海贼关系杂件》第三卷,1931 年 7 月 30 日,图像文件号:0088～0089。

② 水雷引爆分为三种:一、触发水雷,由舰船的碰撞或接触引起爆炸;二、非触发水雷,当舰船与水雷接近到一定距离时,由航行舰船物理信号(水压、磁场等)或由水雷自身发射的探测信号鉴别目标后引爆;三、遥控水雷,由岸上货船上控制站起爆的水雷。另水雷特点有四:一、具有强大破坏威力;二、位置隐蔽、袭击突然;三、长期对敌威胁性、易布难扫;四、使用简单,成本效益比高,战果显著。装药量 150 公斤的触发锚雷造价仅一千美元左右,使用广泛,不仅水面舰艇、潜艇、飞机可布设,民用船只也可以布设。任克明、李万君、林贺新编著《世界军武发展史·水中兵器篇》,台北:世潮出版社,2004 年,第 53～55 页。

　　海盗对武器的使用非常熟练，枪法之准，能够精准击中目标船只的主帆，使其丧失航行能力。部分海盗船上配有数十门青铜制臼炮，作为威吓商船的主要武器。他们武器来源有打劫船只及利用走私途径买卖得来，更有甚者，向驻防军私下购买。[①]

　　清末民初朝代交替之际，许多船只为了自保，均携带武器上船，此现象仅出现在中国籍船只。海盗为确保每次出击成功，自身实力须比对方强，以利制服所有的"敌人"，表示在海盗世界里，武器装备必定要一流的，成功机会才会多一些。[②]

图 3-24　海盗船上的配备一
　　资料来源：徐有威、贝思飞主编：《洋票与绑匪：外国人眼中的民国社会》，上海：上海古籍出版社，1998 年，第 288 页。

图 3-25　海盗船上的配备二
　　资料来源：徐有威、贝思飞主编：《洋票与绑匪：外国人眼中的民国社会》，上海：上海古籍出版社，1998 年，第 281 页。

　　以广东地区民间私藏武器来说，邱捷与何文平的研究指出，广州商团有常备军 4000 人，后备军 4000 人，每人有长、短枪各一支，附近商团与城中商团全副武装者合计有 2.7 万人。日人涩谷刚于 1925 年对广东的调查，广东民团仅新式步枪就有 12.8 万支以上，番禺、东莞等十个县的民团有枪 20 万余支。他们同时指出，这些调查报告的数字常出入甚大，可以确信的是，

---

　　① "南中国海贼ノ状况等ニ关ル件"，《昭和六年/1. 海贼一般状况并防压关系》，《中国海贼关系杂件》第三卷，1931 年 7 月 3 日，图像文件号：0085～0086。《福州の海贼に短铳を密卖　大连で密输团检举》，《台湾日日新报》1932 年 8 月 21 日夕刊第 2 版。
　　② 徐有威、贝思飞主编：《洋票与绑匪：外国人眼中的民国社会》，上海：上海古籍出版社，1998 年，第 287 页。

1920 年代的广东,民间武器的藏量大大超过军警,甚至在质量上也超过。①

当时武器种类名称之多,以及类型、制造方式的不同,难以区分。以国民政府颁布的训令《军政部查验自卫枪炮及给照暂行条例》分类为例,粗分成甲乙丙丁四等。甲等:特种枪炮类,包括管退炮、架退炮、药包炮、水旱机关枪、轻手机关枪、机关炮、步兵炮。乙等:新式枪类,包括五响步马枪、驳壳手枪、白郎林手枪、左右轮手枪、曲尺手枪,各种新式手枪、千斤重量以上大炮。丙等:旧式枪类,包括洋造鸟枪、毛瑟枪、村田枪、黎意枪、曼利夏枪、坚地利枪、马地利枪、来福粤枪,各种旧式步马枪、五百斤以上重量大炮。丁等:土造枪类,包括大噏长枪、大噏台枪、大口扒枪、六响扨兰手枪、金山擘制手枪、五响打心手枪、土造大噏手枪、土造鸟枪、土造单响枪、五百斤以下重量大炮。②

表 3-3　1926 年珠江三角洲一带的盗匪人数及武器数量

匪首	活动地	人数	武器数量
吴三镜等	顺德、南海	约千余名	枪械约千余支,有手榴弹、过山炮
歪嘴裕等	顺德、番禺	800 左右	枪械约千余支
刘联等	顺德	600 左右	枪械 800 支左右
胡八	顺德	500 左右	枪械 600 支左右
猪精海等	顺德	800 左右	枪械 1000 支左右
陈淦	东莞	约 200	老虎枪 2 支,左轮 60～70 支,机关枪 2 支,长枪 200 余支
刘发仔等	东莞	300～400	机关枪 4 架,左轮 45 支,长枪 300 余支
陈大茂等	东莞	300	枪械 200 支,左轮 30～40
章大王	东莞、增城	1000 余	长枪千余支、左轮百余支、炮四尊,另有轮船四艘,长龙 60～70 艘

资料来源:邱捷、何文平:《1920 年代广东的民间武器》,收入中国社会科学院近代史研究所民国史研究室、四川师范大学历史文化学院编:《1920 年代的中国》,北京:社会科学文献出版社,2005 年,第 580 页。

---

①　邱捷、何文平:《1920 年代广东的民间武器》,收入中国社会科学院近代史研究所民国史研究室、四川师范大学历史文化学院编:《1920 年代的中国》,北京:社会科学文献出版社,2005 年,第 578、581 页。

②　《国民政府训令军政部查验自卫枪炮及给照暂行条例(续)》,《国民政府公报》第一一一号,1929 年 3 月 8 日,第 12 页,政府公报信息网系统识别号:E0753460。

广东地区民间武器数量庞大的原因，与广东是革命的发源地有关，因革命党的武装起义，民间私下购置不少武器。另外则是走私活跃，当时的政府责任归属尚未分明，查缉走私的工作原是海关的任务之一，但1914年总税务司指示海关仅负责征税，查缉走私变成警察的任务，致使查缉困难。再者，连年的战乱，败逃军人往往带走武器，落草为寇或出售获利。何况民间私造枪械风气盛，例如在广州市河南尾之小港，番禺县的元江、新造均有不少私铸枪械的工厂。① 可谓查不胜查，防不胜防，政府难以统一枪炮管制及使用。因此，海盗能够使用火力强大的新式武器，与政府军队抗衡。

四、著名的头目

一般认为海盗集团的首领皆是无知村民，但有出众的统率力，能够率领一群乌合之众，进行胆战心惊的劫掠。前章提及民初南澳岛的三合公司，吴品三、陈顺、曾伯崇便是显例，三人虽念过书，但教育程度只达识字阶段，余下的便是倚靠丰富的社会经历与个人魅力，吸引旁人加入海盗行列。以福建附近著名的海盗团来说，福宁柯成贵拥有五百人之众，福清平潭高诚学、陈常琳拥众六七百人，莆田张为古、张阿喜也有四五百人之多，可见依赖海盗团吃饭的人很多。②

《国闻周报》刊登《南海海盗小史》一文，提到香港自明代以来，便是海盗根据地之一。适逢清末民初的动荡，海盗声势日益扩大，初期劫掠以沿海小舟至商船为主，此时更舍舟登陆，凡无坚固防御之村落，必受侵扰。英国人驱赶香港附近海盗十分强硬，故海盗便遁逃至中国各海面。

海盗集团主要分成三股势力：第一股在西鸭浦湾，为首者称袁功，外号猴王，尊称微马龙王。其人短而肥，精悍绝伦，朴素不奢。其组织在海盗集团里最为完善，盗伙约七千人，船只无数。第二股在俾亚斯湾（大亚湾），首

---

① 邱捷、何文平：《1920 年代广东的民间武器》，收入中国社会科学院近代史研究所民国史研究室、四川师范大学历史文化学院编：《1920 年代的中国》，北京：社会科学文献出版社，2005 年，第 582～585 页。

② 《对岸海贼团横行 中国官宪不能剿除 人材有不可侮者》，《台湾日日新报》1934年 6 月 22 日第 8 版。

图 3-26　香港"海盗街"

资料来源:廖乐柏(Robert Nield)著,李筱译:《中国通商口岸:贸易与最早的条约港》,上海:东方出版中心,2010 年,第 180 页。

领名不详,亦精明强干之人,劫掠方法最精明。该团其中一信条为:不劫沿海船只,但在香港海面者不在其内,为的就是报复英人驱逐。第三股在盐萍湾,首领名朱么,凶猛之老海盗,杀人不眨眼。该盗团杀人如儿戏,残酷程度不在话下,常以绑票为主,若在期限内未付赎金,则肉票耳鼻割下。再不付,断肉票四指,慢慢折磨。①

值得一提的是高诚学,1934 年《申报》报导高某集团在闽东沿海各县活动,采游盘策略,平时在海滨各乡村,大肆骚扰,专以抢掠盐粟两物,分给农民、渔户,诱惑加入为事。一遇军队到剿,即窜入海中。因此党羽日夥,地方受累不堪,亟待海路协剿,方能肃清。②

此号人物曾参与 1935 年 5 月 19 日发生的鹭江丸劫船一案,夺取现金物品约二十多万元,造成一时轰动。③ 高诚学年二十余岁,学历是北平燕京大学农学士,因鹭江丸一案,不仅坐大势力,许多小海盗团纷纷慕名而来,要求参与同盟。此举引来福建当局的关注,为了压制高诚学海盗团的气焰,当局特地策划由陆地及海上发动大规模剿灭行动。④ 高诚学知道无法与政府军队抗衡,便伪装成商人,偷渡到台湾,再转往日本躲避。⑤ 不久,高诚学从日本回国,《台湾日日新报》1936 年 3 月 1 日报导,提到高诚学以打倒贪官污吏、解救贫苦人民的口号,绑架了中大田县长。其实在 1934 年 6 月 15 日的报导当中,高诚学劫掠中国轮船公平号时,曾以"吾辈为救民众,欲起义兵,因乏军资金,故出此举。今拜借诸君金品,俟后日事成时,必加倍奉还"⑥的演说,对自己作为海盗劫掠船只提出"事出正义"的说辞。

高诚学绑架县长一案,再度引起福建当局注意,但当局这次不采剿灭方式,反倒采收编招抚,试图引诱高诚学投诚。起初考虑到这些海盗一遇军队来剿,则逃往海上,遇有军舰巡弋,又遁往山间,春风吹又生之故,故政府改以收编为主。特派海军高级官员萨镇冰(1859—1952)招抚,不咎既往,予以

---

① 张克明:《南海海盗小史》,《国闻周报》第 4 卷第 12 期,1927 年,第 1~2 页。

② 《闽省剿匪进展　冷卢两师收复沙县孙师亦已进逼将乐　闽东股匪亦筹协剿》,《申报》第 21864 期,1934 年 3 月 3 日第 10 版。

③ 《海贼の首领は学士　鹭江号を袭った时の收获は案外少くて一同失望》,《台湾日日新报》1934 年 6 月 19 日夕刊第 2 版。

④ 《小海贼も合流して　海贼舰队を编成　福建省政府は近く　海陆两方から攻击》,《台湾日日新报》1935 年 9 月 1 日第 7 版。

⑤ 《对岸海贼头高城学因福建军警戒严重或装作商人潜逃来台》,《台湾日日新报》1935 年 10 月 29 日夕刊第 4 版;《南日岛海贼头高诚学乘贸易帆船来台　经与籍民蔡某等渡内地》,《台湾日日新报》1935 年 10 月 30 日第 12 版;《南日岛海盗高诚学已化装潜逃》,《申报》第 22459 期,1935 年 11 月 3 日第 9 版。

⑥ 《旅愁を慰めた　女学生は海贼　『金品は后日倍にして返却』　头目が船上で演说》,《台湾日日新报》1934 年 6 月 16 日夕刊第 2 版。

自新。不过效果不彰,最后只得以武力剿伐。[1] 1935 年,高诚学在平潭附近气势很大,劫船达数十艘,省府不得已请剿。[2] 此次联合军队、保安团一同围剿,高派等人不久随即投降,将其改编成水警队或保安队,[3]并由福建当局给予奖学金,送高某至日本留学。[4] 类似高诚学的例子并不多,他是被送往深造的子弟,回来却接掌父亲遗留的"事业"。不过从他表明身为盗匪须有正当性来看,此人比一般海盗首领要来得具有领导能力,尤特重在煽动群众方面,以民间之疾苦作为海盗打劫的借口,便宜行事。

当时活跃在海上的海盗,不全都以男性为主,此时期的女海盗甚至比男海盗要来得心狠手辣。从记者阿列霍·历历乌斯对南中国海域女海盗赖财山的描述来看:

> 她是怎么一个女人啊! 又矮又瘦,头发乌黑,脖颈衣扣上别着闪闪发光的翡翠别针,耳环和苹果绿的手镯一应俱全。身穿精细的绸缎长袍,扣有绿翡翠纽扣,脚蹬绿丝绸脱鞋。她的左手戴了一些足金戒指,右手没有任何装饰品,脸和黝黑的眼睛显示出不无智能和严厉的光芒。虽然是纯蒙古血统,却一点也不像中国人,她的年龄或许不超过 40 岁。[5]

对照阿列霍·历历乌斯的描述,及图 3-27 的赖财山照片来看,她的确看起来与一般中国妇女一样,并无任何特异之处。

---

① 《闽省大剿海盗 各部队由王敬玖节制》,《申报》第 21983 期,1934 年 7 月 2 日第 11 版。

② 《海匪高诚学骚扰福清平潭沿海》,《申报》第 22484 期,1935 年 11 月 28 日第 4 版;《海匪高诚学图谋不轨》,《申报》第 22558 期,1936 年 2 月 19 日第 9 版。

③ 《闽浙边境残匪次第击溃 截劫福泉路股匪即将肃清高诚学党羽遣回福鼎被擒》,《申报》第 22585 期,1936 年 3 月 17 日第 8 版;《闽东北残匪走头无路 高诚学股已投诚改编》,《申报》第 22624 期,1936 年 4 月 25 日第 8 版。

④ 《中大田县长ら 土匪に拉致さる 神出鬼没の高诚学》,《台湾日日新报》1936 年 3 月 1 日第 7 版;《海贼と土匪の首领相前后して归顺 高诚学は福建政府から手切金で近く我国へ留学说》,《台湾日日新报》1936 年 5 月 5 日夕刊第 2 版。

⑤ 徐有威、贝思飞主编:《洋票与绑匪:外国人眼中的民国社会》,上海:上海古籍出版社,1998 年,第 279 页。

图 3-27　女海盗赖财山

资料来源：徐有威、贝思飞主编：《洋票与绑匪：外国人眼中的民国社会》，上海：上海古籍出版社，1998 年，图片第 3 页。

图 3-28　赖财山和她的仆人

资料来源：徐有威、贝思飞主编：《洋票与绑匪：外国人眼中的民国社会》，上海：上海古籍出版社，1998 年，第 283 页。

　　她之所以会成为海盗，在于她的父亲原本就是一名海盗，阿列霍·历历乌斯从另一名在澳门航行 15 年经验的美国人提到赖财山时说：

　　　　她叫赖财山，她的传说和真相太多了，我真不知从何开始……事实上，她可称得上是中国女性中的罗宾汉……据说她的父亲在一次与另一海匪进行大规模的竞斗中命归黄泉，于是她开始女承父业。政府当局过去曾在澳门为她的父亲安置过一些安全避难处，私下里要求他及他的海匪帮必须保护殖民地庞大的捕鱼船的安全，并在公海上充当普通警察的职责。[1]

　　《台湾日日新报》于 1929 年 9 月 26 日提到一艘日籍船礼利丸遭海盗洗劫，据传海盗首领为一名女性，年约四十岁的半老徐娘，同样承继父亲的势力，拥船十余艘。[2] 不过她不是赖财山本人，因为阿列霍·历历乌斯在澳门附近遇到一名曾在赖财山手下工作的海盗平黄留，平黄留说此时赖财山船

————————

　　① 徐有威、贝思飞主编：《洋票与绑匪：外国人眼中的民国社会》，上海：上海古籍出版社，1998 年，第 279 页。

　　② 《海贼指挥者为一半老徐娘　凤山丸所写梨利丸遭难详报　台湾籍人黄比南受人质》，《台湾日日新报》1929 年 9 月 27 日第 4 版；《女头目两名指挥海贼活跃南中华海》，《台湾日日新报》1933 年 8 月 4 日第 8 版。

队正在西江三角洲作业,因此与礼利丸在香海湾、科恩岛(Cone island)一带遭劫毫无关系。

从这名美国人说出的详情,可以得知赖财山海盗团在当时似乎从事负责海上安全的工作,许多海盗集团均想获得这个"正当性"授权,进而想表现出比目前维护治安的海盗集团要强上数十倍的战力,向当局示威及获得肯定。赖财山的船队在当时被公认为最凶悍的一支,在她执行"公务"之际,她不会去打扰其他海盗团,但当她的船队准备做"买卖"时,便会肆无忌惮地任意妄为。① 当时曾在南中国海猖獗的女海盗,还有一位据传是美国籍的女子,年约二十六岁,精通英、法语,会说广东话、北京话,持金银装饰的手枪,枪法极准。②

阿列霍·历历乌斯也向赖财山求证其他事情。据闻,赖财山有两个儿子,大儿子在上海接受教育,年约二十岁,即将与澳门旁边石峡(Shekki)镇富翁的独生女结婚。赖财山想让她的大儿子成为一个富有的米商,替她去美国看看那听说已久的美好国家是什么样子。二儿子因为只有五岁(图 3-29),留在赖财山身边,在赖财山的训练下,他将会成为一名出色的水手,日后也将继承母亲所有的船只和贸易。③

图 3-29 女海盗赖财山的儿子

资料来源:徐有威、贝思飞主编:《洋票与绑匪:外国人眼中的民国社会》,上海:上海古籍出版社,1998 年,第 294 页。

《台湾日日新报》尚提及另一名女海盗,日人中村末子,年约二十六岁,曾绑架过林婴氏,索取一万元赎金。④ 根据报导,该名女子为前述活跃于福建平潭海盗陈常琳的妾,毕业于日本大正十三年

---

① 徐有威、贝思飞主编:《洋票与绑匪:外国人眼中的民国社会》,上海:上海古籍出版社,1998 年,第 280 页。

② 《女头目两名指挥海贼活跃南中华海》,《台湾日日新报》1933 年 8 月 4 日第 8 版。

③ 徐有威、贝思飞主编:《洋票与绑匪:外国人眼中的民国社会》,上海:上海古籍出版社,1998 年,第 293～294 页。

④ 《南日岛海贼捕林婴氏勒索一万元》,《台湾日日新报》1934 年 6 月 6 日第 8 版。

（1924年）北海道宗谷支厅利尻郡沓形小学校，家里从事"削屋行业"。因婚姻问题，离家出走，与福建绸商郑文才相识，随至中国，但未得郑母欢心，留在乡间以采牡蛎、种土豆（花生）为生，嫁给福州华人。改从事商贸，从台湾进口石油、砂糖，在福州贩卖，于某年运送货物时，遭遇海盗袭击，幸中村末子持有手枪，命其停船，女海盗之名由此而来。后被平潭海盗陈常琳掳走为妾，开始抢夺往来福清县的船只。由于身为日本人，因此惹来华人怨恨，为了筹措旅费，不得不铤而走险。① 陈常琳被捕后，末子据南日岛一带犯案，引起福建当局的注目，一度逃往香港避难。② 后以贩卖服饰伪装，逃往台湾，躲避风头。③ 由于中村末子已入籍中国，加上她是海盗匪首，无法在台湾久留，于是等风头一过，以小学教师的身份再度回到中国。④ 期间她也曾回故乡日本，但被乡人非议，

图 3-30　日本女海盗中村末子

资料来源：《日本女海盗中村末子 昨已押解回国 日文报纪其略历》，《申报》第 22501 期，1935 年 12 月 15 日第 11 版。

只得重返福建操旧业，东山再起。⑤ 后在日轮长沙丸上被识破，末子逃进船长室要求庇护，随后由福州领事馆保护。⑥ 末子在福州开设赌场，经营神女（妓院）业过活。由于行径惹人抱怨，最后被福州日本领事馆驱逐出境，回日

---

① 《自谈身世击退海贼》，《台湾日日新报》1935 年 7 月 2 日第 8 版。

② 《女海盗日人大和抚子 携巨款逃香港》，《申报》第 22027 期，1934 年 8 月 15 日第 13 版；《南日岛海盗匿迹香港 盗魁为日少妇》，《申报》第 22035 期，1934 年 8 月 23 日第 9 版。

③ 《第二の故乡を恋ひ 再び女海贼へ逆戻り 头目の妻として羽振を利かした妙龄の中村末子が再转》，《台湾日日新报》1935 年 3 月 30 日第 11 版；《海贼女头目秘密来台》，《台湾日日新报》1935 年 6 月 30 日，夕刊第 4 版。

④ 《海贼の女头目日本へ送还さる 福清の吴服行商人に欺かれ 渡支した女小学教师》，《台湾日日新报》1935 年 12 月 26 日夕刊第 2 版。

⑤ 《日本女海盗谋东山再起：潜到厦门聚集残党》，《公教周刊》第 7 卷第 6 期，1935 年，第 5 版。

⑥ 《日本女海盗中村末子解沪 日领馆定明日递解横滨》，《申报》第 22499 期，1935 年 12 月 13 日第 10 版。

本横滨亲戚处。[1]

《中國の秘密》一书收入一篇《ミス海賊传》,内容述说一名女海盗被捕之后的自白。她来自东三省的田舍町,为当地杂货商的独生女。五年前(1934年)家乡被土匪袭击后,当作肉票绑走,以七元价格将她卖给吴某,她的父母则被土匪杀害。后来她在吴某的养育下过了半年,以十二元的价钱转卖给一名扒手,由扒手的老板养她,三年后被卖到天津当艺妓。过了一年,于街上被一名卖药人拐走,辗转到上海。不过卖药人很快将她转手到四马路的卖春窟,老鸨于一个月后,趁她在夜龙华船上之际卖给船长,价格约三十至四十元。她深恐船长会杀她灭口,每天战战兢兢过日子,不过她很快便立志成为女海盗,第一步便是先成为船长的妾。他们的船队表面从事正当商贸,暗地经营上海与广东之间的鸦片走私。随后她与一名叫"龙王号的李氏"(李杀了一位外国人,正在躲避追缉)相恋,为了帮助他,她偷取船长密藏的金钱一万六千元后逃走。他们慢慢建立势力,后来成为拥有三艘汽船、二百多人的团体。[2]

1935年《申报》报导一名活跃于大亚湾的女海盗谭金娇,以"海盗皇后"著称。她乔装出没于粤港沪间,掩人耳目。是故男海盗团先后被歼,而谭女依旧逍遥法外。历次参与洗劫太益轮等往返商船、轮船,谭某乔扮西妇,私运匪械,买女童,剖其腹藏枪械,避免海关检查,故海盗得以在途中持枪行劫。谭女先后嫁二夫,前夫萧依因分赃不匀,被同伙枪杀,旋再嫁卢某。谭女为避风头,曾逃至香港,风声一过便潜逃回惠阳。不料遭到邻居通报,遂就擒缚首。被逮时,谭金娇态度雍容,着衣白黑布袄、蓝色布裤,谈笑自若,时年三十一岁,最后判无期徒刑。[3]

从赖财山、半老徐娘、中村末子与不知名悲惨女子的自白,反映当时海上,"巾帼英雄"不比男人逊色,相对要来得出色许多。同时显示许多无辜者被迫成为海盗之因,如继承家业、嫁给海盗或被绑架后遭遇不幸的事等等,无不在诉说着走上不归路的不幸。

---

① 《日本女海盗中村末子 昨已押解回国 日文报纪其略历》,《申报》第22501期,1935年12月15日第11版。

② 井东宪:《中國の秘密》,东京:秋丰园出版部,1939年,第86～88页。

③ 《大鹏湾海盗皇后就擒 谭金娇横行海上十余年 海盗劫沪轮皆参与其役》,《申报》第22400期,1935年9月4日第9版;《女海盗谭金娇判处无期徒刑》,《申报》第22424期,1935年9月28日第6版。

第二节　掠夺活动

一、手法及收入来源

以图 3-31 所示，海盗常用犯罪手法有海盗船突袭、伪装乘客、借故救助、伪装渔民、伪装商船、假冒官船及利用水性登船等。兹依海盗犯罪手法次数多寡评述于后。

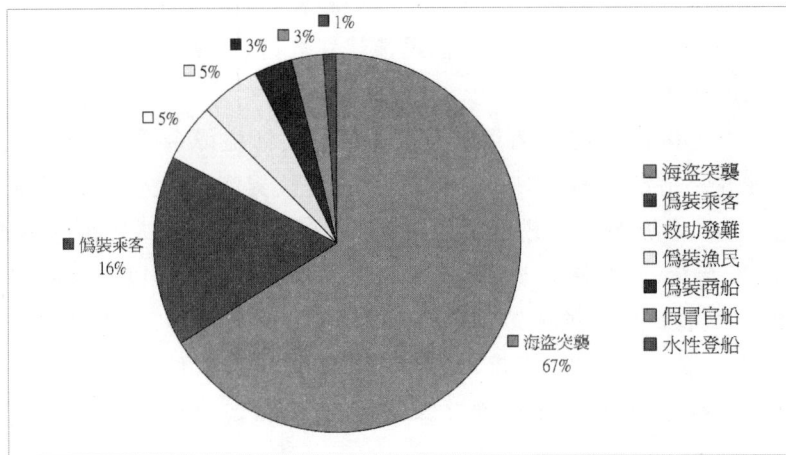

图 3-31　1912—1937 年《台湾日日新报》报导海盗手法比例示意图
资料来源：《台湾日日新报》，1912—1937 年。

（一）惯用手法

1.海盗船突袭

第一种手法为暴力方式取财，根据报纸统计有 117 次。此手法特点有二：一是利用海盗船移动迅速优势，针对大型船只或移动速度较慢的货船，从被害船只出港后，一路跟踪，至外海后，开始追赶。二是强大的武装，通常来说,使用此手法的海盗船,皆配有大炮,靠近目标后,发炮威胁停船,或将其船桅打掉,瘫痪行动能力,海盗再登船压制。

遭袭的对象可分成两种,一种是行驶中的船只,另一种则是在外海停泊或触礁遇难的船只。针对行驶中的船只,如同前述提到以开枪威胁停船。至于在海上停泊及触礁遇难的船只,则是靠近被害船,然后亮出武器,做些许镇压,威胁船员不得轻举妄动。行抢的手法除了开场不一样以外,剩下的步骤均大同小异。至于突袭的规模,有时为一艘海盗船,不过大部分均有两艘海盗船以上,以确保猎物不至于逃跑,及人数上的优势。

此手法容易造成船员伤亡,特别是想抵抗逃脱的武装商船,为了确保货物的安全及自身的生命而不惜一战。通常,一般人见海盗袭来时,会非常紧张,而且海盗的配备不错,他们使用枪支的技术极佳,想与之对抗必须要有十足的勇气及运气。所以大部分船只遇到海盗船,均以投降为主,确保自身生命安全。鲜少有船只运气极佳,能够全速逃离。不过,也有与盗船战斗许久,逃脱成功的案例。[①]

2.伪装乘客登船

海盗船以逞凶斗狠的方式打劫,同时也是以搏命方式做买卖,于人员伤亡上难以掌握,若以伪装形式潜入客船当中,再伺机而动,反而比较安全。此手法常出现于大型轮船或定期船等固定航线,海盗透过伪装的方式,以数十人至数百人一组,购买最便宜的船票登船。此手法成功率极高,报导计有29次,而且令人难以发觉。

1930年以前,海盗利用海关及船公司对船客的检查尚未严格执行,以各种方式将武器偷带入船内。当船只出港后不久,利用夜半时分,于特定海面发难。他们首要压制的地点为舰桥,接着是无线电室,最后才是轮机室。持枪威胁船员及其他船客不得轻举妄动,并将他们关在同一间船舱,贼匪也会在各个通道留守,避免其他漏网之鱼求救。成功压制该船后,便开始进行掠夺,有时会操控船只驶往海盗根据地附近的海面,或与在外等候的海盗船接应。海盗将船客的金品、衣物、船具等有价值的物品掠夺一空后,搭乘海盗船或使用劫船上的救生艇逃走。亦有利用劫船继续犯案,以劫船为一般

---

① 《海贼を走らす交战三时间に亘る》,《台湾日日新报》1912年9月12日第7版。

民船的身份,假以遇难或需要任何协助,取得下一艘被害船只的信任,进而继续打劫。

后期因应英国政府对船客的检查日渐严密,海盗也随机应变,利用金钱贿赂船员,将武器偷运上船。伪装方面的身份,则从一般船客到商人、女学生,身份千变万化。[①] 更有甚者,以 1934 年 6 月 19 日的顺天号劫船事件为例,据说与海盗勾结,掩护他们携带武器上船的是一名日本人。他利用竹篓装满行李及水果,到预定地点后,将武器拿出供海盗使用。劫案发生后,目击者证词提及看到竹篓七八个在船舱内,但后来都不见了。因此,本手法为海盗惯用手法之中,成功率极高的一种,但此手法的运用,必须经过缜密的部署及推演,海盗之间也必须互相配合。换句话说,能够使用此手法的海盗团,须有一定规模,否则无法快速控制船只。

3. 名为救助,实为劫船

第三种手法利用人饥己饥、人溺己溺的同情心来犯案,特别是海上遇难的船只,在求救之余,也须注意救护船只的身份,本手法计有 9 次。1928 年,新济丸因坐礁等候救援,却惨遭海盗洗劫,还被放火烧船,企图湮灭证据。[②] 1934 年,第一春日丸在外海采取贝类,不料触礁遇难,恰有一艘中国帆船经过,大声向其呼救,却因语言不通,反而被洗劫一空。[③] 此手法甚至可以守株待兔或饿虎扑羊来呈现加害与被害的关系。

又 1915 年 7 月,上海遭受台风袭击,港内船只遭受波及,陈利川、金和泰、金宝康等船下落不明,平时遇有遭风船只,海盗必将财物劫取一空,甚至将船身拆毁卖钱,以便掩人耳目。甚有海盗趁此机会,至外海假装进行海上清洁作业,行打捞货物之实,或将溺毙之人捞起,剥取衣物后丢回海中,毫无人性。[④]

---

① 《航海中海贼蜂起 劫中国轮船公平号 妙龄女贼扮作学生乘船》,《台湾日日新报》1934 年 6 月 15 日夕刊第 4 版。

② 《民国招商局新济丸因坐礁为海贼所袭 船员被杀货物一空 船体更付祝融》,《台湾日日新报》1928 年 11 月 22 日第 4 版。

③ 《采贝船坐礁遇海贼 乘员十四名脱险 六名被虐杀亦未可知》,《台湾日日新报》1934 年 3 月 7 日第 8 版。

④ 《沪滨大风记六》,《申报》第 15256 期,1915 年 8 月 2 日第 10 版;《沪滨大风记七》,《申报》第 15257 期,1915 年 8 月 3 日第 10 版。

4. 伪装渔民

1916 年的《申报》提及浙杭民船往返于浦江时,经过夏家嘴一带,常有沿岸居民,假借捕鱼,乘坐舢舨等候货船经过。随即以铁篙钩套货船船尾,附近同伙便蜂拥而上,将缆绳砍断,使其无法驶离,再任意抢劫。[①] 除此之外,该地区的民众还会在海中设置渔网、竹竿等物,阻止船只行驶,盗民随即以捕鱼小船摇近商船之旁而上。每年春冬两季,船户受害特多。又盗民恐被记下面貌,均以五色粉涂脸,以致面貌难辨。[②]

5. 伪装商船

《台湾日日新报》于 1913 年 8 月 22 日报导,一艘中国籍戎克船萧重兴号,声称从厦门装载 81 包白米向基隆行驶,途中遭遇风浪,迫不得已驶往淡水避难。根据当局的检查后,疑点有三,首先,该船于吃水在线为白色涂装,三桅式,吨数三百三十石。其次,搭载物货物跟报告不同,有白米、玄米 91 包,大豆 91 袋及薪木六百束等,且未放置整齐。最后,由于中国籍船只可携带武器自卫。该船也不例外,携有新式毛瑟步枪 3 支,弹药 921 发,火药 150 斤,新式爆裂弹 6 发等。[③] 火力强大,搭载货物又与报告不符,货物凌乱,似乎为抢劫而得。调查后发现,该船货物与船员的比例不符,加上船员大多为年轻气盛的男人,以及强大火力,使人很难不怀疑该船的真实身份。[④] 一名船员萧煌佛在拘留期间,还趁看守不注意时,企图上吊自杀,是否畏罪而有此行为不得而知,不过却使本案更加疑点重重。[⑤]

根据《台湾总督府公文类纂》驱逐舰东云号的视察报告,海盗船的伪装可能有三种:一为单桅。船型较小、平坦的近海渔船。二为二至三桅。船型稍大,载重量大且慢,船员以少数男子及老翁组成,船上武器以数支火绳枪为主。三为同样二至三桅。船型稍大,载重量虽大,但速度较快,吃水浅,船

---

① 《派舰保护航商》,《申报》第 15707 期,1916 年 11 月 2 日第 11 版。

② 《水警师船保护航商》,《申报》第 16119 期,1917 年 12 月 27 日第 10 版。

③ 《海贼船淡水に发见审问中》,《台湾日日新报》1913 年 8 月 22 日第 7 版。

④ 《海贼船に就て》,《台湾日日新报》1913 年 8 月 23 日第 7 版。

⑤ 《海贼缢死を企つ　多分狂言自杀ならん》,《台湾日日新报》1913 年 8 月 26 日第 7版。

员以年轻气盛的壮丁为主,多数船员配有火绳枪,及一二挺小炮。① 初步认为第三种船只最有可能成为海盗船,上述报导案例以萧重兴号最为可疑。由商船伪装成海盗船,或海盗船伪装成商船,皆为可能。不过,中国船只拥枪自重,且以入港许可证来往大陆、台湾港口,总督府势必加强船只入境的检查。

伪装商船的手段,还须注意该船是否被挟持犯案,也就是赃船的使用。以现今的说法为"幽灵船",当时称为"借马"或"踏底",②海盗将该船的船员杀光或吸收、放逐,将船只稍作改造后,重新注册使用。③ 不同的是,在民国时期并未有重新注册的可能,这与当时船只登记规则尚未健全有关。海盗利用赃船作为伪装,借以靠近一般船只,不论是以求助、遇难等类似"放长线、钓大鱼"的模式。当然,变造船只身份的过程中,以油漆将原本船名涂掉或改变颜色最为常见。④ 本手法计有 6 次。

6.假冒官船,监守自盗

第六种为假借官府名义,执行公权力,进而洗劫船只。亦有借查缉走私之名,借故勒令停船,随后趁机登船抢劫者,计有 5 次。1916 年、1917 年均有海盗假冒海关官员名义,趁机登船压制得手的案件。⑤ 1935 年,上海税关监视船,以查缉走私的名义,对日本汽船第五岛户丸进行登船检查,随即将

---

① 《台湾总督府公文类纂》,《取缔ニ关シ通牒》第 5741 册,第 2 号,1914 年 1 月 1 日,图像文件号:000055930260235～000055930260236。

② 《海岸巡防处呈海军部文江浙洋面海盗之调查 派定楚泰军舰海凫炮舰巡缉》,《申报》第 18714 期,1925 年 4 月 8 日第 14 版;《淞沪外洋面海盗猖獗》,《申报》第 18894 期,1925 年 10 月 5 日第 11 版。

③ 许可:《当代东南亚海盗研究》,第 49～52 页。1928 年攻击平雄丸的船只,乃是 1927 年失踪的开通丸。《海州の临江に碇泊中の日本汽船平雄丸 海贼に袭はる 碇纲を切って逃出し 渐く青岛へ遁入 海贼船は前年行方不明となった开通丸》,《台湾日日新报》1928 年 2 月 14 日夕刊第 2 版。

④ 例如 1927 年新济号被劫时,海盗涂改烟筒上记号,不使人可清楚查看。《新济号遭海劫 海贼百二十名变装为乘客至途中蜂拥袭乘客》,《台湾日日新报》1927 年 9 月 10 日夕刊第 4 版。1932 年的第二十二全进丸遭难事件,也有船员指出海盗涂改掉船身的船名,企图掩人耳目。

⑤ 《海盗拦劫货船》,《申报》第 15692 期,1916 年 10 月 18 日第 10～11 版;《货船雨中遇盗类志》,《申报》第 15926 期,1917 年 6 月 17 日第 10 版。

船上货物全部搬走,放逐船员。①

除了假冒查缉之名,也有监守自盗者。1927 年 9 月 25 日《读卖新闻》报导中国军舰广金号负责运送租税九十万元之时,部分乘员在海上叛变,私吞三十万元,往海外逃去。② 1932 年 10 月 8 日《台湾日日新报》也提到十九路士兵四名,搭乘从厦门往安南的小蒸汽船,在途中以枪支威胁船客交出现金、首饰等物,掠夺约一万元,命船只靠岸后逃走。③

7. 利用水性登船

第七种较为特殊,报导仅计 2 次。主要发生于港内,海盗趁夜摸黑,利用水性优势,潜水至欲劫船只侧面,然后偷摸上船。由于船只靠港后,多数船员不在船上,因此不需对留守人员进行过多压制,便可窃取有价物品。此手法通常不伤人,由于是偷鸡摸狗的行为,因此人数不多,大约十名以内。

另外,从《申报》的统计资料来看,可得到类似的结果。其中半数以海盗船突袭为主要抢劫手法,劫掠物品除船上货物、船具、钱财及船客身上财物以外,也会绑架人质当作肉票。至于洗劫对象为渔船的话,海盗会挑渔汛期出没,将船上的渔货一并带走,并要求船夫缴纳数十元至数百元不等的捐费,当作出海的保护费。值得一提的是,《台湾日日新报》几乎看不到"海盗上岸抢劫",但在《申报》却时有所闻。这呈现海盗不仅于海面上作案,甚至会结群洗劫沿海村落。某些海盗会跟陆匪联结,对某地(城)进行劫掠活动,陆上的警察厅、民团或乡勇,碍于情报获得困难及武器的落差,实难以防备。部分海盗会与陆地民众培养感情,以劫富济贫的方式,施以援手,纳为犯罪集团的一分子,除作为眼线提供情报外,也会通过这些"良民",进行走私活动。

其他手法如伪装商船、伪装官船、伪装渔船、遭难船只,到附近村落趁火打劫等较少,海盗行为是以实质暴力行为作依据,当然在水面敷设水雷,导致船只失事,也是一种方法。特别是船只误触水雷后爆炸,利用船上人员趁

---

① 《中华税关监视船船长英人　续出海贼的行为劫我船货威胁本邦贸易　总领事严重抗议》,《台湾日日新报》1935 年 8 月 1 日第 8 版。

② 《舰长其他が海贼に早替り　官金 30 万元を拐带》,《读卖新闻》1927 年 9 月 25 日第 7 版。

③ 《十九路军兵士在船中变为海贼　劫夺一万圆逃去》,《台湾日日新报》1932 年 10 月 8 日夕刊第 4 版。

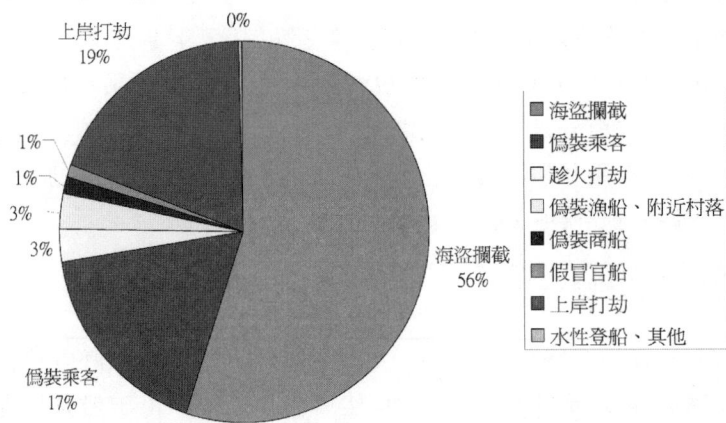

图 3-32　1912—1937 年《申报》报导海盗手法比例示意图

资料来源:《申报》,1912—1937 年。

　　备注:水性登船与其他手法并不代表没发生过,而是次数太少,以所占比
例近于零。

乱逃生之际,盗船出没抢搬货物,落水民众误以为援救来,不幸成为肉票。

　　(二)收入来源

1.掠夺财物

　　海盗在每次行动前都会调查该地地势、警备、财富状况等,进行周密的
计划。人手不足时,则蛊惑附近农民,利诱他们。行抢手法是依船型而定,
以船只抢劫来说,主要以海盗船突袭或伪装乘客登船为主。[①]

　　掠夺对象有两种,除了在海上行走的船只以外,利用船只遭难或在港外
停泊时行抢。海盗也不光在海上作业而已,有的退回陆地成为山贼、马贼,
成为名副其实的"依山为贼,据海为盗"。[②]

　　海盗掠夺的物品多为民生用品。这是因为远航船只,均携带少许粮食

---

　　① 《广东省土匪ニ关スル考察/1931 年》,《广东省土匪ニ关スル考察/1931 年》,1931
年 3 月,图像文件号:352。

　　② 《满洲马贼详述》,《台湾日日新报》1904 年 11 月 1 日第 4 版。

及现金在身上,以便在航行途中使用。况且,海盗行抢的地点,通常距湾岸较近,即便在海中央行抢,得手后还是会将船只开往根据地,或偏远海面劫掠。须注意的是,这些海盗根据地或偏远海面均为海盗熟悉的地点。故可判断海盗是在熟识海面附近活动,一来可避免海盗船因天候或地形因素而发生危险,二来逃回岸上后,官府难以追踪形迹。除了洗劫船员及船客身上的财物以外,船上器具及渔具也是值钱品。当然,商船及货船上的货品是炙手可热的商品。另外,有些船只备有自卫武器,这些武器自然也会为海盗接收。

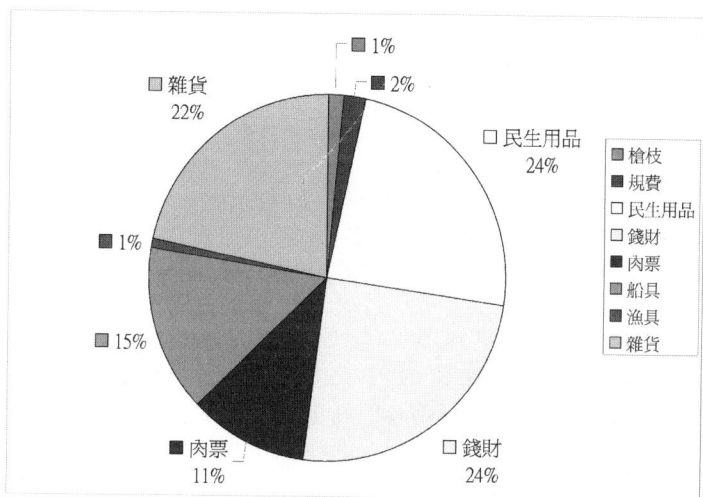

图 3-33 打劫物品比例示意图

资料来源:《申报》,1912—1937 年。

图 3-33 为整理《申报》报导得出的海盗掠夺物品比例图,可看到海盗抢夺的物品以民生物资、金钱、杂货及船具、渔具为主,大多为自用或可变卖的东西。人质的绑架,则体现海盗将肉票视为可变卖的一种商品,以下有详细说明。

报纸较少提及绑票及规费,但根据相关资料,肉票的收入相当可观,特别是外国人。外商公司多以人质安全作为第一考虑,故赎金多且保证一定收得到。至于规费,依照资料显示,于某一海面上活动的海盗,不单仅是一两个,甚至有数十个海盗团,他们只有在做"大买卖"时,才会连为一气,平时依照各团区域划分,各自收取过路费,相安无事。

2. 绑票

海盗打劫船只时，会对身价不菲的乘客，进行盘查。当然，有些海盗会事先计划绑架，特别是那些富有人家，他们与一般平民相差甚多，虽然他们经过一番装扮，企图掩饰自己富贵的身份，但有些毫不起眼的小地方，依然暴露他们的真实身份。阿列霍·历历乌斯提到：

> 中国旅客们很清楚地知道会碰上海匪的打劫，所以他们都穿得极为普通。……然而海匪从他们的行动举止上可以判断出他们中许多人很富有，受过良好的教育，特别是那些年轻的妇女。她们的头发修妆得很精致，一般都不会把耳朵上漂亮的翡翠耳环摘下来。当然，她们穿的还是一身黑色的劳动妇女的衣裳，但是她们那雅致的、经过精心修剪的双脚与脚上的草鞋格格不入。[1]

所以，不管如何处心积虑地打扮，海盗借由举止、脸型、身躯等来判断，仍可轻松识破。以 1934 年怡生号劫案为例，该船仅因三箱冥纸钱被误认为值钱货币而被劫，海盗对六位肉票的判断标准为"凭个人之衣服及手足者，得手臂白嫩、足无皱皮者，目为安富尊容之人"[2]。

盗匪称肉票为"柴"（黑市用语）。之后，派代表写信或口传向家属要求赎金，若不从则撕票。肉票若为女性，则更残忍，不付赎金的下场便是推入火坑。[3] 绑票的对象除富有的中国籍民以外，尤以外国人最易被绑，理由在于外国人的赎金通常较高，且大都会付钱了事，避免节外生枝。

常见手法为将人绑到匪巢后，一方面对人质进行烤问，另一方面派人探询被绑者家中情况，据此进行逼索。倘若肉票未说实话，就施以各种毒刑，最残忍的，是用细棕绳箍在人质头上，另以小木棒一根插入绳中，渐渐扭紧，使人难以忍受，疼痛昏去。有些家庭一时筹措不出赎金，盗匪就将肉票关在土穴之中，每天只给少许食物，进行折磨。盗匪甚至还相聚赌博，将肉票作

---

① 徐有威、贝思飞主编：《洋票与绑匪：外国人眼中的民国社会》，上海：上海古籍出版社，1998 年，第 331~332 页。

② 《怡生轮被劫 绑架旅客标准 凡手臂白嫩足无皱皮者 盗匪认为安富尊容之人 中有贫苦者亦认为富翁 怡生轮约今日可以到沪》，《申报》第 21888 期，1934 年 3 月 27 日第 11版。

③ 《广东省土匪二关スル考察/1931 年》，《广东省土匪二关スル考察/1931 年》，1931年 3 月，图像文件号：352~353。

为赌本,赌而负者,即将该名肉票交付赢家。①

《台湾日日新报》于 1928 年 2 月 14 日报导平雄丸事件,②从被绑后平安归来的平雄丸船长丹下光俊的说辞提到,肉票的行动几乎被限制,除了如厕以外,大部分时间均有两人持枪看守他们。吃的食物,如同饲养家畜的馊水,有时一天吃不到两餐。他们后来一共经过了"八"个村落,似乎是每到一地便搭建的小村落,人数约一百三十多人,里面不乏老弱妇孺。③

图 3-34　《摄影画报》报导海盗接洽赎票场所

资料来源:《香港海盗:此海滩之一孤地为绑票后接洽赎价之地》,《摄影画报》第 9 卷第 3 期,1933 年,第 28 页。

图 3-35　大亚湾海盗监禁人质地点

资料来源:徐有威、贝思飞主编:《洋票与绑匪:外国人眼中的民国社会》,上海:上海古籍出版社,1998 年,第 298 页。

图 3-35 为记者阿列霍·历历乌斯拍摄的照片,他根据一名在香港当警察的朋友,送给他的简略地图而找到该地点。该名警察曾有一段时间在大亚湾当间谍,负责调查大亚湾的海盗。据称在那因禁所有用来换取赎金的人质,当赎金无法到手,则会发生拷打和谋杀。④

匪徒会发通知信给肉票家属,内容为约定金额、地点、收钱放人等讯息,以图 3-36 为例,内容为:"建昌洋行乌经理电启者,所言非别因,本军饷需缺

---

① 河北文史资料编辑部编:《近代中国土匪实录》下卷,北京:群众出版社,1992 年,第 450～451 页。

② 《日本船平雄丸于海州被海贼袭击》,《台湾日日新报》1928 年 2 月 14 日第 4 版。

③ "平雄丸船长等遭难及救出颠末二关スル报告",《4.平雄丸(国际运输汽船)遭难事件/分割 2》,《中国海贼关系杂件》第一卷,1927 年 9 月 6 日,图像文件号:0356～0360。

④ 徐有威、贝思飞主编:《洋票与绑匪:外国人眼中的民国社会》,上海:上海古籍出版社,1998 年,第 296 页。

乏,特在木场捉拿办事人数位看押,请派中前来并大洋陆万元,在本月底前来三角井取赎。否则军法重事实行担……"文后还署名"福建自治军第一师一团三营营长",这支"伪军"还具备军事集团的组织,大咧咧地写出军旗号,以示匪团阵容庞大。

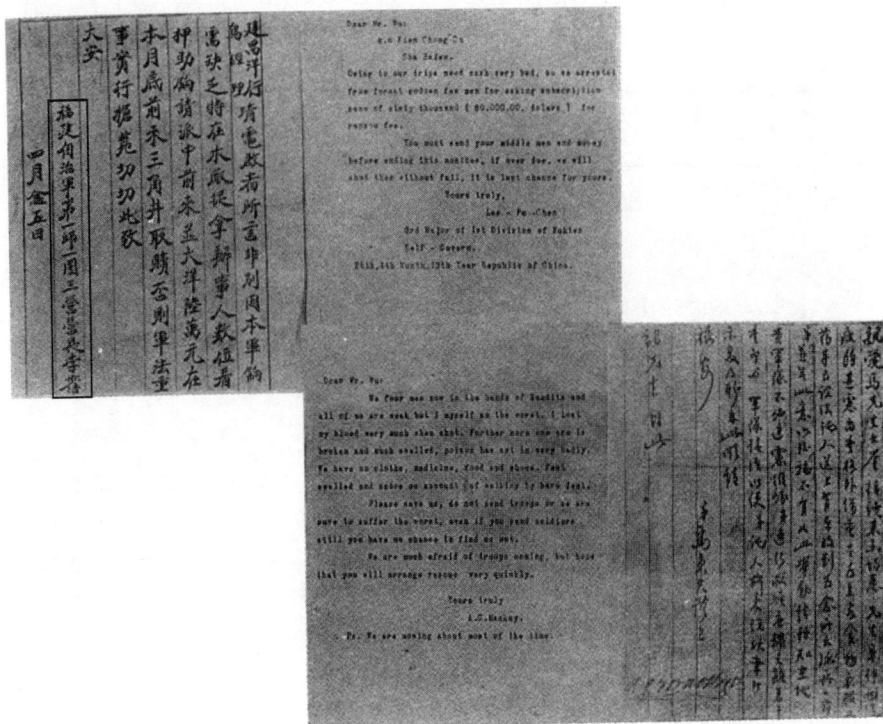

图 3-36　绑票勒索信

资料来源:徐有威、贝思飞主编:《洋票与绑匪:外国人眼中的民国社会》,上海:上海古籍出版社,1998 年,图片第 3 页。

此封绑架信的主角,A. C.麦凯为一名负责中国木材进出口公司(The China Import and Export Lumber Company)的巡视人员,他提到该公司每年都要花费大量金钱贿赂闽江流域的江匪,使他们放过公司雇用的伐木工人,同时还贿赂驻扎在福建的军队。这些名目繁多的进贡,还得搭上不时孝敬中国官员的各种"礼物"。匪徒会利用赎金购置更多武器,招募更多新兵,专门从事绑架洋人的活计。中国的肉票付不出高额赎金,这类肉票通常在被绑后只得撕票了事。①

史慕山写了一首七言绝句的诗,描写肉票从匪窟逃回的心态:

> 命宫磨蝎早安排,灾难分乘扫不开。
>
> 正苦埋忧无乐土,翻从匪窟赋归来。
>
> 云谢苍茫夜色昏,偶然遭绑断入魂。
>
> 低头不敢高声语,无可如何泪暗吞。
>
> 绳索牵身不自由,俨然顷刻便俘囚。
>
> 此行若晓多危险,悔不从前与妇谋。
>
> 残喘宵来细若丝,不图暗地有扶持。
>
> 试参因果循环理,造物何尝爽报施。
>
> 赎票章程等罚锾,寒行筹划更维艰。
>
> 家无储蓄从何措,转恨当时乞放还。
>
> 乞得琼浆润涸鳞,一枝又托苦吟身。
>
> 愁中尚记东坡语,世上从无不好人。
>
> 归途细认路三叉,山挂斜阳已到家。
>
> 追说前宵逢险事,高堂含泪痛无涯。
>
> 托亲告友苦张罗,到处逢人白眼多。
>
> 此日欲闲闲不得,锁眉懒唱莫愁歌。
>
> 奔走真如行脚僧,安闲片刻我何曾。
>
> 自家未了自家事,蕙以明珠谤又兴。
>
> 灯影摇摇同影沉,贫愁二字苦相寻。
>
> 无聊写出伤心句,不是阳春白雪吟。②

该诗呈现肉票被绑后非常害怕,恐身首异处以外,更惧匪徒以极刑拷问。同时匪徒对赎金的要求,更使得他感到绝望,因家中无储蓄可支付,向亲友筹款也遭到拒绝,只得夜夜哀叹自己命苦。

3.收取保护费与规费

对海上往来船只,海盗以提供海面航行安全之故,向船只征收保护费,

---

① 徐有威、贝思飞主编:《洋票与绑匪:外国人眼中的民国社会》,上海:上海古籍出版社,1998年,第245~246、257页。

② 史慕山:《说海:遇匪脱险纪事十》,《崇善》第59期,1929年,第13~14页。

成为他们稳定的收入来源。来源的对象有商船、渔船等，前述提及赖财山的海盗团，虽以政府的名义赋予他们保护渔船的安全，但却无法避免他们对渔船征收保护费的举动。以南澳岛的三合公司来说，凡在海上查到没有挂印有三合公司"小红旗"（已缴款）的船，便将货物劫掠一空，再杀人沉船。①

海盗以"行水"来称呼船只航行费，盗匪会挑选官军警备较弱的海面或河面，向往返船只征收费用。收取标准有三：一个期间的收取，为缴纳一次费用，一段时间不受海盗干扰。或每次往返都得缴纳，及依据船只载货量多寡征收。据估计，一次缴费差不多二十至五十元左右。若船舶业者不愿付保护费，则称之为"打单"，该船航行时不保证安全。② 1926年《申报》提到定海象山的南燕山洋面，该区收费标准为渔船照费六元，冷冻船十元，虾船五元，以六个月为限。如不按期缴纳，则将船只掳去。③

根据《国民党军の海贼讨伐に关する件》提到三合公司灭亡后，永和龙公司以"海上保险"的名目，对汕头附近外海行驶的渔船、帆船等，收取保护费，其月收入可达四万元以上。这还不包括商船业者定期往返甲乙地，需缴纳数个海盗团控制的海域及逢年过节的"送礼"。④ 另有抽鸦片税及征收沙田税，广东南路土匪的主要收入为云南输出的鸦片税，抽取时价不等的税差。至于东江土匪，则是征收沙田费一亩二元。⑤

---

① 蔡少卿主编：《民国时期的土匪》，北京：中国人民大学出版社，1993年，第263页。

② 《广东省土匪ニ关スル考察/1931年》，《广东省土匪ニ关スル考察/1931年》，1931年3月，图像文件号：353。

③ 《宁波》，《申报》第19173期，1926年7月19日第10版。

④ 《国民党军の海贼讨伐に关する件》，《公文备考 杂件三》卷一二六，1926年5月14日，图像文件号：0438～0439。

⑤ 《广东省土匪ニ关スル考察/1931年》，《广东省土匪ニ关スル考察/1931年》，1931年3月，图像文件号：351～354。

二、与海盗相处的亲身经历

(一)孟慕贞(M. Monsen)的海上历险记

1929 年 5 月 8 日《台湾日日新报》报导,一名挪威籍女性传教士孟慕贞搭乘从天津往山东的轮船,遭到二十多名海盗劫持,孟慕贞也遭到海盗绑走。[①] 据这位传教士获释后在北戴河会议上的发言,可得知被海盗绑架的一些事情。根据孟慕贞说,该船于 4 月 19 日出发之后,孟慕贞在船上继续她的宣教工作,并在分发宗教小册子的期间,认出船上有数字伪装乘客的海盗,不过她并没有放在心上,继续专心自己的工作。不料,这群海盗在黎明之际,用枪声揭开了抢劫的序幕。他们将所有船客赶出船舱,集中在外头,并开始搜刮财物,连孟慕贞的手表也被夺走。过不久,有一位海盗前来与孟慕贞谈话,据孟慕贞所说,该名海盗自称设法使"女乘客不受虐待"的人,并保证归还她的手表。该船遭劫后成为饵船,在 5 天之内,不断洗劫他们所遇上的每条船,起初船客各自吃着自己带上船的食物,但后来却不得不靠海盗掠夺的食物来过活。

孟慕贞在九天之内,只进食少量苹果及巧克力数盒,甚至还有海盗过来哀求她多吃点东西。随后,孟慕贞观察到船上的卫生状态开始变差,臭气熏满整艘船,她还看到几名海盗每晚在六至七点点吸食鸦片。这些海盗不仅很听孟慕贞的话,甚至在进餐时,孟慕贞还拿出宗教小册子向他们说教,她看到有海盗一边哭着看小册子说:"我们是不得以才变坏的!"19 天过后,有两名男子上船,可能是船公司派来交涉的人。海盗头目欲以二十万元作为赎船的金额,并企图将孟慕贞带走,但当时已有炮舰正在搜寻该船的下落,使得海盗商讨要用哪艘船逃跑。

第 23 天下午三点,突有炮声出现,船上五十名海盗立即离开这艘轮船,留下十名海盗,开始两个小时的追逐。孟慕贞听到这些海盗说必须要有外国人跟着才行,有外国人当人质的话,炮舰就不敢攻击我们了! 也有海盗说

---

① 《诺威宣教师夫人为海贼拉去》,《台湾日日新报》1929 年 5 月 8 日第 4 版;《诺威宣教师夫人海贼に拉去さる》,《台湾日日新报》1929 年 5 月 8 日,夕刊第 2 版。根据后来孟慕贞所说,她搭乘 4 月 19 日的船只出航,不过报导却是在 5 月 8 日才发布。

她已经 23 天都没吃任何东西,撇下她吧! 于是这些海盗带走船上其他二十多名乘客,不过当天他们就获救了。最后,孟慕贞幸运地没被海盗带走,同时成为船上其他人员见证上帝奇迹的体现,此事件反帮助孟慕贞的传教工作。①

(二)美国记者阿列霍·历历乌斯(Aleko E. Lilius)与海盗同航的经验

这名记者受报界委托,为了搜集有关大亚湾海盗的情报及他们的活动。如同其他对此海域抱有兴趣的记者,香港政府提供许多文件、电报、警察报告和照片做参考,希望这些记者能以中立身份,片面得到一些可靠的情报,以利日后剿灭海盗之需。阿列霍·历历乌斯便以非官方的管道,取得接近赖财山海盗团的机会,根据他的记载,这种"海盗贸易"对行走西江和澳门之间的航海人而言,只是一种谋生手段而已。并且是一种世代相传的贸易,如今该名海盗首领(赖财山)从家族那里继承了家产,包括船只和财产。许多海盗在西江三角洲筑起根据地,成立组织,向路过的船只征收费用。②

与海盗接洽的过程中,历历乌斯在某店发现一名没有右耳的男人,此人说曾被海盗绑架。起初海盗对他的态度还算良好,不过在多次要求赎金不成的情况下,最后决定要取走他身上的一个部分,耳朵就成了该笔赎金到来的保证。③ 接触一些与海盗有特殊渊源的人后,大部分人深恐历历乌斯是官方派来的探子,因此对历历乌斯以一名记者的身份和写作维生等理由带有很多疑问。不过,有钱能使鬼推磨,历历乌斯得以顺利搭上赖财山的船只,并参与一次打劫行动。

至于历历乌斯描写赖财山的印象,可参考前述海盗头目一段。历历乌斯搭乘的船,看似与普通商船无异,实际为一艘海盗船,甲板上有十二尊大炮,子弹和炸药等备用弹药都安置在船腹,重型炮弹储藏在前桅的后面,步

---

① 徐有威、贝思飞主编:《洋票与绑匪:外国人眼中的民国社会》,上海:上海古籍出版社,1998 年,第 232～244 页。

② 徐有威、贝思飞主编:《洋票与绑匪:外国人眼中的民国社会》,上海:上海古籍出版社,1998 年,第 271～272 页。

③ 徐有威、贝思飞主编:《洋票与绑匪:外国人眼中的民国社会》,上海:上海古籍出版社,1998 年,第 274～275 页。

枪和手枪则藏在船尾的隔离舱内。[1]

赖财山与三名女子，后来搭小船过来，一上船，历历乌斯便认出是她。赖财山上船的第一件事便是祭拜神明与祖先，船上有一只小安妈（A-Ma）女神像挂在墙上，旁边则有一块祖先牌位，供奉赖财山的父亲。赖财山不与水手交谈，有任何动作都是由身边两位女佣人负责，历历乌斯后来发现赖财山的船上没有机关枪，但西江一带的海盗船前后均配有机关枪，很有可能是从中国军队偷来或私下买卖而得。[2]

由于历历乌斯携有相机，赖财山怕会留下作案证据，拒绝历历乌斯拍照，不过后来却让历历乌斯帮赖财山照了张相。下午，他们终于开始行动，先躲在一座小岛背后，等待船只经过。见有一艘满载渔货的货船出现，赖财山一声令下，立即追赶那艘大船，该船一发现海盗船出现，满帆加速逃亡，但在海盗船的两声枪响后，该船的主帆掉了下来。对方船只放出一艘小船前来，该船船长随即被带到下面的船舱去，不过历历乌斯观察该名船长刚登船时，面带恐惧，会晤后笑容满面，想必是已达成双方皆满意的协议。[3]

后来接连两艘帆船，均以同样手段，同样会晤，同样表情，同样协议，初步估计一天可抢夺的船只约三艘，也许会更多。历历乌斯在晚饭时间，与船长聊天，船长对赖财山的买卖做了如下描述：

> 作为一名检察官，她有责任检查任何一艘来往渔船，看一下有没有遭到海匪袭击的可能。如果有好斗的帆船靠近，则检察官就有职责将海匪赶走。如有必要还要向它攻击一番，将其击沉，抓获其水手。……每艘帆船都要向检察官进贡，如果不孝敬的话，无论如何也会发生一些偶尔事件，一般是不会让那些逃避进贡的人溜掉的。另外，当夫人不在附近的时候，其他的检察官的帆船也会对一些渔船纠缠不清，勒索税收。所以那些孤立无助的渔民通常都向一些检察官进贡，以免麻烦。[4]

---

[1] 徐有威、贝思飞主编：《洋票与绑匪：外国人眼中的民国社会》，上海：上海古籍出版社，1998年，第281页。

[2] 徐有威、贝思飞主编：《洋票与绑匪：外国人眼中的民国社会》，上海：上海古籍出版社，1998年，第283页。

[3] 徐有威、贝思飞主编：《洋票与绑匪：外国人眼中的民国社会》，上海：上海古籍出版社，1998年，第284～286页。

[4] 徐有威、贝思飞主编：《洋票与绑匪：外国人眼中的民国社会》，上海：上海古籍出版社，1998年，第287～288页。

图 3-37 海盗船的猎物——目标在左前方

资料来源:徐有威、贝思飞主编:《洋票与绑匪:外国人眼中的民国社会》,上海:上海古籍出版社,1998年,第284页。

可见被赖财山追赶的渔船,很有可能是强迫纳贡的渔民。根据上述内容,似乎除了赖财山船队有官府特许权以外,尚有其他海盗团在此海域活动,并挟有数个海面控制权,收取费用不一的保护费。

隔日正午,历历乌斯有幸参与赖财山与其他海盗团的谈判。他们来到一座充满树木、丘陵起伏的小岛,并在海湾处看见三艘帆船。船长让历历乌斯走下船舱,不让历历乌斯有机会目睹,不过根据历历乌斯听到一些脚步声及喊叫声,似乎一场大战不免要开打。过不久,赖财山的船只随即发射六发炮弹,敌方却无任何反击迹象。不一会儿,历历乌斯重回甲板,看到两名手脚被绑的男人,并在右舷看到一艘即将沉没的帆船。据闻,这两名男人分别为两艘帆船的船长,历历乌斯深恐他们被枪决,于是要求拍照存证。后来,他们不打算杀人,反倒以绑架勒索的方式来处理。"因为如果你杀掉一个敌人,总会要做很多的解释,有各方当局和亲属需要抚慰摆平。但果你将其手脚绑上一段时间,并不时地让他饿上几天,这样赎金就唾手可得了"。船长如此说道。①

图 3-38　与历历乌斯相处甚好的海盗船长

资料来源:徐有威、贝思飞主编:《洋票与绑匪:外国人眼中的民国社会》,第 285 页。

图 3-39　刚到手的人质

资料来源:徐有威、贝思飞主编:《洋票与绑匪:外国人眼中的民国社会》,上海:上海古籍出版社,1998 年,第 289 页。

随后,历历乌斯与他的助手穆恩一同到了大亚湾,著名的海盗巢窟。历历乌斯费尽千辛万苦,进入维多利亚监狱,以求能获得海盗的情报。无奈他在监狱里什么也没得到。走出监狱后,他聘请一名会说洋泾浜英文的翁某,跟着他再度找寻南海女海盗的踪迹。巧遇平黄留后,得到另一个与海盗同航的经验。

与其他海盗相处期间,竟出现把历历乌斯当作肉票来换赎金的想法,不过最终以闹剧收场,历历乌斯继续找寻赖财山下落。期间巧遇一群头戴中国军帽的官兵,他们解释为解救一名白人肉票,历历乌斯也解释说他只是平黄留船上的一名乘客,而不是人质。② 这类营救洋票的剿匪军队,似乎与地方土匪、海盗有着密切的关系,能够保持与匪盗的联络管道,以利“拯救”洋票。

前往广州的途中,历历乌斯遇到一名俄国籍上尉,他曾在孙传芳(1885—1935)的白俄部队待过,与历历乌斯有一面之缘,如今为一名剿盗的士兵。他说就算海盗定期收到一定数量的钱财,贪得无厌者还是居多。如

---

① 徐有威、贝思飞主编:《洋票与绑匪:外国人眼中的民国社会》,上海:上海古籍出版社,1998 年,第 289～290 页。

② 徐有威、贝思飞主编:《洋票与绑匪:外国人眼中的民国社会》,上海:上海古籍出版社,1998 年,第 317 页。

同这艘汽船，二周前才支付一定数量的鸦片作为贡品，几天后又开口要求五千元银币。通常船主会拒绝照办，于是便有一群同样的乘客频繁往返于广州和澳门之间，研究这艘船和船员的生活习惯，等待时机下手。①

在张留的穿针引线下，历历乌斯再次登上海盗船，不过不是赖财山的船只，此次会面的海盗头目是名叫黄桥的中国人。历历乌斯毛遂自荐，希望黄桥能够雇用他做保镖，不过，黄桥是个疑心病极重之人，他不相信历历乌斯自称是难民，还能带着一个仆人。在黄桥的根据地，历历乌斯四处闲晃，看到有数十人正在建造一艘巨大船只。黄桥跟他说，不同地方都在造这样的战船，此战船在正常风速下比一般帆船还快，配有机关枪数挺，船上载有舢舨、独木舟。②

在历历乌斯回澳门的途中，遇到"狗人"高良泰。高良泰原为一名富商，住在长江上流重庆附近的一个村庄，因为每个富足的中国人都会被列入绑架者名册之中，所以他们总要准备一些钱作为被绑后的赎金。高良泰不幸被绑后，认为这件事可以很快解决。不料，他的弟弟却说有兴趣看到高良泰被监禁，这样他就可以霸占他哥哥所有的财产。于是高良泰的弟弟与土匪做了协议，约定每月付给他们一定的看管费用，高良泰被关在一个只能容下他身子的竹笼内整整十四年，使得他的身体严重变形，无法用双腿走路，只能像狗一样爬行。后来，高良泰加入广州附近一个海盗团，一直想报仇。③

历历乌斯与高良泰达成协议，若高某给予一同航行的机会，历历乌斯则替他与高层葡萄牙人攀关系，向他弟弟报仇，高良泰遂答允。于航行时突遇黄道平的船只，为免枪战发生，故付钱了事。后来遇到聂泰洋的船只，转而搭乘熟人的船只，对待自然相差许多。他们在航行中又遇到一艘海盗船袭来，该船为黄道平的船只，历历乌斯谎称与黄桥为旧识，很快得到与黄道平见面的机会。历历乌斯以若能在村庄内找到他满意的消息，便回澳门号召

---

① 徐有威、贝思飞主编：《洋票与绑匪：外国人眼中的民国社会》，上海：上海古籍出版社，1998年，第322页。

② 徐有威、贝思飞主编：《洋票与绑匪：外国人眼中的民国社会》，上海：上海古籍出版社，1998年，第337、343页。

③ 徐有威、贝思飞主编：《洋票与绑匪：外国人眼中的民国社会》，上海：上海古籍出版社，1998年，第320页。

百名白军投奔黄道平。[①]

与黄道平的相处中,历历乌斯开出许多空头支票,黄道平很喜欢历历乌斯,甚至让历历乌斯加入正义英雄堂。经过一番斩鸡头、喝鸡血的歃血为盟后,历历乌斯与翁某正式成为海盗团的一员。黄道平说,他们是劫富济贫,勒取赎金,再分给又病又穷的人,他们才是受益者。至于只要发觉一名富人行为霸道,即使在遥远的城市省份,一经过黄道平的势力范围,便会被带到村里。有时还会发生其他海盗团想绑架同一个人的事情,当这个海盗团知道他的目标已遭绑架,会出价收购这个已被绑的肉票,因此率先掌握肉票的人便能获利。被绑者当然会希望尽快交付赎金,否则在每次转卖后赎金会越来越高。若赎金还是没有着落,便将肉票处死。[②]

后来黄道平交给历历乌斯一个任务,负责护送金钱给买卖的对方。由于历历乌斯已经是正义英雄堂的一员,因此他可以发号施令。他们搭乘一艘小帆船,往澳门方向行驶,停泊在一个不知名小岛,隔日早晨便有其他船只出现,向他们露宿的小屋射击。显然有人知道历历乌斯携带金钱,很可能为内神通外鬼。不过,黄道平早已派另一队人马暗中保护历历乌斯一行人,因此历历乌斯避免一场惨遭自家人洗劫的闹剧,但翁某却因中弹失血过多而死。最后,历历乌斯完成了他的任务,不过他也决定不再与黄道平接触,结束了他的海盗观察之旅。[③]

(三)A. C. 麦凯(Mackay)的闽江匪窟逃生记

前述海盗收入来源,提到一封绑票信的主角,A. C. 麦凯和丁斯穆尔同为上海中国木材进出口公司做巡视,当时他正在福建闽江上游。根据他的回忆,公司每年都得花大笔金钱贿赂闽江流域的土匪,不过还是会出现"毁约"的情况。

一群土匪趁着深夜,将麦凯及他的好友丁斯穆尔五花大绑,同时洗劫他们的房间。他以土匪对肉票认知提到:"在中国的土匪圈内有一条规矩,即

① 徐有威、贝思飞主编:《洋票与绑匪:外国人眼中的民国社会》,上海:上海古籍出版社,1998年,第362、365、368页。

② 徐有威、贝思飞主编:《洋票与绑匪:外国人眼中的民国社会》,上海:上海古籍出版社,1998年,第390~393页。

③ 徐有威、贝思飞主编:《洋票与绑匪:外国人眼中的民国社会》,上海:上海古籍出版社,1998年,第396~397、399页。

图 3-40 1907 年的闽江

资料来源:廖乐柏著,李筱译:《中国通商口岸:贸易与最早的条约港》,上海:东方
出版中心,2010 年,第 159 页。

'肉票'的自由只能通过支付赎金予以赎回。如果任何一个落入魔爪的'肉
票'因伤势太重,难以动弹,或他的死可能使赎金泡汤,那么他就会被处死。"
据麦凯的回忆,除了两名外国人以外,另有他的翻译朱某和其他三名中国人
一起被绑。而且土匪不会对肉票施以任何同情,就算双手被绑,也得跟着他
们的脚步前进。否则将会有一阵拳打脚踢并伴着步枪枪托的猛击,迫使肉
票不得不前进。[1]

他们被绑后,走了将近 15 小时的路程,在这期间粒米未进,滴水未喝,
只有在越过一条湍急的溪流时,喝了几口河水而已。后来到达一座山村,村
里有数间泥坯草棚和木屋,他们被关进其中一间。麦凯因手臂骨折的伤势
及赶路的劳累,不知昏睡多久。一名土匪摇醒他,给了他一碗干煮米饭,却
难以下口,随后他们又起程赶路。最后被囚禁的地方,是距离公司办事处所
在地沙县 40 多英里的路程(将近 64 公里)。

此时,赎金的事情被提出来。土匪军师跟麦凯说需要六万墨西哥鹰洋

---

[1]　徐有威、贝思飞主编:《洋票与绑匪:外国人眼中的民国社会》,上海:上海古籍出版
社,1998 年,第 248 页。

的赎金,如果付不出来的话,只有死路一条。但麦凯坚称他不是公司的高级职员,仅是一位新雇员而已。那名军师丝毫不理会他的解释,只认为在任何情况下,中国政府都会做出补偿,因此公司不会在意你的命值多少钱。于是他拒绝为赎金写求救信时,土匪已将赎金信送出。在后来的信件往返过程中,土匪会检查麦凯的信件,以防绑架地点泄漏出去。据麦凯说,他被解救后,看到最初寄出的信,该信是由一个副头目签名的,自称是福建自治军第一师一团三名营长,他居然为自己虚拟了一个军衔,并有一个他为之服务的政府。①

被限制行动的日子里,他们过着不卫生的生活。由于土匪不常洗澡,生活质量相当差。蚊子是非常扰人的昆虫之一,另有大蜈蚣等虫子到处爬窜。麦凯提到中国土匪的一条规矩是:"不同帮派拥有自己的势力范围,他们自己的猎物是绝不许其他匪帮插足染指的。"因此绑架麦凯的匪帮,深恐其他匪帮会抢走麦凯。后来才知晓,绑架麦凯的是一群来自远方的匪帮,因此不知道麦凯的公司已经与当地匪帮有"合作"关系,不过他们还是怕被闽江当地匪帮察觉,但并不担忧中国官军前来讨伐。

他们吃的食物其实颇丰盛,除了大米以外,还有野生的竹笋,从稻田抓的田蛙及农舍抢来的猪肉。更令人感到惊奇的是,这些土匪也有宗教信仰,麦凯看过他们从行李中取出一尊小神像来膜拜。由于匪徒之间常有争吵,有时会引起群殴,此时便会用抓阄来决定,用两块像餐刀柄的木片抛向空中,研究它们是如何落下的,然后紧盯着麦凯本人。不过麦凯也说这种决定事情的方式,让他摸不着头绪,仅能说类似掷铜板的行为。②

后来,公司在第一封的回信中提到不会派兵来营救,土匪们听到这一允诺时,感到半信半疑,不过土匪愿意把赎金从六万降至一万五。同时因为得知官府不会派兵,麦凯等人被允许有少许的自由,至少可在土匪的视线范围内走动。麦凯跟土匪的关系也变得友好一些,他提到土匪在还没收到赎金时,已经开始委托中间人采买一些东西,他们决定用一万元购置武器和弹药,然后把剩下的钱按每个人的军衔和服役期来分配。

① 徐有威、贝思飞主编:《洋票与绑匪:外国人眼中的民国社会》,上海:上海古籍出版社,1998 年,第 249~251 页。

② 徐有威、贝思飞主编:《洋票与绑匪:外国人眼中的民国社会》,上海:上海古籍出版社,1998 年,第 251~254 页。

土匪提到在闽南有一些白人，会将长枪、左轮手枪和弹药卖给这些土匪。匪首很自傲地跟麦凯说，等大量武器到手后，将招募更多的新兵，专门从事绑架洋人的事业，因为中国肉票付不出高额赎金。有了钱，就有更多武器，就能招募更多人，成为一支装备精良的军队，变成福建省的主要势力。麦凯还被邀请加入他们，因为他知道如何去绑洋人，如何判断该开多大的赎金数目方能被接受，麦凯也能协助他们参与所有必要的联络和谈判活动。[①]

过了 19 天，接近黎明的前夕，激烈的枪声吵醒他们，麦凯急忙冲出房间，躲入灌木林，隐约听到朱某的声音，接着数名士兵迅速冲了过来，确保麦凯等人已被救出。从士兵当中，麦凯认出了那位交涉赎金事宜的中间人，他之前还受托帮土匪购置武器，现在却是替军队当向导。

麦凯回公司后，向公司询问调动军队的事，公司回说沙县的军官一心想剿匪，他不顾公司的强烈反对，派出了他的人马，并且向公司要求一万五千元作为解救人质的费用。公司起初不答允，但这名官员很无耻地说："得不到我赢到手的钱，任何木材都休想流出闽江。"公司不得已只好送支票过去。闽江上游拥有大量原木，公司无法承受这些原木被拦截在上游所造成的损失。此外，法律也无法制裁该名长官的决断，因为他自己就是法律。

麦凯后来在写这篇经历时，中国木材进出口公司在福建的业务已被土匪、军队和政府官员交相勒索而扼杀，公司在福建就雇用一万多名中国人。如今工厂被拆，所有机械设备被存放在上海，并已停止向中国工人支付巨额工资。[②]

（四）小　　结

总结三人遇到的海盗经验，孟慕贞以一位传教士的威望，使海盗对她非常礼遇，甚至在阅读传教小册子时，还能开导海盗醒悟，实在不简单。同时孟慕贞也尽力保护船上其他乘客，确保他们的安全，立时成为海上妈祖的象征。

至于历历乌斯以记者身份，有幸能够跟随称霸南海的赖财山船队，还与

---

① 徐有威、贝思飞主编：《洋票与绑匪：外国人眼中的民国社会》，上海：上海古籍出版社，1998 年，第 255～258 页。

② 徐有威、贝思飞主编：《洋票与绑匪：外国人眼中的民国社会》，上海：上海古籍出版社，1998 年，第 259～263 页。

赖女有着数段的谈话,给予后人欲了解女海盗的宝贵记录。接着历历乌斯追随赖财山的脚步,还与其他海盗团有接触,诚属不易,并加入黄道平的海盗行列,博得黄道平欢心。从历历乌斯留下的珍贵照片,可知当时海盗模样,给予我们一个当时海盗形象的确定。

最后,麦凯的闽江匪窟逃生记,呈现盗匪盘踞一地区的多元势力,掌控该地区的进出口贸易,若想祈求平安,则以纳保护费为先。在营救的过程中,可看到官府向公司要求剿匪金的无理要求,足可见不仅匪盗带给地方多灾多难,不肖官员也带来不少麻烦。

第三节　组织与生活

一、福建海盗事例

1931 年,日本对南中国海盗进行调查,由福州总领事田村贞治郎与驻厦门领事寺嶋广文给予台湾总督府参谋长小杉武司的调查报告,《南中國海賊ノ状況ニ等关ル件》及《南中國海賊及渔业ノ状況ニ等关ル件》两件来看,以福州为中心的福建省东北山地较平地多,土质多为红土及沙地。由于乡民收入为贩卖家畜及自种甘薯、花生等物,因此仅能糊口及购买生活必需品。当地渔业技术低,交通不便,海产品输出困难,且船只遇难时,有到海上打捞漂流物的陋习。渔民普遍认为是上天赐给他们的礼物,因此不认为打捞或夺取遭难船只的物品有任何罪过,此习俗自古以来便非常盛行。[①]

《南中國海賊及渔业ノ状況ニ等关ル件》还列出地方海盗首领嫌疑犯的姓名、根据地、武装、人数多寡。从表 3-4 可知海盗人数规模约在 40 人,武装方面以手枪为主,特别在备注栏,因为并无明确区分是否全为海上犯案或

---

① "南中國海賊ノ状況等ニ关ル件",《昭和六年/1. 海賊一般状況并防圧关系》,《中国海賊关系杂件》第三卷,1931 年 7 月 3 日,图像文件号:0083～0084;"南中國海賊ノ状況等ニ关ル件",《昭和六年/1·海賊一般状況并防圧关系》,《中国海賊关系杂件》第三卷,1931 年 7 月 30 日,图像文件号:0088。

在河川抢劫,因此极有可能为附近山区或居于河川的匪徒。

表 3-4　福建地区海盗集团一览表

	首领姓名	根据地	武装	人数	备　　注
1	杨赞显	仙游县东沙乡	小枪30 短枪40	60	主要袭击遭难船只,兼职陆上土匪
2	潘世贤	—	小枪20 手枪20	50	—
3	潘俊贤	仙游县沙乡	不明	不明	—
4	周飞龙	—	小枪20 手枪10	40	—
5	林文生	惠安县主任乡	小枪20 手枪10	40	—
6	郭井生	海澄县霞苍社	—	—	三点会匪系统,以当港近海掠夺为主
7	林坤藤	—	—	—	—
8	吴　贼	—	—	—	—
9	谢芋如	海澄县海门下屿社①	—	—	—
10	谢班匏	—	—	—	—
11	谢月民	—	—	—	—
12	谢白眉	—	—	—	—
13	谢大嘴	—	—	—	—
14	赵日本	—	—	—	—
15	谢耳龙	—	—	—	—
16	谢臭耳	—	—	—	—
17	谢清浦	海澄县海门下郭社	—	—	—
18	李老实	—	—	—	—

	首领姓名	根据地	武装	人数	备　注
19	谢乌述	—	—	—	—
20	赵　灯	—	—	—	—
21	谢长粿	—	—	—	—
22	谢南细	—	—	—	—
23	谢班厨	—	—	—	—
24	陈金宝	—	—	—	—
25	郭为南	—	—	—	—
26	谢南海	—	—	—	—
27	萧文笔	惠安县萧厝港	小枪20 手枪10	—	主要袭击遭难船只,兼职陆上土匪
28	萧文山	—	小枪10 手枪5	—	—
29	萧文庆	—	小枪10 手枪5	—	—
30	洪　赣	同安县灌口②	—	—	—
31	柯烈嘴	—	—	—	—
32	庄　楼	—	—	—	—
33	叶淡林	—	—	—	—
34	苏　尔 （别名红面尔）	董厝乡	—	—	—
35	苏　江 （别名苏猫江）	—	—	—	—
36	王仔田	同安县灌口	—	—	—

续表

	首领姓名	根据地	武装	人数	备　　注
37	陈藤珠	同安县山后亭乡	—	—	—
38	陈跛螺	—	—	—	—
39	郑耀钦	—	—	—	—
40	邱合成	—	—	—	—
41	王阿凉	—	—	—	—
42	张大炮	—	—	—	—
43	张大拉	—	—	—	—
44	陈摆螺	—	—	—	—
45	陈　同	—	—	—	—
46	陈　梅	—	—	—	—
47	陈　鉴	—	—	—	—
48	陈佛桃	—	—	—	—

①隶属海门甲，位在海中，距县水路二十五里，下辖四社：南山、下屿、北山、下社，但无下郭社。(清)陈锳等修，邓廷祚等纂：乾隆《海澄县志》，台北：成文出版社，1968 年，第 191 页。

②灌口位在同安县安仁里，顺治十八年(1661 年)建巡检司，乾隆三十一年(1766 年)废巡检移金门县，仍设巡检驻，于民国元年(1912 年)裁撤。林学增等修，吴锡璜纂：民国《同安县志》第一册，台北：成文出版社，1967 年，第 89、138～139 页。

资料来源："南中国海贼ノ状况等ニ关ル件"，《昭和六年/1·海贼一般状况并防压关系》，《中国海贼关系杂件》第三卷，1931 年 7 月 30 日，图像文件号：0090～0092。

　　福建山区商人也会同沿海商人彼此奥援，互为呼应。不仅如此，有些海商本身就是山寇，他们结集于山，或者游魂于海，时而聚众数千人占据山谷，筑寨自守，称为山寇。时而造舟下海，肆行海上。为了达到图利的目的，山寇与海商可以互相转化,相互接济。① 不过,由首领的姓氏来看,有许多人可能为具有血缘或地缘的关系,甚至还有绰号、昵称的假名(例如红面尔、苏猫江)。

福建盗匪多以民军自居,招抚当地匪民改编成旅、队,军费来源为"过路费"及根据地的"税收",呈半官半匪状态。至于省内械斗,多以村与宗族为主,他们以民团形态为武装力量,战败的一方便遁入山林,向邻近村落骚扰。因此,这种以宗族力量为后盾的土匪、民军,利用福建地区的地势,各自分据地盘,成为地方土皇帝。②

二、广东盗匪事例

中国南方另一个臭名昭著的盗匪区,便是广东。广东开港通商时间很早,聚集大批商行与船队,清乾隆时为中国唯一对外开放的港口,加上此区沿海岛屿棋布,海盗传统历来有之,19世纪是广东海盗集团最为活跃的时期之一。③ 由于广东乃南中国海一个重要港口,控制香港、澳门、海南岛与东南亚的门户,邻近的陆丰、海丰及汕尾沿海皆为著名的海盗村。④

两广盗匪自古以来便与满洲的马贼及河南、山东的土匪并称,同为乱世出"盗"之地。席卷中国的太平天国运动,也是来自于广西的绿林。居于此地的土民较为跋扈,械斗不断,生活条件困苦,愤而铤而走险,改当海盗或盗匪。本地盗匪盛行之因,主要有六点:一是清末民初的动荡不安。军阀割据,迫使广东地区的青壮年离走,有些改作盗匪或投军。二是一旦投效私军后,战败则鸟兽散,盘踞一方,成为新盗匪,不时骚扰地方村落,壮大势力。三是人祸不断之余,天灾也甚为严重。洪水、旱灾等侵扰,使得本地区移民人口增多,往海外发展的华侨也不在少数。由于各国对华侨的控管日益严

① 王日根、陈支平:《福建商帮》,香港:中华书局,2000年,第110页。

② 福本胜清:《中国革命を駆け抜けたアウトローたち:土匪と流氓の世界》,东京:中央公论社,1998年,第95~97页。

③ 林智隆、陈钰祥:《前事不忘,后事之师:清代粤洋海盗问题的检讨(1810—1885)》,第121~141页;陈钰祥:《在洋之盗,十犯九广:清咸同年间广艇海盗布兴有事迹考》,第109~144页;陈钰祥:《清代中叶广东海盗之研究(1810—1885)》,《成功大学历史学报》第34期,2008年6月,第93~130页。

④ 后藤朝太郎:《土匪村行脚》,东京:北斗书房,1938年,第41页。

厉，尚未出走的穷民只得改投匪团，[①]一同作乱。四是地方官军为了扩大势力，也对其进行招降。匪徒素质不一，无一国家军队观念，只能充作安抚地方派别的手段。五是中国文学小说的重义、侠盗精神。盗匪重情重义，地方绿林被渲染带有劫富济贫、抑强扶弱的色彩。一般认为匪徒至少比贪官污吏要来得有义气。六是广东境内有香港、澳门，为一外国势力介入之地。因此在此区作乱，有可能被视为国际事件，中国官军甚难处理。[②]

组织及规律方面，匪徒利用分化散军，吸收失意军人加入，以《水浒传》抗官、讲义气的内容，对于上下部属之间，具有一定的规范。首领有绝对权力，部属有自己的本分与职责，绝不能越权，与正规但无纪律的官军相比，有过之而无不及。广东地方俗谚甚至称政府官兵为"（挂）正牌的匪徒"。匪团组织，在上位有首领（又称头目、大爷）一名，规模大多百人居多。对下发布、传达命令有全山（堂），利用占卜书籍决定行动的谋士数名（军师、师爷），负责文书的有"白扇"、"牛一"，最后则是掌管金钱的"账架"（会计）。[③]

以大广东堂为例，采委员制，有常务委员五名，十五名执行委员。匪团之间的联络，由最有力的匪首号召，其他小团一同参与。所使用的武器以毛瑟步枪居多，另有水雷、炸弹、手榴弹等，类似散军的盗匪，甚至还有大炮、土炮，而且编制与军队类似，区分大队、中队、小队，分别执行侦察、哨戒或进军的任务。纪律方面，非常严格，强调绝对服从，匪徒间也有侠义默契，犯案时有不成文的规矩，例如：（一）不侵犯其他盗匪的势力；（二）背叛者处以死刑；（三）私藏赃物；（四）没有依约分配赃物；（五）对受伤同伴不宜以交付敌方为处理方式；（六）不侵犯良家妇女；（七）不袭击贫民。不过当盗匪的组织改变时，会遵守规矩的也渐渐减少。也就是说，规矩既为不成文规定，因此也不需要遵守，匪徒们只在乎前面四点。赃物的分配，首领拿百分之五十，百分

---

① 随着海上帆船活动的兴盛，无法参与商业活动的人们，有部分转而从事非法的海上行为，也就是海盗。其根据地主要在中国浙江舟山群岛到温州的沿海岛屿，以及福建到广东的沿海岛屿，活动海域遍及中国沿海各地。戴宝村：《台湾的海洋历史文化》，台北：玉山社，2011 年，第 93 页。

② 《広東省土匪ニ关スル考察/1931 年》，《広東省土匪ニ关スル考察/1931 年》，1931 年 3 月，图像文件号：345～347。

③ 《広東省土匪ニ关スル考察/1931 年》，《広東省土匪ニ关スル考察/1931 年》，1931 年 3 月，图像文件号：348。关于土匪的黑话（江湖用语）可以参见：贝思飞著，徐有威等译：《民国时期的土匪》，上海：上海人民出版社，1992 年，第 366～376 页。

之十给予先锋,剩下的依照工作或阶级均分。①

　　盗匪的生活常东奔西走,居无定所,苦乐生死无常,其日常生活为半农半匪,而且首领位高权重恰似王者,北江的雄英堂首领,有财百万,还派自己的子弟到国外留学。其他匪首也会到香港、澳门大肆挥霍一番,而且贼匪还会在沿海都市投资银业、船舶业等事业,经营绑架人质或集结女子卖淫,提供匪间的享乐。所谓的"常盗",大都以山寨起家,向山下或邻近地区掠夺民生必需品。由于熟识崇山峻岭的环境,与官兵对抗时,采取游击战方式,难以一网打尽。②

　　匪徒与官兵本是相互敌对的关系,广东省政府的军队及保安队、特务营等约七万人,至于盗匪团人数大约在三万人左右,若加上半农半匪的流民、无赖汉、不良民等,则有十三万之多。如此庞大的流氓集团,为政府官军的两倍之多。治安维持自是困难,况且官军的态度颇为消极,并无决心处理,只得用招抚、收买等方法,等于变相支持土匪集团,壮大盗匪势力。加上连年内乱不断,散军等绿林相继成为失意政客的私有武力,更于中原大战期间,变成反蒋的地方派。可见政府与贼匪的关系,实为互相勾结,根本毫无肃清、镇压之力。③

　　至于与共产党的结合,则与国民党清党有关。中原大战期间,共产党与地方盗匪有合作关系。1928 年 4 月,红军占领和平、潮州、汕头等地,曾与在北江河源县出没的土匪结合。西江流域也有沙匪(于珠江三角洲地带所淤积的沙面活动),因政府对沙田的整理欲征收税金,农民愤而烧官舍,杀官兵,后来也跟共产党合作。④

　　以上这些因素均造成广东地区盗匪不断之因。日方针对广东地区的盗匪做了一详细的考察与报告,可看到广东省在民初这期间,确实因为中国内部纷乱不断,造成民不聊生,人民为生活铤而走险。但日方的调查书,也提

---

　　① 《広东省土匪ニ关スル考察/1931 年》,《広东省土匪ニ关スル考察/1931 年》,1931年 3 月,图像文件号:349～350。

　　② 《広东省土匪ニ关スル考察/1931 年》,《広东省土匪ニ关スル考察/1931 年》,1931年 3 月,图像文件号:351。

　　③ 《広东省土匪ニ关スル考察/1931 年》,《広东省土匪ニ关スル考察/1931 年》,1931年 3 月,图像文件号:354～356。

　　④ 《広东省土匪ニ关スル考察/1931 年》,《広东省土匪ニ关スル考察/1931 年》,1931年 3 月,图像文件号:357～360。

及官府的处理不当与私军遍布,人民易被煽动。另外,该调查书还提及盗匪以掠夺起家,转而投资其他事业,但内部还是以不法手段营利,特别是收取过路费与保护费。至于与官兵结为一气,互相私下贿赂,从中获取利益,也体现地方势力与中央控制的消长。

三、广东南部大亚湾海盗事例

前述是广东地区盗匪的概括,另一个海盗猖狂的地点则是大亚湾[①],每年此地的海盗案件造成不少英、日商船的损失。中国政府曾在此派驻海岸巡逻队,但效果不佳,还发生巡逻队员被海盗收买,武器一并被海盗接收之事。日本驻广东领事馆副领事矢野征记提出一份报告书,对此地地理、人文有详细的调查。

1913 年,日方已对此海湾进行勘查,当地海岸深浅为 6～8 英尺,暗礁多,船只直接靠岸相当困难。陆上有三十多个居民,主要从事农业。邻近的大鹏湾也是海盗出没的地点之一,船只可达河口附近。湾内岛岩多,附近海岸以沙岸为主,船只易靠岸。大鹏湾南方沿岸一带为平野,可容纳近二大队的陆战队上岸。至于大鹏所城内,约有四百名居民,半农半渔,物质资源尚且充足。有驻兵百名,没有邮局,对外通信困难。[②]

前述美国记者阿列霍·历历乌斯的记载,他对大亚湾的描述:

我已听说过大量有关这个匪巢的传说,但如今呈现在我面前的,就像其他中国村庄一样,到处是草屋和房子,在园子四周围着土墙。家里通常都饲养有猪、狗,路上到处能看到各种各样的家禽。自然还有孩

---

① 英译:Bias Bay,日方翻译为白耶士湾(バイアス湾),1937 年广东绥靖主任余汉谋转请将湃亚士湾改名为大亚湾,1938 年日军于大亚湾以东地区强行登陆成功,还发行过白耶士湾南中国派遣军上陆纪念邮戳。《部报第 41 号》,《部报》1938 年 10 月 21 日,图像文件第 2 张;史政编译局:《抗日战史(湘粤赣边区之作战)》,台北:史政编译局,1981 年,第 34～35 页;虞奇编著:《抗日战争简史》上册,台北:黎明文化事业公司,1985 年,第 269～270 页;《呈准军事委员会函据广东绥靖主任余汉谋转请将湃亚士湾改名为大亚湾准予备案由》,《国民政府公报》第 2309 号,1937 年 3 月 23 日,第 2 页,政府公报信息网系统识别号:E1166565。

② 《バイアス湾沿岸视察报告》,《公文备考》舰船卷三五,1913 年 1 月 31 日,图像文件号:0420～0423。

子、乞丐和吱吱嘎嘎"千疮百孔"的马车。①

图 3-41　大亚湾的居民

资料来源:徐有威、贝思飞主编:《洋票与绑匪:外国人眼中的民国社会》,上海:上海古籍出版社,1998 年,第 296 页。

图 3-42　海盗家族

资料来源:徐有威、贝思飞主编:《洋票与绑匪:外国人眼中的民国社会》,上海:上海古籍出版社,1998 年,第 297 页。

由图 3-41,可清楚看到当地居民打扮及住屋,如同他描述的情形,无法想象这地方会是著名的海盗巢穴。另外在图 3-42 看到一名疑似海盗的男子,正在与家人告别或负责站哨,则不得而知。但该图却呈现出一股为家庭生计奋斗的无奈。

大亚湾的位置(图 3-43)距离香港东北约四十英里,有许多小岛,陡峭山壁围绕,自古以来便是海盗出没地。《新译中国江海险要图志》提到大亚湾的情况为:"其中央部位多渔梁木桩□捆绳所之类,夜间驶行殊阻碍。期间深不在六拓以下,湾之东向则有浅一片,西向为诸岛脉络。"②该地邻近广东省惠阳县东方,陆丰县、海丰县之北,与大鹏湾相连。由于交通不便,官府力量难以进入,加上湾内的暗礁深浅不一,小岛分布复杂,渔民广置渔具等因,海盗遂利用种种优势,在此海湾活动。③

---

① 徐有威、贝思飞主编:《洋票与绑匪:外国人眼中的民国社会》,上海:上海古籍出版社,1998 年,第 297 页。

② 中国边疆研究资料文库·海疆文献初编:《沿海形势及海防》第一辑,第四册(新译中国江海险要图志),北京:知识产权出版社,2011 年,第 250 页。

③ "『バイアス』湾ノ海贼ニ就キテ",《昭和六年/1.海贼一般状况并防圧关系》,《中国海贼关系杂件》第三卷,1931 年 8 月 27 日,图像文件号:0097。

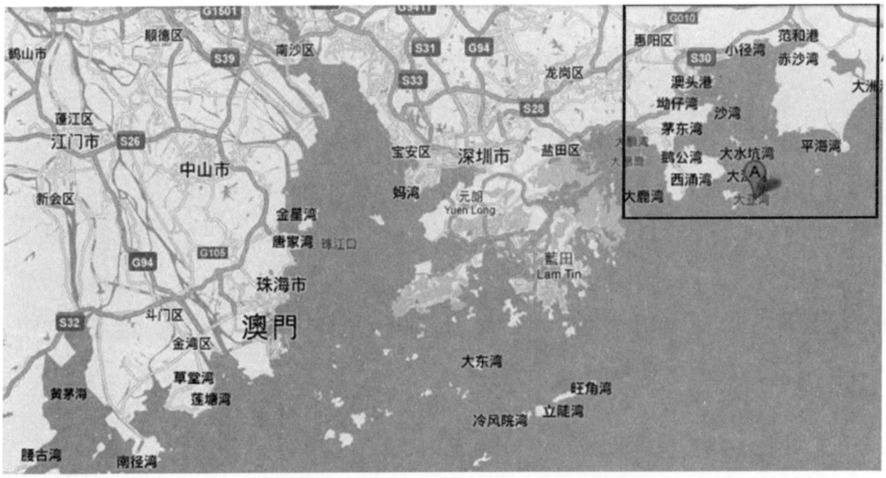

图 3-43　大亚湾地理位置

资料来源：Google Map，http://goo.gl/maps/JVlU，下载日期：2012/5/27。

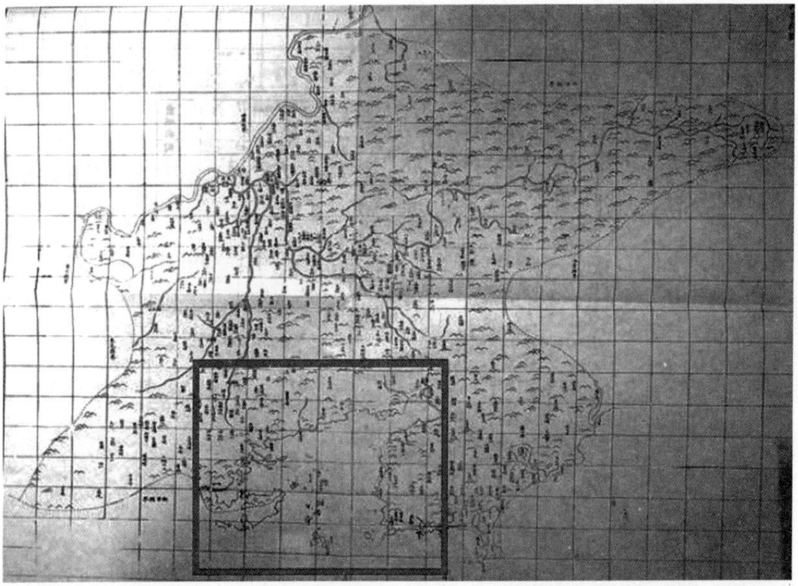

图 3-44　归善县境

资料来源：(清)不著绘制图人名氏：《广东舆地全图》，台北：成文出版社，
1967 年，第 22 页。

备注：方框标示为今日大亚湾一带。

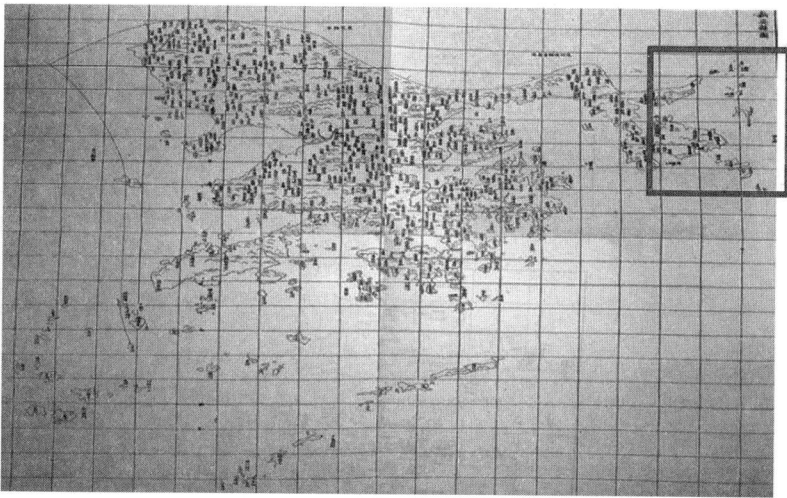

图 3-45　新安县境

资料来源：(清)不著绘制图人名氏：《广东舆地全图》，台北：成文出版社，

1967 年，第 13 页。

备注：方框标示为今日大亚湾一带。

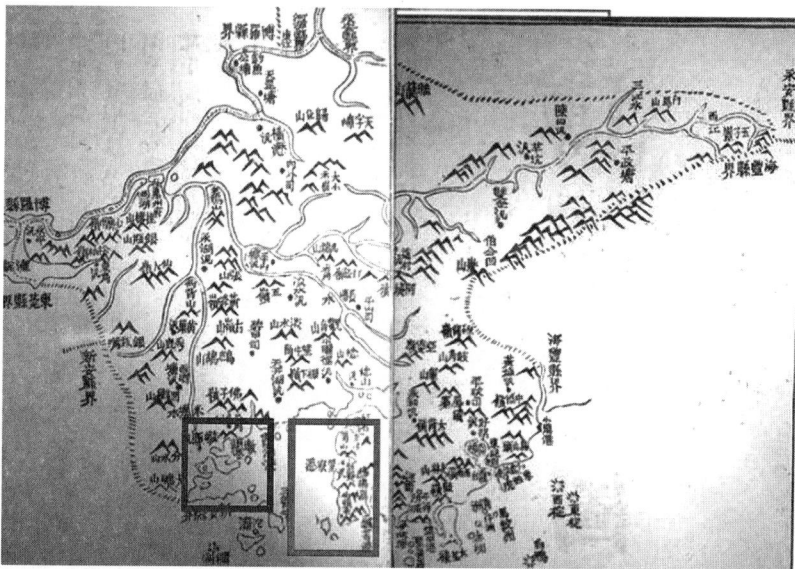

图 3-46　《惠州府志》的归善县图

资料来源：(清)刘溎年修，邓抡斌等纂：光绪《惠州府志》第一册，台北：成

文出版社，1966 年，第 31 页。

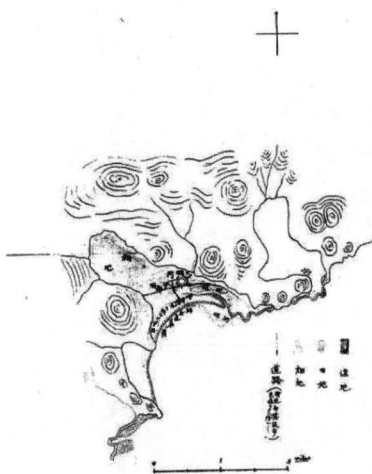

图 3-47 大鹏所附近略图

资料来源：《バイアス湾沿岸视察报告》,《大正二年 公文备考 卷三五 舰船十六》,1913 年 1 月 31 日,图像文件号：0425。

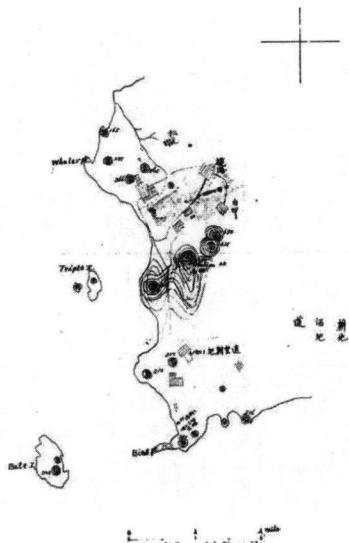

图 3-48 大亚湾地势图

资料来源：《バイアス湾沿岸视察报告》,《大正二年 公文备考 卷三五 舰船十六》,1913 年 1 月 31 日,图像文件号：0424。

大亚湾在清朝时属广东境内,惠州府下的归善县管理(图 3-44),时称东海,往东到海丰县,西南至新安县,西接东莞县,北与博罗县为邻,东北至永安县。[①] 其中以新安县(图 3-45),同为交界海湾,《新安县志》提及："按新安形势,与他处海疆不同。盖他处以抵海而止,而新安则海外岛屿甚多,其下皆有村落,故不能不合计海面……"[②]又光绪《广州府志》写道："新安县邑为东莞分地,前俯大海急水,佛堂独鳌洋小三门诸隘,其出海所必经也……"[③]由此可知,此湾内有众多岛屿,行政区划多,附近小港也多,为一出海重地。

附近港湾从《广东图说》来看,归善县下有(粗体字表海船可碇泊)盘沿港(有炮台)、鼓岭港、大星汛(商船云集之港,有暗沙)、莲花澳、盐田港、葵坑

---

① (清)章寿彭等修,陆飞纂:乾隆《归善县志》,台北:成文出版社,1967 年,第 29 页。

② (清)舒懋官修,王崇熙等纂:嘉庆《新安县志》第一册,台北:成文出版社,1974 年,第 74 页。

③ (清)瑞麟、戴肇辰等修,史澄等纂:光绪《广州府志》第二册,台北:成文出版社,1966 年,第 193 页。

港、咸苔港、巽寮港、赤沙湾、红石湾、圆头港、吉头港（有炮台）、稔山港、霞涌港、墩头港等，[①]新安县下则有鹜公湾、塔门、粮船湾、黄竹港、佛堂门、九龙寨城（九龙司署）、赤湾（有炮台）、石围塘汛（有炮台）、碧头水汛（有炮台）等，[②]

不过新安县境内较为重要的港湾为虎门，为全广东之门户。因为从澳门到广东的海域，水量较浅，船只无法通行，须由大屿山经南头，进入虎头门，抵珠江海面。至于大鹏所，则与平海防御连为一气，附近有鸡翼角炮台、南头炮台、赤湾左右炮台，负责拱卫由惠州、潮州来的船只。[③]

此区有七个城市或街庄（图 3-49）：

一、平海城，位于红海湾（今称东山海）与大亚湾之间的小半岛，前方有一沙洲，人口约一万。有城墙围绕，四个城门。城内街道狭小，类棋盘式布局，分成东西南北道路。城内有广东省惠阳县第五区党部、财政委员会及警卫队（约三十名），负责维持本地治安。城内算平稳，近来东城门附近较为繁华，店铺、市场热络不绝，东南区也是船只集结的地方。出海往下约三英里可到钦街，此处水深三尺，戎克船可通行。此地农作物，主要为野菜、麦。对外道路若由海岸线出发，经过小山，可到范罗港村。[④] 另《惠州府志》写道："海在府城南百十里，自府东南以迄西角，皆以海为险……东南有海港焉，置平海所为外藩……"[⑤]《归善县志》也提到："……南濒海，东南有平海守御千户……"[⑥]说明平海城处扼要之地，掌管该海之安全。

二、钦街，在南方丘陵起伏处，东北方有平海城，可由海路进入，沿江到达。为一南北细长之小镇，人口约一万，多从事渔业。此地驻有广东省惠阳县第五区党部、财政委员会和广东海岸特务营（约五十名）维持治安。为防

① （清）毛鸣宾、郭嵩焘等修，桂文灿纂：《广东图说》，台北：成文出版社，1967 年，第212 页。

② （清）毛鸣宾、郭嵩焘等修，桂文灿纂：《广东图说》，台北：成文出版社，1967 年，第151 页。

③ （清）舒懋官修，王崇熙等纂：嘉庆《新安县志》第二册，台北：成文出版社，1974 年，第 359～360 页。

④ "『バイアス』湾ノ海贼ニ就キテ"，《昭和六年/1.海贼一般状况并防压关系》，《中国海贼关系杂件》第三卷，1931 年 8 月 27 日，图像文件号：0098～0099。

⑤ （清）刘溎年修，邓抡斌等纂：光绪《惠州府志》第一册，台北：成文出版社，1966 年，第 54 页。

⑥ （清）章寿彭等修，陆飞纂：乾隆《归善县志》，台北：成文出版社，1967 年，第 29 页。

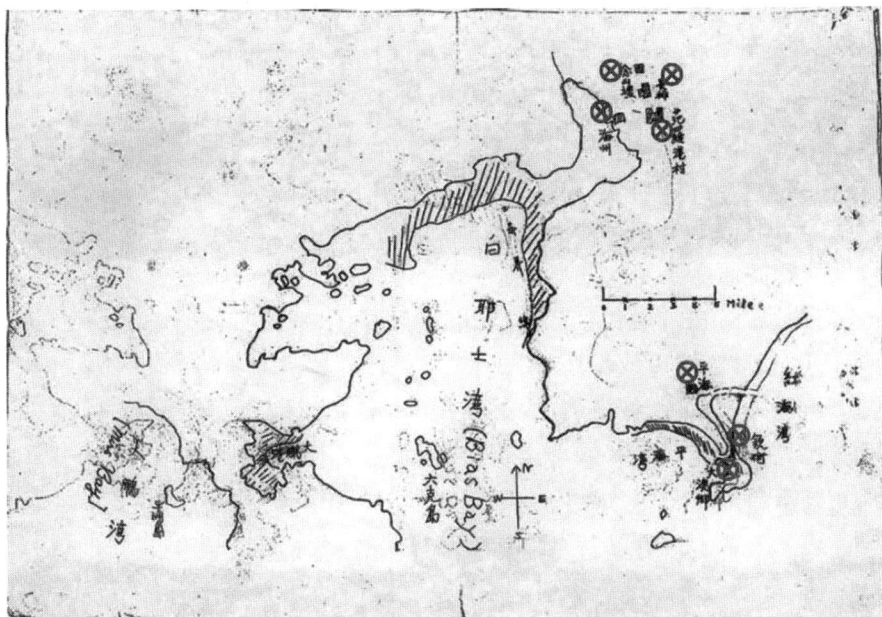

图 3-49　日人绘制的大亚湾地图

资料来源："『バイアス』湾ノ海賊二就キテ"，《昭和六年/1.海賊一般状況并防圧
关系》，《中国海賊关系杂件》第三卷，1931 年 8 月 27 日，图像文件号：0103。

备此地海盗，并作情报通信之用，1929 年曾设置短波无线电信所，可联络香
港与广东，另在平海城及范罗港装有官用长距离电话。钦街作为沿岸贸易
港，常有小汽船出入，外来船只居多。镇内为狭隘街道，以石头堆成道路，
车、马较难以行走。①

　　三、大澳乡，由钦街顺江而下约一英里路程。此处南北皆有丘陵，居民
半农半渔，约千人的小村落。时有大型戎克船及民船碇泊在外，用小船搭载
货物往返平城及钦街，可是钦港的外港。②

　　四、范罗港村，该村临海面为潮间带，舟船需以涨退潮方可进入。沿岸
一带筑有堤防，盛产渔盐，年产可达十万元。人口约一万二，东北方有城郭

---

　　①　"『バイアス』湾ノ海賊二就キテ"，《昭和六年/1.海賊一般状況并防圧关系》，《中国
海賊关系杂件》第三卷，1931 年 8 月 27 日，图像文件号：0099～0100。

　　②　"『バイアス』湾ノ海賊二就キテ"，《昭和六年/1.海賊一般状況并防圧关系》，《中国
海賊关系杂件》第三卷，1931 年 8 月 27 日，图像文件号：0100。

围绕,道路狭隘,脏乱无比。范罗港近年重新规划整理,道路、店铺规模稍大,卫生管理不错。此地对外道路可往平海、钦街。该村设有无线、有线电信设备。①

五、稔山墟,人口约一万,南北往来必经地,以石头堆成的狭隘道路为主。两侧小店林立,为一小繁荣的市街。驻有广东省惠阳县第十二区党部、警卫队本部(约四十名)及财政委员会驻防,维持该地行政及治安。②

六、长排,人口约三千的小城郭,较为脏乱,并无商馆,为落后之地。③

七、海州,人口约千人,面临盐田。该地极为混乱,曾为海盗多年巢窟,现已不见踪迹。④

由于大亚湾为一交通不便的偏远地区,官府的监视较为松散,因此经过此湾的船只较易被袭击。清末民初官府的警备薄弱,以致该地区海盗再度卷土重来,1926年后日益猖獗。⑤ 据1929年《申报》报导,大亚湾匪团以邻近数十村为主,匪首为一蔡某,蔡某终年身着军服,挂指挥刀,目不识丁,雇有中英文书记。所绑肉票,三个月内若不赎身,则用刀将肉票脚皮削去;六个月不赎,则抽肉票脚筋,使其饿死。⑥

当地海盗多由无赖、逃兵及流民组成,若遭遇官军时,便逃跑躲藏,化装农民或渔民,与一般人无异。海盗看起来就跟平民无异,遇有船难或商船行经,会互相通知,一同参与行动。在分工合作上,在外海有小船接应,提供搬运货物或火力支持及掩护,有不错的默契。沿海居民协助劫船而分一杯羹,帮忙藏匿海盗或赃物,难以根绝。⑦

---

① "『バイアス』湾ノ海贼ニ就キテ",《昭和六年/1.海贼一般状况并防圧关系》,《中国海贼关系杂件》第三卷,1931年8月27日,图像文件号:0100~0101。
② "『バイアス』湾ノ海贼ニ就キテ",《昭和六年/1.海贼一般状况并防圧关系》,《中国海贼关系杂件》第三卷,1931年8月27日,图像文件号:0101~0102。
③ "『バイアス』湾ノ海贼ニ就キテ",《昭和六年/1.海贼一般状况并防圧关系》,《中国海贼关系杂件》第三卷,1931年8月27日,图像文件号:0102。
④ "『バイアス』湾ノ海贼ニ就キテ",《昭和六年/1.海贼一般状况并防圧关系》,《中国海贼关系杂件》第三卷,1931年8月27日,图像文件号:0102。
⑤ "『バイアス』湾ノ海贼ニ就キテ",《昭和六年/1.海贼一般状况并防圧关系》,《中国海贼关系杂件》第三卷,1931年8月27日,图像文件号:0105。
⑥ 《海务丛记》,《申报》本埠增刊第20202期,1929年6月20日第23~24版。
⑦ "『バイアス』湾ノ海贼ニ就キテ",《昭和六年/1.海贼一般状况并防圧关系》,《中国海贼关系杂件》第三卷,1931年8月27日,图像文件号:0098。

广东海军早期在钦街设海军特务营,也有短波无线电所,更有军舰中山、模范来回巡逻。后来因军费短缺,防备才渐渐松弛。日本则在平海、甲子、汕头三个点设置无线电所,确保与警备舰保持联络,取得防制海盗的先机。[①] 同时日英军舰在此湾的巡逻,常有固定规律的时刻,海盗利用长期观察来躲避查缉,对欲根除海盗问题的三国政府来说,无疑更加困难。[②]

国内动荡不断,对偏远地区无暇管理,盗匪便伺机而动。1920 年以来,受害船只不计其数。英政府曾督促中国海军一同对付海盗,但效果不佳,决定改由自己调派军舰、军机,轰炸沿岸村落,损毁民宅数百间,[③]中方严重抗议英国此种侵略做法。之后,更因五卅惨案等事件,造成中国人民强烈反英。

四、小　结

海盗团组成至少可分成两种,一是沿海村落,这跟渔民习性有关,数个村落一同行动,将海盗视为兼业的一种。二是职业海盗团,他们从上而下,以官职授之,有的甚至以军队作为头衔,与散军脱离不了关系。这种职业性海盗团也会联合一起干"大买卖",除与一些私军挂钩以外,也会与政府军讨价还价。

《台湾日日新报》有一粤省海盗概要的报导,他们多着蓝衫黑帽,区分成大搂班及小搂班。大搂班较庞大,组织颇严。称大哥者,挥金如土,结纳江湖中人,也会收容军人,习洋文,洞悉社会各事,备有法律顾问、私人医生,但不亲自指挥,坐收巨大之利。一切侦察、调遣、策划、补给、分赃之事,全由二头领负责。二头亦称二哥,精通航海术,富有胆识。与两三位亲信,假扮乘

---

① "『バイアス』湾ニ于ケル海贼镇压ノ为无电局设置ニ关スル件",《昭和五年/1.海贼一般状况并防圧关系(船舶保护ビ关スルモノヲ含ム)》,《中国海贼关系杂件》第三卷,1930 年 12 月 2 日,图像文件号:0029。

② "『バイアス』湾ノ海贼ニ就キテ",《昭和六年/1.海贼一般状况并防圧关系》,《中国海贼关系杂件》第三卷,1931 年 8 月 27 日,图像文件号:0129～0130。

③ "『バイアス』湾ノ海贼ニ就キテ",《昭和六年/1.海贼一般状况并防圧关系》,《中国海贼关系杂件》第三卷,1931 年 8 月 27 日,图像文件号:0118;《英海军扫荡海贼焚毁房屋炮击村落》,《台湾日日新报》1927 年 9 月 7 日第 4 版;《西江上流の海贼を一扫　英国海军三炮舰派遣》,《台湾日日新报》1927 年 9 月 7 日夕刊第 2 版。

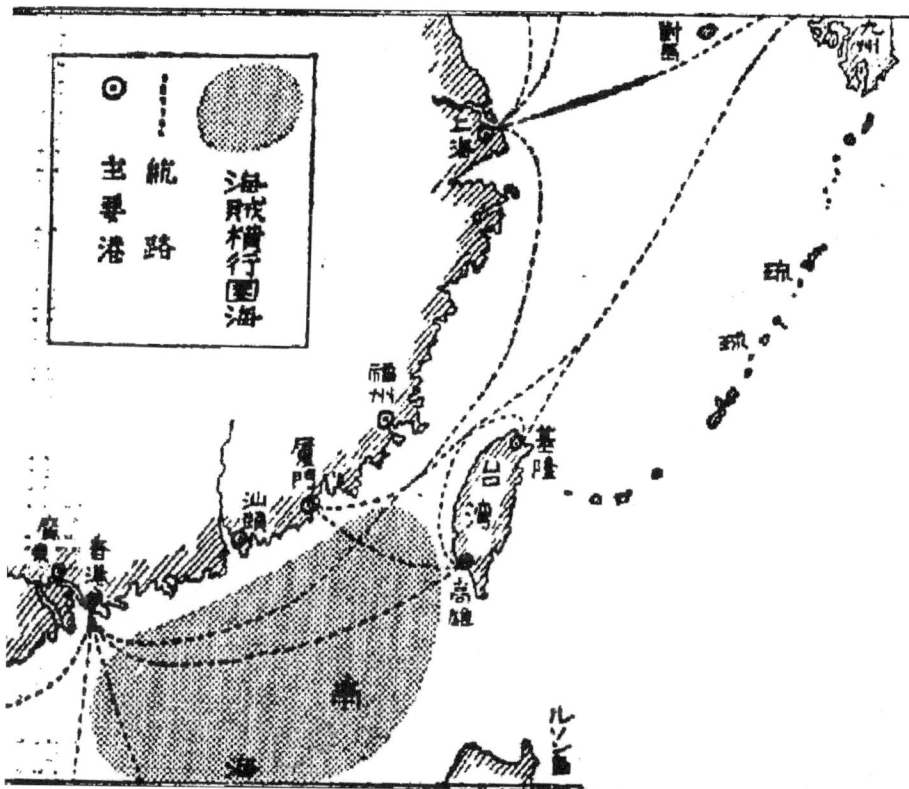

图 3-50　船只主要航道与海盗活动示意图

资料来源:《南中國海·海賊王の懷に入る＝1　首领·张甜を寻ねて/安藤盛(连载)》,《读卖新闻》1932 年 1 月 23 日第 7 版。

客,以金钱贿赂船员,偷运武器上船,于特定海面,控制该船至大鹏湾一带打劫。[1]

　　至于小搂班,则以渔村为单位,每次行动人数约三十多人,除掠货船、渡船外,也会趁船难时,强行打捞漂流物或抢劫。小搂班组织多为渔村相识之人,或三五好友临时组成,因此组织较小。小搂班也会掳人勒赎,将蜂蜜涂在被害人胸上,放蚂蚁乱咬,向被害人问话,进而向被害人家属勒取赎金。

　　① 《粤省海盗概要(上)　分大搂班小搂班　称大哥者挥金如士　结纳江湖同道中人》,《台湾日日新报》1929 年 4 月 8 日第 8 版。

小搂班对同乡的人并不会打劫，算是一种同乡义气心态的体现。①

　　海盗不光光在海面上做生意，他们也会建立起一系列的投资事业，从上述提到广东地区的海盗，除了有门路采买生活必需品以外，甚至还经营声色场所。有些还将自己家族的小孩送到外国留学，虽然没有资料显示这些留学生归国后是否接手海盗事业，但显示出他们对打杀生活的厌倦，期望子弟能有更好的前途。

　　另外，他们的手法除暴力掠夺以外，会随着船只规模及政府查缉的松紧，决定调配及部署。最大的改变，莫过于假扮乘客登船，趁机控制船只，再与外部海盗接应，执行抢夺活动。对此，1930年后，船公司及官府对乘客身份检查及船只守卫上做了不少改进，但仍旧无法避免。

　　海盗之所以选择大亚湾或其他东南沿海港湾，作为抢夺船只后上岸逃逸的地点，与交通不便非常有关。东南省份丘陵遍布，除海路以外，陆上对外的联系皆不方便。况且，以大亚湾遇难船只为例，并不仅是船只在行经大亚湾时遭到抢劫，有许多船只是被拖或控制，驶至此海域后劫掠。因而无法判定海盗团是否全由大亚湾附近的村落组成，抑或是内陆或其他省份组成。但可以确定的是，海盗利用沿海岛屿作为根据地，各自划分势力范围，对往来船只（尤其是渔船）征收保护费。

　　总之，透过日方的调查报告书，可以看出当时中国南方的情况，尤以广东与福建最为严重。长年不断的海盗骚扰，除了迫使英国与日本加强海上的巡逻以外，也突显出地方盗匪与军队勾结的严重性，与中国内部动乱息息相关。

---

① 《粤省海盗概要（下）　小搂班掠货船渡船　间亦破户掳人为质　惟对本地乡人从不苟取》，《台湾日日新报》1929年4月9日第5版。

第四章

海盗案件与交涉

　　海盗引起的案件，原先只是中国内部的问题而已。中国在 19 世纪末被迫签订一连串不平等条约，特别是允许外国船只进入中国的内河航行权与沿海港口使用权，对中国主权造成不小伤害。在此前提下，海盗问题遂成为国际纠纷。中外对海盗问题看法不同，衍生出其他矛盾，不过双方基于对海上安全的维持，皆有共同的目标。

　　本章第一节阐述国际法对海盗的定义及国内外条约、相关法令对海盗行为的处置。第二节以《中国海贼关系杂件》记录的海盗事件作分析。第三节讨论英国于 1927 年召开的海盗防制会议及海盗防制路线的转变。末节借海盗引起的纠纷来看国内反对声浪。

第一节　国际法与国内法对海盗的规范

一、国际法对海盗问题的处置

（一）《万国公法》及相关国际条约

　　关于制止海盗行为的法规，在 19—20 世纪是被各国所默认的。以丁韪良（William Alexander Parsons Martin，1827—1916）于 1863 年翻译的《万国公法》来说，海盗是各国的敌人，人人得而诛之：

　　　　至于海盗，则为万国之仇敌，有能捕之诛之者，自万国所同愿。故各国兵船在海上皆可捕拿，携至疆内，发交己之法院审断。然此例，专言公法之所谓海盗也，若各国律法另设何条，指为海盗，则不归此例。[①]

该书阐述追捕海盗的许可，并以各国之责，赋予各国法院有权审判。可是引文最后一句提到各国法律以其他条文规定海盗行为者，则犯该法条者不在此例。但船只在外航行，所依据的是该船国籍的法律，若发生凶杀抢掳之事，是否可依公法，以海盗罪定谳，当时并无进一步探讨。[②]

何谓海盗，现今国际法对海盗的解释，与国内法亦不相同。一般而言，构成国际法的海盗要点有二：一、必须对人或对物有强暴或威胁行为，其行为无合法依据者。二、该项行为之目的在满足私欲，非有政治企图者。海盗行为须发生在公海，且程度足以危害交通安全，亦可作解释。[③] 以《公海公约》[④]第十五条规定来看：

　　一、私有船舶或私有航空器之航员或乘客为私人目的，对下列之人或物，实失任何不法之强暴行为，扣留行为，或任何掠夺行为：（甲）公海上另一船舶或航空器，或其上之人或财物；（乙）不属任何国家管辖之处所内之船舶、航空器、人或财物。

　　二、明知使船舶或航空器成为海盗船舶或航空器之事实，而自愿参加其活动。

　　三、教唆或故意便利第一款或第二款所称之行为。[⑤]

公约规定在公海的海盗行为，若为私人目的进行掠夺，不管是掳人、抢劫物品或船只，破坏海上航行之安全，均可称作海盗。但海盗船与私掠船却又不同，私掠船于某一方颁给该船特许状，掠夺敌国船只，收获均为己有。但若该船向双方领特许状，则将视为海盗。后来因私掠制度不明，弊端过

————————

① 惠顿（Wheaton）著，（清）丁韪良译：《万国公法》，台北：联经出版社，1998 年，第 198 页。

② 惠顿著，（清）丁韪良译：《万国公法》，台北：联经出版社，1998 年，第 199 页。

③ 交通研究所：《国际海法》，台北：交通研究所，1971 年，第 15～16 页。

④ 海上公约的渊源来自：一、国际上的惯例。二、依照国际上的意思订的特别条约。三、法律敕令等附加于国际公法上，但不违反国际公法原则。四、国际法院的判例。木村元雄：《海上公法》，新潟县岛崎村：木村元雄，1897 年，第 3～5 页。

⑤ 交通研究所：《国际海法》，台北：交通研究所，1971 年，第 16 页。

多,于1854年巴黎条约(Treaty of Paris)明令废止。① 不过,值得注意的是,海盗罪的探讨,直到1958年第一届联合国海洋法会议,才有正式的讨论。理由是19世纪中叶起,国际共识已将海盗行为置于"普遍管辖原则"(universal jurisdiction)②之下,海盗取缔规则与习惯法成为共识,各国不认为有另订国际公约之需。③

海盗罪的立法,20世纪初尚为国内法的地位。以英国来说,1536年制定"海上犯罪法",便对海盗行为采取立法与制裁的行动。④ 1698年制定海盗法(Piracy Act),始对海盗行为特别设立规范,1721年遂将此管辖权扩大为对外国的劫掠行为。美国在1790年制定犯罪法(Criminal Code of 1790),将海盗行为与国内法的海盗行为加以区分。⑤ 至于法国,在1825年将海盗的相关法律系统化,接受对海盗的普遍性管辖原则,即不论海盗国籍为何国,均得以缉捕。⑥

第一次讨论海盗行为的国际会议,是1926年国际联盟设立的国际法渐进编纂专家委员会(Committee of Experts for the Progressive Codification of International Law),由日本的 M. Matsuda 及中国的王宠惠(1881—1958)所组的支会(Sub-Committee),提出"制止海盗行为草案"(Draft Provision for the Suppression of Piracy)研究报告。该草案认为海盗行为系在公海上以私人目的劫财或对其他人之违法行为。至于未悬挂国旗之船舶、

---

① 交通研究所:《国际海法》,台北:交通研究所,1971年,第17页;林志勇:《论海盗行为之国际法发展》,《警专学报》第3卷第5期,2004年12月,第117～118页。

② 普遍管辖原则乃是指某些被视为严重妨碍国际社会整体利益之罪行的特殊管辖权,无论犯罪者国籍为何,犯罪行为发生于何地,亦不论犯罪行为的受害者哪一国家或其公民,只要该犯罪行为严重侵害国际社会的共同利益或良好秩序,而被各国公认为犯罪者,任何国家不论在其领域内或不属于任何国家管辖范围处,只要发现该犯罪即有权缉拿,并以该国法律加以审判、处罚。林志勇:《论海盗行为之国际法发展》,《警专学报》第3卷第5期,2004年12月,第120页。

③ 林志勇:《论海盗行为之国际法发展》,《警专学报》第3卷第5期,2004年12月,第118页。

④ 林志勇:《从法制面论两岸海盗犯罪及其防制》,基隆:台湾海洋大学海洋法律研究所硕士学位论文,2003年,第14～15页。

⑤ 吕振民:《由国际法论我国对海盗犯罪行为之防制》,基隆:台湾海洋大学海洋法律研究所硕士学位论文,2007年,第49页。

⑥ 陈衍廷:《由国际法对防制海盗行为之理论与实践论我国海盗罪之修正》,基隆:台湾海洋大学海洋法律研究所硕士学位论文,2008年,第16页。

叛变后的海盗及未经承认的叛乱团体都可以成为海盗行为之主体。但对追捕海盗可在他国领海内持续进行，及规定海盗由逮捕之军舰指挥官自行审判，引起各国争论。[1]

为此美国哈佛大学法学院组成一个特别委员会，针对海盗问题展开广泛讨论，于 1932 年出版著名的"哈佛海盗行为研究草案"（Harvard Research in International Law，Draft Convention on Piracy with Comments），此研究成果日后成为国际公约对海盗行为主要观念的基础。该草案认为海盗并非国际罪行，因为当时国际尚无有一超越国际机构负责缉捕，也没有国际法庭供审判、处罚，因此海盗行为诉诸各国立法管辖、司法管辖及执行管辖的特别管辖内。至于需执行到何种程度，端看各国国内法的规定。[2]

故海盗船国籍消除与否，凭借的是该船籍注册国法律的规定。但海盗罪为国际罪行，任何国家均有权取缔，不论船只国籍之归属，均得以在公海上或不属任何国家管辖之其他处所，逮捕海盗船或航空器。或以海盗行为劫取，并受海盗控制之船舶，逮捕其人员并扣押财物。逮捕国的法院可判决并处刑，且得判定船舶或航空器及财物之处置，但须尊重第三人之权力。[3]

由法规面来看，海盗在清末之际，是各国与中国之间的外交问题。以 1856 年亚罗号（Arrow）事件为例，该船离开广州返回香港时，中国军队以船上有海盗为由，登船逮捕水手，并撕毁英国国旗。事后，中国政府承认应事先通报英国领事馆后，一同逮捕疑犯。但对损坏国旗一事坚决否认，此事件后来成为英法联军的战争借口。[4] 因此，双方于 1858 年《中英天津条约》方有对海盗问题的条款存在。

1910 年，清廷外务部议定，在本国领海及外国领海之职务条约，及在公海惩治海盗之法，均须由海军大臣预先比照各国现行章程及普通刑法上杀人强盗罪处治之原则，缮就草案施行。[5] 也许在各国考虑内，早已将追捕海

---

① 陈衍廷：《由国际法对防制海盗行为之理论与实践论我国海盗罪之修正》，基隆：台湾海洋大学海洋法律研究所硕士学位论文，2008 年，第 19 页。

② 林志勇：《从法制面论两岸海盗犯罪及其防制》，基隆：台湾海洋大学海洋法律研究所硕士学位论文，2003 年，第 23 页。

③ 交通研究所：《国际海法》，台北：交通研究所：1971 年，第 18 页。

④ 廖乐柏著，李筱译：《中国通商口岸：贸易与最早的条约港》，上海：东方出版中心，2010 年，第 131~132 页。

⑤ 《外务部议订领海职务条约》，《申报》第 13309 期，1910 年 2 月 28 日第 3 版。

盗罪视为己责,就算中国政府以侵犯为由抗议,也容不得海盗伤害外国商船。广东、浙江、海州及台湾海域一带,海盗猖狂的程度不亚于其他时期。英国的殖民地香港和葡萄牙殖民地澳门都曾爆发外国势力干预,甚至侵犯中国领土主权的海盗扫荡事件。①

(二)中英天津条约

以咸丰八年(1858)签订的《中英天津条约》来说,若干条文明订英国船只在中国通航遇到麻烦,中、英政府的处理办法:

第十款:长江一带各口,英商船只俱可通商,惟现在江上下游均有贼匪,除镇江一年后立口通商外,其余俟地方平靖。

……

第十六款:英国民人有犯事者,皆由英国惩办,中国人欺凌扰害英民皆由中国地方官自行惩办。两国交涉事件,彼此均须会同公平审断,以昭允当。

……

第十八款:英国民人,中国官宪自必时加保护,令其身家全安。如遭欺凌扰害及有不法匪徒放火焚烧房屋或抢撸者,地方官立即设法派拨兵役弹压,查追并将焚抢匪徒按例严办。

第十九款:英国船只在中国辖下海洋,有被强盗抢劫者,地方官一经闻报,即应设法查追拿办。所有追得赃物,交领事官给还原主。

第二十款:英国船只有在中国沿海地方碰坏搁浅或遭风收口,地方官查之,立即设法妥为照料,护送交就近领事官,查收以昭睦宜。②

内文第十八、第十九、第二十款明确提到,英国船只(人民)若遭到匪徒

---

① 《清葡间の危机》,《台湾日日新报》1910 年 7 月 17 日第 2 版;《葡清两舰炮击说》,《台湾日日新报》1910 年 7 月 19 日第 2 版;《葡兵炮攻过路环海盗详情》,《申报》第 13448 期,1910 年 7 月 25 日第 3~4 版;《英海军扫荡海贼焚毁房屋炮击村落》,《台湾日日新报》1927 年 9 月 7 日第 4 版。从日方《バイアス(大亚湾)湾ノ海贼ニ就キテ》的报告,英军出动军舰与军机,对该湾的部落进行轰炸,造成数百间民宅毁坏,另外也派遣五百名陆战队上岸,逐户搜寻海盗踪迹与赃物。『バイアス』湾ノ海贼ニ就キテ",《昭和六年/1.海贼一般状况并防压关系》,《中国海贼关系杂件》第三卷,1931 年 8 月 27 日,图像文件号:0118。
② (清)许同莘等编:《清历朝条约》第二册,台北:文海出版社,1988 年,第 261~263 页。

的骚扰，中国官府须负起追缉凶犯的责任。尤以第十九款，地方官员不仅须将海盗追缉归案，更须将赃物追回。

第五十二款提及："英国师船别无他意，或因捕盗驶入中国无论何口，一切买取食物甜水（饮用水）修理船只，地方官妥为照料，船上水师各官与中国官员平行相待。"①英国军舰若因追捕海盗驶入任何港口，中国地方官必须善待并提供一切补给。第五十三款更将海盗问题视为两国必须共同解决："中华海面每有贼盗抢劫，大清、大英视为向于内外商民大有损碍，意合会议设法消除。"②一来维持两国之间贸易安全，二来避免双方过度侵权。

图 4-1、图 4-2 为 1891 年中国政府答允香港政府缉捕海盗的成果，匪首黎亚七及 20 多名海盗均被处决，清廷在缉捕海盗的处理，远比国民政府要来得有效率。

（三）中日通商行船条约（日清通商章程）

光绪二十二年（1896 年）签订的《中日通商行船条约》，内文规定与《中英天津条约》类似，但针对船只遭难部分，以双方互惠的方式提及：

第十七款：日本商船遇有损坏或别项事故，至逼觅避难之处，不论中国何处，准其驶进附近各口暂泊，毋庸纳船钞。其船因修理起卸货物，报归海关委员查察，则毋庸纳税。凡日本船在中国沿海地方碰坏搁浅，中国官员须立即设法救护搭客及船上一切人等，并照料船货。所救之人当加意看待，并随时察看情形，有须设法护送者，即妥送就近领事官查收。如中国商船遇有损坏或别项事故，逼入日本附近海口暂避，日本官员亦照以上所载一律办理。

……

第十九款：日本船只被中国强盗海贼抢劫者，中国官员即应设法将匪徒拿办追赃。③

以第十九款来看，内容与《中英天津条约》第十九款一样，而第十七款的内文，则是针对船只遇难，两国政府均必须抢救遇难人员，并负起货物的安

---

① （清）许同莘等编：《清历朝条约》第二册，台北：文海出版社，1988 年，第 276 页。

② （清）许同莘等编：《清历朝条约》第二册，台北：文海出版社，1988 年，第 276 页。

③ （清）许同莘等编：《清历朝条约》第九册，台北：文海出版社，1988 年，第 1218～1219 页。

图 4-1　抢劫南武号的海盗——行刑前

资料来源：刘香成编著：《壹玖壹壹：从鸦片战争到军阀混战的百年影像史》，台北：五南出版社，2011年，第166页。

备注：1890年12月10日，德忌利轮船公司的南武号轮船从香港起程开往汕头，乘客多为美国华侨。是日下午，伪装成乘客的海盗持械占据了驾驶台、机房、船长室，强迫护航人员缴械。这时海面有六艘海盗船接应，将财物及船上货物运走后扬帆而去。香港当局请求中国政府帮助缉盗，约半年后，以黎亚七为首的20名海盗先后被捕，押运到九龙城斩首。

全。从通商条约来看，中国政府必须重视外国船只在华通商安全。

因此，在各国默认的海洋公法及列强与中国所签订的条约，海盗罪成为国际不允的罪行之一，将海盗视为国际罪犯来处理，也是日后他国与中国之间颇为严重的外交问题。特别在双方通商利益上，海盗不仅造成航海上的不安全，也间接促使各国共同打击海盗的默契。① 但外国军舰可在中国领

① 关于海盗升格成国际判例的案件，可参考许雪姬的《日治时期台湾面临的海盗问题——以澎湖振成利为例》一文，以清廷与日本政府关于澎湖振成利号事件的判例，后来成为日后海盗案件赔偿的准则。许雪姬：《日治时期台湾面临的海盗问题——以澎湖振成利为例》，林金田主编：《台湾文献史料整理研究学术研讨会论文集》，南投：台湾省文献委员会，2000年，第27～82页。

图 4-2　抢劫南武号的海盗——斩首后

资料来源:何伯英著,张关林译:《影像中国:早期西方摄影与明信片》,香港:三联书店,2008年,第81页。

备注:本图曾被制作成彩色明信片发行。

海停泊,及沿海贸易与内河航行权,严重影响海防落实,造成"堂奥洞开"的景象。[①]

二、国内法对海盗问题的处置

(一)清代的法律刑文

根据《钦定大清会典》卷七百三十刑部的名例律来看,乾隆五十七年(1792年)提到:

> 近年来台湾海洋盗氛甚炽,曾谕该省督抚从重示惩,原期禁戢凶暴,以安良善。乃积年附近海洋省份,督抚等奏报拿获洋盗,多系一面奏闻,一面即行正法。虽属辟以止辟之意,第恐所获之犯,未必尽系正盗,甚至愚民重利轻生,顶凶认盗。……此后台湾地方拿获盗犯,该督

———————————

[①]　海军总司令部编:《海军舰队发展史(一)》,台北:史政编译局,2001年,第449页。

抚审明后,如果系首盗,自应即行正法,以儆凶顽。若止系随从伙党,及把风接赃等犯,仍按照常例,分别办理。其附近海洋及各直省,凡遇命盗等案,俱应细心研讯。务期情真罪当,按例办理,不得有意从严,株连拖累。①

从引文来看,海盗被捕当处以死刑。另一个重点在于为盗者不一定为真正盗犯,有可能是其他无辜受害者,迫于威胁恐吓而与之一同犯案。乾隆皇帝谕令地方官审判这类案件时,必须要谨慎以对,不得让无辜百姓蒙受冤屈。

但在后来,由于海上盗匪渐多,官府防不胜防,宁错杀一百,也不愿放过任何一个盗犯,以粤东地区捕捉盗犯来看:

粤东拿获强盗,除窃盗临时行抢,拒捕伤人或被人诱胁随行及年幼尚未成丁,并纠伙不及十人,俱照旧办理外。如出劫洋面,或在陆路谋劫,纠伙至十人以上,无论犯次多寡,曾否入室搜赃,均不得以情有可原声请。②

又:

粤东内河盗劫,除寻常行劫仅止一二次,伙众不及四十人,并无拜会及别项重情,仍照例具题外。如行劫伙众四十人以上,或不及四十人,而有拜会结盟,拒伤事主,夺犯伤差,假冒职官,或行劫三次以上,或脱逃二三年后就获各犯,应斩决者,均加枭示。③

从这改变来看,官府较为顾虑的是秘密结社之事,尤其是正在通缉中的抢匪,一经捕获便斩首示众。

大抵而言,清代法律对洋盗的规定,可从下述来看:

一、洋盗案内,如系被胁在船,止为盗匪服役,并未随行上盗者,发往回疆为奴。其虽经上盗,仅止在外瞭望,接递财物,并无助势搜赃情事者,改发黑龙江,给打牲索伦达呼尔为奴。

① (清)昆冈等奉敕撰:《钦定大清会典》第十八册,台北:新文丰出版公司,1976年,第14503～14504页。

② (清)昆冈等奉敕撰:《钦定大清会典》第十九册,台北:新文丰出版公司,1976年,第15031页。

③ (清)昆冈等奉敕撰:《钦定大清会典》第十九册,台北:新文丰出版公司,1976年,第15031页。

二、洋盗案内，接赃瞭望之犯，照首盗一例斩枭，不得以被胁及情有可原声请。如投回自首，照强盗自首例分别定拟。此外实在情有可原，如十五岁以下，被人诱胁随行上盗，仍照本例问拟。

三、洋盗案内，如系被胁在船，止为盗匪服役，或事后被诱上船，及被胁鸡奸，并未随行上盗者，自行投首，照律免罪。如被拿获者，均杖一百，徒三年，年为及岁者，仍照律收赎。其虽经上盗，仅止在外瞭望，接递财物，并无助势搜赃情事者，改发黑龙江，给打牲索伦达呼尔为奴。

四、洋盗案内，除被胁接赃瞭望仅止一次者，照例发黑龙江，给打牲索伦达呼尔为奴。其有接赃瞭望已至二次者，及照二次以上例，斩决枭示。不应声明被胁字样，如投回自首者，尚知畏法，仍照接赃一次例，改发索伦达呼尔为奴。

五、凡行劫漕船盗犯，审系法无可贷者，斩决枭示。[1]

咸丰五年（1855）起，若有盗劫之案，均依强盗罪处置，不分首从，皆斩立决。把风接赃的人，虽未分赃，但同为盗匪集团，为首一律问拟，不得以情有可原，量为末减。[2] 因此，对盗匪的处罚改以严刑峻法来阻绝强盗犯罪的发生。

至于遭难船只，特别是坐礁或无法移动的船只，若遭到海盗袭击，大清律法也有提及。首先是官兵在洋面巡逻，看到商船遭风而受难，必须要前往救助。倘若趁机打劫财物，拆解船体，照样以江洋大盗之例，斩决枭示。并将所抢的财物还给受害者，若不够赔偿，还会将犯人家产变卖赔罪。沿海居民趁危抢夺行为者，依抢夺本律治罪。[3] 由此可知，清律不仅对难船提供救助的规定，在第一时间抢救难船者，还可得到赏赐。反之，则以"谋害他人，不即救护律"来处置。

另外，官府追捕盗匪的规定，以事发之日为始，限一月内捕获。若捕役汛兵一月不获强盗者，笞二十，两月笞三十，三月笞四十。隔二十日以上报

---

① （清）昆冈等奉敕撰：《钦定大清会典》第十九册，台北：新文丰出版公司，1976年，第15031～15032页。

② （清）昆冈等奉敕撰：《钦定大清会典》第十九册，台北：新文丰出版公司，1976年，第15029页。

③ （清）昆冈等奉敕撰：《钦定大清会典》第十九册，台北：新文丰出版公司，1976年，第15060～15061页。

图 4-3　被扣上首枷的海盗

资料来源:后藤朝太郎:《土匪村行脚》,东京:北斗书房,1937年,图片第4页。

关者,不拘捕限,捕杀人者与捕强盗限同。[1] 盗匪之乱有时会扩大为数省,对于可能会有省份县界之分而推托捕盗之责,则有下列规定:

> 谕安民必先弭盗,而捕盗之法,在于速拿。闻有交界地方失事,盗贼窜匿邻境,有司官以地非管辖,不便径拘,必用文移关提,挂号添差,方许缉拿,以致迟需时日。……凡系地方官,均有弭盗之责,何分此疆彼界。嗣后交界地方失事,探实赃盗藏匿之处,无论隔县隔府隔省,一面差役执持印票,即行密拿,一面移文关会。拿获之后,仍报明该管地方官添差移解。……以副息盗安民至意。[2]

在严刑峻法下,海盗的下场只有死路一条,况且法令不仅针对犯法的抢匪,更对缉捕不力的官兵,定出惩罚的条文,督促官府办案的效率。另考虑到中国地大,各省交界之处,难免会有互推责任及区分不清的时候,也有法令规定此种情况的处理方式。总之,清代处罚海盗的手段,实是非常残忍,但也非常有效。[3]

---

[1]　(清)昆冈等奉敕撰:《钦定大清会典》第二十册,台北:新文丰出版公司,1976年,第15519页。

[2]　(清)昆冈等奉敕撰:《钦定大清会典》第二十册,台北:新文丰出版公司,1976年,第15534页。

[3]　《台湾日日新报》提及:中国革命以前,官宪捕缉甚严,一切处以斩首之刑,毫不假借。是故摒息其威,蛰而不动。《海贼缘起原因》,《台湾日日新报》1913年8月30日第6版。

图 4-4　中国处决海盗之法——斩首示众

资料来源：何伯英著，张关林译：《影像中国：早期西方摄影与明信片》，香港：三联书店，2008 年，第 132 页。

（二）民国时期的法律刑文

1.《惩治盗匪条例》

1914 年由大总统申令制定《惩治盗匪条例》，第一条规定犯以下各款之罪者处死刑：一、凡强盗入室过船及侵入有人住居之处所，纠众至三人以上，不论曾否伤人，但有一人持枪械者；二、结伙三人以上在途行劫者；三、在海洋行劫者；四、至人死或笃疾，或伤害至二人以上者；五、于盗所强奸妇女者；六、犯强盗之罪故意杀人者；七、会匪、逃兵、胡匪、马贼；八、放火烧人房屋，打劫牢狱仓库及干系城池公署并聚众百人以上者；九、携带爆裂物者。[1] 此条例将一些盗匪行抢的罪责列出，以枪毙死刑为主。

---

① 《大总统申令制定"惩治盗匪条例"》，《政府公报（重印本）》教令第 89 号，第 775 卷，1914 年 7 月 3 日，第 62 页，政府公报信息网系统识别号：D1400228。

1925 年 9 月,广东国民政府制定《统一广东军民财政及惩办盗匪奸宄特别刑事条例》,其目的是肃清广东地区的盗匪活动,以利北伐统一。因此在规定罪责上,仅以"犯强盗之罪,故意放火者"、"掳人勒赎者"、"意图妨害公安,私制枪炮"及"聚众掠夺公署之兵器弹药钱粮或军需品与公然占据都市城寨及其他军用地"为主。①

1927 年,国民政府底定南京后,再度制定《惩治盗匪暂行条例》,第一条有下列行为者处以死刑:一、掳人勒赎者;二、意图诈财而留爆裂物或恐吓信至人损害者;三、意扰害公安而制造收藏或携带爆裂物者;四、聚众掠夺公署之兵器弹药船舰钱粮及其他军需品,或公然占据军用地者;五、啸聚山泽,抗拒官兵者;六、煽惑人心,扰害公安而起暴动者;七、溃兵游勇结伙抢劫或扰害公安者;八、私枭聚众持械拒捕者;九、结合大帮,肆行抢劫者;十、因人聚众以强暴胁迫逃脱之首魁及教唆者;十一、行劫而故意杀人或伤人致死或笃疾,或伤害二人以上者;十二、聚众抢劫而执持枪械者;十三、在海洋行劫者;十四、于盗所强奸妇女者;十五、放火烧毁他人所有物者。②

从第一条的变动可见此条例,将 1914 年及 1925 年的惩治条例合并,扩大成全国性法规,特重盘踞一方的势力。《惩治盗匪暂行条例》于公布后实行六个月,于 1927—1928 年间均无延长之公告,实乃"宁汉分裂"之因。待到 1930 年 5 月才得以重新施行并延长六个月,直到 1935 年。1936 年起延长期限为一年,1938 年改由军事委员会呈请实施,以往由国民政府主席、行政院部长、司法院部长共同执行,如今改成军事委员会,此与抗日战争爆发后,军事单位介入有关。

1943 年制定《惩治盗匪条例》全文十一条,此条文与刑法总则及刑法第一百六十七条、第三百四十七条第五项之规定,于盗匪案件仍适用之。第二条规定有下列行为者,处死刑:

  一、聚众出没山泽,抗拒官兵者;二、强占公署、城市、乡村、铁道或军用地者;三、结合大帮强劫者;四、强劫公署或军用财物者;五、在海洋

---

① 《中华民国国民政府令制定"统一广东军民财政及惩办盗匪奸宄特别刑事条例"》,《国民政府公报》第 10 号,1925 年 9 月 30 日,第 13 页,政府公报信息网系统识别号:D2500124。

② 《中华民国国民政府令制定"惩治盗匪暂行条例"》,《国民政府公报》第 8 号,1927 年 11 月 18 日,第 1~2 页。政府公报信息网系统识别号:D2700193。

行劫者；六、强劫而故意杀人或使人受重伤者；七、强劫而放火者；八、强劫而强奸者；九、意图勒索而掳人者；十、盗匪在拘禁中，首谋聚众，以强暴、胁迫脱逃者。[①]

第三条以处死刑或无期徒刑的有：

一、强劫水、陆、空公众运输之舟、车、航空器者；二、强劫而持械拒捕者；三、聚众强劫而执持枪械或爆裂物者；四、聚众持械劫夺依法逮捕、拘禁之人者；五、聚众走私持械拒捕者；六、意图行劫，而煽惑暴动致扰乱公安者；七、意图扰乱治安，而放火烧毁，决水侵害，或以其他方法毁坏公署或军事设备者；八、意图扰乱治安，而放火烧毁，决水侵害供水、陆、空公众运输之舟、车、航空器，或现有人聚集之场所或建筑物者；九、意图扰乱治安，以前款以外之方法毁坏供水、陆、空公众运输之舟、车、航空器，或现有人聚集之场所、建筑物或铁道、公路、桥梁、灯塔、标识，因而致人与死者；十、强劫因而致人于死或重伤者。[②]

此两条文均规定私自持有枪械行抢之人，以死刑或无期徒刑处罚之。海盗劫船，时常有掳人勒赎、蓄意伤人及人质于拘禁中脱逃，抓回来后施以暴行等行为。这些都在法律条文上清楚标示，甚有可能会触犯数条法律，故海盗被捕的下场就是处以死刑。

第六条规定官兵或有查缉盗匪职责之人员犯本条例之罪者，也处以死刑，以示公正。执法者若知法犯法，实不能给予人民一个维持法理社会的显例。为恐执法者被海盗贿赂的可能，特以重法克制。第七条则规定盗匪所得之财物，应发还被害人。若前项财物变得之财产利益，除应抵偿被害人者外，得没收之。[③]

2. 刑法

根据1934年立法院制定的《中华民国刑法》来看，第三十章"抢夺强盗

---

① 《中华民国法律汇辑》第五册，台北："国民大会宪政研讨委员会"编印，1966年，第3415～3416页。

② 《中华民国法律汇辑》第五册，台北："国民大会宪政研讨委员会"编印，1966年，第3416～3417页。

③ 《中华民国法律汇辑》第五册，台北："国民大会宪政研讨委员会"编印，1966年，第3417页。

及海盗罪"阐述海盗罪的处置。惩罚方式有二:一是徒刑(无期或七年以上有期徒刑),二是死刑。[①] 刑法第三百二十八条规定,意图为自己或第三人不法之所有,以强暴、胁迫、药剂、催眠术或他法致使不能抗拒而取他人之物,或使其交付者为强盗罪。[②] 至于海盗罪,则是要符合"未受交战国之允准或不属于各国之海军而驾驶船舰意图施强暴胁迫于他船,或他船之人或物者为海盗罪",或"船员或乘客意图掠夺财物施强暴胁迫于其他船员或乘客而驾驶,或指挥船舰者以海盗论"。[③] 两者的犯罪行为若有放火、强奸、掳人勒赎及故意杀人,皆处以死刑或无期徒刑。[④]

另外,恐吓及掳人勒赎罪被规范在第三十三章,其定义为"意图为自己或第三人不法之所有,以恐吓使人将本人或第三人之物交付者,得财产上之不法利益,或使第三人得之者"。[⑤] 处罚方式为无期徒刑或死刑,但若伤人致死或重伤者,处以死刑。[⑥]

借由上述法律条文,可知在惩治海盗上,后期有明确的规定。列强与中国签订的条约,规定外船能够驶入中国各港口进行追捕或补给的动作,这在民国之际,让中国的主权形同虚设,引起不少外交事件。另外,中国在清、民之际,政局无法平稳情况下,内部动乱带给中国地方莫大的伤害。因此沿海各省在缉捕海盗的依据,只能由各省区的省长或地方首长,按照各地治安进行整备,但效果不彰,时常收到外国的投诉。不平等条约的伤害,也迫使中国在外交上难以有坚决的立场,来处理每次的外交案件。虽然民国时期对海盗的处罚与清代一样,但是在执行上,却有其他内因及外力的介入而有退步的迹象,海盗因而能肆无忌惮地一而再、再而三犯案,数度引起外国介入。

---

① 《军舰外务令解说》,东京:海军省大臣官房,1942年,第403页。

② 《中华民国刑法》,收入中国第二历史档案馆:《中华民国史档案资料汇编》第五辑第一编,政治(一),南京:江苏古籍出版社,1994年,第504页。

③ 《中华民国刑法》,收入中国第二历史档案馆:《中华民国史档案资料汇编》第五辑第一编,政治(一),南京:江苏古籍出版社,1994年,第505页。

④ 《中华民国刑法》,收入中国第二历史档案馆:《中华民国史档案资料汇编》第五辑第一编,政治(一),南京:江苏古籍出版社,1994年,第505页。

⑤ 《中华民国刑法》,收入中国第二历史档案馆:《中华民国史档案资料汇编》第五辑第一编,政治(一),南京:江苏古籍出版社,1994年,第507页。

⑥ 《中华民国刑法》,收入中国第二历史档案馆:《中华民国史档案资料汇编》第五辑第一编,政治(一),南京:江苏古籍出版社,1994年,第507页。

第二节　海盗案件分析
——以《中国海贼关系杂件》为例

一、英国船只

（一）1927 年大亚湾一带海盗事件

遇难船名：多艘。

报导日期：1927 年。

遇难地点：大亚湾。

海盗抢劫手法：海盗伪装乘客登船，海盗突袭船只后，拖至此地等。

图 4-5　大亚湾与附近港湾位置

资料来源：谭其骧主编《中国历史地图集》第八册（清时期），北京：中国地图出版社，1996 年，第 45 页。

大亚湾一带，为沿海船只往返香港必经之港湾，岛屿星罗棋布，靠近岸边又有浅滩、暗礁等，船只容易在此被劫。英船在此遇难不下数百次，据英方统计，在 1927 年共七起案件，1 月 5 日 Wing WO 号被害，损失船货现金三千圆；1 月 27 日 Seamg Bee 被害，金额十万圆以上，尚有五人直下落不明；3 月 21 日 Hop Sang 被害，船客及现金约七千圆，一名欧洲人负伤；5 月 6 日 Feng fu 号商船被劫；7 月 21 日 Solviken（挪威籍）被害金额及船货约三万圆,船长死亡,一名船员负伤;8 月 30 日 Yatshin 遭劫;9 月 1 日悬挂英旗的中国轮船 Kochow 号在广东西江被海盗劫持。[①] 七起案件当中,有六件是英国船只,英政府向广东政府反应之后,只因近来战乱关系,只得请各国船只务必详加小心。

英方认为中国官宪若无法保证沿海治安,则英方必须自保,对海盗抢完逃亡的地点来推测,首以大亚湾最为可疑。鉴于西江流域一带海盗盛行,英方便对沿岸村落炮击,造成无数民房惨遭烧毁。[②] 英方认为打击海盗不仅可保海域的安全,帮助中国政府处理匪患。中方却认为英方数次派兵舰前来,不仅侵犯中国领海权,还未经允许上岸追捕海盗,无视中国主权。

1927 年正值国民军北伐,英国利用国府分身乏术,强行以武力剿灭大亚湾海盗,派驱逐舰、航空母舰及飞机,和三百多名军人上岸。对附近村落进行示威,烧毁民房及船只,宣告如有再犯,便予以严厉惩罚,造成许多无辜人民死伤。当地的海盗多为江盗,会趁船只遭难实行抢、打捞,或扮成船客登船等。鉴于广东政府取缔不力,英国烧毁南方沿海村落,反使得反英浪潮更加上升,大力谴责香港帝国主义,造成数千人死亡。而英国讨伐海盗的正当性,也被利用作为反英宣传。[③]

(二)1929 年海澄号事件

遇难船名:海澄号,总重量 2080 吨。

报导日期:1929 年 12 月 9 日。

遇难地点:汕头往香港方向,于大亚湾附近。

---

① "英国汽船 Yatshing 海贼事件ニ关シ报告ノ件",《1.海贼一般状况并防圧关系(船舶保护ニ关スルモノヲ含ム)》,《中国海贼关系杂件》第一卷,1927 年 9 月 6 日,图像文件号:0066;应俊豪:《外交、军事与海盗:五卅事件后英国政府对广东海盗问题的因应对策》,发表于 2010 年 10 月 8 日—9 日成功大学人文社会科学中心主办的 2010 年海洋文化学术研讨会论文集,第 420~422 页。

② 《英海军扫荡海贼焚毁房屋炮击村落》,《台湾日日新报》1927 年 9 月 7 日第 4 版;《西江上流の海贼を一扫 英国海军三炮舰派遣》,《台湾日日新报》1927 年 9 月 7 日夕刊第 2 版。

③ "第三二号",《1.海贼一般状况并防圧关系(船舶保护ニ关スルモノヲ含ム)》,《中国海贼关系杂件》第一卷,1927 年 3 月 25 日,图像文件号:0056~0057;"第七二号",《1.海贼一般状况并防圧关系(船舶保护ニ关スルモノヲ含ム)》,《中国海贼关系杂件》第一卷,1927 年 3 月 27 日,图像文件号:0058。

海盗抢劫手法:海盗伪装乘客登船。

此事件发生在礼利丸遭难数天后,12月9日,香港道格拉斯会社所属的海澄号也在附近海域遭难。该船由汕头往香港航行中,在大亚湾邻近遮浪角被劫。海盗伪装乘客登船,人数大约20余名,趁半夜三点,船员大多熟睡而发动。该船船员英勇抗盗,与贼相互火并,互有死伤,计有死者高级船员1名,印度巡查1名,船客11名,海盗1名。另计负伤者约30余名,有数十名乘客恐被波及而跳船溺毙,伤亡非常惨重。[①]

详细情况为海盗首以乱枪扫射,射杀一名印度警卫,随后占据无线电设备,对三等船客进行掠夺。其他船员则持手枪与之交战,2名匪徒潜进轮机室控制船只行动,往他们预先藏在附近山脚下的船驶近。虽然该船在走道设有铁栅栏,但海盗却以纵火方式企图使船员混乱,导致铁栅栏无法发挥功效。幸有太古洋行汽船四川号及日升号经过,协助发送求救信号,香港政厅派出军舰三艘、拖船两艘前往搭救。由于此次事件,船员英勇奋战,致使海盗没有多余时间进行掠夺,仅损失部分金品、酒瓮、蒜头之类的船粮。不过船只失火,让该船蒙受极大损失,以及过多的人员伤亡。[②]

随后英国方面向中国政厅反应,大亚湾海盗过于活跃的情况,导致往来商船安全岌岌可危,请中国方面立即派兵进行陆上围剿及沿海巡逻。但当时值中国内战,对大亚湾附近的警备根本无法顾及。为此英方认为中国治安长期不稳,各国驻中国的外使,也赞成海盗防压的政策提出,他们相信若有长期驻守的警备队,搭配无线电台的设置,在中国治安不安定的当下,可以发挥一些作用。不过,由于牵涉到军队派遣、军舰在中国领海行驶及无线电台架设在中国领土上等一些与"中国主权"相关敏感的问题,还需与中国政府进行深度协商。[③]

---

① "第六四号",《昭和四年/4.海澄号(ダーグラス汽船)遭难事件》,《中国海贼关系杂件》第二卷,1929年12月9日,图像文件号:0415;《邦船デリー丸がやられた 海贼の巣窟香港冲に 又复ダグラス会社船が袭はる 十一日入港の……广东丸船长谈》,《台湾日日新报》1929年12月12日夕刊第2版。

② "英国汽船ニ海贼潜入掠夺ノ件",《昭和四年/4.海澄号(ダーグラス汽船)遭难事件》,《中国海贼关系杂件》第二卷,1929年12月9日,图像文件号:0417~0418。

③ "汽船海澄号海贼袭击ニ关スル件",《昭和四年/4.海澄号(ダーグラス汽船)遭难事件》,《中国海贼关系杂件》第二卷,1929年12月20日,图像文件号:0425~0426。

（三）1930年大中华号事件

遇难船名：大中华号，总重量2232吨。

报导日期：1930年7月21日。

遇难地点：香港往西贡途中。

海盗抢劫手法：海盗伪装乘客登船。

英船大中华号为和发盛公司所有，于7月21日由香港出发往西贡途中，夜半时分遭伪装乘客的30多名海盗袭击。海盗先破坏无线电室，控制船只往大亚湾驶去，该船于22日早晨返回香港。计被海盗抢夺货物、现金、宝石数千元及货物约一万二千元，另有10名中国人质被掳走。该船虽设有铁栅栏及守卫数名，但除了船长及几位欧洲高级船员以外，其余船员皆是中国人，不排除有内神通外鬼的嫌疑。①

英国政府军部讨论之后，他们认为消极方式（船客检查，增派警卫，架设防备措施等）是没办法解决海盗问题的，必须要强力扫荡该区方可收到成效，且必须与中国官宪一同协力扫荡。本案件提到由广东军（省主席陈铭枢及第四海军司令陈策）独立进行讨伐效果不彰，何况中国内部目前正处混战。若中国军队在扫荡海盗需要援助之时，英方可以给予协助，或交由英方单独进行，仅需外交团会议许可之内，在不侵犯中国主权的范围里进行。②

二、日本船只

（一）1928年锦江丸事件

遇难船名：锦江丸，总重量3100吨。

报导日期：1928年2月28日。

---

① "S. S. "Helikon"（大中华号）海贼遭难ニ关シ报告ノ件"，《昭和五年/3.幡阳丸遭难事件》，《中国海贼关系杂件》第三卷，1930年7月23日，图像文件号：0071～0072；"大中华（ヘリコン）号事件"，《昭和五年/3.幡阳丸遭难事件》，《中国海贼关系杂件》第三卷，1930年8月16日，图像文件号：007～0076。

② "英船海贼被害报告ノ件"，《昭和五年/3.幡阳丸遭难事件》，《中国海贼关系杂件》第三卷，1930年7月26日，图像文件号：0073～0074。

遇难地点：福州海盐海峡，近平潭县水域。

抢劫手法：船只坐礁后，附近渔民（海盗）趁火打劫。

图 4-6　平潭县与邻近岛屿、港湾

资料来源：Google Map，http://g.co/maps/uh9k2，日期：2011/10/25。

28 日，嵩山丸发现大阪盐崎会社所属的锦江丸在福州海盐海峡坐礁，并遭到海盗袭击。急电马公要港部，派遣三艘军舰（葵、菊、谷风）①前往救援，大阪商船安南丸获电后，也前往搭救。因浓雾关系，救难船找不到锦江丸，后来发现该船已沉没。迨三艘驱逐舰至现场后，随即对数以百计的"海盗船"攻击。之后，派陆战队上陆搜寻船员下落，最终救回船长以下 38 名船员，由驱逐舰送回基隆。②

1. 中国抗议日本侵权

由外交部派闽海关监督兼外交部特派福建交涉员许建廷递交抗议书，针对日本军舰随意对当时海上作业船只及岸边百姓进行扫射：

---

① 葵（あおい）与菊（きく）同为二等驱逐舰，菊从大正十四年（1925 年）末至昭和三年（1928 年）末期间配属马公要港部，负责扬子江口以南中国沿岸的警备任务。谷风（たいかぜ）为轻巡洋舰，葵、菊与谷风、江风编成一驱逐队。片桐大自著，陈宝莲等译：《联合舰队军舰大全》，台北：麦田出版社，1997 年，第 314～315、479～480、492～494 页。

② 《锦江丸沉没　三驱逐舰的姿を见て　海贼船逸早く逸走　乘组员は行方不明》，《台湾日日新报》1928 年 2 月 29 日第 5 版；《福州の冲で　锦江丸坐礁　沉没に濒して居るから　无电で救助方恳请》，《台湾日日新报》1928 年 2 月 29 日第 2 版；《遭难船锦江丸　海贼に袭はる　马公から三驱逐舰出动》，《台湾日日新报》1928 年 2 月 29 日夕刊第 2 版；《海贼に袭はれた　锦江丸救助に　三驱逐舰活跃　嵩山、安南の两船も　协力探索中》，《台湾日日新报》1928 年 2 月 29 日夕刊第 2 版。

……锦江丸轮船因雾触礁失事,贵国兵舰不问是非,竟用机关枪向该处人民射击,致被击毙多命。且后派兵登岸搜查,实属不讲公理,惨无人道。兹经本特派员呈奉福建省政府令向贵总领事提出严重抗议,并声明保留一切要求之权,除将此次被击毙命及受伤之人数、姓名、住址暨乡民因此案所受损害业经指令,切实查复……①

平潭县"二二八"惨案公民大会也随即递上陈情书,表达强烈不满,希冀国民政府替县民向日本政府讨回公道及赔偿。文章开头即写道:

十万火急,各级党部、各机关、各民众团体、各报馆钧鉴。鉴日帝国主义平时对华侵略,以次殖民地待我,蔑视我主权,屠杀我同胞,层见迭出。我民族观念薄弱之潭民,僻处海隅,不与海外交通,素未见其张爪舞牙,亦不觉其凶暴。乃无妄之灾,竟有日本兵舰在潭岛大富港开枪击杀渔民,死伤至百余人之多,诚空前之惨剧……同声致讨为国家主权,为民族谋自决,请求外交部提出国际交涉,向日本严重抗议,将日帝国主义在华所有特权及一切不平等条约一律取消。一面要求惩办凶手,赔偿损失,并担保以后不再发生同样惨剧……②

由上述两份文书来看,日本军舰不问是非,开火伤及无辜已是不该,随后派兵登岸,更是藐视中国主权。而陈情书也提及,此次事件必须向日本提出国际交涉,要求日本方面赔偿、惩凶、道歉。更有甚者,将日本在华所有特权及一切不平等条约取消,维护国家主权的尊严。

为了厘清事情真相,福建交涉公署提出调查报告,作为向日方索赔的依据。由民政厅视察员邱功夔、平潭县县长及水上公安局第三区署署长前往勘查的结果,锦江丸确实因浓雾导致触礁。但日舰以船上无一人,怀疑是否被附近渔民俘虏,便不问是非开火,使当时作业渔民纷纷往东庠岛避难。其实锦江丸船员早已在触礁后不久,搭乘小艇避难,在海面上遇到后田村船户李某而得救。该船随后向日本兵舰驶近,李某获取 40 元酬劳。为此,中方认为日舰因怀疑船上无人而开火实属不合理,乃未能查明事实。且若当时海面有无数海盗船,看到日本军舰前来,难道会不先逃跑而留在原地互相争

---

① "福建交涉公署公函",《昭和三年/3. 锦江丸遭难事件》,《中国海贼关系杂件》第二卷,1928 年 3 月 7 日,图像文件号:0064～0065。

② "平潭县民陈情书",《昭和三年/3. 锦江丸遭难事件》,《中国海贼关系杂件》第二卷,无年月,图像文件号:0066。

第四章 海盗案件与交涉

147

夺？至于日方未向良民开枪射击,又怎么会有无数伤亡者？派陆战队上岸,蔑视中国主权,而追获的赃物又在哪里？①

随后福建交涉公署针对许多疑点,要求日方解释。一、举锦江丸船员搭乘舢板数艘避难。若当时贼船数百艘,怎会让其逃走。二、若贼船数百艘,见军舰来而不逃,则可证明这些在海面的"贼船",是合法在海上作业的渔船,无不法行为,何必要逃。三、锦江丸无线电仅告知船只坐礁,并没有报告遭海盗袭击,可以跟第二点相补充。四、以日本军舰之力,将人证、物证保留,应该不是困难的事,但日方却无法提出相关证据。五、军舰若看到渔船掠夺锦江丸物品,应当前往追捕人犯及赃物,怎可因锦江丸上无人员而顾此失彼,借机开火报复。六、陆战队上岸追查,曾向地保郑朝安追问船员下落,但因语言不通,仅留字条一张。若发现有赃物,为何不带回,船内物品也极有可能为海水所冲出、漂流,何以判定人为。七、日方表明军舰吃水深,因此无法靠近详看,于是便开枪示威。对此平潭县长说明锦江丸坐礁之处水量虽浅,但其他各处水量尚深,故判断日方说法不甚确实。②

最后,福建省政府向日方提出五项要求:第一,将当日无故开枪轰击中国人民之凶手查明,依法严惩。第二,给予死者家属优渥抚恤及赔偿金额。第三,赔偿受伤者之医药费及一切损失。第四,由贵国政府向福建省政府道歉。第五,贵国需保证日后不再有类似事件发生。③

2.日本"正当防卫"的回应

面对中国强烈抗议,日本军舰不问是非,开枪伤人,日本内部的公文电报也随即热络起来。从外务大臣田中义一(1864—1929)给予驻福州总领事西泽义征及事务代理岛田才二郎的电报内容来看,日方认为当时日本军舰至现场后,发现数百艘海盗船正在劫取船内货物以及捞取漂流物,有相互抢夺战利品之举,日本军舰随即以空包弹示威,海盗闻之慌乱而死伤。至于岸

---

① "福建交涉公署第299号",《昭和三年/3.锦江丸遭难事件》,《中国海贼关系杂件》第二卷,1928年3月29日,图像文件号:0087~0089。

② "福建交涉公署公函第579号",《昭和三年/3.锦江丸遭难事件》,《中国海贼关系杂件》第二卷,1928年6月25日,图像文件号:0114~0116。

③ "福建交涉公署第299号",《锦江丸事件に关する件(2)》,《公文备考》舰船卷七四,1928年3月31日,图像文件号:1060。

边的追捕,则是有人目睹船员被绑后,被拖往海盗根据地,深恐人质安全,因此上岸进行盘查。后来在岸边的船只,发现被绑的人质。中国的说法,有夸张之虞,死伤惨重为海盗们互相抢货物而造成,跟日本军舰扫射毫无相关。①

3月15日,福州总领事馆事务代理岛田才二郎发给福建交涉员许建廷的公文,便按照田中义一的指示来答复,强调军舰无法靠近锦江丸,乃发空炮示威,效果不彰,不得已向岸边开枪,但并没有中方强调向良民开枪之事。另外,中国近海常有海盗出没,在光天化日之下对坐礁的锦江丸进行暴虐抢劫,若以惩罚角度来看,日本军舰的行为乃正大光明。②

由于军舰由马公港部派出,因此日本政府也向七田今朝一司令要求报告。他认为中国政府的抗议完全缺乏事实根据,当时日舰指挥官只针对海面上的海盗示威,因此特别注意射击方向,并没有对无辜渔船开火一事。中方的说法,显然有意捏造日本海军无故滥杀无辜。至于渔船救助锦江丸船员一事,证实确有此事,并有给予四十元谢金。③ 另外,平潭县民是否平时真为“良民”,以3月24日由台湾出航的中国帆船李顺号在平潭县福清海域石牌海面一带,被三艘海盗船包围一事来看。当时案件最后确定海盗是平潭县附近的中国人,④因此无法证明平潭县民皆是良民。

从日方后来整理的《锦江丸救难作业报告の件》来看,三艘驱逐舰皆提到从下午一点五分开始,断断续续有炮击动作出现,至一点三十五分才停止,共炮击三十分钟之久。另外,三舰一共发射三千多发“空包弹”,其中以谷风舰占一半之多。而且根据日方的通信记录来看,锦江丸的发信内如没有提到坐礁后被海盗袭击之事,最早出现“海盗”字眼的信息,是从马公要港

---

① “锦江丸海贼被害ノ件”,《昭和三年/3.锦江丸遭难事件》,《中国海贼关系杂件》第二卷,1928年3月11日,图像文件号:0070～0073;“锦江丸海贼被害ノ件”,《昭和三年/3.锦江丸遭难事件》,《中国海贼关系杂件》第二卷,1928年3月14日,图像文件号:0069。

② “第五四号”,《昭和三年/3.锦江丸遭难事件》,《中国海贼关系杂件》第二卷,1928年3月15日,图像文件号:0076～0077。

③ “锦江丸事件 八日发贵电二ノ船员力漂流中发见シタル渔船ニ关シ”,《昭和三年/3.锦江丸遭难事件》,《中国海贼关系杂件》第二卷,1928年4月11日,图像文件号:0099～0100。

④ “锦江丸事件ニ关シ三月三十一日附公文中國側ヨリ抗议ニ对シ”,《昭和三年/3.锦江丸遭难事件》,《中国海贼关系杂件》第二卷,1928年4月8日,图像文件号:0098～0099。

部参谋长发给十四队司令："午前九时，遭难船锦江丸被海贼袭击，紧急求助。"①锦江丸遭难者的感想也只提到，这次的情况，若没有海军赶来救援，恐怕命就没了，也没提到有"海贼"等字眼。② 可见日方刻意将此事隐瞒，对于中国的抗议，坚持相信海军当时的判断。

最后，日方提出数点作为响应：第一，当时民船藏有武器，这从海盗短刀遗留现场而得。第二，海盗跑进锦江丸无线电室，阻碍船员发求救信号，并将锦江丸所有船具抢光，只剩船壳。第三，陆战队上岸，与近来中国商船华安号被劫有关，日方深恐人质被绑。第四，平潭县民是否平时为良民，遇有船只遭难时变成海盗，是日方怀疑的焦点。③

因此，从日方的响应来看，总结归纳有四点：第一，为了保护日本船只，日军毫不犹豫开枪示威及派兵上岸搜查乃正当防卫。第二，基于平潭县一带的中国人民，是否会趁船难之际而出海打劫，这种"亦民亦匪"的身份，颇值得怀疑。第三，中国政府无法管制沿海治安，导致此类事件发生，中国政府必须负起一半责任才是，而非将所有过错推给日本政府承担。第四，若以《中英天津条约》及《中日通商行船条约》对海盗缉捕的规定来看，日本军舰以缉捕海盗之由驶入中国领海乃条约允许范围内，于情于理皆属正当。

关于日方提出平潭县民是否会"趁火打劫"之疑问，根据《平潭县志》的叙述，可知当地确实有趁着船只遇难之际、出海打捞漂流物的恶习，每每酿致外交案件：

> 三、华洋诉讼 清光绪二十四年间，台湾割让未久，有胡怀抛商船行经大富触礁欲沉没，船中货物漂流四散，有为乡民拾获者。该船主恃日籍，滥诉多人，濒海各乡几被网尽……
>
> 四、保护难船 民国十年二月知事黄履思到任，访悉濒海各乡每因

---

① 《锦江丸救难作业报告の件》，《公文备考》舰船卷七四，1928 年 2 月 29 日，图像文件号：0975～0976、0980。

② "驱逐舰葵遭难者救助ニ关スル件报告"，《锦江丸事件に关する件（1）》，《公文备考》舰船卷七四，1928 年 3 月 9 日，图像文件号：1028。

③ "锦江丸海贼遭难事件ニ关スル件"，《昭和三年/3.锦江丸遭难事件》，《中国海贼关系杂件》第二卷，1928 年 3 月 29 日，图像文件号：0081～0082；"第二四号ノ二"，《昭和三年/3.锦江丸遭难事件》，《中国海贼关系杂件》第二卷，1928 年 4 月 4 日，图像文件号：0084；"第八二号"，《昭和三年/3.锦江丸遭难事件》，《中国海贼关系杂件》第二卷，1928 年 4 月 14 日，图像文件号：0106。

拾取难船货物酿成巨案，出示严禁，并责成乡耆等……逾年一月，美国商船维更号由沪南驶，中途机器忽坏，冲至君山后上扈阁(搁)浅待援。乡耆遵示具报，立派警察队长会同水上警察驰赴保护……①

后来平潭县颁布"禁沿海各乡捞取漂流物告示"，②知事也对地方乡耆出示严禁打捞漂流物，希冀能够改掉这不好的民风。但这也不能代表平潭县民是否能够改掉打捞漂流物的习惯。

况且在1933年，一份由福州总领事给外务大臣的电文当中，提到平潭县民多从事渔业，但因捕鱼不顺，偶有打捞海上漂流货物之举。③ 况且当地的驻军较少，盗匪渐多，前次县长林鹏南鉴于苏澳区(离平潭县约三十公里)有海盗侵入，召集警察二十余名、保卫团员二十名及同区区民一起剿灭海盗。不料在海滨当中，被三十多名海盗掳走，要求五千元赎金。后来不得已，请求七十八师部队出动救助。④ 因此日方怀疑中国沿海居民时为良民、时为盗匪之说，实有一定考虑与立场在。

1932年6月26日，顾维钧(1888—1985)在"日本违约及其侵夺中国主权二十七类案件之说帖"提及平潭事件："中国人民无辜被日本人伤害，要求的条件有惩凶、赔偿、道歉及担保以后不再发生同类之不幸之事。不过日本领事覆文殊为避规，外交上屡次交涉，毫无效果，此案迄未终结。"⑤文中提到本事件的结果为不了了之，原因为日本领事回文谨慎，双方鸡同鸭讲，各有主张，互不让步。中国的重点其实在于日军开火造成平民死伤无数，特别是在海上作业的无辜渔民，而日本则是对"正当作业行为"的渔民(海盗)，表示当时情况为不得已才发炮。此案件谁是谁非，目前并无进一步史料可以查证，双方各说各话，变成一桩罗生门事件。

① 黄履思纂修：民国《平潭县志》，台北：成文出版社，1967年，第182页。
② 黄履思纂修：民国《平潭县志》，台北：成文出版社，1967年，第182页。
③ 日本商品经由台湾转口到中国出售，借以减轻中国排外和拒用日货的风潮。廖宜方：《图解台湾史》，台北：易博士文化出版，2004年，第192页。
④ "公第六五二号"，《昭和八年/1.海贼一般状况并防压关系》，《中国海贼关系杂件》第三卷，1933年11月17日，图像文件号：0307。
⑤ 《顾维钧关于日本违约及其侵夺中国主权二十七类案件之说帖》，收录于中国第二历史档案馆：《中华民国史档案资料汇编》第五辑第一编，外交(二)，南京：江苏古籍出版社，1994年，第821页。

日本依据《中日通商行船条约》的缉捕海盗规定及最惠国待遇的特权,[①]日本军舰可在不经中国政府允许下擅自驶入中国领海,此前提必须是缉捕海盗为由,但开火伤及无辜百姓却是本次事件最大的悲剧。[②] 依据五国公使会议的防制方式,提到若遭遇海盗的场合时,须立即以无线电向附近船只求救。因此马公要港部在收到电报后,立派军舰前往,以保护船只为由,进出中国乃正当行为,更是受条约的保护。如此一来,若有任何特殊行为(驶入领海,开火示威,派兵上岸等),在日方的认知内,纯属合法行为。不过,锦江丸事件发生后,成为南中国反日风潮的一个重要事件。在外交上争取失利的情况下,内部反日舆论还受到政治压迫,民间转而自主性排日、拒用日货等。更重要的是,还延伸到确立主权,废除不平等条约等声浪。

(二)1929年礼利丸事件

遇难船名:礼利丸,[③]总重量2173吨。

报导日期:1929年9月20日。

遇难地点:汕头往香港方向,于红海湾附近。

抢劫手法:海盗伪装乘客登船。

大阪商船会社所属的礼利丸,于二十日搭载货物五百吨,一等船客4名,三等及甲板客计139名,由汕头往香港方向,于红海湾遭到12名伪装乘客的海盗袭击,在甲板上与印度籍警卫发生冲突,致3名警卫轻伤,1名重

---

① 第十七款提及:日本商船遇有损坏或别项事故,至逼觅避难之处,不论中国何处,准其驶进附近各口暂泊……凡日本船在中国沿海地方碰坏搁浅,中国官员须立即设法救护搭客及船上一切人等,并照料船货。第十九款则提及:日本船只被中国强盗海贼抢劫者,中国官员即应设法将匪徒拿办追赃。(清)许同莘等编:《清历朝条约》第九册,台北:文海出版社,1988年,第1218~1219页。

② 早期日本船只驶入中国领海的案例,主要与日船越界捕鱼纠纷有关,争执的问题在于公海捕鱼权之行使。由于中国尚未划分出精确的公海与领海界线,反而让日本有借口认为在公海捕鱼是正当行为。另外则是日船航行时,将中国渔具破坏,并挟机动渔船与新式渔法,渔获量大增,使得中国渔民生计转趋困境。资源委员会编:《日本在华投资事业摘要》,收录于中国第二历史档案馆:《中华民国史档案资料汇编》第五辑第一编,外交(二),南京:江苏古籍出版社,1994年,第961页;北洋政府外交部,中日关系/渔业交涉,《日船越界捕鱼案》,《筹划公海领海界线事》,1926年10月,"中央研究院"近代史研究所档案,馆藏号:03-33-075-01-008。

③ 礼利丸在资料上的显示有多种写法,如:デリイ丸、ディリー丸、デーリィ丸、でいり丸、地厘丸等,均指向同一艘船,因此笔者在资料引用上以原文显示。

伤。损失计有上级船员损失约一千九百六十元,船客被害约二千三百元,船客被害物品约一千四百元。另船上物品被劫有双筒望远镜一个,毛布十九条,食粮,手枪十三支、弹药七百五十七发,小枪七支、弹药六百五十发,信号枪一支,火药二十四发等。① 该船被控制后,驶往三洲澳方向,随后下锚于此,海盗随即分乘两艘小艇向岸上逃亡。② 并绑走四名人质:一等船客许厚钰(铉),为上海香上银行的技师。三名甲板客,黄比南(资料显示又一称黄知寿),家住台南市高砂町二之一一四号;刘子南,家住广东,是解元里社公巷第六号;谢藩南,汕头湖安县人。③ 该船遭难后发电求救,英国急派在大亚湾附近的军舰前往搭救。④

被绑的人质当中,有一名台湾籍民,因此日方马上向中国政府反应,同时与香港政府会谈,商讨如何救出人质。⑤ 中国海军司令官陈策与英国总领事代理讨论救出人质方法,并从黄埔派出军舰广金及民生,载兵员百名往三洲澳方向驶去。⑥ 依照交涉员陶履谦的答复,其实广东政厅在 21 日便收到大亚湾无线电信局知会香港的电报,曾派广金舰与平南舰一同往红海湾

---

① "大阪商船会社定期船『デーリィ』丸海贼遭难ニ关スル件",《昭和四年/3."ディリー"丸(大阪商船)遭难事件》,《中国海贼关系杂件》第二卷,1929 年 9 月 23 日,图像文件号:0323;"日领第一三三号",《昭和四年/3."ディリー"丸(大阪商船)遭难事件》,《中国海贼关系杂件》第二卷,1929 年 9 月 24 日,图像文件号:0328~0329。

② "第五一号",《昭和四年/3."ディリー"丸(大阪商船)遭难事件》,《中国海贼关系杂件》第二卷,1929 年 9 月 22 日,图像文件号:0320。

③ 其中许厚钰的名字在资料上有出入,照黄知寿平安回来之后的说辞,称为许厚铉,但仅黄知寿的说辞这样称呼而已。"大阪商船会社定期船『デーリィ』丸海贼遭难ニ关スル件",《昭和四年/3."ディリー"丸(大阪商船)遭难事件》,《中国海贼关系杂件》第二卷,1929 年 9 月 23 日,图像文件号:0324;《海贼遭难者中一名の身许判明》,《台湾日日新报》1929 年 9 月 25 日第 7 版。

④ 《香港へ向ったデリー丸 海贼におそはる 香港政府へ求援电报》,《台湾日日新报》1929 年 9 月 22 日第 4 版;《向香港之礼利丸 受海贼所袭 电向香港政府求援》,《台湾日日新报》1929 年 9 月 23 日夕刊第 8 版。

⑤ "大阪商船会社汽船『でいり』丸海贼遭难ニ关スル件",《昭和四年/3."ディリー"丸(大阪商船)遭难事件》,《中国海贼关系杂件》第二卷,1929 年 9 月 24 日,图像文件号:0325~0326;"海贼ノ人质トセル地厘丸甲板客籍民救出方ニ关スル件",《昭和四年/3."ディリー"丸(大阪商船)遭难事件》,《中国海贼关系杂件》第二卷,1929 年 9 月 24 日,图像文件号:0343~0345。

⑥ "大阪商船でりぃ丸海贼遭难ニ关スル件",《昭和四年/3."ディリー"丸(大阪商船)遭难事件》,《中国海贼关系杂件》第二卷,1929 年 9 月 29 日,图像文件号:0360。

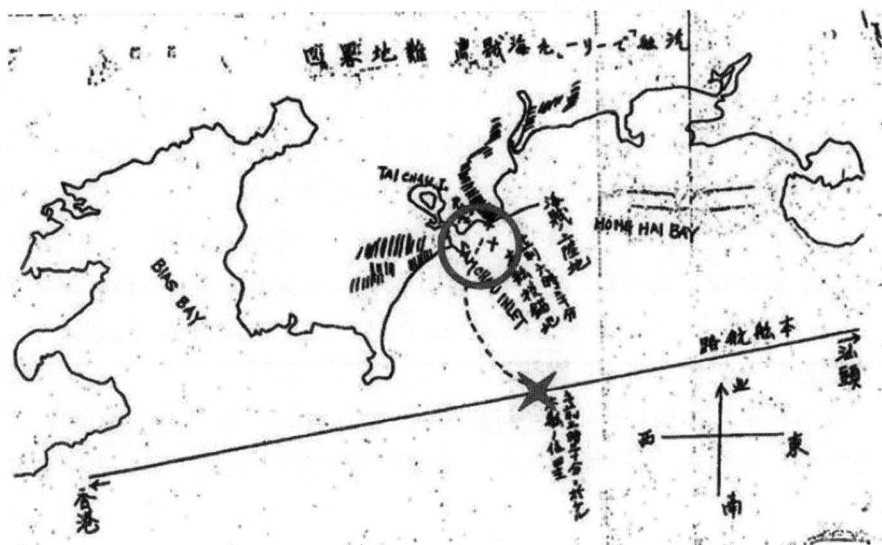

图 4-7　礼利丸遇难地点

资料来源："大阪商船会社所有汽船デリイ丸海贼遭难事件ニ关スル报告",《昭和四年/3."ディリー"丸(大阪商船)遭难事件》,《中国海贼关系杂件》第二卷,1929 年 9 月 25 日,图像文件号:0372。

备注:X 为遇难地点,○为海盗上陆地点。

疾驶搜查。但平南舰体积小,仅至虎门附近因风浪大而停止前进,广金舰则缺乏燃料而回广东方向补充。① 再者,海盗逃往岸上之后,根本无迹可循,想救出人质简直难上加难。广东省政府也已经通报海军第四舰队司令部及陆军第八陆总指挥部,协同地方军警往大亚湾及红海湾一带搜查。②

经过搜集、过滤情报之后,中国方面的回复确认此次礼利丸案件的主脑者,可能是住在棆山长排村的海盗林财寿、林名及黄田村的藤阿斗所为,此海盗团自大州上陆后,此刻正于北方雷公土亮乡藏匿。③ 广东省政府主席陈济棠也令军舰广金号在海上寻弋,以及对棆山、大州、平海等各区警卫队

---

① "译文",《昭和四年/3."ディリー"丸(大阪商船)遭难事件》,《中国海贼关系杂件》第二卷,1929 年 9 月 26 日,图像文件号:0363。

② "交涉署公函交字第五三九号译文",《昭和四年/3."ディリー"丸(大阪商船)遭难事件》,《中国海贼关系杂件》第二卷,1929 年 10 月 3 日,图像文件号:0377。

③ "广东交涉员来翰交字第七五七号译文",《昭和四年/3."ディリー"丸(大阪商船)遭难事件》,《中国海贼关系杂件》第二卷,1929 年 11 月 15 日,图像文件号:0405。

长、警察署长下达逮捕令。①

　　后来,该海盗团历经数月的逃亡,于 1930 年 3 月 14 日早晨遭到红军的袭击,海盗当下四散而逃,其中被绑的两名乘客趁机脱逃,但被红军"抓到"并审问。在确认他们与海盗团及国民党无任何关系之后,于 22 日将他们释放,并给予盘缠回到香港。他们从海盗的谈话当中,得知原来该海盗团为陈炯明的旧部所率领,约 40 多名,携有短抢、小枪及旧式机关枪等,操厦门、汕头一带的口音。至于袭击海盗的红军约 300 名,武装完备,为红军第六军第十七师第四十九团。② 人质黄知寿及刘子南在被绑的期间,曾趁海盗不备一度逃离,但又被抓回,遭到海盗更无情的虐待。至于许厚钰及谢藩南则因在香港的家人在筹赎金而被迫续待贼窟。后来交付赎金时,香港警察趁机逮捕一名海盗代表。不过随着海盗被红军打散之后,这些人质均平安归来。③

　　该案件的检讨,集中在船只防备,如何才能有效防止海盗入侵。因为海盗劫船,首先会控制舰桥,掌握主要操控设备后,剩下唯一能够威胁海盗的则为无线电室,因此无线电室为海盗第二夺取的目标。第三则是轮机室。补救办法为在舰桥及无线电的防护上,必须要更为坚固,方可利用电报求救,尽量减少损失。至于在船客登船检查,须严加检查乘客行李。但在严密的检查下,还是会有因贿赂关员或船员而让武器偷偷运上船。船上的防备,则要注意某些限制区域不得让乘客无故进入,特别是甲板乘客,是最为危险的一群。不过,遇有海盗袭来,船上守卫因反击而被射杀的案例非常多,是

　　① "大阪商船『デリイ』丸海贼遭难ニ关スル件",《昭和四年/3."ディリー"丸(大阪商船)遭难事件》,《中国海贼关系杂件》第二卷,1929 年 11 月 28 日,图像文件号:0407。
　　② "大阪商船『デリー』丸海贼遭难ニ际シ拉致サレタル人质台湾籍民黄知寿等归来ニ关シ报告ノ件",《昭和四年/3."ディリー"丸(大阪商船)遭难事件》,《中国海贼关系杂件》第二卷,1930 年 3 月 28 日,图像文件号:0410～0413;"『デリー』丸袭击海贼ノ人质归还ニ关スル件",《昭和四年/3."ディリー"丸(大阪商船)遭难事件》,《中国海贼关系杂件》第二卷,1930 年 3 月 28 日,图像文件号:0413～0414。
　　③ "『デリー』丸袭击海贼人质ノ归来谈报告ノ件",《昭和四年/3."ディリー"丸(大阪商船)遭难事件》,《中国海贼关系杂件》第二卷,1930 年 3 月 24 日,图像文件号:0408～0409。

要等待军舰前来营救，还是乖乖束手就擒，以保性命，尚处于一个尴尬位置。①

（三）1929 年龙神丸事件

遇难船名：龙神丸，总重量 1496 吨。

报导日期：1929 年 12 月 22 日。

遇难地点：黄埔外海。

抢劫手法：船只坐礁后，海盗袭来。

大连植田汽船合资会社所属的龙神丸，于 12 月 22 日在香港外海坐礁。为了等待涨潮脱离此地，鉴于海盗劫船的危险，急报黄浦代理店，雇用数名中国籍警卫在岸上负责警戒工作。不料当晚海盗果真袭来，船上一部分船具及船员物品被夺，损失金额约三千五百元（表 4-1）。② 该船坐礁之际，曾向附近中国警察局申请派遣人员进行警戒，同时发电联络军舰宇治号，请求护船。海盗于晚间十点出现，约二十多名，分乘两艘小船前来，并开火示威，与岸边警戒人员发生冲突，警戒人员不敌而四处逃散。随后海盗登船掠夺，两艘小船满载而归。而宇治舰在当日下午六点四十分得到电报后，竟在隔日下午四点才来到，为时已晚。③

广东省境内发生海盗劫船案件，已是司空见惯。日本驻广东总领事矢野真向广东当局要求扫荡匪团，及求偿被害损失，希冀中国政府能够扫灭这些匪贼，盼望当局给予答复。④ 广州市市长林云陔依照海军第四舰队司令部的回应为："敝部对于防护各江河道均派有段舰严密梭巡，此次日轮因不请华人带水，以致黑夜中搁浅。于不经注意之地点被劫，实非敝部防范不周

---

① "大阪商船会社所有汽船デリイ丸海贼遭难事件ニ关スル报告"，《昭和四年/3."ディリー"丸（大阪商船）遭难事件》，《中国海贼关系杂件》第二卷，1929 年 9 月 25 日，图像文件号：0371；《生命保护のため绝对に 无抵抗主义で 海贼袭来に应酬し 思ふ尽に掠夺させた》，《台湾日日新报》1929 年 10 月 2 日夕刊第 2 版。

② "第一六六号"，《昭和四年/5.龙神丸遭难事件》，《中国海贼关系杂件》第二卷，1929 年 12 月 23 日，图像文件号：0429；《中國近海に 海贼船横行 龙神丸香港冲で袭はる 被害甚大の见込み》，《台湾日日新报》1929 年 12 月 24 日第 7 版。

③ "龙神丸事件"，《昭和四年/5.龙神丸遭难事件》，《中国海贼关系杂件》第二卷，1930 年 2 月，图像文件号：0439。

④ "日领第一八七号"，《昭和四年/5.龙神丸遭难事件》，《中国海贼关系杂件》第二卷，1929 年 12 月 23 日，图像文件号：0433～0434。

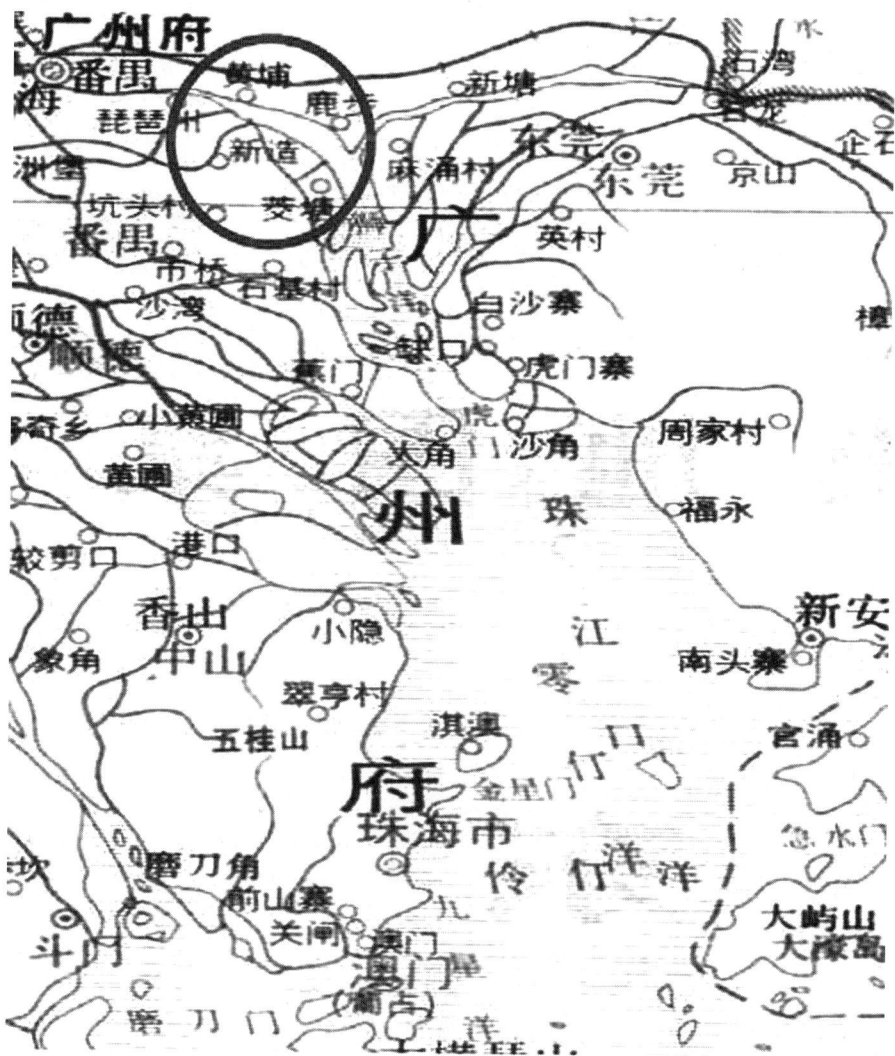

图 4-8　黄埔外海、珠江口

资料来源:谭其骧主编:《中国历史地图集》第八册(清时期),北京:中国地图出版社,1996年,第43页。

备注:圈起处为黄埔,龙神丸搁浅位置可能在入黄埔的水道途中,狮子洋内。

所致。"[①]从响应当中可知,龙神丸对附近海域并不熟识,以至于在航行中遇

---

② "广州市市政府公函交字第三一号",《昭和四年/5.龙神丸遭难事件》,《中国海贼关系杂件》第二卷,1930年1月14日,图像文件号:0438。

浅滩而遭难,而且第四舰队司令部非常果决地认为在江面上均有中国舰艇往返巡逻,并非防范不周而导致这次劫案。日方当然对此解释表达不满,此案件无后续发展。

表 4-1　龙神丸损失的物品及金额

品名	数量	金额（元）	品名	数量	金额（元）
时辰仪	1	900	作业服	10	40
六分仪	1	100	衣类、和服、其他	—	300
双筒望远镜	1	30	布团及寝具	—	150
望远镜	1	20	床单	—	120
八角形时钟	3	24	船内装饰品	—	40
圆柱时钟	1	11	帽子及身体装饰品	—	110
座钟	1	12	麻雀	2	13
手表	1	38	日用品、杂具	—	220
怀表	2	20	现金、日货、中国货	—	15
毛巾	44	44	俄货	520	170
洋服	20	700	破损修缮费	—	27

资料来源:"日领第一九二号",《昭和四年/5.龙神丸遭难事件》,《中国海贼关系杂件》第二卷,1929 年 12 月 25 日,图像文件号:0435～0436。

(四)1932 年第二十二全进丸事件

遇难船名:第二十二全进丸,总重量五十吨。

报导日期:1932 年 7 月 5 日。

遇难地点:北纬二五度六分,东经一二〇度,泉州附近海面。

抢劫手法及经过:海盗船突袭。

第二十一、第二十二全进丸为台湾基隆市林兼商店所有的发动机渔船,在 7 月 5 日下午三点左右,于泉州附近海面遭到六艘戎克船袭击。海盗人数约三十名,持枪十余挺。由于此六艘戎克船似有组织地前进,并切断两艘渔船之间的拖网工作。第二十一全进丸见苗头不对,急忙全速逃离,第二十

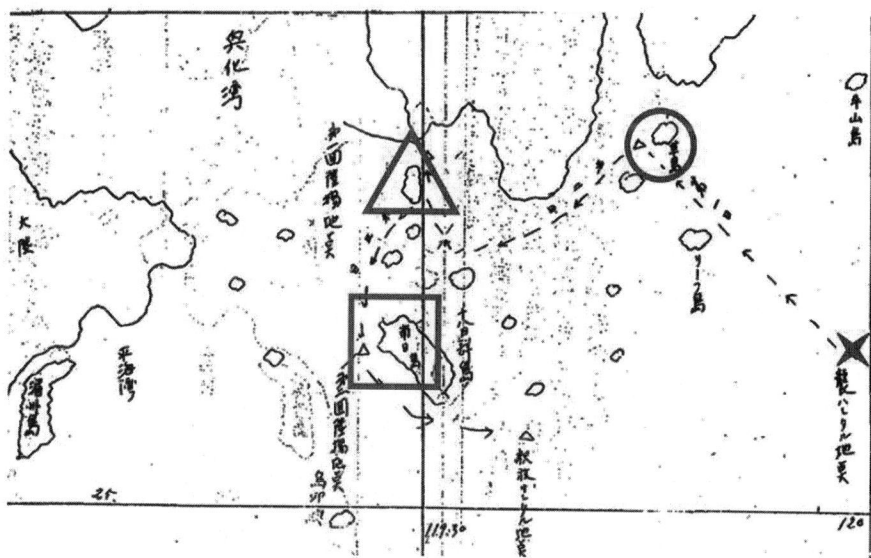

图 4-9　第二十二全进丸被劫三天之行进路线

资料来源："第二二号全进丸遭难颠末书",《昭和七年/3.第二十二全进丸(台湾渔
船)遭难事件》,《中国海贼关系杂件》第三卷,1932 年 7 月,图像文件号:0215。

备注:✕表遇难地点,○为第一天,△为第二天,□为第三天。

二全进丸则遭到枪击。[1] 第二十一全进丸于 6 日下午两点半回归基隆港,
立即向官府报告,由马公要港部派出驱逐舰"竹"前往搜索,并通报厦门领事
向中国官宪交涉,要求搜索援助。9 日下午四点四十分,第二十二全进丸自
行回到基隆港,一名船员当场死亡,二名船员重伤,部分船体受损。[2]

　　事后调查,台湾在渔盛期时,限于夏、冬两季作业,又从事渔业者多,渔
获量自然较少,为此两船往南中国近海捕鱼。所使用的渔法为共同拖网,为

---

　　① 《基隆の发动机渔船　六只の海贼船に袭はる　船长外八名は船诸共拉致され
僚船はやつと基隆に逃げ归る》,《台湾日日新报》1932 年 7 月 7 日第 7 版。

　　② "总警第一四二号",《昭和七年/3.第二十二全进丸(台湾渔船)遭难事件》,《中国海
贼关系杂件》第三卷,1932 年 7 月 7 日,图像文件号:0191~0192;"第三四五号",《昭和七
年/3.第二十二全进丸(台湾渔船)遭难事件》,《中国海贼关系杂件》第三卷,1932 年 7 月 7
日,图像文件号:0192;"第三四六号",《昭和七年/3.第二十二全进丸(台湾渔船)遭难事件》,
《中国海贼关系杂件》第三卷,1932 年 7 月 8 日,图像文件号:0194;《船员を缚る间に　私达
の船は逃走　今后は武器を持たねばならぬ》,《台湾日日新报》1932 年 7 月 7 日第 7 版。

两船拖网缓缓朝同方向前进的渔法（图 4-10）。两船于 6 月 30 日下午两点由基隆出航，7 月 1 日到达新竹州近海进行拖网捕鱼。但渔获不佳，遂往福建省泉州东北方，距离南日岛东方约三十海里位置捕鱼。[①]

图 4-10　拖网渔法示意图

资料来源：笔者于澎湖海洋生活馆拍摄，2010 年 6 月 28 日。

在两船平行拖网缓缓前进之际，后头却出现六艘戎克船朝他们驶来。当时附近并没有其他渔船作业，因此第二十二号全进丸开始收网，不料最前头的两艘戎克船从第二十二全进丸左侧而过，并阻碍该船前进路线，随即对两船开枪。七名海盗立即登上第二十二全进丸，打死一名船员，将其他船员关在船舱监禁。

第二十一全进丸逃离后，在リーワ岛遇到中国汽船镇安号，向其求助。无奈语言不通，最后只得回基隆港。[②] 第二十二号全进丸被劫三天，这三天内除了船员大小便以外，均待在船舱内，只有六日早上给粥数碗进食。途中遇到一艘英国船只，匪首恐船长会发信号求救，因此紧握船长手臂，防止任何求救举动。匪首与船长谈判要求一万元赎金，并允诺会放船长一人至福州打电话回基隆要钱。不过因第二十一全进丸的逃离，使海盗恐军舰前来

---

① "第二二号全进丸遭难颠末书"，《昭和七年/3.第二十二全进丸（台湾渔船）遭难事件》，《中国海贼关系杂件》第三卷，1932 年 7 月，图像文件号：0206。

② "第二二号全进丸遭难颠末书"，《昭和七年/3.第二十二全进丸（台湾渔船）遭难事件》，《中国海贼关系杂件》第三卷，1932 年 7 月，图像文件号：0207～0209。

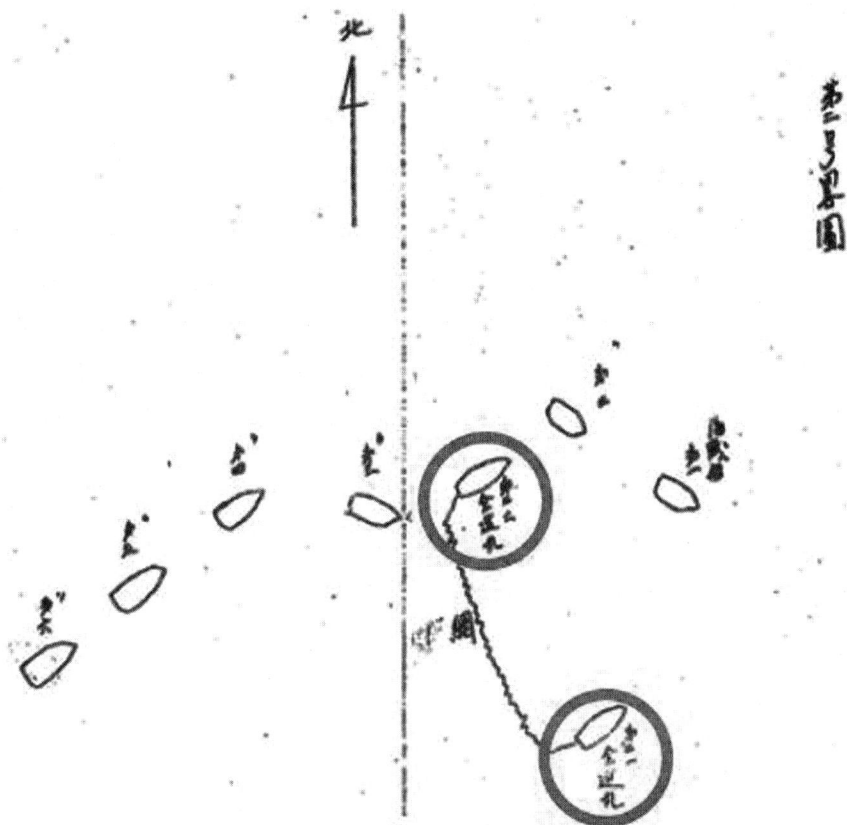

图 4-11　第二十二全进丸遭受六艘戎克船袭击示意图

资料来源:"第二二号全进丸遭难颠末书",《昭和七年/3.第二十二全进丸(台湾渔船)遭难事件》,《中国海贼关系杂件》第三卷,1932 年 7 月,图像文件号:0216。

巡查,将船上物品掠夺后,于南日岛南侧释放船员。[1]

　　据船员平安归来后的描述,海盗面目狰狞,穿着浅黄色中国服,绑头巾,携小枪、手枪,皮制 S 腰带,带上有弹药。海盗避免全进丸船名被发现,还把船名给涂掉,何时涂掉的,船员被监禁因此不知,于归港后才发现。

　　台湾总督府对两艘难船的救护方式,除了派驱逐舰前往搜索救助以外,还发电给福州、厦门、汕头的日本领事,希冀中国方面能够参与搜救行列。

台北州将此案归为强盗杀人事件,对第二十二全进丸船员进行审查,保留证据。全案移交台湾总督府,成为外交问题,以供日后向中国方面索取赔偿。①

驻福州日本领事馆发给福建省政府代理主席的公函,提到此次遭难事件,损失金额约二千三十二元八十钱,为了避免日后相同案件再度发生,中国政府必须对沿海岛屿进行搜索,减少海盗案件的发生。由于海盗为万国之敌,于国际法上为各国有权得以消灭的对象,为此日本船只也不排除日后以自卫手段,保护本国船只,只是期望中国政府能够正视沿海航行船只的安全。② 福建省政府除表达对全进丸遇难哀悼之外,也答允会将海盗绳之以法,赔偿日方的损失,并与海军部协议,派军舰海容前往巡缉。日后将会有定期巡逻,确保船只安全。③

日本对一直层出不穷的海盗案件感到厌烦,认为除了用武力解决以外,已经没有任何方式能够有效根除海盗。至于派遣陆战队到中国沿海地区,又恐中国方面以领土主权向日本抗议,除非能够与中国政府协商,否则此种惨剧将会不断重演。④

(五)1933年第一桂丸及第二桂丸遭难事件

遇难船名:第一桂丸、第二桂丸,总重量四十五吨。和顺号,总重量五百吨。

报导日期:1933年5月25日。

遇难地点:大清河(黄河出海口及渤海湾附近)海面。

抢劫手法:海盗利用饵船攻击其他船只。

---

① "第二二号全进丸遭难颠末书",《昭和七年/3.第二十二全进丸(台湾渔船)遭难事件》,《中国海贼关系杂件》第三卷,1932年7月,图像文件号:0211～0214;《全进丸遇海贼被劫　调查证据品附豫审　移牒督府成外交问题》,《台湾日日新报》1932年7月10日第8版。

② "第四九号",《13.全进丸(于　南中国泉州冲合海贼船被袭击拿捕)》,《本邦渔船遭难关系杂件》第二卷,1932年7月27日,图像文件号:0105～0106;《船员を缚る间に　私达の船は逃走　今后は武器を持たねばならぬ》,《台湾日日新报》1932年7月7日第7版。

③ 《福建省政府公函　闽字第七九六号》,《13.全进丸(于南中国泉州冲合海贼船被袭击拿捕)》,《本邦渔船遭难关系杂件》第二卷,1932年8月9日,图像文件号:0106。

④ 《武力解决の外に海贼对策は无い　二十二全进丸事件　近く外务省に报告》,《台湾日日新报》1932年7月12日第7版。

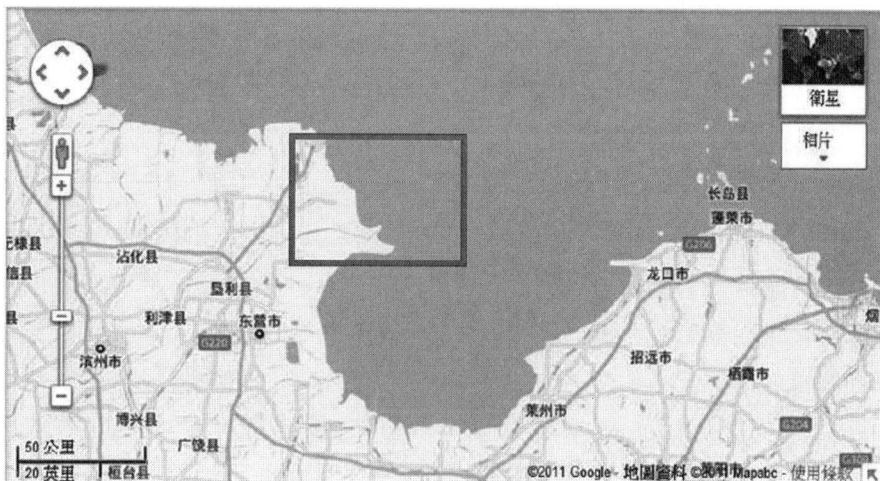

图 4-12　山东省利津县与沾化县交界处

资料来源：Google Map，http://g.co/maps/jmcxq，下载日期：2011/11/16。

第一桂丸及第二桂丸于 5 月 23 日，在黄河出海口及渤海湾一带附近海面，遭遇中国船和顺号的袭击，日本籍船长山下嘉一及朝鲜籍船员共数十名皆被绑走。海盗将两艘渔船扣留转往岸边行驶，日方得知后，立派军舰从旅顺搭救。① 据了解，和顺号为营口大通公司的中国汽船，于 5 月 21 日由营口发往天津，不料在途中遭到伪装旅客的二十多名海盗控制，将船上有价值的财物装载成箱，又试图攻击在附近海域作业的渔船，才会造成此次案件。和顺号约五百吨，特征为两根黑色烟囱，躯干为黄色横线涂装，乘员约三十名，其中有一名外国人。②

和顺号在 5 月 21 日被劫，于塘沽码头搭载船货及旅客后出港，距大沽口三海里的海面，遭到伪装乘客的海盗持手枪威吓乘客、控制船长室及破坏无线电，迫驶至渤海湾以南一带，将乘客财物分装二十余箱，并也有绑架该

---

① 《外人指挥の海贼　日本渔船を袭击　十数名を拉致す》，《台湾日日新报》1933 年
5 月 25 日第 7 版。

② "第八七番电"，《昭和八年/5.渔船第一及第二桂丸遭难、（松下）船长等拉致事件》，
《中国海贼关系杂件》第三卷，1933 年 5 月 24 日，图像文件号：0332；"第一号"，《昭和八年/
5.渔船第一及第二桂丸遭难、（松下）船长等拉致事件》，《中国海贼关系杂件》第三卷，1933
年 5 月 26 日，图像文件号：0336。

第
四
章

海
盗
案
件
与
交
涉

163

船其他旅客,初步估计,损失约十五万元之多。和顺号在天津碇泊之际,一名年约三十多岁的妇人,携两只皮箱登船。当时并不知晓该名妇人即为海盗团的重要人物之一,前记该船于塘沽出港后,该名女子便从皮箱取出手枪,分发给其他同伙,分占并压制和顺号各处。该女子首领似乎受过教育,精通法语及日语。①

日方立即向山东省主席韩复榘(1890—1938)要求救出人质,并给予山下嘉一的照片及当时衣着、身体状况等详细信息。根据龙口公安局及山东盐运使盐务稽分所对此事的报告,在羊角沟沿岸一带,确实有许多村落沦为海盗的根据地。但当地交通非常不便,海盗多半是利用黄河河口的利津县附近上岸,若要强行攻入,恐会造成人质伤亡,需再三计划。② 山东省政府为了救出人质,由龙口公安局电令沿海各县严缉匪村,设法营救被绑人质。③

海盗上岸的利津县邻近寿光、广饶二县,海岸线皆连在一起,内陆一带大多有险恶的匪徒出没,数量非常多,加上被绑人质的确切所在地难以发现,若要一并剿灭盗匪及解救人质,还需更多情报。④ 数十天后,海盗团稍来赎金信,该信寄达营口大通公司:

> 高福田大人,莲华在这非常地好,现在在大山河□东杨珂钧钧。如果有意,就带钱来接我去,千万不要告诉我母亲。这账贵的(指称海盗)叫我写二千,望尽力地办,求芝泉姑妹帮助我才好,千万千万。

---

① "和顺号遭难ニ关スル中国新闻记事通报ノ件",《昭和八年/5.渔船第一及第二桂丸遭难、(松下)船长等拉致事件》,《中国海贼关系杂件》第三卷,1933年5月31日,图像文件号:0344～0345。

② "往电第三号ニ关シ",《昭和八年/5.渔船第一及第二桂丸遭难、(松下)船长等拉致事件》,《中国海贼关系杂件》第三卷,1933年5月26日,图像文件号:0338;"往电第四号ニ关シ",《昭和八年/5.渔船第一及第二桂丸遭难、(松下)船长等拉致事件》,《中国海贼关系杂件》第三卷,1933年5月28日,图像文件号:0339;"海贼ノ为拉致セラレタル第一桂丸船长救出方ニ关スル件",《昭和八年/5.渔船第一及第二桂丸遭难、(松下)船长等拉致事件》,《中国海贼关系杂件》第三卷,1933年5月31日,图像文件号:0341。

③ "华第九号 径复者顷准",《昭和八年/5.渔船第一及第二桂丸遭难、(松下)船长等拉致事件》,《中国海贼关系杂件》第三卷,1933年5月31日,图像文件号:0343。

④ "海贼ノ为拉致セラレタル第一桂丸船长救出方ニ关スル件",《昭和八年/5.渔船第一及第二桂丸遭难、(松下)船长等拉致事件》,《中国海贼关系杂件》第三卷,1933年6月3日,图像文件号:0353。

莲华呈

托诚实的人来才好①

另一封为山下嘉一的赎金信：

敬启者：贵国人拘留敝处多日,想你们也得着信了。本队为救国起见,按定章条例内款额数,大洋肆仟元做罚款计算护国基金,不然就按队律军法从事,决不宽容。望息！见文速速地筹画,以右所定之额数款项为要,千万别迟疑延期,欲快欲好。延期恐本队按定章第九条枪决之罪,来时山东无棣县洼砺头询问,即知由水路来便宜,就是大山河附近。

山下手启②

第一封信件提到一名人质叫莲华,以两千元的赎金为代价,派“诚实”的人缴付赎金,以求人质安全释放。另一封信的人质周德修,其赎金高达一万元。同时,也提及他们的位置目前在大山河一带,此线索立即为政府所用。从山下的信件内容还可看到该盗团以护国军作为称号,尚有章例律法,甚至还透露若不知从何而来,可向“无棣县洼砺头”询问。③ 后查明羊角沟附近大山河的真东杨珂钧沟的位置。大山河位于河北省,距离羊角沟约250公里,杨珂钧沟位于沾化县西北,同为河北省境内。那一带出产荆枝,为许多小船的出没地。根据调查,1930年山西军败北后,高桂滋部队的旅长朱汉山,率领约三百名残众往利津县方向逃走,很有可能为此次案件的主谋。因此,也有推测和顺号遭劫一事,同是出于这些败逃军人之手。④

由于人质被绑将近两个月,不管是从关东厅长或芝罘领事、山东领事均向山东省政府施压,要求立即抢救人质。前述提到和顺号上被绑的人质,已

---

① “第一、二桂丸ッ袭ヒタル海贼船ニ关スル件”,《昭和八年/5.渔船第一及第二桂丸遭难、(松下)船长等拉致事件》,《中国海贼关系杂件》第三卷,1933年6月26日,图像文件号：0377。

② “第一、二桂丸ッ袭ヒタル海贼船ニ关スル件”,《昭和八年/5.渔船第一及第二桂丸遭难、(松下)船长等拉致事件》,《中国海贼关系杂件》第三卷,1933年7月11日,图像文件号：0389。

③ “第一、二桂丸ッ袭ヒタル海贼船ニ关スル件”,《昭和八年/5.渔船第一及第二桂丸遭难、(松下)船长等拉致事件》,《中国海贼关系杂件》第三卷,1933年6月26日,图像文件号：0377。

④ “海贼ニ拉致セラレタル第一桂丸船长救出方ニ关スル件”,《昭和八年/5.渔船第一及第二桂丸遭难、(松下)船长等拉致事件》,《中国海贼关系杂件》第三卷,1933年7月3日,图像文件号：0386~0387。

顺利被救出，但山下嘉一依旧下落不明。[①]

由韩复榘的回信，提到大山河附近无棣县内下洼码头似乎有山下嘉一被囚禁的消息，但无法确认，目前尚在交涉当中，并已派驻扎于沾化县的军队前往。海盗为了移动方便，将人质移往船上，继续要求赎金，增加救援困难。[②] 日本方面也派人调查，得出山下嘉一的位置似乎在无棣县与河北省边境之地，同时提到"山下被匪威吓，需速持银四千元，到无棣县内下洼赎票，否则枪毙……"[③]

经过将近两个月的调查后，之前分派前往搭救的军队，于大沽河沟行动，顺利救出山下嘉一。根据陆军第五十九旅长赵心德的报告，绑架山下嘉一的海盗是周长顺、皮凤五等约四五十名盘踞大沽河沟的盗匪。总计击毙匪徒十余名，活捉李清林等人八名，获步枪七支，手枪一支，救出日人山下一名，沾化县人李保旺、李清元，沧县王洪顺及网船一艘。[④] 日方非常感谢山东政府的大力搭救，在历经八十多天的迫害之后，能够将山下嘉一平安救出，为此向韩复榘及旅长赵心德致上谢意。

后来在山下嘉一的报告书当中，提到被绑之后，由于还有其他人质大约二十多名，一同被囚禁在船上。起初尚未回到陆地上，而是被关在一艘戎克船上，随着他们继续犯案。一开始要求的赎金为二万元，但山下说他一分钱都拿不出来，于是被海盗以棍棒围打。过四五天后，赎金降低为一万元，山下的回答还是一样。又过四五天后，减少到二千元，并要他写信画押。之后，便是持续监禁及拷问，在他被监禁的日子里头，至少有三名中国人质惨遭杀害。他们吃的食物皆是馊水，难以下咽。

据他估计，海盗人数七八十至百名，身穿一般中国服，持有手枪及长枪，

---

① 《和顺号の乘客　无事救出さる》，《台湾日日新报》1933 年 7 月 7 日第 7 版。

② "华第二〇号"，《昭和八年/5.渔船第一及第二桂丸遭难、（松下）船长等拉致事件》，《中国海贼关系杂件》第三卷，1933 年 7 月 15 日，图像文件号：0398；"第一桂丸山下船长救出方ニ关スル件"，《昭和八年/5.渔船第一及第二桂丸遭难、（松下）船长等拉致事件》，《中国海贼关系杂件》第三卷，1933 年 7 月 22 日，图像文件号：0401。

③ "华第二一号 径复者顷准"，《昭和八年/5.渔船第一及第二桂丸遭难、（松下）船长等拉致事件》，《中国海贼关系杂件》第三卷，1933 年 7 月 18 日，图像文件号：0403。

④ "敬启者顷准"，《昭和八年/5.渔船第一及第二桂丸遭难、（松下）船长等拉致事件》，《中国海贼关系杂件》第三卷，1933 年 8 月 10 日，图像文件号：0414；"径启者案"，《昭和八年/5.渔船第一及第二桂丸遭难、（松下）船长等拉致事件》，《中国海贼关系杂件》第三卷，1933 年 8 月 13 日，图像文件号：0415。

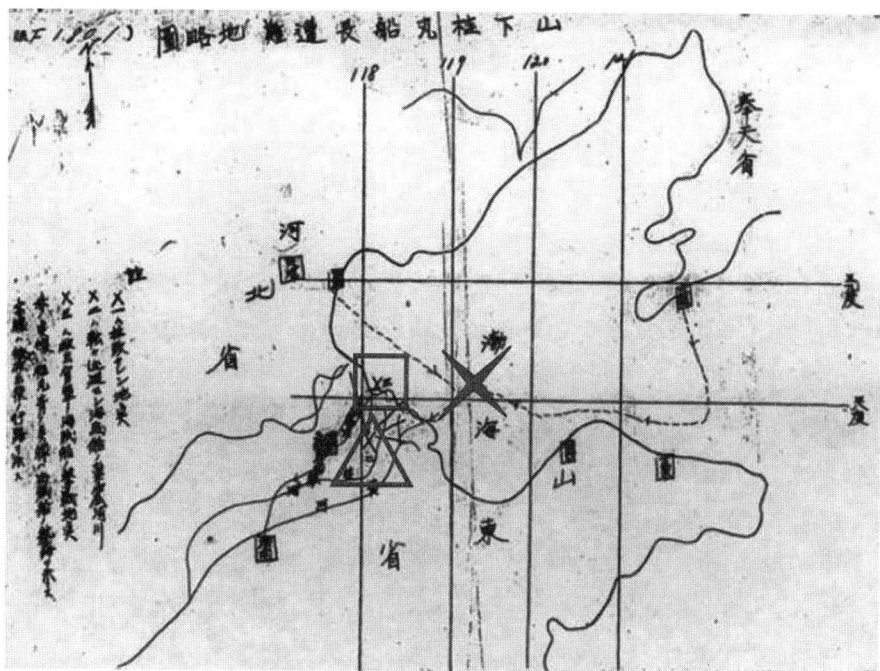

图 4-13 山下船长遭绑数天示意图

资料来源:"第一回 听取书",《昭和八年/5.渔船第一及第二桂丸遭难、(松下)船长等拉致事件》,《中国海贼关系杂件》第三卷,1933 年 8 月 11 日,图像文件号:0424。

备注:X 为山下嘉一被绑之地,△为尚被囚禁于海盗船上,□为救出地点。

另有机关枪三挺,手榴弹五个,一艘作案用的戎克船(十吨)。匪首为一名自称原山东省军联队长,年约二十九岁,拥有资产五六十万,以黄河附近为作案地区。此海盗团在陆地上利用马匹作案,成为马贼。他们内部有分阶级,强调绝对服从命令,要求一致行动,对附近海面作业的渔船,逼迫他们提供日常用品作为交换安全的代价。[①]

此案件最后由中国政府负责解救人质,并搭救成功,获得日方一致的赞同及感谢。韩复榘的回信提到:"对于绑架该船之海贼,即依法严办等因。

---

① "第一回 听取书",《昭和八年/5.渔船第一及第二桂丸遭难、(松下)船长等拉致事件》,《中国海贼关系杂件》第三卷,1933 年 8 月 11 日,图像文件号:0418~0423;"第二回 听取书",《昭和八年/5.渔船第一及第二桂丸遭难、(松下)船长等拉致事件》,《中国海贼关系杂件》第三卷,1933 年 8 月 11 日,图像文件号:0426~0427。

查救护票民，惩治盗匪均属分内应办之事，辱承言谢，倍觉汗颜，除电赵旅长迅将捕获海贼依法严办。"①最终此案件由中国政府处置，负起搭救人质，追回失物之责。

三、小　　结

以上对英、日两国数个案件的叙述，为笔者从《中国海贼关系杂件》撷取，除日船第一桂丸及第二桂丸事件在山东境内以外，其余均在中国东南沿海省份发生。其中最常发生海盗劫船案件的地点，首推大亚湾一带。值得注意的是，于大亚湾遇劫的船只，有不少为在其他海面遭海盗控制后，驶往大亚湾抢夺，尔后上岸逃逸。绝大部分的原因在于，大亚湾近英领香港殖民地，在海域上的划分尚未明朗的情况下，海盗利用国际势力的界限来犯罪。一来可避免英军上岸追缉，二来利用大亚湾偏僻的地势，中国政府也无法有效追捕。

再者，这些案件的手法，主以海盗伪装乘客登船，最主要的原因，莫过于遭此手法抢劫的船只载重量均在两千吨以上（海澄号、大中华号、礼利丸、龙神丸），突显出船只越大，在管理上越显百密一疏。从海盗对船上各处室之重要性，分工有序地占领，可知海盗团的组织，是非常细密且合作有序。负责登船的海盗，均购买最便宜的船票。以礼利丸事件为例，甲板客人数计有一百三十九名，从厦门登船的有二十五名，汕头则为一百一十四名，官方推论海盗从汕头登船的概率较高。②

除了海盗伪装乘客以外，利用船只搁浅等待救援之际掠夺，也是一种方式，锦江丸与龙神丸便是一例。龙神丸事件突显出日籍船员对港湾的不熟，及未聘请中国人指引入港。虽说中国方面的响应过于刻薄，海面上纵使有军舰定时巡逻，龙神丸也请求岸上警察协助，船上人员一同加入防卫行列，但对海盗届时出现，却一点办法也没有，只得任凭劫掠。至于锦江丸事件，更是双方各说各话的罗生门，日本军舰声称当时在海面活动的小渔船，皆为

---

① "径复者顷准"，《昭和八年/5.渔船第一及第二桂丸遭难、（松下）船长等拉致事件》，《中国海贼关系杂件》第三卷，1933 年 8 月 31 日，图像文件号：0433。

② "『デリー』丸海贼遭难ニ关シ报告ノ件"，《昭和四年/3."ディリー"丸（大阪商船）遭难事件》，《中国海贼关系杂件》第二卷，1929 年 9 月 24 日，图像文件号：0332。

海盗,恐锦江丸船员遭害,才动用武力"驱赶",酿成悲剧。

第二十二全进丸事件则是典型的海盗劫船手法。数艘海盗船攻击猎物,为常见的情形,尤其在靠近猎物之后,阻挠去路或开火示威。一般来说,船员恐生命危险,大都选择停船接受被抢。只有少数部分船只,能够幸运地逃脱海盗船的追击。姑且不论,第二十二全进丸是否已进入中国领海,因为根据资料显示,他们作业位置距离南日岛约三十海里。虽说中国当时尚未有一明确的海线划分,[①]但驶入海盗著名大本营南日岛附近作业,想必还有其他不少日籍渔船越界捕鱼。

海盗组成分子有沿海居民,面对日本渔船越界捕鱼的情况,造成渔民捕不到鱼,生计不稳定,反而失业,进而铤而走险。另外,尚有沿海渔村趁火打劫的"抢船"陋俗,因此以往渔村生活困苦被视为投身海盗的主因,则有失偏颇。因为从上述案件的盗团来看,内陆的匪军也是海盗组成分子之一。

至于以发生在山东地区的第一桂丸事件,则是因事件最终由中国军队搭救人质成功,获得日方赞赏。第一桂丸事件发生地点在县与县的边境,幸由山东省长韩复榘下令派人处理。以往中国政府处理海盗问题时,并没有在第一时间立即做出反应,很多案件发生在交界处,地方政府互推责任,给予日本政府非常不好的印象。不过,救出第一桂丸船长之事,成功替中国政府扳回面子。而造成此次事件的海盗团,再度显露出残兵败军为扰乱地方秩序的祸首。

本节以 1927 年以后的案件为例,突显出在之前各国(特别是英国)对海盗问题的处置,大都同意以武力介入、剿灭海盗为主。但在中国内部引发反对声浪后,以英国为首的各国,对国民政府即将成为新中国政权的主人,及与中国的贸易利益考虑,试图以国际力量,干涉并合法化处理海盗问题的正当性。这当中的转变,尤以英国为最。

---

① 1934 年,《海关缉私条例》颁布后,方对领海界线明确划分。第十条规定船舶在中国领海 12 海里内,经海关巡轮鸣放空枪或空炮,令其停驶。而抗不遵照者,得射击之。经此规定可知领海范围为 12 海里。《国民政府令制定"海关缉私条例"》,《国民政府公报》第1467 号,1934 年 6 月 20 日,第 2 页,政府公报信息网系统识别号:D3400056。

第三节　各国防制海盗的措施及影响

一、日本防备海盗的正当性

　　日本政府曾多次向中国政府反应海盗问题的迫切性，并为保护本国船只的安危，派遣军舰至中国外海巡逻。鉴于英国于1927年大规模动员武力攻击海盗村落，引起中国人民激烈反对。日本田中内阁改变对华政策，与各国采取一致行动。[①] 日本政府内部的公文往返，以"第七二号"为例，数次指出须避免落入侵犯中国主权的口实，加剧群众反感。[②]

　　日本政府对海盗问题的应变，从消极的外交程序（例如振成利号案件）转变为积极的海上巡逻，但也仅限于台湾附近一带海域的管控。[③] 此点与英国强力取缔海盗的方法，有所差异。《珠江方面二于ケル邦船保护计划》一文提到：

　　1. 本计划主要针对珠江附近海域，防止本国船只被海盗的侵袭。

　　2. 针对陆地上盗贼的防止，必须以自卫的方式，小心谨慎处理。

　　3. 各船只务必留意船只重量是否会造成搁浅的可能性。

　　4. 各船舶会社务必通知军舰宇治出港的日期及时间。

　　5. 船只若不幸坐礁，请以无线电告知。

---

　　① 《日本田中义一内阁（政府）本日就职，田中发表对华政策，强调关于中国时局问题"则与各国采一致行动"》，收入陈志奇编：《中华民国外交史料汇编》第五册，1926—1928年，台北：渤海堂，1996年，第2192页。

　　② "第七二号"，《1.海贼一般状况并防压关系（船舶保护二关スルモノヲ含ム）》，《中国海贼关系杂件》第一卷，1927年3月27日，图像文件号：0058。

　　③ 主要方式有四：一、严密检查入港的中国籍戎克船；二、侦察、搜集对岸海盗的情报；三、积极防范海盗案件（出动驱逐舰或巡逻船沿海搜查）；四、透过外交途径解决问题（包括强烈要求中国政府取缔海盗行为）。许雪姬：《日治时期台湾面临的海盗问题》，林金田主编：《台湾文献史料整理研究学术研讨会论文集》。南投：台湾省文献会，2000年，第54～62页。

6.宇治舰接收到遭难电报后,会立即通知总领事及当该会社,并做好出动准备。①

上述第二点提及逃往陆地上的盗匪,要避免因追剿而误入中国领土,需谨慎处理。第三点则是对航行船只的建议,由于珠江三角洲一带港湾深浅不一,极可能因搁浅而遭海盗袭击。最后则是对船只若不幸遇难,须即以无线电通报,等候救援船只。至于军舰宇治号的巡逻行为,由澎湖马公要港部负责,1927年12月15日的《台湾日日新报》提及:"今后警戒将由宇治舰进行,若有万一的情况,也可从马公调派菊、葵二舰,确保广东与马公海面的平静。"②

另外,日本在明治三十七年(1904年)制定《海上捕获规程》,第一条提及日本军舰若发现有敌国嫌疑的船只时,即可令其停船并缉捕。第二条提到追捕的区域必须在公海或中立国领海及条约规定的海域内执行。可即刻捕获的船只有敌国运送船,或拥有敌国旗帜及通行证(执照)的船只,还有不属于任何国籍,但在敌国军舰护航下的船只,及同盟国或中立国与敌国有关系的任何船只等。而船舶文书不齐全,冲破封锁的船只,为提供敌国军用品的伪装船只、敌国侦察船只,拒绝临检并抵抗的船只等,一并直接以捕获为先。③ 由上可知,日本以"敌国嫌疑"为准,对船只捕获进行区分,海盗船性质不属于各国国籍。又海盗为国际罪犯,日方以海上安全为由,于适当场合可进行追捕、临检等预防性动作。

关于追捕海盗的合法性,在《帝国军舰ノ中國海賊ハ对スル处置方ニ关

---

① "珠江方面ニ于ケル邦船保护计划",《1.海贼一般状况并防压关系(船舶保护ニ关スルモノヲ含ム)》,《中国海贼关系杂件》第一卷,1927年3月22日,图像文件号:0052~0054。当时欧美各国纷纷派遣多数舰艇至中国大陆沿岸,吃水量浅的炮舰因而炙手可热。宇治便是用来当作河用炮舰,吃水量仅2.1米,主要任务是当河川或邻近岸边处在国际关系复杂的地域时,可调往驻守,用以主张及保护国家的权益。平时可充任漂浮的驻外大使馆,保护驻外侨民的安全。片桐大自著,陈宝莲等译:《联合舰队军舰大全》,台北:麦田出版社,1987年,第109~110页。

② 《万一の场合驱逐舰急派马公から》,《台湾日日新报》1927年12月15日夕刊第2版。

③ "海上捕获规程左ノ通定ム 本规程ハ明治三十七年三月十五日ヨリ之ヲ施行ス"《海上捕获规程ヲ定ム》,《公文类聚·第二十八编·明治三十七年·第十六卷·军事二·海军·杂载、学事·学制·图书·杂载》,1904年3月15日,图像文件号:0087、0101~0102。

スル件》一文,第三条提到:

（一）被害船只为本国船只的场合

国际法上的海盗,其性质为万民之敌。因此军舰在公海上可以缉捕海盗,并且得以本国国内法律来制裁这些海盗。至于在中国领海内的海盗缉捕,依照前述的法约（日清通商章程）,中国政府有责任追捕犯人并查清遭难的物品。若帝国军舰在中国领海要追捕犯人,也必须要先知会中国当地官府,并得以要求中国官府能够配合追捕。

（二）被害船为英国船只或其他外国船只的场合

帝国军舰若在中国领海或港湾追捕海盗之际,必须通报当地官府,又被害船为英国与其他外国籍船只之时,也得先通报遇害船只所属国籍的驻外领事馆。[①]

从日本海军对中国海盗的处理方式来看,他们希望中国当局能够负起责任,给予一个交代。日本海军在追缉海盗也会通报中国官方,尽量避免侵犯到中国领海,使伤害降至最低。

然而,鉴于商船被害的次数频繁,加上中国政情不稳,对海盗问题一直无法解决的中国政府来说,实是非常困窘。就连1924年的《京津泰晤士报》也报导说:

中国南部海面,海盗劫船之案时出,中国既不能剿治……非英国一国之问题,乃国际之问题也。至于在中国面游击海盗,他国之海军必须有自由行动之权,而后始可收肃清之效。中国既无力自治其海防,海盗在国际法上又视为人类之公敌,故他国海军擒而治之,亦不为过也。[②]

面对外国舆论抨击中国海盗问题,中方在无力根除的情况下,深恐领海权受到外国军舰侵入。1922年《申报》记叙:

所谓海洋,系国际法上不归中国外国管领之海面,有两疑问:一为领海界限问题,国际法上之领海界限广狭,学说不一,中国领海,究以海里若干为范围,尚无明文规定。然有界限可言者,如因岛设县,以滨海

---

① "帝国军舰ノ中國海賊ハ対スル处置方ニ关スル件",《2. 船舶遭难雑之部》,《中国海贼关系杂件》第一卷,1927年　月　日,图像文件号:0109~0110。

② 北洋政府外交部,外交部条约司译件/《外交部条约司译件》,《中国南部之海盗》,民国十三年(1924年)四月,"中央研究院"近代史研究所档案,馆藏号:03-46-029-29-002,第1~2页。

各县所辖群岛外,其洋面习惯上,亦有所辖一定之范围。遇有劫盗,被害人分别地点,径赴该处报缉,该县亦因而受理。此等管辖,虽广狭不同,度为有超过国际上主张最广领海之范围。是否就此县辖,即可认为领海,而不以该疑(领海界限问题)之海洋论。

二为领海适用本律问题,捺规定本律之本意,原在保障海面航船,似非置领海于不问也。若因其在领海之内,即不适用该疑(领海适用本律问题)。是大洋得所保护,领海反失安全,似非法亦若谓其在领海之外,乃能适用该疑(领海适用本律问题)。①

指出领海界线问题。有关领海界线,当时有三海里、五海里、十海里,还有经济海域两百海里之说,中国未有明文确认。而领海内是否适用中国法律,得看船只注册国籍,以及领事裁判权等条约的规定。

面对外国军舰以打击海盗之名,驶入中国领海,对此,1927 年北洋政府外交部以"维护中国主权"表示:

督办省长鉴核,转令海军沈(鸿烈)副司令,随时饬舰严加巡缉,以靖海疆而安商旅……查海州一带洋面,前经敝部派遣永翔舰搜剿海盗。当将匪船击沉,毙匪三十余人,生擒十七名,均送青岛戒严司令部审讯办理,并呈报督署在案。现在海州洋面已告肃清,将来关于该处水面治安,自应由我国负责办理……②

指出日后若有海盗袭击之案件,由中国负责。换言之,各国船只在中国军舰的保护下,可免除生命财产危险,捍卫主权。

鉴于英国因剿灭中国海盗村落之事,遭到中国内部强烈抗议的声浪,日本改变焦点在检查层面,一方面显示出海盗剿不胜剿,不如做好万全防备。另一方面则呈现各国有分工的迹象,特别是军舰巡逻及情报互通等。从香港总领事村上义温给予外务大臣男爵田中义一的来电提到:

最近当地海盗事件频繁,这跟中国政情不安定有关。为了充分确保本国船只航行的安全,可能必须注意到:一、中国乘客与其他警察或船社的关系,以至于在武器携带的检查上有漏洞;二、利用英国或外国

---

① 《闽海盗猖獗中之两消息 国务院来电催办海防团 高等厅请解海面行劫治罪法》,《申报》第 17570 期,1922 年 1 月 18 日第 8 版。

② "第五二〇号",《1.海贼一般状况并防压关系(船舶保护二关スルモノヲ含ム)》,《中国海贼关系杂件》第一卷,1927 年 10 月 27 日,图像文件号:0081。

军舰来往于广东、香港之际来监视海盗的巢窟；三、各国若有任何关于海盗的情报，均要共同分享。①

日本在《中國近海海賊討灭方二关スル件》一文中，认为欲解决中国海盗问题，最好的办法就是以武力剿灭。其实，日本对英国讨伐海盗之举非常赞同，特别是出动军舰与飞机剿灭海盗村落，证明主动派兵剿伐非常有效。此举虽造成中方强烈反对及不满，但不失为一有效办法，②只是此举的后遗症便是引起中国人民的反对。

由上述可见，日本政府在处理中国海盗问题上，十分小心翼翼，不似英国大动作，造成反英运动及侵犯中国主权的事实。但是从另一角度来看，各国试图将海盗问题升格成国际问题，其根本建立在国际租界的保护。利用中国政府无力解决海盗问题，突显出中国内部的动乱，促使列强欲保护自身船只安危而进犯中国领海。

二、1927 年五国公使会议

各国列强因应中国内部局势的发展，决定是否需派兵舰护航。以往外国商船若在中国境内遇劫，当由中国政府负责缉凶赔偿。但随着朝代更替后，新政府无法对各省区有充分的管辖，反倒各省份（特别是沿海省份）盗匪层出不穷，迫使外国商旅必须自卫。

各国商船在中国海面上屡屡被抢，海盗问题困扰各国政府许久。日本当局举出英国船只被害，英军扫荡海盗行动的事例三件，希冀能以实际行动，克制海盗嚣张的气焰。③

1918 年，英国领事以传教士遭海盗击毙一事，向中国政府要求惩凶。两个月后，毫无半点动静。英领事向中方声明，将拟派一艘炮艇赴浙闽海滨

---

① "第八一号"，《1.海贼一般状况并防压关系（船舶保护二关スルモノヲ含ム）》，《中国海贼关系杂件》第一卷，1927 年 10 月 22 日，图像文件号：0077～0078。

② "中國近海海贼讨灭方二关スル件"《3.海贼讨伐二关スル外交团（五力国）会议关系/分割 1》，《中国海贼关系杂件》第一卷，1927 年 9 月 21 日，图像文件号：0132～0133。

③ "外国侧二于テ执リクル海贼取缔二关スル强力手段ノ事例"，《3.海贼讨伐二关スル外交团（五力国）会议关系/分割 1》，《中国海贼关系杂件》第一卷，1927 年　月　日，图像文件号：0124～0125。此三件均是英国汽船遇难，分别是：ホップサング、ヤーチング、コーチヨウ。

搜捕,并请求协助,中国政府对此举不赞同。结果英方逼福州领事登船,中国政府抗议,谓此举损害中国主权。英领事回应:

> 中国现在在欧美之荣誉,因不能保护外人,日渐坠落,无可讳言。此次若能会同办理,早日肃清,实为恢复中国荣誉之地步。此时中国政府应从实事上着想,勿仅顾及虚名也。……况驱逐海盗为英国海军唯一之职务,此事不论中国允任与否,英政府志在必行。若能合力会剿,必可事半功倍。[①]

对于此事,中方外交部的答复为:"驱除海盗只能在公海中行之,此事中国方面已经派舰剿除,而英国舰队又复前往,或致发生误会,实有不便。"[②]可见双方分歧之深,英方以办案不力为由,深恐危及在华其他英侨民生命财产安全,并认为英国海军有责(权)剿灭海盗。反观中方的响应,集中于外国讨伐海盗必须在公海上,若海盗处于中国领海境内,当由中国官宪负责。

《中英天津条约》规定,若要剿灭海盗,须与中国政府一同协商处置。但1925年发生"五卅惨案"后,原先的合作关系破裂(香港政厅与广东政府)。因此,英国借国民革命军进入南京之际,号召英、美、日、法、义五国公使召开会议。[③] 会议目的在讨论上海租界的安全,但英政府利用此机会,提出海盗防制的构思,试图以外国势力干涉,解决数十年的海患。

为何英国趁五国公使会议提出防制海盗的草案,原因有三:第一,五卅惨案发生后,中国内部反英声势扩大,原本英国打击海盗的正义性,反成为侵略中国主权的借口,英借此机会想减轻反英声浪。第二,将中国海盗的性质从区域性升格成国际性,利用国际力量来支持在中国领海内缉捕海盗的行动,使军队行动合法化。第三,鉴于中国官宪取缔海盗不力,英国政府以身作则,提出船只保护方案,作为各国补救的手段。

这股汇集各国剿"盗"之气,源于香港总督之手,日本顺应热潮,一同参与并支持英国提出的草案。起初由日本、英国、法国三国公使共同讨论,香

---

① 《英舰赴浙闽海□匪交涉(续)》,《申报》第16292期,1918年6月26日第6版。

② 《外电》,《申报》第16288期,1918年6月22日第2~3版。

③ 1926年3月23日,国民革命军攻克南京,士兵伙同暴民趁机劫掠英、美、日领事馆及外人商店、住宅、学校、医院。下关英、美军舰向城内开炮数发,造成中国军民50余人伤亡,史称南京事件。后英、美、日、法、意公使遂召开五国公使会议,商议上海租界的安全。详见秦孝仪主编:《中国现代史辞典》史事部分(一),台北:近代中国出版社,1987年,第536页。

港总督以皇家水警多年来收集的情报与意见作为底案。尔后海盗手法精巧，例如伪装乘客上船，增添防范困扰。因此仅能以海上警备巡逻及秘密侦探在民间搜集的情报来防备，希冀这提案能够引起中国政府的注意，并协力讨伐。①

（一）取缔海盗的准则

五国公使会议提案，以驻香港、上海的英军舰队为主，分为北洋航路及华南航路两支。北洋航路由驻上海军舰两艘，在芝罘外海峡、刘公岛外海湾，分段驻巡。华南航路则以上海到汕头、厦门、香港、广东一线，由驻香港舰队抽派两炮舰，分驻大鹏湾等处。② 后来扩大成五国国际海军巡逻队，巡逻范围从山东省沿岸至南中国海附近。

从日本海军部传递的电文来看，各国均同意协同中国政府一同行动，但须以各国海军司令部的命令为优先。而国际海军巡逻队须以自我防卫的方式来值勤，必要时才特别动用武力剿灭海盗。若须讨伐海盗，则事先告知中国沿海政府，避免不必要的纠纷。③ 上述内容指向各国海军以自卫方式处理海盗问题，避免陷入侵犯中国主权的可能，但强调以各国海军部的命令为主，有暗通款曲的嫌疑存在。④

海盗防制提案很快被通过，⑤美国碍于在华盛顿会议签订的九国公约，不想打破各国在中国平等利益均沾的机会，并尊重中国领土与行政主权的完整，对任何干涉中国内政的措施，较不感兴趣。因此，此会仅算是英国唱独角戏的场合。不过，英日两国早在1902年便有同盟关系，又双方均有不

---

① "第一二〇八号ノ一"、"第一二〇八号ノ二"，《3.海贼讨伐ニ关スル外交团（五カ国）会议关系/分割1》，《中国海贼关系杂件》第一卷，1927年11月16日，图像文件号：0162-0164；"『バイアス』湾ノ海贼ニ就キテ"，《昭和六年/1.海贼一般状况并防压关系》，《中国海贼关系杂件》第三卷，1931年8月27日，图像文件号：0121；《香督提议对华警备》，《台湾日日新报》1927年11月19日夕刊第4版。

② 《航业要闻》，《申报》第19679期，1927年12月23日第14版。

③ "海贼讨灭方ニ关スル件"，《3.海贼讨伐ニ关スル外交团（五カ国）会议关系/分割1》，《中国海贼关系杂件》第一卷，1927年11月22日，图像文件号：0187～0188。

④ "海贼讨灭方ニ关スル件"，《3.海贼讨伐ニ关スル外交团（五カ国）会议关系/分割1》，《中国海贼关系杂件》第一卷，1927年11月22日，图像文件号：0187～0188。

⑤ 《英国案成立か》，《台湾日日新报》1927年12月1日，夕刊第1版。

少船只在中国海面遇难,故有共同合作的意识。①

双方在协调沿海防备上,可从日本海军省《中國沿海ニ于ケル海賊ノ日英协同取缔ニ关シ吉泽公使请训ニ对スル意见》公文书一窥:

> 于中国沿海的,日英共同取缔,由英国公使就英国之考虑,在五国联合的场合提案成功。这与本案相关的两国,由于受害最大,因此也受益最多。这次本问题的中心关系国,因中国当局发出需协同之手续,两国海军指挥官均了解并协议,在两国警备舰行动上保持密切联络。首先于海州方面作警戒动作,日本在南中国海方面,也会派炮舰宇治前往。若必要时,则会增派两艘驱逐舰,并归属于第二遣外舰队。②

从内文可知,中国对外国欲派巡逻舰在领海活动,必须先行通报。但英日两国却私下协议,针对巡逻之事,秘密派遣炮舰保护船只。1928年1月《申报》报导,日本负责海州航路,英国负责粤海航路,英国虽提议各国会剿海盗,并允诺知会中国政府。结果就行事便利,英日直接派舰巡逻,事先根本未通知中国政府。③

然而,逮捕公海的海盗是被允许且合法的,但入中国领海内,则须遵守《中英天津条约》及《日清通商航海条约に依り帝国军舰清国诸港湾に出入するを得る件》④的规定。中国政府有义务逮捕海盗、审判及赃物的追还。英日两国以海盗猖狂,在中国官宪无力根除的情况下,以"自卫"立场在中国

---

① 20世纪初,英国一贯的外交政策"光辉孤立",使得德法俄等国对英国在海外殖民地的威胁倍增。尤其是德国海军的扩增及俄国在北太平洋的发展,迫使英国不得不在远东寻求一个可维护利益的盟国。此时日本也正面临与俄国竞争中国东北权益的困局,因此英日两国的同盟可说是建立在共同的敌人上。英日同盟在日俄战争中突显成效,随后在第一次世界大战里,日本对在山东的德国宣战,取得英法俄义的同意,于战后接管山东。同时日本也大力发展海军实力,从一战后跃身海军强国。朱瑞燕:《八国联军侵华战争与英日同盟缘起的关系》,《聊城大学学报(社会科学版)》2007年第2期,第46~48页;王蓉霞:《再谈英日同盟及其解体》,《北京科技大学学报(社会科学版)》2007年第3期,第134~139页。

② "中國沿海ニ于ケル海賊ノ日英协同取缔ニ关シ吉泽公使请训ニ对スル意见",《3.海贼讨伐ニ关スル外交团(五力国)会议关系/分割2》,《中国海贼关系杂件》第一卷,图像文件号:0223。

③ 《各国派舰保护航路》,《申报》第19696期,1928年1月11日第7版。

④ 《日清通商航海条约に依り帝国军舰清国诸港湾に出入するを得る件》,《公文备考》舰船卷五至八,1898年3月28日,图像文件号:1367~1381。

领海内追捕海盗。①

英日对追捕犯人的办法，以互惠方式共通。日本军舰在海盗袭击英国船只的场合，须将追捕的犯人引渡给英国海军。同理，若日本船只遭难，英舰逮捕的犯人则交由日本审判。但双方若在香港政厅管辖境内或中国政府辖内，则由驻在该地英日领事负责引渡事宜。② 随后双方于日本昭和二年（1927 年）12 月，约定不定时派员对大亚湾附近进行警戒。③

双方也会互通情报，以利遏制海盗的抢劫计划。1935 年 6 月有两名海盗首领秘密从大亚湾转进厦门一带海域做大买卖，英国领事立即通报日本领事，要求派人围堵。④ 凤山丸刚好在这档期内从基隆到广东，随即命船员持枪警戒，以防遭到突袭。⑤

从五国公使的提案到英日共同约定打击海盗，可看到英国政府为了海盗问题，企图将其升格至国际问题，进而使在中国领海的巡逻权合法化。一方面在英国内部是英政府与香港殖民地之间的角力，另一面则是日本政府在此次会议当中，与英国联手，划分预防海盗的巡逻势力范围。

（二）1928 年《海盗防压新条令》

1927 年五国公使会议后，各国政府对海盗防制的方案有了初步的共识。以香港总督提议的草案来看，以往遇难案件多半是防备上出了漏洞，例如伪装乘客行抢、船只坐礁遭劫、洋面突遇海盗船或船员与贼匪串通等等。海盗会先控制舰桥及轮机室，将船员一并关在船舱，驶往其他海面进行劫掠。因此，为了确保船只的安全，势必增添一些防范措施及配备才行。

英国政府在 1842 年与清廷签订《南京条约》后，领有香港一地，随贸易

---

① "大鹏湾ニ于ケル中國海賊处分方ニ关スル件"，《3. 海贼讨伐ニ关スル外交団（五力国）会议关系/分割 2》，《中国海贼关系杂件》第一卷，1928 年 1 月 7 日，图像文件号：0233～0234.

② "大鹏湾ニ于ケル中國海賊处分方ニ关スル件"，《3. 海贼讨伐ニ关スル外交団（五力国）会议关系/分割 2》，《中国海贼关系杂件》第一卷，1928 年 1 月 7 日，图像文件号：0235。

③ "海贼ニ关スル调查报告"，《第二回南中國巡航报告（3）》，《公文备考》舰船卷四，1928 年 3 月 14 日，图像文件号：0968。

④ 《海贼の首领　厦门に向ふ　我が驱逐队が严戒》，《台湾日日新报》1935 年 6 月 2 日夕刊第 2 版。

⑤ 《凤山丸の全船员が　拳铳を持つて警戒　海贼の首领が厦门に　渡つた噂から万一に备へ》，《台湾日日新报》1935 年 6 月 6 日第 7 版。

繁荣,海盗也与之兴起。故 1858 年签订《天津条约》时,第十九条规定英国商船若在清廷海域内遭到海盗袭击的场合,清廷官宪有逮捕海盗及追回失物的义务。但海盗事件依旧频繁发生,香港政厅在 1868 年 5 月 3 日便公布《海盗防遏条例》,第二条提到若有援助海盗或指挥等海盗行为关系者,惩处十五年以上徒刑;第三条以若发生杀人事件,则以死刑或无期徒刑处置。第四条及第五条则以与海盗有相关合作行为者,如买卖赃物,提供武器、食物、船只、情报及隐匿不报者,皆处十年以下徒刑。第六条以在英领香港出现从事海盗行为的船舶,或发现盗船上有香港人时,一律罚以三年以下徒刑。[①]

图 4-14 1860 年左右的九龙警署,后改为水警总部

资料来源:廖乐柏著,李筱译:《中国通商口岸:贸易与最早的条约港》,上海:东方出版中心,2010 年,第 190 页。

香港政厅于 1928 年重制《海盗防压新条令》,是以旧《海贼防遏条例》为基础而订,并加入其他国际势力及自我船只保护的准则。主要内容有:一、海盗会注意载有外国船客的商船。二、船只坐礁务必对附近住民提高警戒。三、美国领事提出船只若载有金银货币,行踪务必保密。四、意大利领事对某商船被海盗袭击后,英潜水艇为了攻击海盗,将船只击沉一事,建议要节制类似激烈手段再次出现,降低人员及财产的损失。五、以往多以英国海军

---

① 海军省:《军舰外务令解说》,东京:海军省大臣官房,1942 年,第 411~412 页。

保护,现在各国也必须分担一些责任。①

由此防制海盗方案,可窥其加强的项目,内容可分三大类,首先是乘客预防方面:

1.中国船客必须携带有照片、指纹的船票才可上船,并由当局检查。

2.禁止因汽船公司的推荐函而上船的高级中国船客,必须要持票才可上船。

3.中国船客必须由警察或侦探进行身体及随身物品的检查,防止嫌疑者上船。

4.船只在港口停泊时,由汽艇加强巡防船只侧边,以防有偷爬上船者。

5.乘客只能在甲板或限定区域等空气流通的地方活动。

再来是船内警戒方面:

1.船只航行中,船员必须常常巡逻船内。

2.船只若载有金钱,于规定时间及地点做无线电回报。

3.海盗确实出现之场合:立即以无线电通报,船员自行判断对抗海盗之情况,并以避开危险为重。

4.航行中若遭遇海盗,可以在免受其骚扰之前,变更行进路线,加速逃逸。

5.夜间以探照灯照明附近丛密树林,特别加强船侧边的照明。

6.若船只停泊在军舰附近,必须先以无线电联络告知其位置。

最后是船只防备方面:

1.舰桥、无线电室及机关室必须装备特殊的防备措施。

2.机关部到甲板之间,由高级船员携带手枪。必要时,船上需有步枪,至少五支。

3.高级船员每人分发25发子弹,使用上要十分熟练。

4.坐礁或夜晚暂泊时,为防海盗侵入,以散弹枪和手枪最为有效。

5.限于经费及船只种类的许可,可以安装铁栅,又舰桥、无线电室及机关室必须安装防弹装置,增加两侧三英寸铁板(高六英尺)。

---

① "海贼防压方二关シ领事团协议ノ件",《昭和三年/1.海贼一般状况并防压关系(船舶保护二关スルモノヲ含ム)》,《中国海贼关系杂件》第二卷,1928年1月16日,图像文件号:0010～0011。

6.防卫人员 10～15 人,尽量以印度人组成。①

从以上各点来看,由内而外的防备,已有初步方针。乘客检查,特别是以中国人为对象,因为海盗皆为中国人组成,此点毋庸置疑。船只防备,强调无线电室与机关室的保护,也对携带武器的船员有弹药限制及射击技术的要求。防弹装置的使用,在遭遇海盗袭击之际,能够提供第一道的防备。最后则是对船上警备人员做出结论,认为印度籍在保卫船只的成功率远大于中国籍,不过除了英国船只以外,甚少他国船只雇用印度人。② 香港总督提出的海盗防备方案,主要以英国船只来设计,并以无线电的保护为最优先,遇有海盗出没,便立即通报附近军舰或商船,希冀在最短时间内获得援助。

图 4-15　印度籍守卫

资料来源:《南中國海·海賊王の懷に入る＝2　甲板には铁条网/安藤盛(连载)》,《读卖新闻》1932 年 1 月 24 日第 7 版。

---

① "海贼防压方ニ关シ领事团协议ノ件",《昭和三年/1.海贼一般状况并防压关系(船舶保护ニ关スルモノヲ含ム)》,《中国海贼关系杂件》第二卷,1928 年 1 月 16 日,图像文件号:0013;"海贼防压方ニ关スル领事团作成决书送附ノ件",《昭和三年/1.海贼一般状况并防压关系(船舶保护ニ关スルモノヲ含ム)》,《中国海贼关系杂件》第二卷,1928 年 9 月 28 日,图像文件号:0029～0032。

② "海贼防压方ニ关シ领事团协议ノ件",《昭和三年/1.海贼一般状况并防压关系(船舶保护ニ关スルモノヲ含ム)》,《中国海贼关系杂件》第二卷,1928 年 1 月 16 日,图像文件号:0013～0014。

图 4-16　在船上戒备的船员

资料来源：徐有威、贝思飞主编：《洋票
与绑匪：外国人眼中的民国社会》，上海：上
海古籍出版社，1998 年，第 268 页。

图 4-17　铁栅栏设备

资料来源：徐有威、贝思飞主编：《洋票
与绑匪：外国人眼中的民国社会》，上海：上
海古籍出版社，1998 年，第 269 页。

（三）海盗防制的转变

虽然香港政府提出《海盗防压新条令》作为船只防范的准则，但海盗犯案依旧时有所闻。1928 年 10 月 1 日《台湾日日新报》报导，一艘由新加坡出航的载客船只，于 9 月 26 日晚间，遭伪装成船客的海盗挟持，射伤船员数名，船长也受重伤。该船随后被控制，行驶至海盗贼窟，经过一番掠夺，幸好该船四百名乘客均平安无事。英国当局对此发出警戒信息，各商船会社闻此消息，均感恐慌。[①] 数天后的报导，提到中国政府逮捕到袭击英国汽船安庆号的海盗，至于是否为袭击前揭由新加坡出航的船只，则无法得知。不过英国政府对中方逮捕到海盗感到满意，并赞同执行枪决。[②] 如此看来，中国官宪渐渐有能力取缔海盗，前提是内部保有稳定的局势。

1930 年中国内战发生后，对大亚湾附近的警备根本无法顾及。为此英国认为需设立长期驻守的警备队，搭配无线电台的设置，希冀发挥一些保障的作用。不过，由于牵涉到军队派遣、军舰在中国领海行驶、无线电台架设在中国领土上等一些与"中国主权"相关性的敏感问题，还需与中国政府进

---

① 《南中國海に跳梁する　极恶无道の大海贼团　船客に化けてア号を掠夺し　乘客□四百名を丸裸にする》，《台湾日日新报》1928 年 10 月 1 日夕刊第 4 版。

② 《英船袭击の海贼逮捕　铳杀の豫定》，《台湾日日新报》1928 年 10 月 13 日第 7 版。

行深度协商。① 为了表示善意,英国也把驻防在商船上的士兵抽调回国,改以印度籍、马来籍或华人为随船警卫,以往英船若无搭载士兵驻守者,皆不载运华人旅客及贵重物品。② 1935 年《申报》提到,英国公使请海关巡舰助剿海盗,向外交部发出照会,转咨财政部及交通部查核后,同意照办,复电英国公使偕同剿灭海盗。③ 由此更可看到英国不欲再次让海盗问题成为绊脚石。

北伐结束后,英国改变原先的外交策略,改以南京国民政府为中国唯一合法政府的着眼点非常明显,为的就是顾及长江流域的商业利益。至于日本的处置方针,虽以打击海盗作为借口,但在处理态度上,倾向英国之前做法。日本在五国会议后,对防止海盗的立场,可从下文来看:

    1. 首要根绝大亚湾一带海域的海盗集团。

    2. 在中国领海内的海盗巢窟,当由中国政府派兵主动剿灭。

    3. 铁栅栏的设置由船主自行决定。

    4. 金钱运输必须保密。

    5. 海盗的手法千变万化,不一定每次都相同。

    6. 所提出的解决办法并不一定可以完全根绝海盗。

    7. 中国政府有责任要保护外国商船的安全,但自我防卫也不可少。④

其第一点及第二点极为矛盾,因为要根除大亚湾的海盗,除加强海上巡逻以外,对疑似海盗村落的控管也得一并执行,方可收事倍功半之效力。然而在锦江丸事件上,日方不问事情缘由,直接开火伤人,导致不可挽回的悲剧。第七点也指出维护船只安全,首要加强船只的安检,可见防制方向的转变。

虽然在五国会议后,日本处置海盗在明文上直接或间接提到"避免与中

---

① "汽船海澄号海贼袭击ニ关スル件",《昭和四年/4.海澄号(ダーグラス汽船)遭难事件》,《中国海贼关系杂件》第二卷,1929 年 12 月 20 日,图像文件号:0425~0426。

② 《英政府停止保护商轮 各轮拟自招卫警》,《申报》第 20463 期,1930 年 3 月 18 日第16 版。

③ 《英使请剿海盗 两部认为可行》,《申报》第 22236 期,1935 年 3 月 22 日第 3 版。

④ "海贼防压方ニ关スル领事团作成决书送附ノ件",《昭和三年/1.海贼一般状况并防压关系(船舶保护ニ关スルモノヲ含ム)》,《中国海贼关系杂件》第二卷,1928 年 9 月 28日,图像文件号:0033。

国发生冲突"等字眼,但以保护船只为由,常有军舰驶入中国领海。不过,随着中国内部民间声浪不断,英美日等国以中国利益为前提之下,也不便做太多侵犯的动作,各国均赞同"应先致公文于中国政府,促其注意,非至无办法时,列国不便直接办理,结果请示各国政府意见再议"。① 值得肯定的是,会议重视船只防备,将防制海盗的面向,从巡逻、剿灭到船只自我防御。虽说海盗问题并不因五国会议而消失,但呈现出防制海盗问题的转变,可说是另类的成果。

第四节　国内反对浪潮

面对中国人民的反帝运动,英日为了保护在华利益,以及臣民的请愿、陈情,不得不想出一套方法来对付中国海盗。中国政府面临内忧之际,无法处理海上边陲投机分子。自英国大动作扫灭南部沿海村落后,中国强力反对英国军舰在中国领海的活动,也仅是群众反英浪潮,政府是无力阻止类似惨案再度发生。

根据 1921—1922 年美、英、日、法、义、荷、比、葡、中在美国举行的华盛顿会议,其内容为限制各国海军军备及处置太平洋远东问题,与中国较关切的是九国公约。该约规定各国需尊重中国领土与行政主权完整,维护各国在中国的同等商业机会,各国不在中国寻求特权,不妨碍中国建立稳固的政府。②

1926 年开始的北伐,已造成各国在上海租界的不安全感。对此英国军队增援动作明显,持续派军队来华,却未征得中国政府同意,中方要求撤兵,并允诺保护上海租界安全。③ 从中国对英国的抗议来看,其实英国不只是

---

① 《列国武官讨论消弭海盗办法》,《申报》第 20390 期,1929 年 12 月 26 日第 4 版。

② 秦孝仪主编:《中国现代史辞典》史事部分(一),台北:近代中国出版社,1987 年,第18 页。

③ 《英国政府派遣重兵来华与华府会议之各项决议案及国际联盟盟约之精神相背特提出抗议请速撤回以固邦交照会》,收入外交部编:《外交公报》第 67～68 期,1927 年 1—2月,台北:文海出版社,1987 年,第 1～2 页。

要保护上海租界的安全,也有可能为了南中国的海盗问题,而持续有增援之举出现。

当时中国内部有两种说法:其一为打倒帝国主义,坚决谴责英、日等列强的不法手段;其二为若中国展现坚决反对的立场,是否会让英、日两国原本为了在华利益而争吵的局面,变成双方合作的契机。[①] 结果看来,英日的合作,建立在"共同敌人"上一海盗为万国之敌,人人有责诛之。

上述案件在当时来说,中国政局正走向统一的局面。国民政府在外交上运用民气,数次引起民众对帝国主义的挞伐,激起中国人的爱国心。以锦江丸事件来说,中方要求惩凶、赔偿,并保证此后不再有类似事件发生。[②]对日方惨无人道的举动,表示强烈不满。据了解,锦江丸的货物经清点后,损失不及十分之一。该船载重三千五百吨,船龄二十四年,投保东京海上保险三十五万元,经此事故可领回不少保险金,可是平潭县民无辜性命,却如蝼蚁般毫无价值可言。[③]

锦江丸事件过后不久,广东省党部及总工会发起排日宣传,广州特别市党部改组委员会宣传部,向民众发出约一千份传单:

> 亲爱的民众,以各种狠毒残酷手段压迫中华民族的日本帝国主义,在本年二月二十七日,驱逐舰三艘炮击我福建平潭县大富港渔民,死伤达二百多名。无辜遭难的同胞,家里的经济顿时拮据,更何况还有老小要养的家庭……然而心如豺狼的日本军舰随后派陆战队五六十名,借由检查锦江丸被掠夺的货物,进行挨家挨户的搜查……随后驻厦门日本领事馆更颠倒是非……日本帝国主义如此蔑视我主权,鱼肉我国民……我们必须团结起来,当作外交的后援,本党的外交策略是促使我领土内的国民,对于日本帝国主义的觉醒。若今后再发生同样事件,必须要确保对该事件的责任及损失赔偿……一同高呼:替厦案无辜同胞复仇,反抗日本帝国主义的屠杀政策,要求日本帝国主义对厦案的惩罚及

① 中华民国史事纪要编辑委员会:《中华民国史事纪要》,台北:中华民国史料研究中心,1975年,第587页。

② "福建交涉公署公函第一二一六号",《昭和三年/3.锦江丸遭难事件》,《中国海贼关系杂件》第二卷,1928年11月19日,图像文件号:0138。《闽平潭案之正式抗议要求惩凶□死医伤道歉保证等五项》,《申报》第19798期,1928年4月29日第10版。

③ 《闽省平潭惨案之近闻》,《申报》第19757期,1928年3月19日第10版。

赔偿。扩大对日经济封锁;打倒日本帝国主义,打倒残暴的帝国主义者,废除不平等条约。打倒日本帝国主义走狗张作霖,中国国民党万岁,国民革命成功万岁。[①]

其实不光是福建平潭事件,日本于厦门擅自逮捕朝鲜人,经当地团体及交涉员抗争无效后,又于 3 月 27 日发生日本水手持械撕毁中国国旗,驱赶中国人民之事。[②] 又日本水手在上海杀伤中国人力车夫,南洋丸不顾乘客安全,致酿撞翻民船,厚田第二丸撞沉新大明轮等事件。[③] 在外交上据理力争不成的情况下,中国人民改以排日来反击,[④]甚至延烧到全国,收回各国在华租界地。[⑤]

日本帝国主义自甲午战后,[⑥]一步步蚕食中国。从二十一条要求、五四运动、五卅惨案、五三济南惨案等,日本均表现出强硬、有理的姿态。[⑦] 尽管中国积弱,革命者的自我形象,仍促成许多以反帝无立场的外交活动。关于此点,石之瑜认为军阀政客与忧心忡忡的青年知识分子不同,他们当前只顾及内政斗争,无暇也无能去思考中国在世界上的适当角色,于是他们的外交展现了一种被动的性格。消极的外交常让中国不分青红皂白屈从外国压力,为的是获取对外关系的支持,或最少使之保持中立。[⑧]

由于透过正式的外交抗议无效,中国民众自发性地发起抵制运动,以经济抵制最为彻底。1928 年 5 月,山东济南惨案带起另一波高潮。抵制运动

---

① "平潭事件二对シ民众二告クル书",《昭和三年/3.锦江丸遭难事件》,《中国海贼关系杂件》第二卷,1928 年 4 月 16 日,图像文件号:0109~0111。

② 《福建同乡会电争厦门日案》,《申报》第 19774 期,1928 年 4 月 8 日第 13 版。

③ 《对日外交后援会征求各界意见》,《申报》第 19777 期,1928 年 4 月 8 日第 14 版。

④ 《福州亦有排日倾向》,《申报》第 19762 期,1928 年 3 月 24 日第 7 版。

⑤ "湖南省党校ノ福州平潭事件并二汉口佛领事ノ庇共事件二对スル要求通电二关スル件",《昭和三年/3.锦江丸遭难事件》,《中国海贼关系杂件》第二卷,1928 年 4 月 13 日,图像文件号:0101~0102。

⑥ 当时日本正同欧美各国交涉改正幕府末期以来的不平等条约,因此企图打败在朝鲜问题上对立的中国,提高国威,并从中国获得有利的"权益",以此来充当欧美帝国主义的尖兵,使改正条约能取得成功。依田憙家著,卞立强等译:《日本帝国主义研究》,上海:上海远东出版社,2003 年,第 3 页。

⑦ 朱寿田编:《帝国主义侵略中国小史》,上海:中华书局,1934 年,第 53~64 页。

⑧ 石之瑜:《近代中国对外关系新论:政治文化与心理分析》,台北:五南出版社,1995 年,第 160~161 页。

虽受限制,但广东商人与群众自愿拒绝使用日货。棉花商与银行家也断绝与日本或广州日本公司的关系,工、学、商界举行抵制日货,与日商断绝贸易,日侨纷纷离省赴港。① 相较全国对日不满的情绪日渐高扬,日本不以为意,由一份日本人嘲笑中国人民的传单来看(该份传单后面括号内的名词为原文所载,可能为当时人所加):

> 我们第一强国(日本),哪怕中国冷血(乌龟)
>
> 目下抵制我货(小民),定是有头无足(不像)
>
> 你辈如此暴动(抵制),我差总统压力(官场)
>
> 青岛台湾高丽(榜样),已作我的奴仆(现在)
>
> 并非我来笑你(可等),不久就要亡国(眼前)②

此传单遭伪造的可能性非常高,使用的字眼过于强烈。不过内务部对各省抵制日货一事,已有上层给予压力,要求不准逾越法律范围,阻碍社会秩序安宁。③就连军阀孙传芳(1885—1935)也对抵制日货一事,做了预防措施,以防牵动国际交涉。④ 日本驻南京武官也提出报告,说当地商务总会决议反日,采取全市罢业等不诉诸暴力的手段。⑤

虽然时值国民革命军北伐,国内政治尚乱,但对反日风气,却一点也没因当局的禁止而停止。日方也针对在济南事件之后,调查中国各地的排日情况,南中国的态势为:

> 南中国方面,以福州的锦江九事件跟厦门朝鲜人逮捕事件,排日的气势有稍微上涨。这都是中国方面过度夸张的宣传,使得民心恶化,不管是省、市党部、总工会及学生等,都纷纷加入排日排货运动或国货提倡运动……中国政府也进行禁止反日运动的行为,不过中国商人以自

---

① 中国人民政治协商会议广东省委员会文史资料研究委员会编:《广东文史资料》第四十九辑,《粤系军事史大事记》,广州:广东人民出版社,1986年,第8～9页。

② 《中华民国抵制日货传单》,收入中国第二历史档案馆:《中华民国史档案资料汇编》第三辑,民众运动,南京:江苏古籍出版社,1991年,第304页。

③ 《内务部通行各省区镇压各界救国团体密电》,收入中国第二历史档案馆:《中华民国史档案资料汇编》第三辑,民众运动,南京:江苏古籍出版社,1991年,第390页。

④ 《孙传芳关于防止闽省抵制日货运动密电》,收入中国第二历史档案馆:《中华民国史档案资料汇编》第三辑,民众运动,南京:江苏古籍出版社,1991年,第645～646页。

⑤ 《昭和三年1月9日从昭和三年4月25日》,《济南事件/陆海军情报关系》,1928年1月9日,图像文件号:0258。

发性地排日，不受压迫……①

从《海珠星期画报》可看到对日经济绝交办法，共计十三条：

一、拒用日本银行钞票。二、停止对日买卖货物。三、禁止仇货入口。四、已向日商订购货物者，立即电知停止运送。若已付款者，需将订单送交本会查明后购入，但日后不得续订。五、有囤积日货者，由本会派员点收登记封存。六、日本所产原物料，为吾国必须者，得由本会参酌后决定是否续订。七、码头工人、栈房工及海员等，需与本会密切配合，抵制搬运仇货。八、各商行不服本会者，由仲裁委员会审判。九、若捕获私运仇货，交由本会处置。十、抵制仇货，必须和平进行，不得采用罢工联市手段，以免影响治安及外交。十一、调查委员会由工商学党各机关分配。十二、通告各界民众，一律不买卖日货。十三、关于被封日货而失业之商号及工人，由执委会订法救济。②

抵制运动建立在国人于民族情感上的仇恨，借着众人对国际惨案的同仇敌忾，使人民能够自动自发地抵制日货，效果非凡。

在外交抗议无效之际，国内民众群起愤怒，纷纷谴责日本帝国主义的霸道、蛮横不讲理，中国军民均感到愤慨不平。不过，将锦江丸事件视为在此年众多事件之中的其中一件来看，属地方小事件，但是就一连串事件的对象日本来说，则可看出日益高涨的侵略企图。③

基于外交一再受挫，国内民众的排日运动，也一波波兴起，一个国家不仅在消极方面有竭力防卫的自由，积极方面更有绝对对于外来侵略行使抵抗之权力。中国政府为息事宁人，反日情绪激烈之际，也循日方请求，一再明令其人民与友邦人民和善相处，以资敦睦邦交。若日方终不反省，对中国

① "济南事件二因ル中國各地排日状况"，《昭和三年6月5日から昭和三年6月11日》，《济南事件/排日及排货关系》第一卷，1928年6月5日，图像文件号：0240。

② 《各界代表通过对日绝交办法》，《珠海画报》1928年第8期，第3版，收入姜亚沙、经莉、陈湛绮主编：《民国画报汇编·港粤卷》第四册，北京：全国图书馆文献缩微复制中心，2007年，第455页。

③ 学者应俊豪认为当时对日外交有两种模式，一种是"外交—舆论"模式，政府可以相当弹性地处理"对日"问题。固然民间"反日"舆情会形成某种程度的反弹，但大体而言，其力量不足以影响政府外交决策。五四以后，民间公众舆论逐渐发挥力量，变成"舆论—外交"模式，政府外交上自主权愈见萎缩，成为日后国民党对日外交上的主要思考方式。应俊豪：《公众舆论与北洋外交：以巴黎和会山东问题为中心的研究》，台北：政治大学历史系，2001年，第257~258页。

肆行压迫,致中国政府之一切努力均归无效,又岂是中国政府之所能负责?①

海盗案件间接透露出不平等条约对中国的伤害,特别是列强在中国的特殊待遇,外船进入中国境内的规定,租界地的占据及中国关税自主的取回。学者 Albert Feuerwerker 认为治外法权和不平等条约,使外交使团及其下属条约港口的领事馆,独揽在华外侨的民事与刑事裁判权。各国公使对一切真实或臆断的违约行为嫉妒警觉,不仅逐字逐句维护条约的每一条款,还捍卫条约的精神实质。自《南京条约》缔结之后,一任外国公使得寸进尺,至此已发展到缔约列强对条约可做随心所欲的解释。②

以广东西江缉捕权为例,在中国尚未收回主权前,若发生盗难,外国有权派兵舰入中国领海行动,此举引起不小纠纷。时人称:

图 4-18 《珠海画报》中抵制日货宣传

资料来源:《各界代表通过对日绝交办法》,《珠海画报》1928 年第 8 期,收入姜亚沙、经莉、陈湛绮主编,《民国画报汇编.港粤卷》第四册,北京:全国图书馆文献缩微复制中心,2007,第 455 页。

> 西江为两粤门户,商务关系甚大,倘若授外人以缉捕之权,恐致民情激变,不能不极力争回。……查内河航业,尽挂洋旗原因,洋关苛罚,验司制肘。区迫至此,每一被劫,洋商出头,若不收回补权,严惩关卡,整顿缉捕,主权一失,各国援例。……西江非公海,内匪非海贼,税司外人兼办捕务,外患已亟,更弃兵权,轻民命,岭海东西旦夕巨变……③

不平等条约的内容,允许外国船只追捕海盗之际,得以驶入中国各领海港口,不但造成门户洞开,海防难以落实,使得中国主权形同虚设。故有社

① 乐炳南:《日本出兵山东与中国排日运动,1927—1929》,台北:"国史馆",1988 年,第 252 页。

② 费正清主编,刘敬坤、潘君拯主译:《剑桥中国史》第十二册,民国篇(上),1912—1949,台北:南天书局,1999 年,第 197 页。

③ 《粤东西江缉捕问题》,《申报》第 12515 期,1907 年 11 月 29 日第 4～5 版。

论提及"劫案屡出,捕务废弛,纷致责言,可知主权之为物,贵能自保而不在防人觊觎。况保护航商,平治盗匪为国家应尽之责,即无主权关系,亦当尽力者乎"[1]。借此呼吁整顿治安乃国家之责,必须全民共同努力。

换个角度来看,以大亚湾地区的海盗案件频繁发生为例,傲慢的海盗根本无视英国舰队与广东军的存在,继续肆虐南中国海。不过,这些海盗的"根据地"似乎不在大亚湾沿海村落,这也代表在每次事件过后,英军或广东军若以惩罚海盗的理由,对这些无辜的村落进行攻击的话,容易造成反效果。海盗不易被捕的原因,与反对欧美列强将中国视为次殖民地有关。[2]倘若海盗专挑外国船只下手,并将得来的财物广发给下层民众,可获得更多老百姓支持,但却换来外国军队攻击村落的可能,引发中国民众仇外。在这种循环下,除经营商贸的中国商人及知识水平稍高的民众以外,大多数中国人丝毫不觉得理亏,反倒抨击外国欺压中国的恶行。

① 《西江缉捕权》,《申报》第 15055 期,1915 年 1 月 6 日第 7 版。
② 井东宪:《中國の秘密》,东京:秋丰园出版部,1939 年,第 73 页。

第五章

中国对海盗问题的防制及难船救助

本章第一节叙述中国治安维持单位,第二节讨论法规的制定,并阐述两者的关系、设立及发展。第三节分述海上保险及难船救助等后续补救措施,前者以政府在海保的法规制定及海盗险来看民国时期的海保业状况,后者着重在船只遇难后的救助,包括救护法规,后续抚恤、补偿及赔偿等问题。

第一节　治安的维持

维护地方治安的单位有军队、警察及地方团练。军队又分成陆军及海军,清代以八旗作为军队编制,历经长久时间后,八旗作战能力已不如前,反倒是湘军或淮军等地方团练成为主力,负责剿灭地方动乱。至于海军方面,清代水师的主要工作是确保境内沿海治安,无法与西方海军作比较。民国建立后,各地水师被划归为地区水警。实际上中国海军的情形为先天不良、后天失调,加上海军内部派系分立,此现象一直到国府统一中国后,方有改善的迹象。

一、地方团练

团练的兴起,起因于清廷正规军无力镇压国内动乱(川楚教乱),遂令各省官绅筹办地方武力,为国效命。此举导致私人武装的崛起,后演变成民初军阀四起的情况。一些无赖汉加入军队,成为兵匪合一的状况。军队纪律不佳,为国家与社会动乱不断的症结。此种"地方武力",非但无法保护乡里,反助长盗匪声势,或被利用,作为私人武力。

团练虽是民初社会动乱的根源之一,不过在当时,团练却是维持地方治安的重要单位。许多团练因应地方政府防范盗匪的需求,数十个村庄合并招募壮丁,其费用由各村负担。此现象揭露中国政府对偏远地区无法掌控的窘境,不过这些团体以自卫形式出现,自当对社会有一定贡献。学者何文平认为"团练作为一种控制基层社会及维护地方秩序的工具而一直维持至清末乃至民国,期间每每遇到地方动乱或外患刺激,团练又往往被官方强调而得以复兴"①。因此,团练被视为控制基层社会不可或缺的势力。

国民政府于1929年制定团练的法规,公布《县保卫团法》。该法目的为增进人民自卫能力,及辅助军队与警察维持治安。原来各县已有的乡团与相关自卫组织依此法行事。主要任务为随时侦察搜寻反革命分子或盗匪藏匿的赃物及煽动,各乡镇若遇有水灾、火灾、盗匪与其他事变时,由甲长号召团丁救灾或警戒,抵御盗贼的侵扰,将捕获的盗贼交由当地警察处置。保卫团的武器由总团长负责管理,并在武器上烙上番号,定期由总团长负责上报武器的状况,以防擅自盗卖或非法使用。为了敦促地方乡团与县府合作,也有奖金鼓励捕捉盗贼。② 因此,乡团组织的存在,具有一定效力。

二、水上警察

民初的水上警察由清末水师改制而来。1912年,副总统黎元洪(1864—1928)电请改制湖北长江及荆襄水师为水上警察,脱离军队系统,改由该省民政厅管理,得到袁世凯(1859—1916)批准。此改制不仅在长江流域推行,其他地区也陆续跟进。于是"北洋政府海军部"宣布水师改组成水上警察,由内务部管辖,专设警政司,负责警察、著作权及卫生的事务。③ 由于改制不限长江沿岸,各地名目繁杂,极不统一。为此内政部同海军部协商,于1912年12月19日联合向各省都督发出指示,要求各省仿照湖北省

① 何文平:《清末地方军事化中的国家与社会——以广东团练为例》,《学术研究》2009年第9期,第115页。
② 外务省条约局:《国民政府法务关系并二其他法规》,东京:外务省条约局第二课,1930年,第132、134、135、136～137页。
③ 东亚实进社编:《中国研究丛书》第9卷,东京:东亚实进社,1918年,第198页。

做法。①

1915 年 3 月 30 日颁布水上警察厅官制,水上警察厅的设置可从该制第一条来看:"濒海、沿江、滨湖、同河各地方,因维持水上治安之必要,得各就其冲要地点设置水上警察厅,管理水上警察卫生事项。"②水警厅设厅长 1 人,警正 2~4 人,警佐 6~12 人。若因事务需要,得置技士 1~2 人及雇员数人。为了维持水上治安,得编制水警队。③ 水警队于管区内驾驶巡逻船梭巡,查缉奸宄,维持治安。然各省纷纷设置,其管理及编制均未完善。④ 南京国民政府成立后,各省自行改编水警,其称呼、组织皆异。直到 1933 年 1 月,军委会为巩固江防,统一水警指挥权,将川、湘、鄂、赣、皖、苏、浙七省纳为长江水警管区,于武汉设置长江各省水警总局,统一指挥。旋因耗费太大而裁撤。⑤

水警设置目的有六:一、可统一警政。二、可缉捕海盗。三、可稽查渔业。四、可救护商船。五、可不令外人借保护之名,擅自派兵轮巡缉。六、可收捐费。⑥ 主要工作有管理水上户口及船只、负责水上救护、维持社会治安及征税、稽查毒品、水上消防与打击水上贩卖人口犯罪、剿灭湖匪与海盗。虽说水警从水师划分出来,成为维护地方治安的政府基层单位,但他们凭借权力,以筹措经费为由,滥征各种附加税捐,中饱私囊的情况也不少,甚至与匪帮勾结,一同分赃。⑦ 1940 年,湖北省政府为确保水警人员奉公守法,呈请国民政府将水警犯罪视同军人,以军法审判,制止任何不法行为。⑧

---

① 杨波:《我国海上警察的建立及发展》,《海洋开发与管理》2004 年第 6 期,第 34 页。

② 《民初时期文献》第一辑,台北:"国史馆",1998 年,第 1529 页。

③ 《民初时期文献》第一辑,台北:"国史馆",1998 年,第 1530 页。

④ 就警察招募来说,可参考 1928 年 5 月 31 日由内政部公布的《警察录用暂行办法》,报考基本资格除了年纪介于 20~30 岁之间以外,其他如基本的体魄、文理、语言、视力、熟知地方事务等都是必要的条件。通过体检、笔试、口试三关后,须签署至少三年的服务时间,方可录取。外务省条约局:《国民政府法务关系并二其他法规》,东京:外务省条约局第二课,1930 年,第 128~130 页。

⑤ 忻平、胡正豪、李学昌主编:《民国社会大观》,福州:福建人民出版社,1991 年,第 282~283 页。

⑥ 《山东水上警察之发轫》,《申报》第 14340 期,1913 年 1 月 24 日第 6 版。

⑦ 董纯朴:《民国水上警察制度考略》,《黑龙江史志》2009 年第 4 期,第 47~48 页。

⑧ 《呈以该省警卫水警两总队官兵犯罪应视同军人以军法程序进行审判准予备案由》,《国民政府公报》渝字第二三八号,1940 年 3 月 9 日,第 13 页,政府公报信息网系统识别号:E10B4462。

另除水警以外，尚有渔业警察，负责渔区安全。主要任务为保护渔业利益，以渔业警察局为负责单位，每局置5艘以上巡捕船或巡舰，设有无线电，协助发布中央气象台的预测报告。对于捣乱渔区秩序、妨碍采捕等行为，渔警有权依法处理。[①] 渔警的业务范畴虽以保护渔业资源为主，但缉捕海盗也在规定内。

1933年，实业部制定《海洋渔业管理局巡舰服务规则》，规定渔警巡舰的工作。第二条规定巡舰舰长承海洋渔业管理局局长之命，掌理该区内渔业保安事务。第六条规定遇有海盗侵害渔业时，应立即追捕或协同附近渔业警察、渔民保卫团会剿，必要时得就近向驻扎军警请求援助。第七条提到巡舰在渔汛期间应于海面巡逻，以保护渔民之采捕及运输，但遇渔民请求专舰保护时，需先呈报海洋渔业局核准后执行。第八条对破获海盗，除依法移送该管司法机关办理外，即应呈报海洋渔业管理局，转报实业部，不得擅自处理。[②]

以苏浙地区的水警队为例，他们对辖下地区的控管甚是严密。苏浙一带海盗出没的地点，以黄浦、浦江、吴淞口一带最为频繁，水警队常会派员在附近巡逻，确保商旅航行安全。水警队因应春冬防计划，规定船只于夜间不得行驶，需停泊在附近港口或有巡船驻扎的地点，以防不测。[③] 又海盗常于江浙交界处出没，造成纠纷。两省遂协议水警护航办法，区划负责区域，交界处须由两省驻近各队择定地点每月巡逻。若遇有盗匪形迹，须互相通报，以利追剿。[④] 表5-1为1913年吴淞区水警队的巡防地点及配置，单一个吴淞区的海域，便需大量人力、物力，足见海上治安维持之辛劳。

---

① 忻平、胡正豪、李学昌主编：《民国社会大观》，福州：福建人民出版社，1991年，第283~284页。

② 《实业部令制定"海洋渔业管理局巡舰服务规则"》，《国民政府公报》第一〇七二号，第5页，政府公报信息网系统识别号：D3300011。

③ 《师船保护航商》，《申报》第15435期，1916年1月28日第10版。

④ 《苏浙协议水警保护航商之办法》，《申报》第15631期，1916年8月18日第11版。

图 5-1　《公安画报》报导水警船只与港口无线电设备

资料来源:图片页,《公安画报》第 3 卷第 8 期,1932 年 5 月 16 日第 2 版,收入姜亚沙、经莉、陈湛绮主编:《民国画报汇编·天津卷》第一册,北京:全国图书馆文献缩微复制中心,2007 年,第 668 页。

表 5-1　1913 年吴淞区水警队人力配置

部队名称	长官额数	警察额数	驻扎地点
水警第一厅厅部小轮游巡舰	舰长 1 名	21 名	碇泊吴淞,游巡内洋长江
水警第一厅厅部常龙游巡舰	巡逻员一名	18 名	驻吴淞
外海第□专署策电警□	副舰长 1 名	32 名	碇泊吴淞,游巡外海洋面
外海第□专署虎威警□	副舰长 1 名	32 名	同前
外海第□专署第一号钓船	巡长 1 名	18 名	碇泊吴淞,游巡外海各岛
外海第一专署第二号钓船	巡长 1 名	18 名	同前
外海第一专署第三号钓船	艇长 1 名	32 名	同前
外海第一专署第四号钓船	巡长 1 名	18 名	同前
内洋第三分署第四段一所巡船	巡长 1 名	11 名	驻黄家湾,兼巡高桥

续表

部队名称	长官额数	警察额数	驻扎地点
内洋第三分署第四段二所巡船	巡长1名	11名	驻鸭窝沙
内洋第三分署第四段三所巡船	巡长1名	11名	驻石头沙
内洋第三分署第四段四所巡船	巡长1名	11名	驻炮台角兼巡高桥
江苏松沪保安警察第三队第一二排	巡长官1名	18名	江湾□六□东岳庙

资料来源:张允高等纂:民国《宝山县续志》第二册,台北:成文出版社,1975年,第605~606页。

值得一提的是,苏浙水警会根据每年贸易情况,加强巡逻。例如1919年蚕茧准备上市,许多丝商带着钱财前来购买,为防盗匪抢劫,水警以浦江一带沿途派置防舰,以资保护。又1921年上海公共租界地的米店,因领照发生纠纷,各家米店拒领执照,白米买卖中断,致使米价狂飙。等到米店罢市风波结束后,米价极贵,江苏水警队为防盗匪劫米船,特令吴淞港、黄浦等地巡船,凡遇米船到汛时,务必认真保护。[①]

若遇舰艇不敷使用,水警队也会向其他单位商借船只。例如吴淞海道测量舰,原以巡防海盗为海军职权,不属测量范围,但为清除匪氛,保护航路起见,便在测量局内附设沿海巡防处,便宜行事。[②] 其实,不仅测量局的船会被征用,海关缉私船也会参与水警队的防务工作,关于船只的征用可参考1934年《缉盗护航章程》。

---

① 《蚕茧上市之预备》,《申报》第16597期,1919年5月5日第10版;《米店领照问题之昨讯》,《申报》第17379期,1921年7月11日第14版。
② 《海道测量局特设沿海巡防处》,《申报》第18250期,1923年12月15日第14版。

三、海军及相关部门

（一）民国海军

民国的建立，与海军关系颇大。当时革命形势的发展对海军施加压力，是做清廷的殉葬品还是顺应革命潮流，逼迫官兵必须做出抉择。武汉的海军见三镇人民财产遭受战火波及转而同情革命，暗中相约伺机而动，大部分官兵随驻地革命形势发展亦多响应革命。[①]

民国各地军阀互相攻讦，海军不被重视。因海军的技术性要求较高，需要持续、稳定的经费维护。地方军阀以陆军为主，没有多余钱财发展海军，因此海军的掌控多在中央政府手中。民初的海军，在物质、战力、建设方面毫无绩效可言，思想上亦无突破，海军仅是军阀斗争的工具。海军与陆军最大的不同点在于，就算陆军官兵数月领不到薪饷或后勤补给，他们还可以"因粮于敌"，打劫百姓过活，而海军为维持舰队的存在，必须找到"金主"。[②]

海军旁支有四支，由北至南为东北海军（奉系）、青岛海军（渤海舰队）、中央海军（闽系）及广东海军（粤系）。中央海军第一舰队支持皖系，第二舰队支持直系。广东海军自护法舰队北上，归附直系后，实力大不如前。另照依附军阀势力的区分，可分三派：一是依附于北京政府自命正统的中央海军，二是归属奉系独树一帜的东北海军，三是广东海军。广东海军参加过护国运动（之后，广东海军为桂系所有）、护法运动，中山舰事件后，广东海军与国民革命军一同北伐，负责沿海封锁及争取其他势力的归附。[③]

---

① 陈贞寿：《图说中国海军史：古代至 1955 年（中）》，福州：福建教育出版社，2002 年，第 429 页。

② 谭传毅：《现代海军手册：理论与实务》，台北：时英出版社，2000 年，第 172～174 页。

③ 陈贞寿：《图说中国海军史：古代至 1955 年（中）》，福州：福建教育出版社，2002 年，第 600 页。

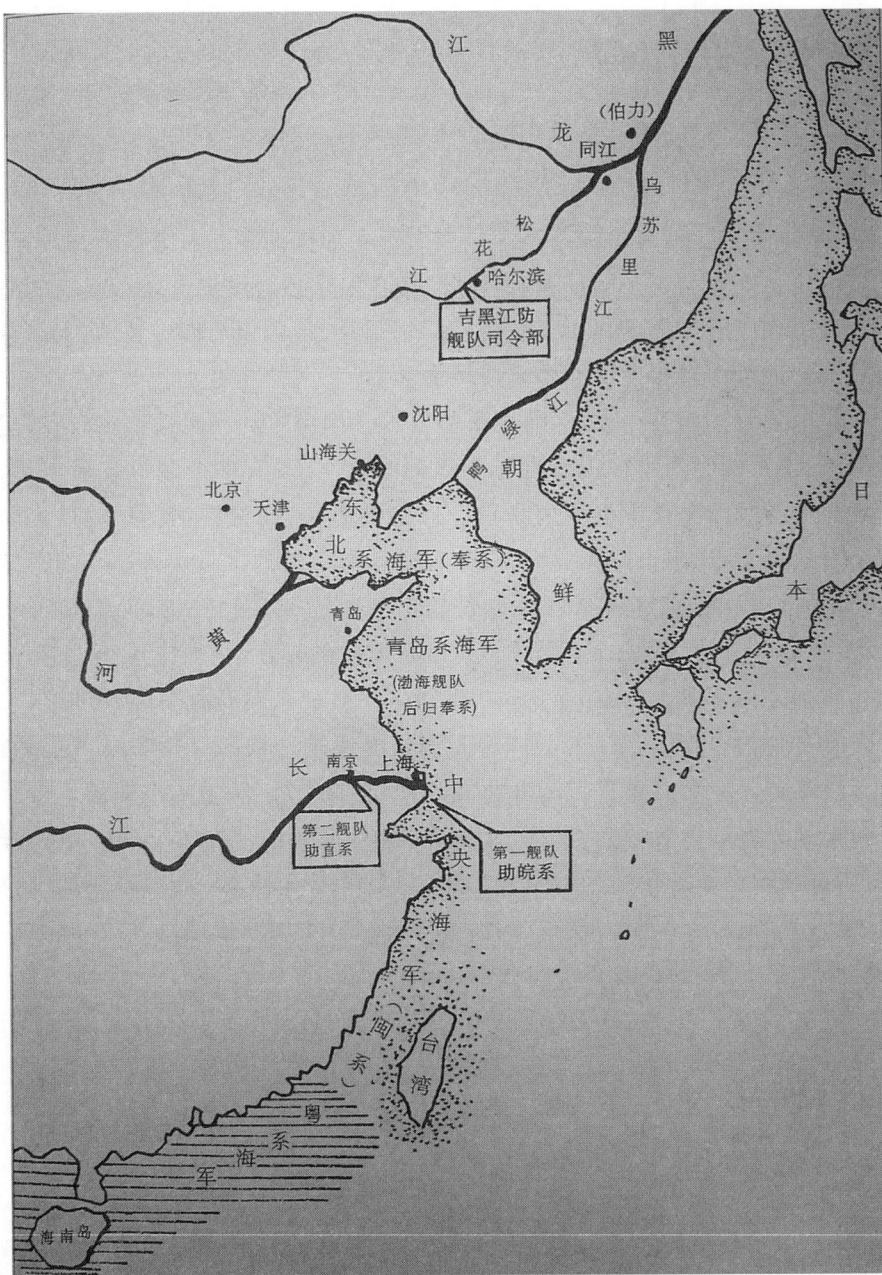

图5-2 民国海军派系分布

资料来源:陈贞寿:《图说中国海军史:古代至1955年(中)》,福州:福建教育出版社,2002年,第535页。

随着东北易帜,南京国民政府宣布北伐完成,明令设立海军署。因国军编遣会议,东北海军改称第三舰队,广东海军改称第四舰队,各舰队的军政权归属军政部,军令权归属军事委员会。各系海军名义上统一,实际上统而不一。[1] 不过,在1929年6月两广战事平定后,中央海军部正式成立,旗下舰队编有第一(海防)舰队、第二(江防)舰队、练习舰队、鱼雷游击队、测量队、巡防队。[2] 1930年2月,国民政府颁布"海军部组织法",其中第十一条提到海政司掌管的内容,以第六款对航海之保安及颁布航路警告等事项,与第九款沿海巡缉捕获及救护海难项目最为重要。[3]

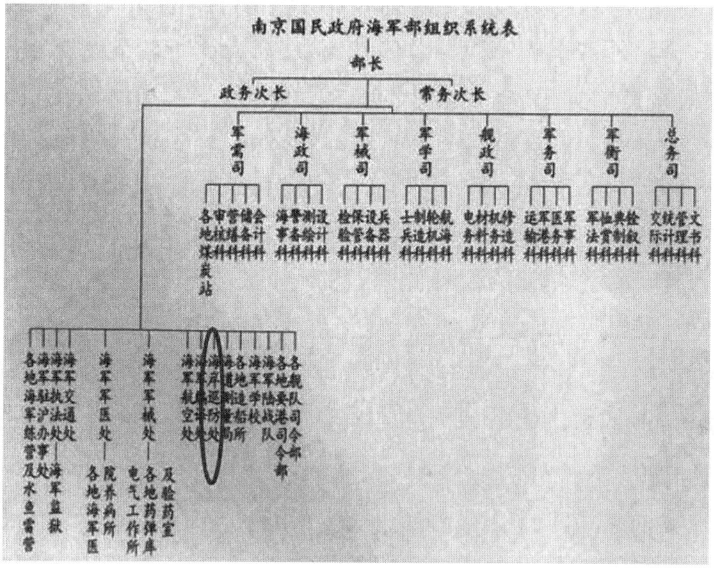

图 5-3 南京政府海军部组织

资料来源:陈贞寿:《图说中国海军史:古代至1955年(中)》,福州:福建教育出版社,2002年,第624页。

备注:圈起处为海岸巡防处。

---

① 陈贞寿:《图说中国海军史:古代至1955年(中)》,福州:福建教育出版社,2002年,第617页。

② 海军总司令部编:《海军舰队发展史(一)》,台北:史政编译局,2001年,第17页;陈贞寿:《图说中国海军史:古代至1955年(中)》,福州:福建教育出版社,2002年,第624页。

③ 包遵彭:《中国海军史》下册,台北:中华丛书编审委员会,1970年,第558页。

　　海军舰艇于警戒时，规定两班士兵各轮值一天一夜，日间须有八分之一士兵守备，夜间则为四分之一，一律荷枪实弹，分守船上各处。若夜间停泊于外海，需制订口号、灯号作为识别来源，同时加派小汽艇于四周巡逻。[①]为了确保海军能够发挥打击海盗的功效，由1929年制定的《陆海空军刑法》第一百十一条规定"兵舰发现敌船或盗船，不跟踪追击者，其长官处一年以上七年以下有期徒刑"，[②]及1937年修正条款，第一百十五条"当商船搁浅触礁或被盗劫或有其他危险，兵舰无故不为救援者，其长官处五年以下有期徒刑"，[③]此两条法令规定军舰若发现盗船，若未立即追击，或无故不救援遭难船只，将处罚相关人士。

　　海军舰艇类型，多以浅水炮舰与炮艇为主。[④] 对打击海盗有一定威胁，但苦于势力分立，甚至随军阀结合而互相攻击，对沿海治安毫无帮助。各地海军为筹措军费，纷纷建立根据地的经济命脉，例如中央海军在马尾设置灌溉局，工程质量差，却不顾农民反对，强行征收水费，造成地方乡民团与海军陆战队爆发冲突。[⑤] 1925年《申报》报导提及海军为筹措军饷，以保卫渔业、剿捕海盗为由，设立清海办事处，遭到江浙乡民反对。因外海已有水警厅负责，职责重叠，渔民负担也大。[⑥] 此外，各系海军会与地方势力结合，为了培植自身势力，向民间榨取更多军费，与流氓无异。

　　表5-2为1929年广东海军的巡逻配置，由备注栏可看到，部分船只有其他任务在身，如运送士兵或充当通信船，很明显地，装备不足与不良是很大的问题。船只数量不敷巡逻所需，此防制方式成效甚微，无法全面根除海盗。

---

　　① 《海军部令修正"海军舰艇警备规程"》，《政府公报（重印本）》第二百九十六号，1916年10月31日，第414页，政府公报信息网系统识别号：D1600074。

　　② 《中华民国法律汇辑》第二册，台北："国民大会宪政研讨委员会"编印，1966年，第1233页。

　　③ 《国民政府令修正"陆海空军刑法"第2条、第112条至第122条条文》，《国民政府公报》第二四一〇号，1936年7月20日，第2页，政府公报信息网系统识别号：E0527309。

　　④ 包遵彭：《中国海军史》下册，台北：中华丛书编审委员会，1970年，第593～594页。

　　⑤ 陈贞寿：《图说中国海军史：古代至1955年（中）》，福州：福建教育出版社，2002年，第544～545页。

　　⑥ 《海军在浙筹饷之阻力　各渔团反对　将为清海处第二》，《申报》第18758期，1925年5月22日第9～10版。

表 5-2　广东海军警备配置区域

军舰名	警备区域	备　注
侨兴号	广州市黄沙到南海县增步、三山口一带	—
海防号	广州市中流底桂到琶州、东圃一带	—
应捷号	广州市黄沙到三山口一带	每周日为广州市运送见习士兵
存济号	广州市东圃、鱼珠到鸟涌、黄埔、新造一带	—
宝璧号	长州、新造、鸟涌江到四沙、七沙一带	担任附近船只通信
雷干号	同上	同上
江巩号	大虎八塘尾到藤涌斜西彰棚大缆尾一带	同上
江平号	沙鼻头、观音闸、观音沙尾到莲花江一带	—
金马号	火烧头到沙湾、沙鼻一带	—
飞鹏号	三漠沙、叠石到火烧头一带	—
广安号	三槽江、菊花湾到黄莲容寄一带	—
绥江号	菊花湾、扶间、三槽口到水藤一带	—
利埰号	莺哥嘴、小榄、横沥到白花头港口一带	—
智利号	三夹沙、仰船岗、七溶口、东马宁、西马宁到莺哥嘴一带	—
龙骧号	周郡、北街、潮连、白藤、江尾、猪头山到三峡沙一带	—
海强号	甘竹滩、九江、鹤山口、河清、古劳、铁牛角到太平沙一带	—
光华号	三州到太平沙、白坭墟、金利一带	—
江汉号	马口到后沥一带	担任附近船只通信
江顺号	同上	同上
安新号	紫泥、老鼠岗到四方文塔一带	—
粤兴号	四方文塔到西壁	—
西兴号	石泥塘、深涌到三江口一带	—
湖山号	甘竹滩、邓滘沙、东涌口到冯简、马齐、众涌口一带	—

续表

军舰名	警备区域	备　注
江大号	容奇、莺哥嘴、板沙尾一带	担任附近船只通信
北江号	东江口到南岗口、米场、西洲、新塘一带	—
民生号	汕头到汕尾一带	—
广金号	汕尾到大亚湾一带	—
平南号	大亚湾附近一带	—

资料来源："第四舰队所属河防舰ノ驻防地查报ニ关スル件"，《中国军事关系杂件》第九卷，1929 年 4 月 24 日，图像文件号：0335～0336。

1930 年初，时人主张"废海军，建空军"，论者以"一二八"淞沪会战中海军作战不力、发展海军耗费太大等因，不看好海军的发展。中日战争爆发后，海军力量趋近于零，曾传出废除海军的呼声。不过，海军部强调发展海军能带来维护商业、宣慰侨胞的功能："我国若有强大的海军，可以巡缉海盗，绥靖海疆，保障海上安全，进而增进国际贸易的发展。"①1919 年 5 月 2 日《申报》报导也提到："我国海军虽未发达，倘放弃海权，万一稍有海氛，势成束手。且海盗出没易惹交涉，若非军舰，谁任绥缉。"②虽说海军发展尚须时间、金钱、人力及物力，海军不仅在宣扬国威上有所帮助，对沿海治安更是不可或缺的海防力量。

（二）海岸巡防处

海岸巡防处在 1926 年于苏浙闽区试办，成立吴淞巡防处，由海军人员兼任分处处长，办理防务。鉴于要能迅速对海盗进行围剿及保护航线，更避免外国兵舰因保护商船而往来中国领海，该处有增配水上飞机的动作。③1928 年，全国海岸巡防处以"近来海疆不靖，盗匪扬氛，海轮航行洋面时屡遭劫持。近且肆其凶残，劫财不足，掳人勒赎。长此以往，势必商旅裹足，百业废弛"。公告各船公司，由上海航业公会向各船公司征询是否需要海巡处

---

① 海军总司令部编：《海军舰队发展史（一）》，台北：史政编译局，2001 年，第 47～48 页。

② 《海部请拨敌船应用之原呈》，《申报》第 16954 期，1919 年 5 月 2 日第 10 版。

③ 《海岸巡防处近讯》，《申报》第 19024 期，1926 年 2 月 20 日第 15 版。

提供随船护卫,以期度过此困境。①

海军部于 1930 年公布"海岸巡防处暂行条例",海岸巡防处直属海军部,掌理全国领水治安航海安全之设备,下设巡缉课、航警课及设备课。巡缉课掌管的项目,第五条提及:

> 一、关于领海界线之拱卫事项;二、关于领海内之警察事项;三、关于巡防舰艇之布防事项;四、关于缉捕违法事项;五、关于审查船舶冲突损失事项;六、关于患疫商舶之指泊放行及检验事项;七、关于巡视航路设备安全事项;八、关于救护遇难船舶事项。②

依照领海线划定分区,设置巡防分处:东三省、直鲁、苏浙闽、粤琼。东三省自东经一百二十四度三十五分,北纬四十度,至东经一百十九度四十七分,北纬四十度;直鲁自东经一百十九度四十七分,北纬四十度,至东经一百十九度二十二分,北纬三十五度十分;苏浙闽自东经一百十九度二十分北纬三十五度十分,至东经一百十七度二十分,北纬二十三度五十分;粤琼自东经一百十七度二十分,北纬二十三度五十分,至东经一百零八度四十分,北纬十八度三十分。第九条规定巡防分处专任巡缉事宜,得在巡防区内,按情形之需要,在陆上设办事处或在巡防舰艇内负责指挥。第十条提及如遇非常事变,得请海军舰队相机处置,并会同水上警察及相关军事单位,分配情务,需先报备海军部暨海军巡防处。③

海岸巡防处的职责为确保领海主权、维持沿海治安等。筹设后数年成绩,所救护的商船已达十五艘,缉捕的海盗多至数十名。④ 从"海岸巡防处暂行条例"可看到,中国统一后,海军开始能掌握领海内的警备、海损、海上气象与电信,并搭配水上警察、军舰及相关单位共同处理。可惜的是,在中日战后,由于国共内战爆发,中断沿海治安的维持。

---

① 《征询保护航轮意见》,《申报》第 19754 期,1928 年 3 月 16 日第 14 版。

② 《海军部公布海岸巡防处暂行条例》,收入中国第二历史档案馆:《中华民国史档案资料汇编》第五辑第一编,军事(一),南京:江苏古籍出版社,1994 年,第 79~81 页。

③ 《海军部公布海岸巡防处暂行条例》,收入中国第二历史档案馆:《中华民国史档案资料汇编》第五辑第一编,军事(一),南京:江苏古籍出版社,1994 年,第 79~81 页。

④ 《海务丛记》,《申报》本埠增刊第 20202 期,1929 年 6 月 20 日第 23~24 版。

四、政府相关单位

(一)航政局

航政局的筹设始于国府广东时期,1923 年在苏浙地区欲增设,[①]但遭到上海总商会大力反对,其因与政府向民间抽税有关。关于此点,笔者已于第一章提及,容不赘述。

由于前期航政局章程混乱,甚至还增设"保航警察",被舆论讥为空壳机关,徒增花费。1923 年《申报》报导:

> 拟修改章程,于通商大埠及船只繁盛之区,设立保航警察,不知水上警察原为保护航路之用。今又另设保航警察,则置原有之水上警察于何地,令其坐食饷粮乎,亦改为陆警乎。国家岁费数十万薪饷而设水警,自有其章制与职权之规定,拒能因该局员之希图保全位置,而令其任情破坏。[②]

又:"夫水上警察,原为保护航路之用。若为警力单薄,则加增名额可也;若为训练未纯,则去劣留良可也。……亦不过多数名变相之局丁。"[③]因此航政局在初期设置保航警察,美其名为保护航商,实为偿还每年作收照费之计,经民众、商会请愿后予以撤销。[④]

1930 年,交通部制定《交通部航政局组织法》。航政局的设置目的,为管理航行海洋及二省以上船只,负责船舶登记、检验、丈量、发给牌照、船员与引水人的考核、造船、航路标示及船舶出入检验等事务。[⑤] 换言之,航政局是政府向民航业者、渔团等组织,收取税收而设。

以船舶登记项目来说,若能善加利用,核发船只执照,建立船只身份的

---

① 《航政局成立之酝酿》,《申报》第 18129 期,1923 年 8 月 16 日第 14 版。

② 《请撤航政局之力争不已 保航警察与水上警察何别》,《申报》第 18173 期,1923 年 9 月 29 日第 13 版。

③ 《反对设立航政局之再接再厉 接破航政局修改章程之隐情》,《申报》第 18174 期,1923 年 9 月 30 日第 13 版。

④ 《撤销航政局之紧急动议》,《申报》第 18230 期,1923 年 11 月 25 日第 14 版。

⑤ 《国民政府令制定"交通部航政局组织法"》,《国民政府公报》第六四九号,1930 年 12 月 16 日,第 1~2 页,政府公报信息网系统识别号:D3000211。

数据库,则能立即找出遇难船只的资料,并着手调查该船遇难地点附近的可疑村落或盗团存在与否。航政局于1931年拟编练护航警察,防止盗匪劫掠。① 随后,交通部以各地航政局陆续成立,拟筹组海上法庭。延聘法律专家3人,由各地航政局、航业公会、地方法院、海员工会及海军部各出一人当法官,作为审理海难事件的评判机构。以期能够提供公正平台,处置后续赔偿、抚恤等判决。②

(二)广东省政府军事厅

广东省在1925年颁布《省政府军事厅组织法》,目的为整顿广东境内的治安,给予北伐军作安定的后援。此军事厅听命于军事委员会,设厅长一名,统管境内武装人民团体。③ 此法颁布后,于1927年才筹备军事厅的规划与设置。

该厅为了剿匪护航之需,下设护航委员会,办理保护航运等一切事宜。以"省内河道纠纷,盗匪充斥,打单截劫,时有所闻,即商民航运,昼夜不息,非专设护航机关,不足以图航运之安全,尽保护之职责。兹为彻底澄清统一事权起见,采取公开制度,组织护航委员会,隶属于广东省政府军事厅之下"④,为设置初衷。除将原有舰艇修理以外,更向外国添购炮舰及武装巡艇,择日水陆会剿三江土匪。⑤ 随后成立巡轮队(分段常驻及梭巡)、护航队(择沿江扼要地点分驻及押运)及特务队(闻警赴援及剿匪)负责协巡。⑥

不过,在1927年7月初,军舰江固号遭海盗劫持,海盗假冒政府官兵,导致数艘商船受害。后来在其他舰艇的围捕下,迫使海盗弃船而逃,此舰回归军方。经查明后,该舰操炮手及舵手受到九江匪首吴三镜贿赂,充当内

① 《交部拟编练护航警察》,《申报》第20845期,1931年4月16日第7版。
② 《交部拟就航政局筹组海上法庭》,《申报》第20959期,1931年8月10日第8版。
③ 《中华民国国民政府令制定"广东省政府军事厅组织法"》,《国民政府公报》第二号,1925年7月15日,第28页,政府公报信息网系统识别号:D2500104。
④ 《粤省组织护航委员会内容 省政府十二日议决该会条例 护航之计划及各种之布置》,《申报》第19464期,1927年5月20日第6版。
⑤ 《广东军事厅正式成立》,《申报》第19453期,1927年5月9日第7版。
⑥ 《粤省组织护航委员会内容 省政府十二日议决该会条例 护航之计划及各种之布置》,《申报》第19464期,1927年5月20日第6版。

应,海盗得以控制该船。① 此事件随着江固舰回归而落幕,但海军舰艇遭挟持为事实,给予广东军事厅及海军部不小的舆论压力。8月,更因海盗在广东海面设置水雷,自7月24日至8月4日止,已有数十艘船误触水雷,死伤数百人之多。迫于省防军尚未完全成立,兵力不敷分配,只得由各地驻军续行担任剿匪。② 关于护卫人员的增补及调度一直是政府很大的问题,人力不足加上装备不齐,仅能就部分重点航线防备。

（三）缉私卫商委员会

1925年,国民政府着手统一广东省时,此单位曾被解散,当时对护航的归属暂归广东省政府军事厅。不过,1926年广东国民政府财政部为体恤商艰,维护饷源起见,连同陆、海军部组织缉私卫商管理委员会,商会办理缉私卫商事宜。

该会管理范围以广东省境内为限,得因商民之请求,对国民政府所辖各区域次第推行。水路方面以各军舰编制舰队分段常驻或梭巡,陆路方面以各军队择扼要地方分区驻防巡护。又因缉私卫商之必要,遇查有盗匪图劫及违法私运违禁物品等情事,委员会得以命令各军舰或军队分别搜剿逮捕。③

此委员会所管辖的事项包括举报各案之受理及侦察事项、水陆之检查事项、侦缉水面及市乡之走私匪类事项、派遣军队兵舰警察协缉事项、水陆商运之保护事项、商运之保险及赔偿事项等。④ 后续是否有被裁撤或并掉则不得而知。

<hr>

① 《广东海盗夺江固舰行劫》,《申报》第19516期,1927年7月12日第9~10版;《粤江固舰被匪骑劫续闻》,《申报》第19519期,1927年7月15日第9版。

② 《粤省轮渡迭被匪徒炸劫　护航委员会请各军剿匪》,《申报》第19549期,1927年8月14日第9版。

③ 《中华民国国民政府令制定"缉私卫商暂行条例"》,《国民政府公报》第二十五号,1926年2月24日,第2~3页,政府公报信息网系统识别号:D2600057。

④ 《中华民国政府令制定"缉私卫商管理委员会组织法"》,《国民政府公报》第二十五号,1926年2月24日,第5页,政府公报信息网系统识别号:D2600058。

（四）航业公会

1922年，交通部曾颁布《航业公会暂行章程》[①]，此章程直到1927年，才重新制定成《国民政府交通部航业公会章程》。第一条以"航业公会为发展航业，增进同业利益"作为宗旨。第二条限定一地仅能有一相同公会存在。第四条规定参加资格者，为经营航业者，在各航业公司或官商船曾任、现任重职者，经营船舶转运者及造船事业者。以上四种得以成为航业公会会员。第十条则是规定航业公会执掌的职务，以第十一项水上保险及调陈改良等事项、第十二项旅客安宁及防盗事项与海盗防制有关。[②]

1929年，航业公会向军部请求增派护航宪兵，驻船保护客商，主要以长江各埠船只为主，专司取缔游勇流氓。[③] 宪兵的派驻也因中原大战，曾暂时中断一阵子，期间不少船只受到骚扰。迫于船公司需求，政府派24名宪兵进驻六艘轮船。[④]

1931年，航业公会再度请求增派宪兵，随船保护沪汉航线商轮。航会指出部分冒充军人之徒，在船上滋事或协助海盗做内应。以前年向政府申请随船派驻宪兵后，成效甚彰，后因军事需要而抽回，以致旧况再起。编遣会议以来，军部商借各轮搭载军队往返各地，已让船公司蒙受许多损失。[⑤] 故随船派兵在遇有恃强搭乘，或聚众生事之徒，可立即在船上处置，或通报大队军警，于该船停泊之埠等候，待船靠岸，便立即拘捕惩办。[⑥]

以1931年永浦轮失事为例，该船于浙江省象山县石浦洋面被控制，原因为30多名海盗乔装军警搭船，均着旧破制服，船员不疑有他。船上虽有4名护航警卫，却寡不敌众，遂让海盗得逞。[⑦] 因此急需政府增派宪兵随船

① 《交通部令订定"航业公会暂行章程"》，《政府公报（重印本）》第二二七三号，1922年7月1日，第2951页，政府公报信息网系统识别号：D2200050。

② 《附"国民政府交通部航业公会章程"》，《国民政府公报》第19号，1927年11月，第22～24页，政府公报信息网系统识别号：E0751083。

③ 《总司令部遣派宪兵驻船保护客商》，《申报》上海招商局周刊第20237期，1929年7月8日第20版。

④ 《长江华商轮 回复班次维持商运》，《申报》第20610期，1930年8月14日第14版。

⑤ 《航业界对编遣会议之呼》，《申报》第20054期，1929年1月14日第13、14版。

⑥ 《航业公会两呈文》，《申报》第20822期，1931年3月24日第10版。

⑦ 《永浦轮在石浦洋被盗，乔扮军警航警缴械绑客十余损失万外》，《申报》第20916期，1931年6月28日第14版。

护卫。

五、民间单位

(一)民间请愿

沿海不平静,导致许多商船被劫,政府须负起沿海治安的整顿,除派舰巡逻以外,另外要根据民间要求派舰护航。[①] 例如 1922 年全国商会联合会以闽浙交界处,海盗披猖,请求派舰保护。海军部以数度办理舰艇巡逻,但盗匪出没无常,势难靖清之故,加上各渔商等数次请愿,决定于浙江沈家门设立海军清海办事处,派拨炮舰数艘,专职巡逻工作。[②]

1923 年,上海南北两商会提出整顿浦江及保护航商的办法。由于浦江地区的匪徒出没无常,防护非易,原设有水警,但粮饷有限,人手不足,浦江一带辽阔,不敷分布。其办法为增设商港保航警察、游民收容所、航事公断处,清查船商户籍办理登记,将原先各项杂捐及匪徒勒索之规费免除,设置救生艇、救火汽轮,提拨河江水道长年开浚费等,由商航两界合组董事会为监督机关。若破获匪犯,则以惩治盗匪条例处置。[③] 民间团体因航道未靖,向政府请愿,获得保护,减少损失。

1928 年,海州附近的海盗猖狂不已,海军司令员沈鸿烈(1882—1969)以民间请愿,维持治安之需,规定该区为特别警戒区。以每天日落至隔天日出前为禁止通行的时间,任何船只均不得行驶。若船只在夜间欲进驻港湾,须由船只公司提供船名、行经航路与出发地点等资料,事先知会海军,以利船只进港。另海军部有权以军事行动为由,将部分航路中断,为期 3~4 天,将事先知会各船公司。[④] 于是,苏浙水警队在此区春冬季节交替之际,事先劝阻商船尽量避免于夜间行驶,并规定碇泊于邻近港湾或巡船附近,以免发

① 《海军部派舰沿海巡弋》,《申报》第 20252 期,1929 年 8 月 9 日第 8 版。
② 《海部清海保护航业文》,《申报》第 17585 期,1922 年 2 月 9 日第 14 版。
③ 《整顿浦江保护航商之建议》,《申报》第 18243 期,1923 年 12 月 8 日第 14 版;《驳船公所防维浦江盗匪通告》,《申报》第 18272 期,1924 年 1 月 7 日第 14 版。
④ "四月十八日着在青岛藤田总理事来电写",《3. 中国ニ于ケル船舶取缔关系》,《各国ニ于ケル船舶取缔关系杂件》,1928 年 4 月 18 日,图像文件号:0045。

生不测。

(二)民间巡防会(民间组织)

由于海军及水警队的船舰不敷使用,巡逻时间、地点为达民众需求,以致海盗劫船事件持续发生,因而民间团体也组成巡防会,自力保护船只安危。[①] 以广州航业联合会成立自防团体为例,便是因应中原大战爆发后,防制海盗乘机兴起而设,目的为保护船只航行及旅客的安危。此联防团体为民间自卫性质,遭逮捕的盗匪须交由当地官府惩办。该联防针对船只大小、航路情况区分甲乙丙三级,每船至少有 3 名守卫,配备步枪一把、弹药二百发,需经过联防的训练后才可登船。[②]

1929 年,南通、东台、如皋、海门、启东五县成立水上特务队,各自出资数万元。[③] 1930 年,吴淞地区的海口、扬子江海面的海盗出没频繁,崇明、启东、海门三县联合组织剿匪指挥部,派炮舰镇东、镇海两艘前往讨伐。[④] 不过,广东省两江的护航队,设立之初原为防止土匪勒收行水(保护费),保护航行。但自护航队成立后,多与土匪串通,公然借端抽剥,敛财聚匪,为患商旅。最后不得已,只好逼迫其缴械,解散该护航队。[⑤]

民组防会大多以成立护航队为主,在此之前,船公司会向政府请派宪兵随船驻守。随着内战爆发后,这些人员被抽调回去。因此,民间另组护航队,招募人手,发给武器,通过军事训练后,在船上负责警戒工作。虽说每船皆有防卫人手,但人数过少为一大问题,遇到规模稍大的海盗团还是束手无策。

---

① 《江苏商会条议徐淮海弭盗策》,《申报》第 18038 期,1923 年 5 月 16 日第 10 版。

② 《内河航业联防组织方ニ关スル件》,《中国海贼关系杂件》第三卷,1930 年 8 月 5 日,图像文件号:0030~0031。

③ 《南通》,《申报》第 20369 期,1929 年 12 月 5 日第 9 版。

④ "吴淞口外ニ于ケル海贼讨伐状况ニ关スル件",《昭和五年/1. 海贼一般状况并防压关系(船舶保护ビ关スルモノヲ含ム)》,《中国海贼关系杂件》第三卷,1930 年 5 月 9 日,图像文件号:0028。

⑤ 《粤省西北两江护航队已解散》,《申报》第 19877 期,1928 年 7 月 18 日第 10 版。

第二节　法规的制定

中国政局在未安定的情况下,难以有明显的改善措施,不过随着国民政府站稳脚步后,陆续制订盗匪预防及检查法规。主要可分成缉捕、检查及船只自保三类。

一、缉捕法规

(一)《海上捕获条例》

1917年制定的《海上捕获条例》,第一条规定仅限于中华民国军舰在与敌国开战期内,依本条例对于商船得为临检搜索拿捕。所称敌船者如下:一、悬有敌国国旗之船;二、依法悬有中立国旗而船舶所有人全部或一部有住所于敌国者;三、供敌国使用之船;四、开战前预期开战或战争中移转于有住所于民国或中立国人之敌船,未经完全移转并无善意之证明者。[①]

第二章提到临检措施,临检的条件有:一、悬有中华民国或中立国旗而有为敌船之嫌疑者。二、未得政府特许,有与敌人通商航行嫌疑之民国船。三、有载运战时禁制品,战时禁制人嫌疑之民国船或中立国船。四、有破坏封锁嫌疑之民国船或中立国船。五、有助敌行为嫌疑之民国船或中立国船。[②] 第十三条则提到军舰命停船之步骤,于日间可用信号旗及汽笛,夜间改以灯光。若遇天候不佳或该船虽悬旗,但不遵守停船命令时,得以放空炮两次。仍不停则攻击樯桅,再不停则攻击船体。第十八条更提到,对于中立国军舰护送之商船,不得临检,但舰长得以请求护送,舰长将船货性质到达

---

① 《大总统令制定"海上捕获条例"》,《政府公报(重印本)》第六百四十三号,1917年10月31日,第283页,政府公报信息网系统识别号:D1700079。

② 《大总统令制定"海上捕获条例"》,《政府公报(重印本)》第六百四十三号,1917年10月31日,第285～286页,政府公报信息网系统识别号:D1700079。

地做成报告书并证明其无第十一条所称嫌疑情事。①

初期的《海上捕获条例》着重对战时敌国船只的查缉,避免有通敌卖国的可能。但第十八条的叙述,指出中国海域多海盗出没,商船请求外国军舰护航,中国军舰若想临检非常困难,甚至在条例中规定不得登船,只能跟随船只至目的地后,查验船货做成报告上呈。

1932 年重新制定的《海上捕获条例》,对抗拒临检或搜索之船舶及船舶文书依法应具备而未完备,或有隐匿毁弃伪造涂改情形之船舶,均可立即拿捕。至于临检船只的类型有(仅列出与海盗有关)载运战时禁制品、禁制人嫌疑之船舶,及破坏封锁嫌疑之船舶等。该条例明令船舶停航受检的步骤,以不伤人的前提下进行。但若不从,可先以空炮示威,再不从才会炮击樯桅及船体。② 此条例清楚宣示,船只临检须先出示证明书,以防不必要的争执。并对不配合者,发布最后通牒,防止误伤人员的可能。新版条例将1917 年版本里头第十八条,中国军舰不得对有中立国军舰护航之商船进行临检的规定,改为仅需将船货性质及目的地做成报告并证明无嫌疑者得免除临检,③删去过于激烈字眼,以防发生不必要的纠纷。

(二)办理/查缉盗匪考绩条例

为了确保各省区能够厉行治安管理,1928 年制定的《县长办理盗匪案件考绩暂行条例》,即以境内盗匪考核作为县长升迁的成绩。第二条规定县长于到任十日内须将县境内有无盗匪之患及治理办法呈报省府。第三条以盗匪案件若发生,必须立即勘验,并于五天内分报各主管机关。第四条与第七条提到犯人若逃亡,可通报邻县协同逮捕。盗匪若于两县以上交界地方犯案,需相关省县共同缉捕,不得推卸责任。第五条规定从犯案日至破案日期限为三个月,遇有县长更替时则重新计算。④

① 《大总统令制定"海上捕获条例"》,《政府公报(重印本)》第六百四十三号,1917 年10 月 31 日,第 286 页,政府公报信息网系统识别号:D1700079。

② 《中华民国法律汇辑》第二册,台北:"国民大会宪政研讨委员会"编印,1966 年,第1290~1293 页。

③ 《国民政府令制定"海上捕获条例"及"捕获法院条例"》,《国民政府公报》第一〇〇五号,1932 年 12 月 16 日,第 3 页,政府公报信息网系统识别号:D3200148。

④ 《中华民国政府令县长办理盗匪案件考绩暂行条例》,《国民政府公报》第六十九号,1928 年 6 月 23 日,第 1~2 页,政府公报信息网系统识别号:D2800127。

　　至于各地驻防军队，也有相同法规督促他们剿灭盗匪。以1929年制定的《卫戌区军队查缉盗匪考绩条例》来说，第二条规定驻防长官应督饬所属，将境内盗匪认真缉办尊限肃清。第三条以到任七天内，将境内盗匪报告给军政部。遇有盗匪案件发生，须于五天内将经过情形报给军政部。若犯案于卫戌区交界处，也不得推卸责任，必须共同缉捕。较特别的是，第八条并没有规定明确日期规定何时破案，仅以"酌量情形限期破获"带过。①

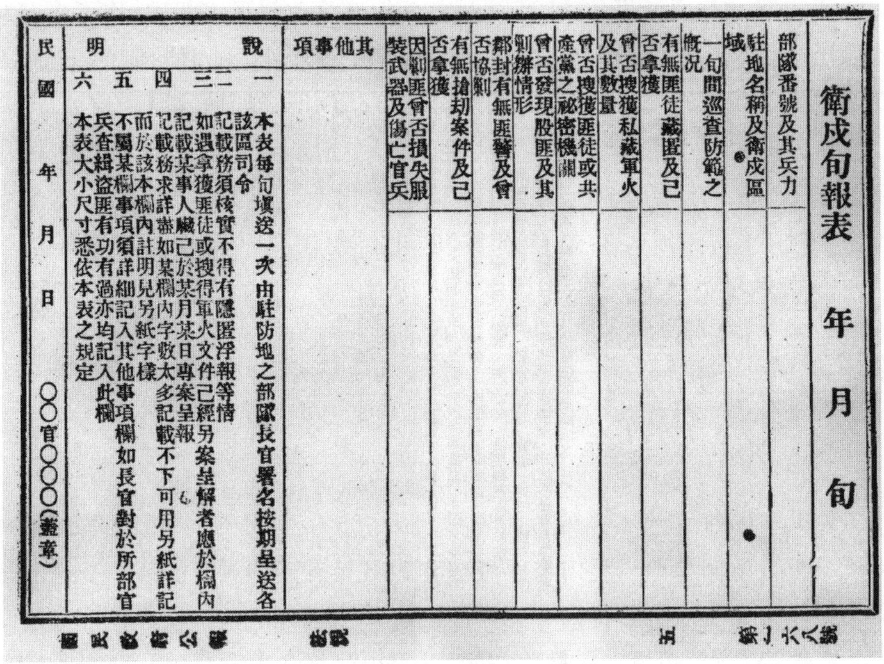

図5-4　卫戌旬报表

卫戌旬报表 年 月 旬	部队番号及其兵力	驻地名称及其卫戌区	一旬间巡查防范之概况	有无匪徒藏匿及己	曾否拿获	及其数量	曾否搜捕匪徒或共	产党之秘密机关	曾否发现股匪及其	剿办情形	郊封有无匪警及其	否协剿	有无抢劫案件及己	否拿获	因剿匪曾否损失枪	械武器及伤亡官兵	其他事项	说明	民国 年 月 日
		●																	○○官○○○○（盖章）

说明：
一、本表每旬填送一次由驻防地之部队长官署名按期呈送各。
二、该区司令。
三、记载务须核实不得有隐匿浮报等情，如遇拿获匪徒或搜得军火文件已经另案呈解者应于栏内注明另见某月某案某号太多记载不下可用另纸详记。
四、记载务详如某栏内事项须详细注明另见别纸字样。
五、不属于该栏事项。
六、本兵查缉大绅小匪尺寸有功悉依本表亦记之均规定入此栏如长官对于所部官。

资料来源：《中华民国国民政府令卫戌区军队查缉盗匪考绩条例》，《国民政府公报》第一六八号，1929年5月18日，第5页，政府公报信息网系统识别号：D2900081。

　　由《县长办理盗匪案件考绩暂行条例》及《卫戌区军队查缉盗匪考绩条例》此两款条例，可知政府以升迁作为官员的成绩，首以境内治安作为考虑，以期收到稳定秩序的效果，督促地方官员重视治安问题。

① 《中华民国政府令卫戌区军队查缉盗匪考绩条例》，《国民政府公报》第一六八号，1929年5月18日，第1~2页，政府公报信息网系统识别号：D2900081。

（三）《缉盗护航章程》

　　以往中国官宪无力取缔沿海海盗，造成船只被劫的窘态。国民政府对海盗问题，长期以来皆有讨论，除各部会派人参加以外，也广邀民间代表一同开会。① 1934年，交通部、内政部、海军部、财政部会同上海招商局及航业公会等代表，订立防盗章程。② 《缉盗护航章程》作用及目的在消灭海盗，以军舰护航往返船只，希冀能够减少海盗案件的发生，内容如下：

　　第一条　凡中国港口开驶近海或远洋之客货轮船，其护航事宜，适用本章程之规定。

　　第二条　缉捕护航水路，由海军部海岸巡防处舰队负责。陆路及其附近海面岛屿，由内政部督饬沿海各省警察机关所辖水陆警察人员负责办理，并随时将办理情形呈报内政部。

　　第三条　凡海盗出没之海面，及曾有轮船被劫之地方，由海岸巡防处派舰常驻及梭巡。海关盐务缉私舰艇，如闻有盗警或知有海盗踪迹，须即报告海军舰艇或海岸巡防处。如巡防舰队有临时请求，并应予以协助。

　　第四条　海军军舰及陆军军队，如遇海岸巡防处舰队，或水陆警察机关，剿捕海盗，力量不敷，请求援助时，应尽力协助。

　　第五条　海军部所属舰艇，收到轮船所发无线电遇险信号时，应负救援之责。附近海关盐务缉私舰艇，于可能范围内，亦应驶往施救，并传知同一航线商船，予以相当之救助。

　　第六条　凡航海轮船触礁或搁浅，由水上警察机关，负保护之责，并禁止情迹可疑船舶，停泊该轮附近。

　　第七条　航海轮船应自备相当自卫枪炮，依国民政府查验自卫枪

---

　　① 《交部拟订防盗护航办法》，《申报》第21617期，1933年6月19日第6版；《三部定期举行防盗护航会议》，《申报》第21632期，1933年7月4日第11版；《各部会定期会商防盗护航办法》，《申报》第21637期，1933年7月9日第11版；《交部等会商防止海盗办法　航业公会航政局均派员列席》，《申报》第21638期，1933年7月10日第14版；《防盗护航会议开幕》，《申报》第21640期，1933年7月12日，第10版；《防盗护航二次会议》，《申报》第21664期，1933年8月5日第9版。
　　② 《四部会订海轮防盗护航新章　海军水警缉私舰艇共同负责防缉海盗》，《申报》第21822期，1934年1月14日第10版。

炮及给照暂行条例之规定办理。

第八条　航海轮船船长，应督同所属船员，随时练习使用所置枪炮。

第九条　航海轮船于开行之前，对于形迹可疑之旅客，得请军警施行检查。

第十条　航海轮船，应将旅客所带笨重行李，另存库房锁闭。

第十一条　航海轮船，应依交通部船舶无线电台条例之规定，装设无线电台。

第十二条　航海轮船在航程中，每四小时，应向交通部指定之电台报告该轮所至之经纬度。电台如逾时未收到报告，应即通知轮船所有人，如收到遇险信号时，并应立即转知各救护机关。

第十三条　船舶无线电台应设于船上最高处，与客舱完全隔离。其四壁门窗及上盖之建筑等，须能抵御枪弹，室内应装设电话，始能直接与驾驶台及机器舱通话。

第十四条　航海轮船驾驶台四壁之建筑，须能抵御枪弹。台之前面，除玻璃窗外，须加装自动开闭之钢制窗门。蒸汽把舵机，应装设于机器舱内，如把舵机已装于舱面者，应用钢板保护。

第十五条　航海轮船在航程中，凡机器舱汽锅驾驶台各门户，与客舱相通者，应一律锁闭，非得主管船员之允许，不得开放。其甲板上之煤炭舱口，亦须妥为关闭。①

此章程前半段将缉捕海盗及巡逻的工作交由海军部管理，水陆警察与海关缉私单位为辅。该章程对彼此职责交代清楚，以免推诿责任。同时，第六条规定船只遇难时得请求水上警察保护，并禁止可疑船舶靠近，以免出现劫难。第七条提及船上若需置武器，按照枪炮管制法配置。全国暂时统一后，军政部开始着手统筹全国武器的掌控，一来将民间武器收归国有，禁止不法贩卖枪支行为。二来发给证照收取规费。三来可销毁不符规格的武

① 《行政院令制定"缉盗护航章程"》，《国民政府公报》第一三三〇号，1934 年 1 月 8 日，第 4～5 页，政府公报信息网系统识别号：D3400001；"捕盗护航章程二关スル件"，《昭和九年／1.海贼一般状况并防圧关系（船舶保护二关スルモノヲ含ム）》，《中国海贼关系杂件》第四卷，1934 年 1 月 22 日，图像文件号：0009～0011。

器,统一武器类型的使用。①

第十一条至第十五条规定船只需装置无线电,每四小时通报目前位置。无线电须安置在船只最高点处,四周装设防弹装置,禁止船员以外的人进出,以防遭到破坏。此章程迟至1934年才被制定,却彰显出中国政府开始管控沿海治安的开端。交通部在此章程颁布后,令各地航政局转饬各商轮遵照《缉盗护航章程》办理防护,同时呈请海军部转令沿海各地军舰,往来梭巡,协同捕剿海盗。②

(四)《戒严法》

《戒严法》于1934年制定,其宗旨为"遇有战争,对于全国或某一地域应施行戒严时,国民政府经立法院之议决,得依本法宣告戒严或使宣告之"。③第八条规定,戒严时接战地域内归于刑法上下列各罪,军事机关得自行审判或交法院审判:一内乱罪,二外患罪,三妨害秩序罪,四公共危害罪,五伪造货币、有价证券及文书印文各罪,六杀人罪,七妨害自由罪,八抢夺强盗及海盗罪,九恐吓及掳人勒赎罪,十毁弃损坏罪。第九条规定戒严时期接战地域内无法院或与其管辖法院交通断绝时,其刑事及民事案件均由该地军事机关审判。④

此法第八条第六项"杀人罪"、第八项"抢夺强盗及海盗罪"及第九项"恐吓及掳人勒赎罪",与海盗案件有关。海军依此法可对某一海面列为特别警戒区,此时审判机关将由地方司法转为军事机关处置,加快处理效率。

---

① 《国民政府指令修正"军政部查验自卫枪炮及给照暂行条例"》,《国民政府公报》第一一〇号,1929年3月7日,第12～13页,政府公报信息网系统识别号:E0753459。

② 《交部令各商轮注意防盗设备》,《申报》第21988期,1934年7月7日第3版。

③ 《中华民国法律汇辑》第二册,台北:"国民大会宪政研讨委员会"编印,1966年,第1195页。

④ 《中华民国法律汇辑》第二册,台北:"国民大会宪政研讨委员会"编印,1966年,第1196～1197页。

二、检查制度

（一）广东地区

"五卅事件"后,广东政府在 1926 年制定《广东港出入船舶检查规则》,专事船只出入港口的检查,以防海盗伪装乘客或携带武器登船等。内容如下:

1.本局为提供由广东出入船只的安全保护,特派警察数人,依照船舶检查规则,防制匪患,保持治安。

2.举凡从广东出港前的所有船只,需由第十二区署警察负责检查后,方可出港。

3.又从广东出航后的船只,需于 24 小时内,请汽船会社或代理店告知船只名字与目的地。

4.船只出航前三小时,第十二区署警察会携带检查证明登船查缉。

5.船只若碇泊于第十二区内的其他分区时,由第十二区本署负责统筹处理,除有特殊状况,将会与侦缉课讨论后通知各署。

6.检查员上船进行盘检时,会出示检查证,由船长亲自或派一人为代表,随同检查员作业。针对船客身体、随行物品、船货进行检查,另会特别注意容易藏匿武器的角落及有嫌疑的船员。若船只会社已做过检查,向本局申请免检证,可免出港前的搜查。

7.若检查员作业时,被检查者保持配合,而检查员出现傲慢之态度,甚至发生冲突时,经检举查证后会严加处罚该检查员。

8.若被发现持有锐器或携有其他危险物品者,证据与持有者将会一并被带走。倘若故意引发冲突,将会严厉处罚。[①]

前五点由广东政府以警察为负责单位,对船只进行安检。第三点登记出航船只的目的地及船名,目的在于若发生事故,可立即派人依航线搜寻。后三点对检查员欲登船查验货品及船客时,需事先申请检查证明,由稽查员

---

① "广东地方海上ノ治安维持ニ关スル件",《1.海贼一般状况并防压关系（船舶保护ニ关スルモノヲ含ム）》,《中国海贼关系杂件》第一卷,1926 年 6 月 1 日,图像文件号:0047～0048。

出示证件后登船查验。不过,若船公司提出证明,可免稽查员登船之需。另检查时若有任何不周之处,皆可提出质疑,以免发生冲突。显示出 1926 年后,广东当局为了与当地船公司取得信任,负起防范匪患的责任。

(二)福建地区

福州马尾迟至 1933 年才设水上检查处,与水巡总队合作,专职负责南部沿岸的治安。① 1936 年,厦门也设立相关检查单位,该年厦门市政府发给日本驻厦领事山田芳太郎的公函:

> 厦门市四面领海,为水上交通要地,船只进出多,行旅庞杂,为确保中外人民安全,特招军警联合组织检查处,查验码头船只。贵国政府之来往者,亦属多数,实有不良分子夹杂其中,请先施以严密检查,杜绝不良分子,并请贵国领事能够体谅厦门市在治安问题的冒犯,配合本市船只检查的规则,共同防范。②

指出厦门希望日方配合,共同维护治安。针对此文,山田领事官表示:

> 厦门市政府以整顿治安,并以军警协同,针对码头的船只进行盘查,此点日方深表赞同。然日本船只欲出入港前,均有官宪负责检查事宜,况且双方并无类似条约规定需于出入港前接受厦门方的检查,于情于理皆难以接受。若以治安整顿为前提,日方将在适当范围内配合。③

厦门市政府欲处置治安问题而成立水上检查处,甚至以《海上捕获条例》依法行事,却被日本视为"整顿治安乃是中国政府的责任,日本政府仅需于适当范围内配合即可。但若有质疑或侵犯到日方船只,将不给予协助"。为何日本领事有此反应,恐与 1935 年 5 月 21 日发现一艘厦门税关监视船在新竹外海徘徊,疑似海盗船,及同年 8 月 1 日发生中国税关检查船以日本船只第五岛户丸因走私嫌疑将船货与船只扣留有关,该事件引来日本领事

---

① "马尾水上检查处成立ノ件",《3.中国ニ于ケル船舶取缔关系》,《各国ニ于ケル船舶取缔关系杂件》,1933 年 1 月 16 日,图像文件号:0046~0047。

② "厦门市政府公函外字第 244 号",《3.中国ニ于ケル船舶取缔关系》,《各国ニ于ケル船舶取缔关系杂件》,图像文件号:0050。

③ "公函第七八号",《3.中国ニ于ケル船舶取缔关系》,《各国ニ于ケル船舶取缔关系杂件》,1936 年 5 月 2 日,图像文件号:0050。

的抗议。①

三、船只自保措施

（一）通信设备——无线电

抢在第一时间将船只遇难信息传达给邻近船只或岸边水警队，相对而言，能减少损失及加快救援速度。以 1922 年往返上海、香港间的轮船为例，鉴于海盗猖狂，拟于船内备武器及无线电，以防海盗袭击。② 国民政府于 1926 年订立《无线电信条例》第五条规定需架设无线电的对象为"行驶海洋及沿海各口岸之船只"。并于第九条提到"任何无线电台接到海轮呼救电报时，应立即通报最近的救生站或轮船"，加快救援脚步。③

另根据 1914 年的《无线电报收发规则》第十三条提到，凡遇船只发出危急记号之无线电报，海岸局或船只皆须及时停止传递信息，待难船传毕后再发送电文。④ 如此可避免遇难船在发送信息时遭到中断，进而无法得知确切位置与状况，增加搜救时间。

1927 年，国民政府增设《船舶无线电信条例》，对船舶装置无线电，供航行时通信用者，统称"船舶无线电信"。第二条规定下述船只需设置无线电：一、载重满五百吨以上航行海面者。二、载重满八百吨以上，航行内江湖泊者。三、载重满四百吨以上，且有下列情形之一者：离最近陆地达一百三十海里，或航线起讫达五百海里。船舶无线电由交通部发给执照后方可使用，使用人必须为中华民国籍并持有交通部颁给的无线电电务员证明书。若有

---

① 《查究海贼船结果　为厦门税关监视船　决由我大使馆严重抗议》，《台湾日日新报》1935 年 5 月 21 日第 8 版；《监视船的英人船长　海贼的行为を自白　严重な抗议を提出》，《台湾日日新报》1935 年 8 月 1 日第 7 版；《中华税关监视船船长英人　续出海贼的行为劫我船货　威胁本邦贸易　总领事严重抗议》，《台湾日日新报》1935 年 8 月 1 日第 8 版。

② 《沪港间航轮之正当防卫备带武器装置无线电防海贼袭击》，《申报》第 17877 期，1922 年 11 月 28 日第 18 版。

③ 《中华民国政府令制定"无线电信条例"》，《国民政府公报》第四十六号，1926 年 9 月 25 日，第 7～8 页，政府公报信息网系统识别号：D2600090。

④ 《交通部饬订定"无线电报收发规则"十六条》，《政府公报（重印本）》第九百十四号，1914 年 11 月 20 日，第 897 页，政府公报信息网系统识别号：D1400387。

违反第二条规定者,各海关得以未装置无线电而不准其行驶。①

立法院在 1935 年制定《船舶无线电台条例》,第二条规定载客船只及一千六百吨以上的货船须装设无线电。此条例增加不需装设的条件有三:一是载客船舶航线距离陆地不超过二十海里。二是载客船舶往返两地,外海航程不超过二百海里者。三是一千六百吨以上之货船,航线距离陆地不超过一百五十海里者。此三种情况得免设无线电,判别基准以航线距离陆地作为准则。

无线电架设须先呈请交通部核准,竣工后经交通部查验合格发给执照使用。该照每三年换发一次,第一次纳执照费五元,以后每次交纳二元。②架设无线电需要一笔经费,每年需缴纳执照费用给予政府,对一般民船来说,无线电乃为高级设备。因此,使用无线电设备的船只大都为商船公司,民船相对较为弱势,特别是沿海小渔船、舢舨之类。

不过,船只与陆地、他船的通信,尚可用信号旗来传递。以日本水上警察使用的旗帜通信来说,以白旗、红旗交互做信号。③呈现的方式有双手各举一支红、白旗,表示船号(图 5-5);单手举白旗,分别为"左二、右三、前四、后五""吾七、人八、物九、中央十";单手举红旗,有"可二、否三、始四、终五"及"危险七、有八、无九、汽船十"(图 5-6)。或单手同时举白、红旗,为"进二、止三、急四、徐五"及"制止七、来八、归九、逃回十"(图 5-7)。均有不同意思可供传递。④

① 《大总统令制定"船舶无线电信条例"》,《政府公报(重印本)》第三千九百三十九号,1927 年 4 月 10 日,第 1002~1003 页,政府公报信息网系统识别号:D2700011。

② 《中华民国法律汇辑》第四册,台北:"国民大会宪政研讨委员会"编印,1966 年,第 2488 页。

③ 《水上警察船中信号令》,明治三十年《公文雑辑 卷 13,图书·医事》,图像文件号:1148。

④ 《水上警察船中信号例の件》,《壹大日记》,1897 年 7 月 30 日,图像文件号:1679~1680。

图 5-5　信号旗示意图样式一

资料来源:《水上警察船中信号例の件》,《壹大日记》,1897 年 7 月 30 日,图像文件号:1681～1682。

图 5-6　信号旗示意图样式二①

资料来源:《水上警察船中信号例の件》,《壹大日记》,1897 年 7 月 30 日,图像文件号:1683、1686。

图 5-7　信号旗示意图样式三

资料来源:《水上警察船中信号例の件》,《壹大日记》,1897 年 7 月 30 日,图像文件号:1687～1688。

---

① 红、白旗两图与一至十的手势一样,在此仅以白旗一至六、红旗七至九的图片来表示。

(二)船上守卫及设备

通常来说,船上护航人数,差不多以四人为主。后因海盗数量总是多过警戒人员,因此依各船公司需求,可增派至六人或十人以上,并按照旅客人数多寡,决定是否增派人手。[1] 各地船公司联合起来筹办护航队,给予薪水及日常生活起居,送至军部接受训练,发给武器,专责船上警戒工作。此举不但提供工作机会给予无业民,更能保护船只航行安全,可谓一举两得。

1928年,上海航业公会协议上海至福州的各客轮实施防盗措施:一、船上派兵常驻保护。[2] 由各轮公司自行招募护航队,每船限定八名,并购枪械子弹。此类守卫须先通过海岸巡防处(或海军部)训练再行上船,训练期间的守备交由海军陆战队暂管。二、设置无线电。与海岸巡防处保持密切联系。三、防盗费用。[3] 分摊在船票费用里,大餐间每人加二元,官舱每人加一元,房舱每人加一角,统舱免加。四、替旅客投保。[4] 以护卫登船保卫为例,在其他地方也有例可循,例如台州海门一带往上海的航线,便以招护航队为由,随各班次出发,共招募32名,费用由各轮公司一同负担。[5]

1931年,沪甬轮招募护航队,其规模为团长一人,副团长二人,月薪各四十元。团长等职需负责训练指导士兵,亦有升迁奖斥之权。正目二人,月薪二十五元。正目为随船小队长,督导船上士兵执行守备。兵士二十二人,月薪二十元。士兵职船上各内外舱口的警戒,并派三名便衣士兵做暗探。另增设女性检查员,负责女性乘客的检查,以防盗匪利用女性混入做内应。上述总计二十四人为一船编制。船上备有手枪三十六支,步枪二十四支,总计三艘船有正目六人,士兵六十六人,手枪一百零八支,步枪七十二支,由船

---

[1] 《招商局商请粤当局剿捕普安海盗营救旅客　各轮上装置自动报警电机增加护航警旅客均需具保》,《申报》第21848期,1934年2月9日第13版。

[2] 根据后来的报导,这些官兵薪饷伙食皆由船公司负责提供。《沪闽轮筹防海盗》,《申报》第20017期,1928年12月6日第14版。

[3] 船费及运费的增加,在战乱期间更加显著,1926年北伐军逼近武汉一带,致使长江航运业受到波及,运费增加十分之三。《航业要讯》,《申报》第19276期,1926年10月30日第13～14版。

[4] 《沪闽轮议防海盗办法》,《申报》第19843期,1928年6月14日第15版。

[5] 《台州》,《申报》第20073期,1929年2月2日第11版。

公司向警备司令部具领，另发给制服，以求统一。[①] 后因经费不足，及护航之急需，故有减招之举，改为每轮十一名士兵驻守，正目一名，不请宪兵，改由三公司招募，试招三十六名。[②]

船上的防盗设备，除铁栅栏及防弹钢板外，另一设备为警报器。警报器在初期为负责通报全船人员之用途，仅能发挥警告的功能，并不能将紧急信息传递出去。1930年，怡和轮船公司的英籍高级船员利爵臣（Nell Richardson）将警报器与无线电功能结合。此装置为无线电工具之一，可设置在船内任何地方，一遇海盗劫船，仅需按钮即可发送船名及方向、地点给附近船只或岸上警察局。供电来源为船只本体，可源源不断持续通报。此装置不需任何操作技术，任何人皆会使用。附属的警报箱及传电器可安置在防弹箱，外部充以电流保护，便可防止海盗破坏，维护上也仅需确保线路畅通，非常便利。[③]

1933年，招商局的防盗措施，便于船上装置铁栅栏、瞭望台、银舱等，并增领步枪及机关枪数支，所费约三万多元。武装人员共招八十八名，每人月饷十四元，合计防盗费用约二万多元。为防范海盗伪装乘客登船之可能，添设检查队，以各轮旅客为检查对象，不分船票差别而予以放行。[④] 1934年，招商局新铭轮装置防盗警报器，一经发动即无须人力，可自由发送电报，每二三分钟一次，周围一百海里之军舰轮船皆能收到，即可赶来救援。交通部船务科便向其他船公司建议添设此装置，减少海盗抢劫的时间。[⑤]

（三）船客检查及乘船规定

海盗会伪装成一般民众登船，伺机而动，因此在船客身份检查上更须小心注意。以大阪商船会社于1919年制定的《航路案内》来看当时轮船各舱

① 《沪甬轮实行增设护航队每轮宪兵二十二名订于三月一日实行》，《申报》第20774期，1931年2月4日第14版。

② 《沪甬轮护航队提前成立》，《申报》第20775期，1931年2月5日第13版。

③ 关瑞麟：《新发明之海盗报警器》，《航业月刊》第1卷第2期，1930年，第1～2页。

④ 《各轮船局实施防盗设备 交部召开防盗会议 招商各轮设护航队》，《申报》第21636期，1933年7月8日第14版；《招商局海轮防盗办法严密》，《申报》第21677期，1933年8月18日第13版。

⑤ 《招商局商请粤当局剿捕普安海盗营救旅客各轮上装置自动报警电机 增加护航警旅客均需具保》，《申报》第21848期，1934年2月9日第13版；《交部饬各商轮购备防护电机》，《申报》第22303期，1935年5月29日第3版。

的情况：一、二等船舱，通常为二人至四人一间，属于高级乘员的活动空间。三、四等船客或甲板客，不得擅自进入，并规定于特定空间内活动，部分地区需限制船客自由进出。一来可避免下等船客影响乘船质量，二来则为确保船客安全着想。船客必须持有船票方可上船，于船舶航行中，也须出示船票或相关证明，以资查验。① 船公司会对乘客名簿做确认，避免有鱼目混珠的闲杂人登船。

在个人行李的限制，特别规定枪炮、火药、爆裂物、刀剑及容易燃烧之物，发出恶臭之物、流出液体之物、易腐败或其他可能危害生命财产的物品均不得带上船。金、银、货币、有价证券等贵重物品也请随身携带。所有乘客的行李必须自行保管，若有损失或损坏，一律不得申请赔偿。行李若需要搬运，则需秤重计价，由水手负责搬运，船公司负责保管。② 为了避免走私行为发生，海关也会查缉旅客托运的行李，以防有违禁物出入。③

《缉盗护航章程》颁布后，各船公司除遵照办理外，特开防盗会议，议决人员检查事项：一、船只出港前一小时，由水警带女稽查员伙同该船买办或账房，检查乘客。届时若有乘客下船，则由在码头戒备的陆警检查。二、由码头管理处将各轮出航日期及时间，开单分送水陆警察机关。三、各轮船公司需自制工作证，发交船员佩戴，将船员姓名、职务及证件样式，送交航业公会及水陆警察机关存查。四、若同一时间开船数较多，则应增派警员加强检查。至于经费，则由各船公司分担。五、加派便衣侦缉队在码头巡逻。④

船公司加强检查船客的身份及携带物品，因应海盗伪装乘客的手段，护航队也会派数名便衣警卫混入乘客当中，以防万一。并增设女性检查员，专职负责女性乘客的查验，以防海盗混入。有些案例是船只因天候因素或其他原因在某港停泊时，会有旅客要求搭船行为，船公司对这种中途上船的旅客，告诫航行船只需特别小心，甚至不允许中途载客的行为出现。

① 大阪商船株式会社编：《航路案内》，大阪：大阪商船，1919年，第136～137页。

② 大阪商船株式会社编：《航路案内》，大阪：大阪商船，1919年，第141页。

③ "第一〇号"，《1.昭和九年/(2)中国ノ外国人取缔（旅券查证）方ニ关スル训令ノ件》，《外国ニ于ケル海事ニ关スル法规关系雑件》第二卷，1934年2月17日，图像文件号：0053；"第一二号"，《1.昭和九年/(2)中国ノ外国人取缔（旅券查证）方ニ关スル训令ノ件》，《外国ニ于ケル海事ニ关スル法规关系雑件》第二卷，1934年5月18日，图像文件号：0054。

④ 《各轮船公司举行防盗会议　水陆警署均派长官列席议决办法五项严密检查》，《申报》第21831期，1934年1月23日第12版。

四、缉捕绩效

上述提及地方团练、警察及海军,呈现中国政府维护地方安全的措施,并随着政局的稳定,才大刀阔斧进行改善。不过,民间团体基于自身权益的保障,向政府要求护航动作,除了希冀免除前述提及的规费、杂捐以外,更重要的是,政府本就应该提供安全保障,减少货物损失。

以法治层面来看,中国对沿海治安的管制,除《海上捕获条例》以外,最重要的是《缉盗护航章程》的颁布。此章程可说是国民政府对沿海治安整顿的重要依据,由于往年层出不穷的劫船案件,使得国民政府应付内乱焦头烂额之际,还得耗费心力于海盗问题,可谓力不从心。面对外国质疑海盗问题的处置,国民政府一直以"国内事务"作为说辞,希望外国不要介入插手,却无法拿出有效政策制止。因此,该章程的制定与实施,反映国民政府对沿海治安问题的重视。

至于检查机制,基于沿海航路的不稳(特别是香港航线),海盗借伪装乘客作为内应,得手超过数十次。为因应海盗犯案手法的改变,对船只内部进行检查,同时也加强对乘客的搜查,减少海盗登船的可能。

最后,船只自卫则是增加船只本身的防御力。由于大多数船只见到海盗出没,均会兴起投降之意,少数船只备有武器及警卫,对抗海盗并不是要击退他们,而是为了增加脱逃的机会与时间。因此,若能增强船只防御,不但能减少海盗袭击的意愿,也能减少损失,是中外防制海盗异曲同工的转变。

图 5-8 的数据是笔者整理《申报》的结果。"巡逻护航"随着国民政府站稳脚步后,呈现下滑的趋势,表示对沿海地区的掌握已逐年提高。而"缉盗成功"的高峰,集中于 1927 年至 1931 年之间,是因为海军部与水警厅共同合作的成果,故可肯定国民政府在政局稳定后的努力。此时期的海盗手法从外部暴力手段(海盗船袭击)转变成海盗伪装乘客登船,海盗根据政府查缉的松紧,改变劫掠方式。后期因航船加强内部检查,及中日矛盾日益紧张,海军与水警队的监视渐松,才会再次出现小起伏。至于"电请缉盗"方面,则是前期防不胜防,难以阻绝海盗劫船,因此才会因应遇难船只及地方的要求,加强巡捕。"缉盗失败"的次数过少之因,在于官军有时仅击退海盗或海盗知难而退,并不与官军强硬对抗。官军总是抱着一举歼灭海盗的想

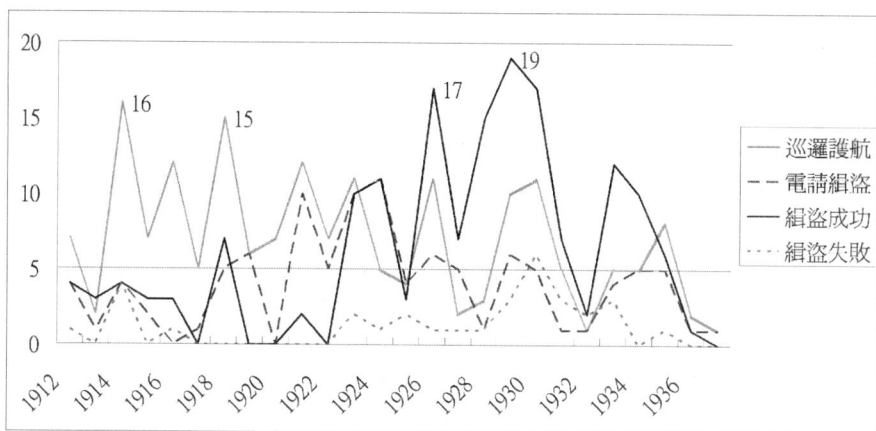

图 5-8　官军缉捕海盗绩效

资料来源:《申报》,1912—1937 年。

法,以至于每次仅能缉获数十人不等的盗团,无法全面根除海盗行为。

由上可知,中国有能力改善沿海治安的时间,多在 1930 年后,主因为国内政治安稳。此时期的报导时常刊载歼灭、缉获海盗的消息,突显海盗问题被重视且正在处理中。

第三节　海上保险与难船救助

遭海盗攻击的船只,其损失不仅在物质上,受害者的心理创伤也是其中之一。如第三章提到的孟慕贞修女,颇受海盗看重,也许是因为外国肉票容易收到大量赎金的关系,海盗才会如此重视她。但并不是所有遭海盗挟持的人质,都能受到相同的待遇。

遇害的船只,将近一半都是中国民船。他们并不像日船或英船,遭受损失后,国家能替他们伸张正义。换句话说,民间船只若遭遇不测,之后的赔偿只得自行解决。当时的海上保险尚未有专门的“海盗险”可供投保,不过从保险的演变来看,民国时期的保险,也有部分与海盗相近的项目。

一、海上保险原则

海上保险是依照契约规定,对保险标的物,承保海上之事实及灾害所生之毁损、减失及费用之保险。海上保险可分成五大类:船舶、货物、运费、责任及预期利润等。保险期间有以航程为基础,或以时间为许诺,抑或两者并用之。[①] 与海盗袭击相关的保险项目,则以船舶、货物(船客)两项为主。

海上保险的主要两个原理,分别为船货押贷及共同海损。前者为古代船主以船舶及货物向债权人抵押贷款,若船舶或货物于航运过程中遭遇海难致毁损灭失,债务人即可免除偿还义务。反之,若航行顺利完成,则船主除需清偿贷款外,尚应支付较一般为高之利息,作为获取贷款与负担前述航运风险之代价。[②] 共同海损则是指共同海事冒险中,发生危及全体的危险,如有因保全、拯救全体财物所为而自发的牺牲及费用,则这些牺牲及费用既为全体财物而发生,及应由冒险中所有船货和所有人共同分担。[③]

至于海上危险或称海上固有危险(Maritime Perils)可分成八种:

一、海难(Perils of the Seas),指的是"诸海的偶发事故或意外事件,不包括风浪通常的动作",举凡沉船、搁浅、触礁、焚烧、碰撞、恶劣天候,皆为海难之显例。

二、火灾(Fire),海保指的火灾为意外发生之火,在不该燃烧之处燃烧,不该燃烧之物遭到燃烧。因火灾致烟熏或因救火致水湿的损害,或货物着火而过热损及他物,皆视为火灾损失(不包括货物自燃,overheating)。

三、海盗与游劫者(Piracy and Rover),指"未受交战国之允许或不属于各国之海军,而驾驶船舰,意图施强暴,胁迫于他船之人或物者。

---

① 财团法人保险事业发展中心编:《海上保险训练教材》,台北:财团法人保险事业发展中心,1991年,第1页。

② 此制度源于阶级盛行,奴隶或平民被迫航海谋生者,苦于缺乏资本,纵使借得资本,如途中发生全损,亦无法清偿。故贵族或富人为谋求高利息,乃设计出此种方法。财团法人保险事业发展中心编:《海上保险训练教材》,台北:财团法人保险事业发展中心,1991年,第20页。

③ 财团法人保险事业发展中心编:《海上保险训练教材》,台北:财团法人保险事业发展中心,1991年,第20页。

海盗亦包括叛变的乘客,或从岸上攻击船舶之暴乱者"。

四、强盗(Thieves),指"意图为自己或第三人不法之所有,以强暴胁迫等行为致使不能抵抗而取他人之物或使其交付者"。

五、投弃(Jettison),投弃为货物或船舶属具自船上抛弃于船外之谓,常于遭遇海难为船货共同之安全所采之非常的措施。

六、船长、船员之恶意行为(Barratry of the Master and Mariners),船长或船员以不法行为(例故意凿船、搁浅或走私),背信或恶意行为损害船舶所有人或佣船人。

七、战争危险(War Risks)。

八、所有其他危险(All other perils)。[1]

因此,海盗案件发生后,以共同海损的补偿来说,是最能符合船舶与船员(客)的规则。因为海盗劫船为不可预知的因素,虽说是人为因素,但对于船上所有人来说,均是直接受害者。遑论那些受雇于船公司的员工,若因抵御海盗而死伤,更难获得补助。

另从海上危险来看,以"海盗与游劫者"来说,若以客观、不设限的字眼来形容,则应以"公共敌人之行为"来称呼。但公共敌人尚有两种解读,一是与本国处于战争状态之国家及其国民,或援助交战国之国家及其国民,但不包括强盗、盗贼、私人掠夺者或暴动之暴民,亦不包括他国之敌人。二是凡与本国政府作战之武装力量,均可概称,如海盗或敌军,但不包含人民的暴动行为。[2]

然而在"海牙规则"尚未确认以前,运输责任完全是运送人自由订定,而运送人大多为船东,可以说,船东于自行印制的载货证券内,订立几乎完全不需负责的条款,甚至还有因船东本身实际过失或疏忽所致的货损也不必负责的条款。[3] 1924 年的海牙规则,第四条即以"免责"概念提到运送人或船舶不需负责任的事由。其中包括失火、海上或其他可供航行水面上之危

---

① 财团法人保险事业发展中心编:《海上保险》,台北:财团法人保险事业发展中心,2001 年,第 25~28 页。

② 邱锦添、王肖卿:《海上货物索赔之理论与实务》,台北:文史哲出版社,2005 年,第 139 页。

③ 邱锦添、王肖卿:《海上货物索赔之理论与实务》,台北:文史哲出版社,2005 年,第 9 页。

险,或意外事故、天灾、战争、公共敌人之行为、罢工、暴动及民变、救助或意图救助海上人命或财产等因素。[①] 因此,海牙规则确立之后,因海盗造成的损失,得以选择免责的方式来处理。[②]

国民政府于1929年制定的《海商法》,于第五章运送契约的第一百十三条提及免责规定:一、海员因航行或管理船舶之行为而有过失者;二、海上或行路上之危险或意外事故;三、失火;四、天灾;五、战争;六、暴动;七、公共敌人之行为……十一、救助或意图救助海上人命或财产……[③]上述规定使运送人或船舶所有人可不必负赔偿责任。另外,若因海盗出没,致船只原本预定的航线被迫改道,可依第一百十五条之规定免责:"为救助或意图救助海上人命财产,或因其他正当理由变更航程者,不得认为违反运送契约。其因而发生毁损或灭失时,船舶所有人或运送人不负赔偿责任,但变更航程之目的,为装卸货物或乘客者,不在此限。"[④]保障因保护船客安全或救助他人而偏航的船只,得免于被罚。

二、海保业及相关法规

中国的保险业始于1885年,以上海招商局筹组成立仁济和保险公司为开端,之前皆由外商公司把持海保业。上海为保险业者聚集之地,1905年

---

① 邱锦添、王肖卿:《海上货物索赔之理论与实务》,台北:文史哲出版社,2005年,第326～327页。

② 海牙规则承继美国哈特法的概念而成形,美英过去也对船东采取严格的责任原则,19世纪中后期,他们各自代表航运强国和货主国的利益,因此在立法上有所出入。南北战争后,美国的进出口商受限于船只类型(美国船只为木造,于南北战后损失惨重,英国船则为铁皮制),而被英国轮船公司操控贸易航运量。这对他们来说无疑是吃亏的一方,因为他们的货若出事,英国商轮仅对英国司法负责,而不是美国政府。为此哈特法的制定在于要求船东"克尽职责",务必使船舶适航,方可于过程中实施免则,而不似英国一味地全盘免责。邱锦添:《鹿特丹规则与海牙规则、威斯比规则及汉堡则之比较》,台北:邱锦添出版,2011年,第66～69页。

③ 《中华民国法律汇辑》第五册,台北:"国民大会宪政研讨委员会"编印,1966年,第3124页。

④ 《中华民国法律汇辑》第五册,台北:"国民大会宪政研讨委员会"编印,1966年,第3125页。

有华安保险公司,1911 年均安水火保险公司等陆续成立,至抗战前有 27 家。[①] 由表 5-3 可看到,1928 年在上海组成保险公会的 20 家民营保险业者,广东籍公司有 9 家,浙江籍有 5 家,部分公司在上海、广东两地均设有分行,经营航运保险。

表 5-3　1928 年上海保险公会会员表

公司名称	公司所在地	经理姓名	籍贯
华安水火保险有限公司	黄浦滩七号	傅其霖	镇海
华成经保火险股份有限公司	南市万聚码头二号	顾馨一	上海
上海联保水火险有限公司	宁波路九号	正理:刘石荪 副理:冯佐芝	贵州 广东
先施保险置业有限公司	浙江路五十四号	正理:黄泽生 副理:梁国华	广东
永安水火保险有限公司	南京路	郭瑞祥	广东
联泰保险公司	江西路 60 号	正理:潭永业 副理:黎树芳	广东
丰盛实业公司	四川路 29 号	经理:盛恩顾 协理:李金门	江苏 河南
金星水火保险有限公司	江西路 60 号	总理:陈亦康 副理:蔡健民	广东
中央信托公司保险部	北京路 98 号	总理:严成德 协理:袁近初	浙江
永宁水火保险分行	天津路 519 号	刘体智	安徽
宁绍公司	江西路 211 号	袁履登	浙江
安平水火保险股份有限公司	天津路 507 号	吴蔚如	浙江
华兴水火保险公司	爱多亚路 38 号	厉树雄	浙江
通易信托公司保险部	北京路 126 号	黄溯初	浙江
肇泰水火保险股份有限公司	广东路 13 号	陈乾清	江苏
羊城保险公司	江西路 64 号	赵甫臣	广东
华安股合群保寿股份有限公司	静安寺路 34 号	吕岳泉	上海
永安人寿保险有限公司	南京路	郭乐	广东

---

① 财团法人保险事业发展中心编:《海上保险训练教材》,台北:财团法人保险事业发展中心,1991 年,第 26 页。

续表

公司名称	公司所在地	经理姓名	籍贯
先施人寿保险有限公司	浙江路 45 号	马文甲	广东
中国仁济和水火保险股份有限公司	福州路 5 号	欧阳容之	广东

资料来源：《上海保险公会申请成立同业公会并抄送章程及会员名单呈》，收入中国第二历史档案馆：《中华民国史档案资料汇编》第五辑第一编，财政经济（四），南京：江苏古籍出版社，1994 年，第 738～739 页。

上海航业公会于 1929 年筹设海上保险公司，原为船东欲筹救济自全之方，并谋海员意外危险之保障，以集股方式，通告各轮公司认股，以期能够吸引并带动海上保险。① 首将保险单据改以中文书写，以免保险人对内容规定一知半解，贸然投保付费。② 不过，海上保险公司在认股初期，乏人问津，仅收大通等股，经航会退还，来年剩招商、三北、宁绍、肇兴等八大轮船公司，为顾全船员水手的利益起见，决计由八局另行组织。③ 此次重组的海面保险公司，因应各轮海员要求加薪之故，将薪水调涨每人六元。此项增加的薪资，主要投入船员的保险，保障海员生命安全。④

中国海上保险的相关法条订于《海商法》、《保险法》里，以 1929 年颁布的《保险法》第八十三条对海上保险的规定来看："海上保险人对于保险标的物，除契约另有规定外，因海上一切事变及灾害所生之毁损、灭失及费用，负赔偿之责。"⑤除一般的货物保险，运送契约内也有对船客的安全提供保障。第一百二十一条便提到旅客保险："旅客于实施意外保险之特定航线及地区均应投保意外险，保险金额，加载客票，视同契约。其保险费包括于票价内，

---

① 《航业要讯》，《申报》第 20133 期，1929 年 4 月 10 日第 14 版；《海上保险公司创立》，《申报》第 20161 期，1929 年 5 月 8 日第 13 版。

② 《保险单据改用华文议　公司须注册后方许营业》，《申报》第 20701 期，1930 年 11 月 14 日第 9 版。

③ 《航界特讯　新康轮案开审》，《申报》第 20801 期，1931 年 3 月 3 日第 9 版；《航界之新建设》，《申报》第 20865 期，1931 年 5 月 7 日第 9 版。

④ 《海员海面保险成立》，《申报》第 20801 期，1931 年 3 月 31 日第 9 版。

⑤ 《中华民国法律汇辑》第五册，台北："国民大会宪政研讨委员会"编印，1966 年，第 3146 页。

并以保险金额为损害赔偿之最高额。"①该条文初步对船客的安全做基本保护，也准许船客除船票内所含的保险以外，可自行加保意外险。

上海通济龙公司早于1923年增设海面生命保险，其办法分为甲乙两种，如投保一千金镑，保险以船型海程计，最久者为三个月，纳费三镑；次为一个月，纳费一镑半。又次为十六日，纳费一镑；九天者，纳费十二个先令。在保期内，投保人如遇不测，便可得赔偿，亦分为死亡者，全赔一千元；损失一眼者，赔五百镑；四肢中伤去一肢者，赔半额。②不过，在当时保险尚未普及的情况下，一般乘客不会刻意加保，因此《保险法》规定船票须包含保险费用，才对大多数乘客有保障。

1932年，由陈乾清等人发起筹资，设置中国海上意外保险股份公司。设立的原因为近年商轮失事，时有所闻，被难船员，仅由船东略给抚恤。鉴于上海航业公会于去年筹办海员保险公司未成，故在政府颁布《海商法》后，规定遇难船员给薪一年。值此航业衰落之际，恐船东增加负担，方才设立。经营内容为船舶平安险、货物损害险，特办船员团体意外保险、船员个人意外保险、搭客意外保险及行李保险等，为国内前所未有之新事业。船员团体与个人保险，规费规定每百元收三元五角，以五百元至五千元为限；搭客意外险以每趟千元收费三元，亦以千元至五千元为限，行李险同搭客意外险计算；驳船保险则以每百元收三元，由五百元至二千元为限。③

1924年，广东国民政府鉴于船只因海盗骚扰而受到的损失越来越高，当时便拟定一个保险案，针对广东、汕头、香港往来的定期船只进行投保。④此保险案直到1926年方有眉目，由政府直营，并预计在六个月内将境内的海盗一网打尽。可惜的是后续并无报导或资料显示此官营保险案的实施到底如何。⑤不过，民间保险业者对于航轮载有银洋等高价值的货物，均不予

① 《中华民国法律汇辑》第五册，台北："国民大会宪政研讨委员会"编印，1966年，第3125页。

② 《航业要讯》，《申报》第18244期，1923年12月9日第14版。

③ 《中国新事业 海上意外保险 陈乾清等发起筹资船员搭客行旅无量》，《申报》第21400期，1932年11月3日第13版。

④ 《海贼保险が出来た程 彼等の跳梁跋扈する 物騒な南中國海》，《台湾日日新报》1924年2月13日第3版。

⑤ 《海贼保险官营案 广东で实施》，《台湾日日新报》1926年2月13日夕刊第1版；《海贼保险官营案》，《台湾日日新报》1926年2月14日夕刊第4版。

保障。原因在于一旦遇劫,保险公司将不敷赔偿,以 1921 年广利轮遭抢为例,所有银洋损失皆由保险公司承担,造成不小伤害。为此保险业者大多仅营运货物险,不再替银洋护保。①

另外,1930 年左右,由于广东地区的盗贼猖狂非常,导致外国船只损失颇高,甚至出现由外国保险会社设置的分店,专门负责由广东出航船只的保险。船东原本负担的保费为百元至千元左右的支出,拜海盗肆虐之因,纷纷加保数千元以上,大幅度增加投保率。但这意味着投保船只若遭受意外,在给付理赔金额,势必会有更严谨的检查。② 为此,1935 年上海海上保险协会对水上货物的保费方面,便提及各会社对海盗保险有额外提出申请的保单时,必须增加保费,提高理赔金额。③

若是海运状况不佳,海保业者因理赔金额过多而吃不消,也会导致保险业的萧条。④ 随着海难频繁发生,保险业者会多方面调查遇难船只,将理赔条件提高,减少赔偿金额。故保险业者对海盗行为的解释,便有不同的看法。以 1928 年新济轮于福州北方 50 余公里之草石岛附近触礁一案来说,此轮曾投保于柏林亨堡水陆运·保险公司、上海保兴水火保险公司等,投保金额为三十余万元。船只触礁后,船长恐船只沉没,将货物抛弃于海,有一部分货物遭到火灾烧毁及附近渔民抢搬,保险业者对渔民搬运货物的解释,为新济轮因触礁而遇难、搁浅之因,才会吸引渔民趁隙偷搬货物的行为出现。此与一般海盗行抢不同,不能将其视为海盗行为。⑤ 可见在海上保险契约当中,当时并不将沿海村民趁火打劫的行为等同海盗行为,则是较为特别的解释。

---

① 《中外航业界要讯》,《申报》第 18048 期,1923 年 5 月 26 日第 14 版。
② "诸外国保险会社ノ匪贼保险开始ノ件",《40.广东ニ于ケル外国会社ノ匪贼保险》,《保险关系杂件》第一卷,1930 年 6 月 4 日,图像文件号:0341。
③ "第五六八号",《10.中国》,《保险关系杂件》第四卷,1937 年 7 月 21 日,图像文件号:0172。
④ 《海上保险苦境 海运不况に加え、海难统出で打撃》,《读卖新闻》1908 年 9 月 5 日第 1 版。
⑤ 《新济触礁后保险赔款案上诉判决 应责令洋商如额赔偿》,《申报》第 20754 期,1931 年 1 月 15 日第 14 版。

三、难船救助措施

遭到海盗洗劫的船只,可视为海难一种。关于救护方式与规定,以日本法规来说,以《水难救护法》为主。该法订于明治三十二年(1899年)3月,主要内容有遭难船舶、漂流物及沉没品、罚则三个章节。首先在遭难船舶里头,规定若发现遇难船只,须立即通报村里长,交由警察处理,并一同协助救护。此点对以往沿海民众不救助遭难船,反而趁火打劫一事,有明确的制止。至于漂流物的所有权判定,规定在七天内要还给原物主(船东),或交由村里长或警察保管。罚则部分针对不提供船只救护并有妨碍者及将遭难物品占为己有者,将处以重禁锢或罚金,严厉禁止任何妨碍救护的不当举止。[①] 另在《台湾水难救护规则ヲ定ム》内,将漂流物的所有权从七天改成三天,希冀减少船难的损失。[②] 因为台湾沿海地区尚有传统陋习存在(趁机打捞难船漂流物等),增加救助困难。故希冀此法于台湾地区,能对附近海域的船只提供保障。

中国沿海村落常出现趁火打劫的情况,此举早已招致外国对中国沿海居民的不良观感:"查近来沿海船舶航行失事以致触礁坐沙,正在待援之际,当地人民不特不为救难,反利用时机,纷纷驾舟登船,窃盗财物……"因此,1930年海军部规定,沿海乡民不得借船舶遭难之时,不行救护之举,反趁机窃取财物。违者将以刑律窃盗之罪,结伙驾舟意图施暴胁迫该船之人或物,等同海盗罪,处死刑、无期徒刑或七年以上有期徒刑。而商船因遭难,暂将货物卸于海中系为预备日后捞回之计,为刑法第三百五十八条所载之漂流物。若私自领有为侵占罪,处一千元以下罚金。依照国际惯例,漂流物所有者,经一年又一日不捞取,方有弃掷之意。他人觅获,需登报通告招领,以免犯法。[③]

---

① 第六辑《行政诸法规/水难救护法》,《外务省警察法规聚》,1928年,图像文件号:0304~0306。

② 《台湾水难救护规则ヲ定ム》,《公文类聚》第二十四编,明治三十三年,第二十八卷《交通三·河川港湾·船车一》,1900年3月6日,影像编号:6、12。

③ 《海部防止失事船舶货物被盗　咨内政部协同查禁》,《申报》第20408期,1930年1月15日第10版;《海部保护失事船货物 盗取者违犯形律》,《申报》第20412期,1930年1月19日第14版。

另船只获救后，需给付多少报酬予施救方，也是问题之一。通常，船只在海上遇难，航行船只均有义务施予救援，以发挥"人饥己饥，人溺己溺"的精神。不过若因施救而耽误原船只的预定行程，其损失补偿该如何解决。又遭难船只欲答谢施救船只，该如何给付等诸问题。因此，交通部规定，除军舰施救以外，以海军本有救护难船义务，除有特别规定，海军主体不主张报酬。至于非军舰以外的船只，如装有海难救助机械或拖船等，专供救难、具营业性质者，施救报酬手续按照各国通例办理。①

前述提到船只获救的报酬，更值得注意的是遇难船只的赔偿问题。以1914年英国轮船泰安号遇劫遭纵火焚烧为例，英方认为此次意外在英领海面，故中方不必赔偿。但若中国海盗不幸击毙英国船员时，该如何赔偿之疑问，则需进一步的追查。②

不过，在1916年《申报》一篇报导提到无责任之原则，也就是不需负责之意。大致有三种情况：

> 两国间有无责任之条约者……二、损害之自来或因受损害者自己之重大过失，或因违反国内之法令，或因为国际法上可受恶报之行为，例如求特别之利益而自入于危险之地（过失），或住居于国法进住之处（犯国内法），或为海贼，或为间谍，或侵害封锁，或运输战时禁止品（国际法尚可受恶报之行为）。三、外国人已失外国国籍者，如有损害国际法上不胜赔偿之责任自不待言。四、交战团体已承认之时。盖原有之政府苟认革命军为交战团体，则外国不得请求原有政府负已被革命军占据各地之责任，外国苟认革命军为交战团体，亦自不能再向原有政府请负被革命军占据地方赔偿损失之责任。③

文中提及若因海盗发生意外事故，政府或地方政府均不需负赔偿责任。关于此点，香港政府对当地注册的船只，已明文给予船员保障。1924年《申报》提到："香港注册轮船船员为海盗杀死，则给以等于两年薪俸之抚恤。如受伤残废，则所给之款不得逾一年薪俸之数。"④1925年在中国海员救助的补偿法规中，交通部颁布《商船船员抚恤章程》，第一条便提供船员的基本体

---

① 《救护难船取酬手续》，《申报》第20477期，1930年4月1日第8版。
② 《外船在华遇劫之赔偿问题》，《申报》第14825期，1914年5月20日第3版。
③ 《无责任之原则（二）》，《申报》第15470期，1916年3月10日第3版。
④ 《香港轮船遇盗抚恤律》，《申报》第18376期，1924年4月27日第4版。

恤：

> 凡充任中华民国商船船员，在船因公患病或受伤，其必须之医药费暨看护费及其痊愈或病故，或回归原籍港口以前，该项船员之维持费并回归原籍港口之旅费与设有死亡该本人之殓葬费等，应由船东支给，不得向其薪工扣除。[①]

第五条则对船员抵抗海盗，若发生危难，给予补偿措施：

> 凡船员在船因抵拒海盗强盗或其他种暴徒，以致受伤或当场致死者，该本人应享受正当之抚恤。此项抚恤之数目，应由管辖之官厅按照案情规定，并由船东支给。倘有死亡情事，则此项抚恤应交付遗族或依靠赡养之人证。无遗族或依靠赡养之人，则无须给予抚恤。[②]

此二条文清楚规定船员（该章程于第九条说明，船员包括船长及船员名册、水手名册或水手合同内之各人，并学徒及临时或长雇之引水人）若因抵抗海盗发生危险，地方官厅得依此法办理抚恤，由船东给予金钱补偿罹难者家属。

另外，在《海商法》第三章对船长的规定，第四十条强调"船长非因事变或不可抗力，不得变更船舶之预定航程"，第四十一条"船长在航行中，为维持船上治安及保障国家法益，得为紧急处分"，及第四十三条"船长在航行中不论遇何危险，非经咨询各重要海员之意见，不得放弃船舶，但船长有最后决定权"、"放弃船舶时，船长非将旅客、海员救出不得离船，并应尽其力所能及，将船舶文书、邮件、金钱及贵重物救出"。[③]

《海商法》对船长若因不可抗拒之力而做的决定，有明文可供背书，给予船长做出有利决策，也规定船长须对旅客及船员负责。1914年，英国轮船泰安号遭到海盗攻击时，葡萄牙籍船长带领船员奋力抵抗，击毙海盗数人，保护英国国旗与乘客安全，其英勇表现获香港官厅赞赏，谓为楷模。[④]

虽然法律保障船员的福利，但罹难海员领不到抚恤金的情况尚有所闻，

---

① 交通部令：《订定"商船船员抚恤章程"》，《政府公报（重印本）》第三千三百十五号，1925年6月23日，第7页，政府公报信息网系统识别号：D2500049。

② 交通部令：《订定"商船船员抚恤章程"》，《政府公报（重印本）》第三千三百十五号，1925年6月23日，第7页，政府公报信息网系统识别号：D2500049。

③ 《中华民国法律汇辑》第五册，台北："国民大会宪政研讨委员会"编印，1966年，第3113页。

④ 《特约路透电》，《申报》第14807期，1914年5月2日第2版。

他们的诉求以"况公司轮船保有水险,虽遭沉没,无所损失,独我被难人等无衣无食,又乏工作,蒙不测之祸,遭摈斥之殃。为此万不获已……"①纵使不是遇劫而受伤,在船上工作的水手,其家庭生计系于己身,一旦发生意外,叫寡妇弃子如何生存。况航海生活具冒险性质,非其他职务之稳定可比,日与无情之暴风猛浪搏斗,设或不幸,船员身无依,情状惨烈。平日工薪,仅足糊口,一旦遭难,其家族奔走吁恳,情实可悯。

前述提及中国海上意外保险股份公司对船员的意外保险有规定保单范围,凡船舶搁浅、火灾、沉没、锅炉爆炸、误触机器、船只碰撞等,或因公受伤、灼伤而致死亡残废者(残废以双目失明,手足断一等),其过失在本船者,由船公司负赔偿责;在别船者,对方赔之。若因运军火、触水雷、入战区、进戒严口岸,及被敌攻或军队所击、匪盗掠绑、自杀械斗,致失踪死亡及残废者,则不负赔偿之责。② 其中提到若被盗匪绑去,保险公司自当不负保金领取;船员因抵抗海盗侵入,而致受伤者,则可依受伤程度向保险公司及船东领抚恤金。虽然并非对船员及船客有齐全保障,至少能在遇难后,获得一些补助。

船只在海上航行遇到海盗劫船,遭难船除以无线电向邻近航船或岸上求救以外,大部分遇难船还是得靠运气才能获救。一般来说,无线电的配备尚不普及,倘若遭遇海盗,轻则洗劫财物,重则掳人杀人,并放任漂流于洋面。幸运的话,巧遇船只,施以援手;不幸的话,甚有再度被海盗洗劫的可能。

不过,也有原先从事海盗活动,后来却大彻大悟,放弃劫掠生活,改以正当职业维生,对遭难船只施以援手,获得赞赏。1931年《申报》报导原浙江海盗梁梅亭,横行洋面数十年,部下党羽甚多。近年悔悟,抛弃过去一切,改为务农捕鱼之良民。梁某恐其部下若四散,将加害于人,遂聚集于外海之荒岛,择地耕植,并出海捕鱼。华阳轮于4月底航行至温州南渔山遇雾触礁,船上所有人均逃至岛上,等候救援。③ 恰好梁某安居岛上,遂施予援助。起

---

① 《被难海员请照合同赔偿损失　致交涉公署函》,《申报》第20051期,1929年1月11日第14版。

② 《中国新事业　海上意外保险　陈乾清等发起筹资　船员搭客行旅无量》,《申报》第21400期,1932年11月3日第13版。

③ 《华阳被难船员返沪》,《申报》第20860期,1931年5月1日第13版。

初梁某身上携有手枪,众人均以为海盗前来抢劫,经解释后,才知梁某已改邪归正。翌日,英国船只前来搭救,众人得以返回上海。①

四、小　　结

近代保险业的兴起,与海上运输有关,乘客自然而然地也是"货运"的一种。海盗事件所带来的伤害,不仅是物质的劫掠,对乘客及船员的安危也是一大威胁。因此,政府在立法上,将乘客保险列入在内,其目的就是要确保乘员的生命财产安全。由于海盗事件频繁发生,船公司对旗下船只加保,为此民间出现联合海保公司提供选择。

但是海难频繁发生,海保业者在给予赔偿金的审查,也渐趋严格。海保业者对部分海盗事件的定义及解释,出现些许不同。例如船只触礁、搁浅等遇难后,货物散落于海上,遭附近渔民打捞窃去,该判断是海盗行为或偷窃、强盗行为,则每家海保业者皆有不同标准。可以确定的是,随着时代演变,保险业对海盗行为的定义仅局限在海上劫船一事。

国民政府除了制定法规外,三令五申沿海居民若看到遭难船只,须伸出援手救援,刻意制止渔村的"抢船"陋习。同时,对船长的责任归属有明确规定,并提供船员后续的抚恤措施,确保船员福利。至于在救助层面,除海军救助难船为无偿且必要之职责以外,于免责的概念上,鼓励航行船只发挥同情心,提供遭难船只协助。

---

① 《海国新民救难友》,《申报》第 20862 期,1931 年 5 月 4 日第 10 版。

第六章

结　论

　　民国时期的海盗问题，打从清末便一直存在，此点毋庸置疑。因为历史的存在具有连续性，海盗职业并不会平白出现或消失。从明代以来的海盗生成原因，与人民追求获利与生计，转向海洋冒险犯难有关，此特色一直到明末清初更加显著。随着朝廷严加执行海禁政策，沿海居民为养活一家老小，无论是被迫或被逼的，皆有当海盗苦衷。

　　民国政局混乱，地方政府无力管辖偏远地区的治安，反倒使得这一批人，以天高皇帝远之姿态活跃于海上。一般认为海盗的组成多以沿海渔民居多，理由有三，一是渔民的航海技能。沿海渔民对作业环境的熟识，远比一般受过训练的水手要来得优秀。最主要的原因在于每个地域的变化，特别是暗礁位置与潮汐变化。二是渔民的陋习。虽说趁船只遇难时，渔民不搭救遭难人员，反而趁火打劫，捞取漂流货物或登船掠夺值钱品，是非常不好的恶习。但渔村生活不稳定及无法致富等因，迫使他们不得不这样做。三是贸易的利诱。部分港口提供良好的地理位置，给予商人进行正式与非正式（走私）的商贸。渔村生活并不是一年四季皆在海上作业，渔民会利用渔暇期兼差，因此很有可能被商贸吸引而转业。但随着港口机能消退，或国家政策的改变，走私渐渐兴起。这些失业的"渔民"，若不想重操旧业，改行走私或转往海上当海盗的概率便会提高。

　　民国时期的渔业尚处于自产自销的格局，国家政策对渔业发展注意较少，大多数地区的规模尚为小渔港或小渔村。但地方税收对渔民生计乃一大负担，除正常的港口及船只规费外，各地渔会、航政局、海关等政府单位，设立众多名目的附加税，向渔民征收。一般渔民生活仅能打平，又渔民因长年在海面打拼，身体不堪负荷，便会吸食吗啡或鸦片，有的甚至会聚赌，将辛苦挣来的金钱花光。

另一点值得注意的是,日本船只越界捕鱼的情况。众所皆知,日本为一海鲜消费大国,除自销外,日本在明治维新后,大力发展轻、重工业,海产加工成为赚取外汇的管道之一。因此,为获取大量新鲜的原物料,不断向邻近海域开发新渔场。在引进发动机渔船后,为了不与日本国内渔业起争执,便转向远洋渔业发展。当时最大、渔获量最为丰富的渔场,以中国渤海、海州一带莫属。日本甚至还宣布渤海、黄海一带为国际公海,因此日船可自由进出捕鱼。日船除限制中国渔船不得进入作业区域外,更派遣军舰以保护日本渔船免于受到中国海盗的威胁,在中国领海内驱赶中国渔民。

　　民国海盗的组成分子,有来自内陆地区。民初军阀割据,连年战乱不断,许多军阀为补充兵源,随意四处拉夫为兵,或招募流民、无赖汉参军。军队纪律不佳,参军的人抱着"当兵吃粮"的想法,为填饱肚子而入伍,实难有良好纪律。又在每次小规模战斗结束后,败军残兵逃往四处,有些便群起据地为王,对往来商贩或邻近乡镇进行抢劫。故兵匪合一的问题,致使民国各省盗乱为患。

　　另外如流民、疍民等边缘民问题,在各朝代皆有迹可寻,一般来说,流民问题乃战乱或无业民群聚,流窜各省之间,"哪里有饭吃便往哪里走"是这群流民的特征。因此,流民为一股蝗虫,除落草为寇,否则就是被吸收当盗匪。至于生活在海面的疍民,因居住空间处于海上,为社会底层的贱民,也会呼朋引伴,于闲暇期间进行小规模的抢劫。

　　基于政府对沿海治安无力管制,海盗便予取予求,横行肆虐。以往政府所扮演的角色,均是立即对海盗问题做出反应,以武力剿灭为其方法。后来随着海盗势力与沿海村落的结合,海盗利用化整为零、化零为整的方式躲藏,官军无法全面扫荡。加上官军剿盗东奔西跑,海盗利用官军一鼓作气地歼灭作战方式,屡次挑战成功。官军疲于奔命,只得改采招抚方式,收编这些盗匪。但被收编的这些人,因本质尚未改变,反打着官军名义,趁机坐大势力。故官府的威严一直受到考验。

　　民国海盗的特色,相较前朝大规模海盗舰队,反显得特别精巧。海盗使用的船只,多为中国帆船,以人力或风力为动力来源。由于海盗船要求轻便、移动迅速,一般来说吨位约在500石以下。又按照资料显示,某些海盗船两侧绘有鱼眼,可推定船只是作为渔捞使用,为中国人所有。因此,沿海船只的活动范围不会离陆地过远,以免风浪过大,导致翻船意外。但不代表所有海盗船皆不能驶离沿岸,也有以商船作为伪装的海盗船,于海中央对长途贸易的船只下手。

海盗利用每年的季节风，对往返商旅下手。以夏季季风 6—9 月及冬季季风 11 月至来年 2 月，借沿海岛屿作为根据地，在附近洋面出没犯案。作案地点有江浙外海的扬子江口、吴淞外海及舟山群岛一带，福建省以兴化湾外的平潭南日岛、湄州湾及泉州湾为主，另处于闽粤之间的南澳岛，也是海盗曾盘踞的地点。广东省则有汕头外海、海丰、陆丰二县的碣石湾、红海湾、大亚湾与珠江口外海等处。

造成海盗猖狂的另一因素，在于武器的取得。由于在海盗的世界里，某一特定洋面，往往不止一个海盗团活动，也许有数十个之多。因此，谁能以强大武力压制该片海域，谁就能获得最大利益。故海盗利用走私、抢劫、私购等手段，试图将各种新式武器弄到手。当时的武器种类非常多，海盗常用的武器多为手枪、步枪居多，并搭配刀剑等冷兵器。海盗选择近身肉搏的武器为主，其目的在于迅速压制船只。

海盗头目多为目不识字的平民，他们除练就一身本领外，在统御人心上也相当有一套。本文所举的例子，多为继承家族事业，但也有因身世凄惨，转而投入海盗行列。至于海盗团的形成，有数个村落形成的暂时性盗团，也有以劫掠维生的正式盗团。他们的指挥随着船只大小而有不同，例如若要控制大型轮船，则需事先分配工作，增加作案的效率。当然，海盗团也会培植沿海村落势力，除获取情报外，更投资一连串的事业，增加财富收入。

海盗手法以突袭、伪装乘客及趁火打劫居多。商船于海面上巧遇海盗船，多为被劫。海盗船行踪捉摸不定，一发现猎物便穷追猛打，船员恐生命安全，往往停船被劫。至于海盗伪装乘客登船，则是因应民国时期的固定航线，特别是此路线的轮船吨位通常超过千吨以上，一般海盗船无法迫使其停船，反有被撞沉的可能。因此，此手法的运用不仅突显出海盗团的规模、组织，更体现海盗因应大型船只的策略变化。打劫的物品，以日常生活用品居多，海盗也会劫取船具、货物等其他值钱物品，特别是绑架人质。人质又可分成中国人及外国人，海盗特偏好后者，因为外国公司或政府会顾虑外侨生命安全，多以付赎金了事。故海盗对待外国人会比中国人要来得好一些。

从日本对南中国地区海盗调查报告来说，日方认为福建地区因山多田少，人口又多，种植的农作物以耐旱植物为主，仅能糊口。许多内陆人口移向沿海，向海外发展。因见到贸易带来的大量利润，进而兴起抢劫商船的动机，日方认为这跟沿海渔民趁船只遇难到海上打劫的陋习有关。至于广东一地，从以前便是盗匪群起之地，此地开港通商较早，也是革命发源地，民间私有团会非常多。以广东盗匪的组织来说，带有一种乡林色彩，民间多以抗官有理、替天行道等字眼褒扬这群绿林。因此，在这套江湖义气的氛围下，盗团组织非常紧密。又广东海盗最为活跃的地点在大亚湾一带，该区为控制进入香港、澳门的门户，有许多商船在此遇难或在他处遭难后拖行至此地。可以确定的是，大亚湾的海盗利用此区的天然地形，以交通不便的山区与海滨作为掩蔽，可说是非常成功。为此英国政府曾派兵攻击沿海村落，引起中国人民的反英。

海盗在当时来说，其实尚处于国内犯罪，只因外国势力进入后，海盗案件变成国际交涉，外国政府以中国政府若无力管辖海盗问题，则外国将有责（权）剿灭海盗。实际上，双方争执的点在于海盗性质。中国政府认为海盗既在中国领海内犯案，又海盗皆为中国人，故中国政府有责惩治。虽说当时尚未对海盗有明确定义，不过各国将打击海盗视为默认规则，隐约透露出中国在国际法观念上，明显与外国有所差异。

既然中国政府没有办法制止海盗的猖狂，各国遂有责保护外侨及商船安危，纷纷以军舰替船只护航，游行于中国沿海各港及内河。由于中国在清末签订一连串不平等条约，他国以最惠国待遇相互引用，此举造成中国海防门户洞开。因此，当外国军舰以处置海盗问题对中国沿海村落进行扫荡时，便会引来中国人民的反对声浪。

为此，英国在 1927 年以剿灭海盗为由，发兵向南中国沿海村落攻击，收到不小成效，但也受到极大伤害。为了将焦点转移，才借助五国公使召开海盗防制会议，试图将海盗问题国际化。后来，随着国民政府成为中国新主人后，英国才渐渐转变在海盗问题的思维，改以船只防备为主。至于日本，在防制海盗的做法，属于渐进式，日方总是避免任何行为牵涉到中国主权。因此，日本选择与英国站在同一方，支持英方的剿灭行为。但在 1928 年锦江丸事件后，此点受到质疑。锦江丸事件给南中国民众带来相当大的刺激，此事件与后来发生的山东济南事件结合，为反日浪潮因素之一。

中国以往负责维持治安的有团练、警察与军队三种组织。自清中叶开始，团练作为乡镇的基本防卫武力，一直是国家控制基层社会的单位。后因团练带有地方及私人色彩的武装，团与团之间会因纠纷而互相攻讦。到民国后，更变相成为半正式的民防团体。至于警察的设置，以水警来说，民国水警由清代水师改制而来，对沿岸治安有一定的保障。但人数及装备老旧，数量不足，这也是当时许多政府相关单位的通病。海军则是因为军阀混战之因，当时被分成四支。由于海军的技术性要求颇高，海军的维持需一笔经费，因此在防制海盗问题上，海军及水警只能依重点海面及港湾进行布防。

至于法规制定，多数法令在 1930 年后被订立。其中以 1934 年的《护航缉盗章程》最重要，该章程对航行船只规定防护的准则，并以军舰作为护航及打击海盗的主体，体现国民政府对海盗问题的重视。另外，如福建与广东地区的检查制度，加强对旅客身份及行李的查验，减少海盗从船内发动袭击的概率。国民政府还强调船只自保的设施，以无线电、铁栅栏及防弹钢板等装置为主，加派宪兵随船驻守，或由船公司联合招募护航队，一来提供工作机会给无业民，二来为民间自力救助。如此看来，政府与民间吸收以往的海盗劫船经验，加强海上防备，减少被劫的机会。

船只遭难后，该如何赔偿及救助，也是重点问题之一。当时的保险业尚未有海盗险出现，笔者仅能以货物险、人身保险作为判断海盗劫船后的补偿，其中包括免责概念。海盗抢劫的定义，在保险业日趋严谨的审查制度而有所不同。以船只遭难后，货物若遭渔民打捞来说，此动作将不被视为海盗行为。故海盗劫船能够领到的补偿，通常为货物损失、人员安保及船险。政府为了保障旅客安危及海员的福利，在《海商法》及《保险法》里，对乘客及海员保险有明确规定。同时立法禁止沿海村民趁火打劫的陋习，制止不法行为。而在船只救助上，以军舰救援民间船只为己任，并不要求报酬。但对民间以救援为业的民船，依民间规定，给予一定酬劳。

总结民国时期的海盗问题，起因为政府无法有效监视偏远地区，致边缘民以打劫维生。又船只屡次遭到洗劫，除却海盗在海面上等候猎物，海盗伪装乘客登船做内应则是民国海盗的特色之一。另从冷兵器到热兵器的使用，突显民国海盗为取得强大武力，称霸海上的企图。值得注意的是，民国海盗团带有地方性质的掠夺，他们若遭官军追缉，则会选择他处东山再起，并会对特定航线的船只事先调查，锁定猎物后，不管是外部攻击或内部袭击，将船只押回自身根据地掠夺。因此，民国海盗不仅在本身根据地活动，更会跨越省份，至他处行动，或联合其他盗团，成为各国船只在中国沿海航行的噩梦。

本书仅以中国东南沿海的海盗为研究对象，另有山东、渤海及东三省一带的海盗未触及。不过，由于当时各地区的海盗形态皆不同，因而他们彼此之间的关系（包括海盗派系与组织、指挥系统、合作与分赃的机制等）需更进一步的厘清。同时因海盗身份的特殊性,与陆匪所需的条件不同,故可加强对成为海匪的社会性质进行分析,以了解沿海社会的发展及与陆地的关系。

民国海盗资料非常稀少,关于此点,可从中国地方志书网络,搭配地方小报、时人回忆录及当时杂志等,以便建立不同于官方的资料,以显示的海盗形象。另外则是因海盗触及的国际问题,本书仅以日本官方史料来做分析,英国方面的态度已有前人研究,故笔者仅描述日本的态度。最后则是民国的保险业,本书仅稍微论及民国的海上保险业,对于海盗造成的损失及其后来的赔偿,还有待日后做更深入的探究。

附录一

《台湾日日新报》报导海盗摘要(1912—1937)

年份	报导日期	项目						
		遇难地点	遇难船型	损失	海盗规模	内容简述	反应措施	缉捕成果
1912	6/4	打狗、广东间航路，夜泊香港	苏州丸	财物损失约二万九千元	数十名	趁夜打劫，并休息乘坐小艇逃去	—	—
	7/8	扬子江上流，重庆附近	—	—	—	于白天打劫，行径嚣张	—	—
	8/6	由石岛航向福建，经过浙洋	宁德帮得顺船	—	伪装渔船之海盗船	帮船常被打劫，该洋面海盗充斥	请商船总会呈请都督交通司，派轮巡逻	—
	8/22	由台中厅大安港出发，往淡水途中	戎克船（澎湖厅大厝洞六十号金荣发所有）	玄米（糙米）一百八十袋，豆油四十桶（二千四十元），衣物	—	船员皆被绑，关在船底，仅给予一日粮食，随即释放	—	—
	9/1	新竹厅旧港海面	戎克船	—	盗船为三桅式白色	被岸上民众发现报警	警察马上乘船出海与盗船距离十海里	因风向转变，盗船往淡水海面逃走
	9/3	由旧港往苗栗二堡湾里庄，距旧港南方约二里海面	金正春号（新竹厅什块寮庄彭清池所有）	石油五箱（值36元），衣服、船具（167元）	盗船一艘	盗见该船载重，被拖曳至对岸陆地，未料仅载砖瓦	由于船具被抢，只得利用北风回本岛大甲支厅报案	—
	9/10	新竹厅公司寮沿岸五海里之处	戎克船（约三百石吨位）	—	盗船约五十石吨位	戎克船遭袭击，被拖往白砂墩海面	—	—

续表

年份	报导日期	项目						
		遇难地点	遇难船型	损失	海盗规模	内容简述	反应措施	缉捕成果
1912	9/11	淡水海面到盐水港海面，约距五海里至十海里，以新竹旧港沿岸最多	往来戎克船	—	以一个村或一个地方为主	以掠夺为主，并会先观察入港出港的船只，再以直线为接近方式	—	—
	9/11	由大甲支厅船头埔福德港往淡水途中，在后垄海面	戎克船庆顺号（九十石）、宝顺号（七十石）、宝成兴号（九十五石）	玄米	盗船一艘	三船立即回后垄港避难，但两船被盗船拖至别处	只有宝成兴号逃脱，向警察报案	庆顺号与宝顺号平安驶返淡水港（1912/9/12）
	9/12	台湾北部沿海	—	—	盗船约百石吨位以下，船体黑红相间，船桅多为两支，盗多操福建头北语	通常打劫前，为先投掷拳头大的石头或开枪示威	针对海盗横行加强警戒	—
	9/12	新竹厅香山海面	外国通航船金合盛号	陶器破损而已	盗船一艘，约百石吨位，吃水以下的船体涂白色，船首船尾有红蓝白等颜色组成，约有二十三名盗	该船与之发生枪战，历时三小时之久	幸流弹击中盗船前部主桅，使其无法追赶	—
	9/13	由北门屿往通霄途中，经过台中厅大安溪海面，约三四十海里	戎克船金保全号（台南厅北门屿港）	现金一百六元；木制锚、出港许可证、衣服	伪装戎克船，百石吨位，吃水部位涂白色，约有十名壮汉	两船交会时，便亮出枪炮，阻其进路	—	—

续表

年份	报导日期	项目						
		遇难地点	遇难船型	损失	海盗规模	内容简述	反应措施	缉捕成果
1912	9/17	由淡水往北门屿途中，在新竹沿岸约十八町海面	戎克船金顺兴号	草席、船具、衣物，损失约一百十八元三十钱	伪装戎克船，约二百五十石吨位，船首红船尾白涂装，盗有十五名，持刀枪	向其发炮示威，并破坏船桅，使其无法正常行驶	—	—
	9/17	台湾北部沿岸	—	—	—	海盗横行，时有声闻	海军派驱逐舰前往警戒	—
	10/20	厦门附近	渔船南盛号（台南厅大竹林苓雅寮陈仲和所有）	船内物品、糖蜜，约一万元	—	遭海盗袭击	向台南警务课报案	—
	11/19	由北洋向厦门行驶，在鼓浪屿海面	货船	—	—	求救声音传至陆上，但夜深人静，被劫一空	地方有责任追讨	—
1913	4/7	由香港往江门，在伶仃岛南方约六里海面	益安轮船公司汽船泰安号	金品约四十万元、船上救生艇	盗约一百五十名，其中八十名扮乘客上船	船员船客各一名被杀，四名负伤	向九龙税关之署报案	—
	4/14	向江门进行，出港数小时，至伶仃岛南去六里	香港益安轮船公司，泰安号轮船	船上物品、旅客钱财	海盗伪装成旅客，约八十名	海盗装成旅客劫船，并与同伙串通	报官存案，损失四十万弗	—
	6/6	通霄海面	渔船（苗栗三堡大安港庄）	—	戎克船、约五十石吨位，下白上黑，约十三人（三十岁上下）	—	—	—
	7/1	新竹厅旧港海面约两海里	—	—	戎克船一艘	—	派人于新竹厅沿岸警戒	—
	7/2	旧港二里海面	舢板	—	戎克船一艘	抢完往西边逃去	—	—

民国时期东南沿海海盗研究（1912—1937）

续表

年份	报导日期	项目						
		遇难地点	遇难船型	损失	海盗规模	内容简述	反应措施	缉捕成果
1913	7/2	从台南厅北门屿往淡水,在新竹厅新埔支厅红毛港海域约二海里	戎克船顺泰号	现金三十八元,玄米一百五斗、食盐二百斤,其他	戎克船一艘,约八百五十石吨位,船体白色,携大刀小枪,至少十名盗	将船员关在船底	到淡水港后报案	后来警方在同地巡逻发现一艘戎克船,形迹怪异,自称金合顺号(福建省漳浦县陈江何所有),船上壮汉八名,载玄米,武装有大炮二门、小枪四挺、三叉枪六支。武力强大,令人怀疑,目前正在调查其船籍
	7/9	由北门屿往淡水途中,在新竹厅旧港与香山海域中间	金义龙号(台南听大竹里旗后街三百二十一号潘石祉所有)	食盐、船具、锚具、衣物,约五百四十元	盗船一艘,约两百石吨位,三桅,船身上部漆黑红,下涂白,操泉州口音,至少六名组成	盗船先发三炮后,接近该船,六名盗上船,逼迫船员入船舱,再将船开往福州附近掠夺	经四天四夜后,该船回到淡水港报案	—
	7/9	由厦门往基隆航行,距厦门约三十海里海面	戎克船福连顺号	银纸四百括,材木六百五十本,木制碗七十个,苧油等其他船具约七百六十元	约数十名,二十四至三十五岁中国人组成,持刀枪	船员十名皆被囚禁在船底,盗将该船开至距厦门北方清里之处(南日)	后回基隆港报案	—

续表

年份	报导日期	项目						
		遇难地点	遇难船型	损失	海盗规模	内容简述	反应措施	缉捕成果
1913	7/10	由北门屿往交辜显荣,在距新竹香山庄二里海面	戎克船金义隆号	官盐价约三百八十五元	—	—	回淡水港日新街派出所报案	
	7/20	新竹厅中港海面	戎克船金福号(三百五十石)	衣物、现金等约一百七十元	—	袭击该船,引诱至大洋上打劫	—	—
	7/25	距厦门约七十海里,磁头海面	金泉美号	—	盗船约二百石吨位	见盗船驶来,船长命船员取枪准备应战	船员与其对抗,甚至将盗过来的手榴弹丢还回去	—
	7/25	由厦门往淡水途中,距厦门一百海里东北上司海面	戎克船金泰号(泉州府惠安县獭窟乡,四百六十石吨位)	—	盗船一百五十石吨位	盗船发炮追赶	该船满帆全速逃离,免于被劫	—
	7/26	由苑里港往淡水,距白沙岬灯塔南方三十四海里海面	戎克船金成发号(新竹厅竹北二堡旧港庄八四号)	玄米一百三十五袋	帆船形,二桅,船体白色,约百石吨位,速度快	盗船于后方追赶,并在海面上等待	该船往石观音陆地避难,沿岸边行进,由于北风强劲,遂往许厝港报案	—
	8/7	由淡水出发,在距香山庄二里海面	金锦发号(台中梧栖港)	—	盗船约一百五十石吨位,二桅,船体涂白色戎克船,	盗船欲接近	船长急忙转舵朝香山陆地躲避,后盗船往西南海面驶去	—
	8/9	向淡水航驶	金德顺号、金成发、金顺胜、金顺吉、金和顺	官盐	盗船一艘,涂白色,约两百石,约五人,操兴化口音	欲向其中一艘掠夺	五艘船共同防御,盗船见不可行,便逃走	—

续表

年份	项目							
	报导日期	遇难地点	遇难船型	损失	海盗规模	内容简述	反应措施	缉捕成果
1913	8/11	大沙埔头河道	业贞、福贞两轮船	—	伪装乘客	海盗伪装乘客上船，与外盗勾结	船主陈金、谭容呈请水上警厅查缉	捕务废弛，特令雷坤舰长于十日内将海盗缉捕到案
	8/15	新竹厅香山海域	—	—	—	盗船拖一艘戎克船，往西北海面驶去	由香山税官监视署员持望远镜看到，却无计可施	—
	8/23	由石码开帆到淡水，于中国南日港	帆船金万益号	人员伤亡，货件船具	海盗数十名	与其对抗，一人被杀，二人重伤，轻伤三人	—	
	10/9	兴化海上一岛屿	以湄州往温州、台州及载往北方的盐船、商船为主	—	盗来自福州，驾取轻快的戎克船，约20人，使用新式长距离枪支，手榴弹等爆破内船	海面若不平静，则盗不敢出海抢劫	盗巢窟被日人得知，正继续调查	福建舰队司令官元凯带官兵百名、枪械前往讨伐盗首萧禧，但盗群却舍船入水，不知去向，剿讨失败
	11/10	来往香港及广州湾，在澳门海面	美国轮船	银约六万元	—	抢劫钱财，伤买办一名，后盗将该轮驶往澳门南便岛屿，便逃去	—	—
	11/10	闽浙交界之温台二州各洋面，苏浙交界之白羊山二洋面	—	—	—	各有盗匪占据，见有商船经过，便勒索海费数十元。经过海面可免抢劫	驻沪海军总司令部派军舰赴闽浙各洋面，认真巡逻，并令沿海各地水陆军警严加缉捕	

续表

年份	报导日期	项 目						
		遇难地点	遇难船型	损失	海盗规模	内容简述	反应措施	缉捕成果
1913	12/10	安东日本租借龙宾沟及大孤山庄河沿岸一带	帆船	—	—	—	旅顺都督府令镇守府派水雷艇四艘，开往石城岛至龙宾沟	搜查三天三夜，查无所获
1914	1/17	福州沿岸，香港往汕头途中	所属不明的外国船（一千八百吨位）	现金、物品约二十六万元	伪装中国人旅客二十七八名，携短枪	伪装旅客，由香港出发后，靠近某岛，有戎克船两只徘徊	船员皆被关入船舱	—
	3/8	由厦门往淡水，通过乌龟岛之际	戎克船金进德号	—	盗船约三百石吨位，二桅，船体上面部分红色，船底下涂黑色	忽有盗船出现	该船加速逃离，盗船见距离太远，放弃追逐	—
	4/29	南远洋，蚂蚁岛以东海面	—	美国洋面二百袋	盗至少八名，枪十支，弹药二千发	派人围捕盗船	大连民政署兼辖管内魏子窝民政张所获报，派警察巡捕十五名围捕	抓到盗八名，正在审讯中
	5/1	香港外海	汽船タイアン（泰安号）	—	一群海盗	船员与之抵抗，但船内失火	船员勇敢抵抗，后失火弃船，仅一百二十名获救，该船员有三百六十多名乘客	—
	7/10	由泉州府惠安县獭窟港出发，在泉州府东沪浮斗海面	戎克船金荣发号（泉州府惠安县獭窟港）	—	盗船约三百石吨位，船体白色，二桅	双方追逐，后盗船放弃	该船加速逃跑，距离仅三海里	—

续表

年份	报导日期	遇难地点	遇难船型	损失	海盗规模	内容简述	反应措施	缉捕成果
					项　目			
1914	7/21	由山海关至金州一带	渔船、民船	—	—	阻碍该地交通贸易	政府派军舰巡逻	—
	7/24	江浙洋面	商船、钓船	木植	海盗多人	驶经崇明境大戢山，遭抢劫	该船户当即向驻淞第一水警厅报案，即派卫队三十名，给发枪支乘二号炮艇	—
	8/26	中港、香山海面一带	戎克船金顺兴号（伪装成一般商船）		—	四天四夜在旧港、通霄之间巡逻	警部与巡察六名、船夫五名一同搭乘该船	但盗船没出现，可能与近来军舰巡逻亦有关
	9/5	莱州	—	—	盗有二百六十名组成，携短枪	切断电线，抓人质当肉票	—	—
	9/20	淞口外洋面	崇明境泗礁山乡渔船、各帮沙船	勒索、银物、军火	—	命渔船交保护费大洋十元，洋面计有三千余船，被勒索三万余金	禀地方官查办	—
	9/23	江浙两省交界之马迹山洋面	货船、沙船	—	—	近来海盗专在附近之余山、大戢各洋面出没，妨碍航商	海广艇驶往认真巡逻保护，并电饬驻沪海军李总司令，派炮舰赴吴淞口外附近洋面巡逻	—

续表

年份	项目							
	报导日期	遇难地点	遇难船型	损失	海盗规模	内容简述	反应措施	缉捕成果
1915	1/6	旅大间洋面	—	—	盗船两只	海盗互相攻击	接获沙陀子无线电报后，随即派船前往追捕	盗船向大孤山海面逃窜
	7/15	大甲支厅海面	渔船（二林支厅深耕埔番砼庄）	米二斗五升，现金五元	双桅白色戎克船	抢完后往鹿港方向逃去	向台中厅报案，并由澎湖岛马公海军赴该地巡察	—
	7/29	由厦门往泉州途中，大担洋面	帆船	豆饼各式杂货约二千余元	盗船一艘海盗五六人	盗船疾飞而至，船员见势不敌，任其所为	—	—
	8/27	北洋山海关菊花岛洋面	沙船	油豆杂货、豆饼	红胡子匪党，备有军火枪械	值秋季，油豆北货南下之际，因此沙船来往多	调派军舰使往北洋巡逻菊花岛、烟台一带海面	—
	9/8	山东烟台洋面之俚岛	商船	—	—	素多海盗出没	水陆军队会同剿捕，派兵舰一艘往俚岛驻泊	该海盗消息灵通，兵到则散，兵去又来
	9/13	山东洋面	商船	—	—	值秋季为海盗横行之际	驻沪海军司令部派兵舰驻泊淞口	
	9/29	朝旅顺前进，约十二海里海面	渔船盛崎丸	—	盗船一艘，黑色汽船，单桅		派水雷艇四艘追击，在大钦岛附近发生枪战	—
	10/5	—	厦门金协春号			海盗十二名	海盗被捕，移送法办	水警署将盗匪送交思明县并将其所抢物品饬传金协春船户到署点明	讯问被捕四人，并派密探侦缉

续表

年份	报导日期	项目						
		遇难地点	遇难船型	损失	海盗规模	内容简述	反应措施	缉捕成果
1915	10/8	厦岛洋面，高崎仙尾一带（同安县管辖）	金门盐船 金协春帆船	盐、水果	—	水上警察埋伏于高崎港口等候海盗出现	派水警前往巡逻，刚好碰上海盗船	擒获海盗四名，余皆跳水
	10/11	海湾庙岛附近大钦岛	—	—	盗船三艘，枪五支，子弹百颗	—	水警艇新履云前往剿捕，后有楚泰军舰	共击毙海盗三名，生擒六名
1916	1/8	北清海岸	商船	—	盗五十至八十名组成，携带中国枪或日本枪，有石油发动机船数艘	面对水雷艇，海盗多利用警戒空隙或天气因素神出鬼没	—	—
	6/28	厦门海面	澎湖帆船	皮箱	水警哨船	监守自盗	船中工人因船摇动而惊醒，追赶哨船	送交海关转交思明县惩办
	11/23	由福建往淡水，经吴淞口外铜沙脚洋面	翁长发金福森两船户	板木、财物	盗船五只、海盗将近六十人，持快枪等武器	绑架翁船乌桂林，勒索六百元，不料回其船中取钱时，趁机逃跑	列举被抢物品，向吴淞海外水警厅报案	—
1917	1/8	甘肃省西河两岸一带	—	—	—	海盗横行	—	—
	4/25	鼓浪屿	渡船	银财货物	盗船一艘，计一八人，带刀枪	突遇海盗，喝令停驶	船人不敢声张，厦门水警如同虚设	—
	6/15	台中厅下海域	—	—	—	海盗船出没，损失惨重	台中厅警务课长、两警部等出勤	—

续表

年份	报导日期	遇难地点	遇难船型	损失	海盗规模	内容简述	反应措施	缉捕成果
1917	10/18	由漳码来厦门，于鸡屿河面前	帆船	红料砖瓦	盗船两艘，数十人，执小刀	见其货物价值不高，转而打劫船员钱财、衣物	—	—
1918	6/14	桃园到新竹、台中海面	—	—	—	以南中国海岛为根据地，神出鬼没	—	—
	6/27	福建海上	—	—	—	英国宣教师被海盗杀害	英国公使向外交部交涉，并派英国军舰到福州征讨，对此外交部反对	—
	6/30	台湾北部沿岸，由大安港出航	铁船	米约二百裱、船具	中国戎克船，约五十石至百石吨位，盗至少16名，持台湾刀	由于该船失去方向，漂流数日，因此船上两名船员无法抵抗	两人皆被带走	—
	7/11	由基隆出帆，往宁波府镇海县镇海港	戎克船金春号（陈顺兴所有）	鹿35头、石炭等约一万九百三十七元	—	优势海盗突袭，被海盗向合胜号勒索六百元	合胜号向陈兆斋打电话，陈认为要按照海盗的要求给予赎金	—
	10/12	于泉州搭载货物完毕后出港不久	138号金泉泰	洋糖二百包，上等尤米九十包	盗船数艘	包围该船，船员无法抵抗，有两人受伤	该船户向水警署报案	—
1919	1/12	自青岛往斧山	帆船第二永吉丸	金品	中国海盗三十名，四名有辫，携小枪、手枪、刀	因强风飘至克礼得岛附近，被洗劫	仅一人获救	—

续表

年份	报导日期	项 目						
		遇难地点	遇难船型	损失	海盗规模	内容简述	反应措施	缉捕成果
1919	9/5	湾外梧屿岛往基隆途中,于金门岛灯台东北约七英里	基隆水产会社所属,台中蓬莱组久吉丸	物品、食物	数十名长东村村民着蓑笠持凶器	船体搁浅,船员上岸避难,并被村民威胁	由专人特别调查,附近都是岛屿,皆为海盗巢穴,平日务农捕鱼,赃物有专人一手买卖,并与官府有勾结,收取保护费	—
1920	6/6	兵库县西公署	清酒运送船	清酒五百石,约三十万元	广岛县刚野作太郎与植木米太郎	该县各造酒业常被打劫	向官府报案	在大阪港外逮捕一票人,船体为双桅,红色(1922/12/12)
	7/10	由大安港往淡水途中,桃园厅白沙灯塔海面	戎克船(台中厅大甲之厅下营盘口庄二十六号吴文所有)	玄米五十五石	盗船一艘,吃水面上黑色,中央涂白色,单桅	由后面追来	幸好货物不多,得以靠近岸边航行,免于遭难	—
	8/20	由桑港往香港航行途中	日本邮船ナイル号	金块一箱	—	由长崎往上海的金块出现在该船上	入上海进行调查	对船员进行调查中
	8/25	平潭县下桥岛	商船	—	—	该岛为海中一孤岛,商船时常在这被劫	第三署水警署长韩福海会同平潭县警备队,南通警舰刘德芬,前往抓捕	开炮还击,抓海盗四人,其余溃逃

续表

年份	报导日期	项目						
		遇难地点	遇难船型	损失	海盗规模	内容简述	反应措施	缉捕成果
1920	9/26	从山口县宇部新川往大阪途中	帆船海上丸（爱媛县越智郡日吉村越智晋五郎）	石炭、现金十五元、锚网等船具	四艘渔船，十六名男子手持刀	—	—	—
1921	6/16	香港往东京湾北海	大华丸	—	轻快戎克船、渔船、商船，海南岛巢窟最大，盗有两三百人之多	广东、澳门、香港的定期船最容易被劫	—	—
	7/29	温泰州洋面	金恒号、金森号、新源昌	货物损失达六千多元	—	商船被盗船围困	经靖安军舰救出，并护送至港	—
	8/7	入吴港	五六百石吨位和船三艘	吴服布物值六七十万元	—	—	吴署疑该船为中国一带之海盗船	发现爱媛县温泉郡牧野村丰田治平等八名，三艘船全为海盗船
1922	5/28	由湄州回洛阳约三十町程海面	—	衣服、毛巾、靴子、时计、现金三百元	盗七名	新竹州苗栗郡苑祖庄苑里六名台湾人朝拜湄州妈祖	—	—
	5/28	往香港途中	汽船ワースン	—	—	该船载新加坡移民	海盗杀害一名印度守卫，两名重伤	—
	7/29	由马公往汕头途中，汕头港外南澳海面	戎克船永龙兴、金振发号（中国）	杂货约二千元	盗船一艘，二十名，双椀	—	向汕头官府报案	—
	9/13	厦门五里禾山一带	—	—	—	官厅鞭长莫及，人民自助	该地人民组成东团会对抗	—

续表

年份	报导日期	项目						
		遇难地点	遇难船型	损失	海盗规模	内容简述	反应措施	缉捕成果
1922	12/2	—	招商局汽船满洲号	—	十四名由海盗伪装乘客	—	法国警察无法拘禁于当地,便于香港放逐	—
	12/14	由小樽往亚港途中,于东京市オホーツク附近	—	财物、渔获	汽船大喜丸(七百吨)江连海盗团	向两艘发动机船打劫,虐杀17名苏俄人	该案件与陆军、海军部有关,扩大侦办,起诉北海盗团江连力一郎	北门源治、猪子田辰治被捕,后野田伊太郎以下十八名,于十八日抵东京受审(1922/12/20)
1923	5/1	广东附近海面及河川	往来船只	掳人千元至十万元	—	—	当局采严厉手段,抓到海盗者处以死刑	—
	5/5	青岛、海州	—	—	—	—	水上警察讨伐	盗团全灭,俘房一名,杀害八名,压收弹药多数
	5/16	由上海往广东	汽船大顺号(一千九百六十二吨)	金钱、衣物	四十名海盗伪装乘客上船	—	船员与船客皆被关在房间	—
	6/29	旅顺海面	—	—	帆船	三十五名警察成立讨伐队,搭乘警备船	于海面上发现一帆船并要其停船不允,发炮攻击	头目重伤,死三名,两名负伤,逮捕四名
	6/30	福宁府与浙江温台交界	当地渔船	收护网费用	一人前往与渔民接洽	渔民无力与抗	近处虽有海军驻防,但海盗依旧	—

续表

年份	报导日期	项　目							
		遇难地点	遇难船型	损失	海盗规模	内容简述	反应措施	缉捕成果
1923	11/16	由印度海防往香港途中	法国汽船河内号	现金五万弗，及贵重物品二万弗，外部小枪十一支，手枪十支，弹药千发	二十余名海盗伪装乘客	射杀一名船夫，抢完后往香港北方之比耶新湾上路	中国政府并无镇压此海盗之动作，英国政府不能视而不见	—
	11/26	往高雷道阳江	汽船荣怀号（三四七吨）	—	盗十名，装为乘客	杀害事务长及其他高级船员，宣教师及其他四名被当人质	—	宣教师仅以身免
1924	2/3	香港往广东途中	英国汽船河南号	—	盗船三艘	因为起雾的关系，导致指针出问题而迷路	由于此处为著名的海盗出没地，因此船上护卫兵彻夜警戒	—
	5/7	广东往澳门	载客发动机船オポルト号	—	—	海盗袭击，绑走四十名乘客	—	—
1925	2/1	由汕头往高雄，在安平附近	戎克船金议发号和另外二艘	—	三艘盗船	该船发炮出击	制服三船后，命令他们上陆，没收他们的赃物	—
	2/7	汕头附近，南澳岛及南澎岛	帆船	—	柘林联益公司底下的船只	见到民船通过，便乱发炮攻击	总督府警务局认为中国政府皆取缔与该公司不相干之盗船	—
	2/26	澳门海面	葡萄牙汽船德鄂拉号	—	中国海盗船	该船击退海盗船	—	—

年份	报导日期	项目						
		遇难地点	遇难船型	损失	海盗规模	内容简述	反应措施	缉捕成果
1925	3/2	山口县由宇洋	二十吨位之发动机船，为吴市麦本回漕电	—	—	特务舰间宫发现该船沉没，施以援手救援，团中有他杀嫌疑之男尸	以无电报吴镇守府	
	5/9	由高雄往汕头途中海面	戎克船今日福号（高雄市旗后一四一贸易商潘水玉所有）	糖蜜二十二万斤，空瓶等货物约八千元	—	以五千元为价，放还人员	交海盗税百元可以免于被海盗袭击	
	11/20	由高雄出帆，距南方三十海里海面	发动机船福寿丸（高雄市凑町山田福太郎所有）	白米二升，烟草若干及其他物品	戎克船九艘，其他三艘驶来	该船机关故障而漂流	—	
1926	1/14	由基隆往广东途中	玄武丸	金品	盗三十余名	盗船从无线电装置得知海军援助将来，船长趁机从石炭库逃走，仅轻伤	损害金额尚在调查中	—
	2/10	黄浦江内	日本汽船会社所有船二十一相泽丸（一千二百吨）、中国汽船华大、华利	衣服金品八千多元	三十余名海盗	造成死者一名、重伤二名，部分人被当作人质	—	—
	2/13	由广州湾往香港航行	英国汽船シヤド一号（五十六吨）	船中金块达五万弗之多	九名武装海盗	威吓船长朝香港东方海面行驶	船员不敢轻举妄动	—

续表

年份	报导日期	遇难地点	遇难船型	损失	海盗规模	内容简述	反应措施	缉捕成果
1926	2/16	广东黄埔	第二十一相泽丸	现金一千五百元、其他物品、衣物	四艘盗船，三十余名	将船上人都关入船室	向广东日本领事馆清水副领事报告	—
	4/25	厦门海面	常盘丸（神户市岛谷汽船会社所有，一千两百吨）	豆粕三万枚、船具	—	该船坐洲于厦门海面，等待救援，船员皆上岸避难	赶往救助的大浦丸也险遭海盗船袭击，因此请求澎湖岛司令官派遣舰艇护卫	—
	6/6	欲入广东港，在黄埔下流第二沙洲	三井顾船日州丸	石炭	四艘汽艇，数十名盗，持机关枪	该船坐洲，中国军舰在旁护卫，等到离洲后，深夜遭袭，英舰オンスロード号也赶来应援	随后电报通知马公部司令，派遣驱逐舰谷风前往	—
	10/2	汕头海面	发动机船泰洋丸（高雄船籍）	—	—	被袭后等待救援，顺便观察对岸情况	船只加速逃离	—
	10/3	距扬子江口七十英里的岛屿	鲣渔船丰州丸（基隆吉井商店）	—	—	该船似乎遭遇海难后，被附近岛海盗袭击，船上无一人幸免	附近尚有两三艘漂流船只，由船主向基隆水产支会提出详细调查	—
1927	2/2	往香港途中，南中国海上	汽船诗咏美号（5849吨）	—	—	海盗伪装乘客，挟持富豪五名为人质	—	—

续表

年份	报导日期	遇难地点	遇难船型	损失	海盗规模	内容简述	反应措施	缉捕成果
1927	5/11	江苏省海州	日本、中国船只	—	—	两国船只时常在此海面遇难	中国当局派出军舰扫荡，日本也派一艘驱逐舰应援	—
	5/17	距青岛西北六十浬的车牛山附近无人岛	发动渔船大岛丸（下关市观音崎町桦太渔业会社）	金品、衣物	西洋型、中国型帆船（百吨位），三十名盗搭传马船	发炮攻击大岛丸	—	
	9/7	西江上流	民船	—	—	海盗跋扈不堪	英国海军决心扫荡，派三艘炮艇，并向该地住民发出炮击通告	
	9/9	上海往福州途中，在宁波海面	中国招商局汽船新济号	货物、银锭五万弗	海盗一百二十名伪装乘客	该船搭载二百名乘客，被关入船舱，向汕头附近美亚司湾前进	船长欲求救不成，盗更抓人当人质（南洋烟草公司支配人及乘员两名）要求赎金	—
	9/14	新竹某港海面	中国戎克船	货物	—	绑架四名船员	残余船员回新竹某港，向新竹州报告，见其紧张程度，海盗传言不知是否为真假	—

续表

年份	项 目							
	报导日期	遇难地点	遇难船型	损失	海盗规模	内容简述	反应措施	缉捕成果
1927	9/15	新竹州后龙海面	戎克船金周顺(澎湖厅白沙庄港尾)	玄米四十袋,水槽二十四个	戎克船大小两艘:大艘为三桅,帆上白,下茶褐,船体涂白。小艘不明	抢完后往后龙庄水尾子海面约二里方位,向西逃跑	四名船员搭小船避难,向竹南警察课报案	后由马公派两艘驱逐舰前往新竹海面查缉
	10/24	由上海出帆	招商局轮船爱仁号	货物二百五十吨	海盗十七名伪装乘客	威胁驶往"贝仔珠湾"	恰巧英国潜艇浮在水上,发炮造成该船大火,该舰转而救援,香港方面也派三舰来助,救回二百三十名	三名被捕,失踪数十名,死伤四名
1928	2/14	福州临洪港碇泊	日本汽船平雄丸	罗盘一个	海盗船一艘,为前年行踪不明的海通丸	入港向平雄丸射击,船员数人受伤	平雄丸随即切断锚索,向外海逃去	—
	2/29	福建平潭海面	日船锦江丸	船上物品一律被抢	疑为附近渔村所为	锦江丸在此海面坐礁,等候救援不及,忽有海盗出没行抢	船组员下落不明,后在附近海面为一中国渔户所救	三艘从马公前来的驱逐舰先后到达,对该海面进行炮击,造成福建当局的强烈抗议
	4/4	大阪港内	日本汽船洋光丸	小麦粉十吨(约一千五百元)	—	趁夜摸黑上船偷窃,并转卖给港内商家	—	逮捕五名海盗嫌疑犯

续表

年份	报导日期	项目						
		遇难地点	遇难船型	损失	海盗规模	内容简述	反应措施	缉捕成果
1928	10/1	香港海面	アンケ1号	400名乘客物品及衣物被抢及船上值钱物品	海盗伪装乘客	在深夜海盗忽起,船员数名死伤,该船被控制驶往海盗根据地	抢完后,释放回香港	英国海军当局加强对南中国海面的警戒
	11/22	在温州交界处早山列岛触礁	民国招商局汽船新济丸	船上物品无一幸免	沿岸海盗	坐礁后,发求救信号,但被海盗得知,于是趁此行抢,还放火烧船,湮灭证据	—	—
1929	2/12	广岛外海碇泊	贺茂郡广村大石太郎吉氏帆船明神丸	抢夺现金数十元	约五艘传马船,数十名海盗	该船碇泊之际,遭到袭击,仅损失数十元	遇劫后立即通报当地警署	警署召集消防组青年团对逃入附近山林的海盗搜捕
	3/19	里斯本南方十二海里海域	トロール	—	法国海盗数十名	船员九名受伤	—	—
	8/22	牛山岛海面	政记公司胜利号	—	—	海盗趁乱袭来,绑走31人,盗向政记公司索取赎金	向官府报案	水上署、海务局正商讨对策
	9/18	吴淞到海州一带	诺威汽船ボトニア号	—	—	绑走人质7名,要求赎金五十万元	—	—
	9/22	入香港之际	命令船礼利丸	—	—	等候入港时遭到海盗袭击	该船向香港当局求援	—
	10/6	东山湾海面兄弟岛附近	高雄市苏明义所有金勘丸	现金五百元、燃料、粮食、船具等四百余元	中国型帆船两艘,盗数十名持刀	迎风而来,跃入船内行抢	回高雄报水上署备案	—

续表

年份	报导日期	遇难地点	遇难船型	损失	海盗规模	内容简述	反应措施	缉捕成果
1929	12/12	距香港二十五海里海面	汽船海镇号	—	盗伪装乘客二十余名	与船员起冲突,盗六名被击毙,海盗不惜放火烧船	香港政听闻知,立即派拖船前来搭救	
	12/18	上海往扬子江海面	长崎县佐世保市第八增富丸	舵器被劫	—	因舵器被劫,只得下锚等候救援	幸邮船若松丸经过搭救,方知一名伤者中弹	—
	12/24	香港、广东一带海面	植田汽船龙神丸	船具物品约3500元	约二十多名盗	坐洲等待救援,顾数名中国警卫在旁戒备,不料盗团袭来,与之交战	向当局报案	
1930	2/7	温州海面	中国帆船	货物、现金60元	—	该船被抢因船夫受伤,只得任其漂流,被澎湖厅白沙庄吉贝渔船发现	—	—
	6/1	黄浦江大连汽船码头海面	军舰所属的小蒸汽船	现金被夺	盗数十名	忽有一艘大型快走艇与之并行前进,随后遭到开枪乱射,一跃而入小蒸汽船,射杀两名英人,一名中人	向上海当局备案	—
	9/5	距汕头海面十五海里好望角灯塔海面	高雄市凑町森口秋松所有第三海生丸	现金、衣物、船具	盗约二十余名,持手枪	该船为避风浪而在附近下锚,不料盗趁机上船抢劫。因语言不通,还将船具破坏,无法行驶	疑为同一海盗团	—

年份	报导日期	项目						
		遇难地点	遇难船型	损失	海盗规模	内容简述	反应措施	缉捕成果
1930		距汕头海面四十五海里北方一孤岛	蔡文腾所有旗腾丸			该船起货途中,被海盗袭击,海盗并因要掠夺其他船只,迫使船员驶向南澳岛及南澎岛灯塔附近,后又掠夺了两艘渔船		—
	11/8	吴淞口外的丰利镇	—	商品、金钱	四百多名海盗分乘10多艘帆船	对此镇进行掠夺,还有数十人被绑当人质,死伤约百名	立向海军部报案,派军舰前来调查	—
	11/26	距香港南方一百二十浬	诺威汽船ヒルンド号	现金、物品	盗伪装乘客	由于船上武器仅三支,恐伤及无辜人质性命,因此船员不抵抗,任凭抢劫	—	—
1931	3/14	厦门海面牛山岛	诺威汽船鲁齐母律号	—	附近岛民、渔民	该船坐礁,隔日早上便有海盗袭来	发电求救,马公要港部派驱逐舰赶往救援	
	7/1	来台湾途中	中国帆船	现金七百元、货物	—	—	—	—
	8/19	上海赴广东途中	康生丸	日本棉花及其他货物	—	该船疑似被海盗洗劫后失踪	—	—
	8/28	由香港往西贡	大中华号	—	—	被船客发现有疑似携带武器上船的海盗伪装在内	立即向香港当局要求军舰前来盘查	—

续表

年份	报导日期	项目						
		遇难地点	遇难船型	损失	海盗规模	内容简述	反应措施	缉捕成果
1932	7/7	泉州港南方十五海里海面	基隆市日新町林兼所有第二十一、第二十二全进丸渔船	船具、现金、衣物	六艘盗船	两艘渔船正在拖网捕鱼,未料六艘渔船驶近开枪,第二十一全进丸见况不对,立即逃跑	盗恐军舰前来盘查,抢完后放人	—
	10/20	香港往西贡	大中华号	现金、衣物、物品	盗十二名伪装乘客	出港不久后,立即蜂起控制船只,并绑架四名人质	无线电通知香港方面,警备舰前来	—
	10/21	福建梅花港海面	厦门邱子明所有庆顺号渔船	货物、物品、船只本身	武装海盗三百余名	疑为搬运砂糖上船时,40名苦力内有30多名携带旧式手枪,隔天早上八点瞬间有三百多名海盗齐聚,威胁船员生命,并向日本领事馆要求每人3000元赎金	趁盗在分赃时,船员趁机逃跑,登上另一艘帆船,为货主父子两人,盗等看到船员而仓皇逃走,遂利用该帆船至梅花附近,不料该村之人说见到日本人要杀之,随后逃至马尾向福州领事馆求救	
1933	1/9	福建长乐县附近海面	中国人高鸿海所有大球丸	砂糖390袋、杂货六吨、船身被当作柴火拆掉	大型红头船一艘,盗约十五六名	该船在入福州港时,突遇中国税关警备船,疑似躲关税检查,遂到外海躲避,结果在长乐县海面坐礁,遭到海盗袭击	海盗疑似分赃不均,结果酿起两部落之间的冲突,船员趁隙逃走	—

续表

年份	项目							
	报导日期	遇难地点	遇难船型	损失	海盗规模	内容简述	反应措施	缉捕成果
1933	1/28	镇江下流三十海里处	日清汽船襄阳丸	船具、物品	盗伪装成江苏省毒物检查所职员	该船遭到拦检，随即被抢	向中国通报要彻底扫除扬子江流域海盗团	—
	3/7	厦门附近南日岛	基隆市福德町高阪南所有中国籍华南丸	砂糖250包、衣物	盗数百名，乘三艘帆船	海盗船发炮而来，随即控制该船，驶往小白澳行抢。随后又利用该船来犯案，掠夺另一艘船货物及三名少女，还勒索赎金千元	关数日后，始放船员回基隆	—
	3/10	香港往汕头途中	香港振盛商行丁抹汽船倪富茶号	杂货五千余件、现金、衣物	盗八名伪装乘客	趁不注意时控制该船，驶往马斯湾，与陆地上的盗一同掠夺财物，绑架三名中国人	抢完后返回香港	—
	3/31	辽河河口约二海里海面	太古汽船会社南昌号	船具、物品	盗数十名分乘二艘大型舢舨	光天化日下打劫船只，并绑走四名英国人质	海岸侦察队随即出动，并通报中国领事，协助救人	—
	4/19	距厦门十五海里	中国海关巡逻船	—	—	射杀一名中国船员，数名受伤，绑走一名外人	目下船只行踪不明	—

民国时期东南沿海海盗研究（1912—1937）

续表

年份	报导日期	项目						
		遇难地点	遇难船型	损失	海盗规模	内容简述	反应措施	缉捕成果
1933	4/24	芜湖海面	美国石油会社船	石油五十箱	盗船二艘	碇泊于芜湖时，夜间遭到海盗袭击	—	—
	5/16	厦门近海牛山岛三十海里海面	基隆市林兼支店有所第四十一、四十二播出丸	—	—	突有海盗船袭来，与之对抗，直到深夜才脱离险境	—	—
	5/25	山东省黄河海面	大连纪伊町田中义一郎所有第一桂丸、第二桂丸	—	—	两船在作业时遭到海盗袭击，被绑十余人，指挥者疑似为外人	获报后从旅顺派军舰前去察看	—
	8/11	由汕头往厦门途中	中国招商局汽船福顺号	现金、物品	盗十六名伪装乘客	趁乱蜂起，控制船只开往海盗巢窟，不仅行抢甚至绑架船员	—	—
	12/1	香港出航不久	法国汽船ケイザン号	现金、物品	盗数十名伪装乘客	趁机蜂起，控制船只驶往大亚湾行抢，并绑架四名中国人质	—	—
1934	1/17	福建省勐安港	招商局汽船普安号	金品、船具	盗伪装乘客十五名	该船为上海青岛定期船，被控制后驶往福建海面	绑走九名船客后，放走该船	—

268

续表

年份	报导日期	遇难地点	遇难船型	损失	海盗规模	内容简述	反应措施	缉捕成果
					项　目			
1935	3/7	距新南群岛四百六十海里	高雄市港町丝敷富雄所有第一春日丸	贝类4000元，发动机等船具	中国帆船一艘	在婆罗洲海面采贝，不料触礁遇难，由中国帆船所救，但语言不通，遂被掠夺	船员改乘小船两艘逃走，船长留守船只，后由大阪商会社汽船所救	—
	3/22	香港往福州途中	汽船怡生号	银块三箱、金品共一万多元	二十余名盗伪装乘客，一名三十岁头目指挥	遭到控制后，该船驶往大亚湾，绑走六名乘客，随后放火烧船	扑灭火势，向香港方面求助	盗往汕头方向逃去，目下对大亚湾加强警戒中
	3/27	厦门、石码往台北淡水途中	小蒸汽船	金钱、首饰四千多元	六七名盗伪装乘客	抢完后，随即搭乘外部呼应的戎克船逃走	—	—
	4/11	南日岛海面	林发利号	—	海盗船七八艘	被包围，不得已开枪示威，乘隙逃走		
	4/18	福清县海岸	基隆市人船町叶松树所有闽兴丸	—	海盗船四五艘	满载砂糖、杂货三十二吨，欲往福建某地，途中欲寄港时遭到袭击	船员奋力抵抗，附近居民也应援，击退海盗	—
	5/2	海南岛附近	中华驳船金满茂号	—	海盗船四艘	搭载二千担货物，船员二十五名，遭到盗船包围射击	船员立即以枪应战，一段时间后击退海盗	—
	6/6	赴福清县途中	基隆市旭町一丁目升隆商行林婴氏	—	—	该人被南日岛海盗绑走，要求一万元赎金	—	

续表

年份	项目							
	报导日期	遇难地点	遇难船型	损失	海盗规模	内容简述	反应措施	缉捕成果
1935	6/15	由台江出港不久，外海洋面	汽船公平号	现金、首饰	男盗四、五名伪装商人，女子三四名伪装学生	逢船只驶至大洋，一人忽吹警笛，其他盗立即以枪威胁船员及乘客，关在一间，将船驶至平潭海面，与外盗船五六艘接应。首领高诚学还发表演说，声称此次抢劫是为了军资金，日后必定归还，因此请各位写下住所姓名，每名人质要求赎金三百元	—	—
	6/21	黄河河口	怡和洋行汽船顺天号	—		该船由天津往芝罘途中，遭到海盗袭击掠夺，日、英、华人多人被绑	—	目下日本、英国、中国派军舰前往巡逻搭救
	7/18	浙江省温州近海	基隆某氏所有中国籍大球丸	—	台州海盗	遭到海盗袭击，船长及船员一名被绑，据了解，台州盗一见日本人便杀之，不问日本或台湾籍	—	—

年份	报导日期	项 目						
		遇难地点	遇难船型	损失	海盗规模	内容简述	反应措施	缉捕成果
1935	2/3	上海出航,在扬子江洋面	通州号	金品二千元	盗伪装乘客	控制船只后驶往大亚湾抢劫,击伤两名船员,绑走二人	—	英国派三艘军舰前往搜救
	2/5	巴拉西群岛	高雄市哨船町三丁目村井宗一所有大福丸	—	—	突有一艘中国帆船,二人乘小船前来,欲分粮食,幸大福丸乘组员有二十七名,对方并没有任何动作		
	2/9	香港往汕头,于大亚湾海面	大阪商船地厘丸	—	盗伪装乘客	海盗现身后,该船往平海湾回航,并立即发电求救	—	英国第五水雷战队前往抢救,日本也从马公派出军舰,后来发现是误报,原因为地厘丸因风难行,故往大亚湾岸靠去,被当时巡逻的英国船只误判遭到海盗袭击,因此广发电文要求协助

民国时期东南沿海海盗研究（1912—1937）

年份	报导日期	项目						
		遇难地点	遇难船型	损失	海盗规模	内容简述	反应措施	缉捕成果
1934	4/5	巴拉西群岛海面	高雄市凑町二丁目九番地平田末治所有七宝丸	—	中国帆船一艘	该船搭载炸药往普拉达斯岛附近海面捞取银块，后捞得铜七十斤、古铁四百斤、其他四百三十斤，于是转往巴拉西群岛采贝，突遇中国帆船一艘袭击	船员以船上炸药应战，得以脱险，伤者一名，托第三福寿丸载往高雄医院治疗	—
	5/4	海南岛附近海面	高雄市内凑町三丁目二十六番地王沃所有第八、第二十七、第二十八金祥丸四艘	渔具、船具	—	在海南岛海面作业时，遭到盗船袭击	船上并无任何武器，无法抵抗，船员任盗随意抢夺	—
	5/21	厦门泰利公司所有鹭江号	物品、现金二十万元		二十余名盗伪装乘客，外有四艘帆船接应	海盗现身后，威胁船员并射杀一名船员，传有日本妇人中村末子在内，专门抢劫走私船	—	—
	8/1	扬子江口外	日本汽船第五岛户丸	人绢五百八十六箱（价值七万五千元）及部分船体	上海税关监视船关威号	税关监视船以走私名义将货物扣押，将船员放逐而去	—	—

续表

年份	报导日期	项 目						
		遇难地点	遇难船型	损失	海盗规模	内容简述	反应措施	缉捕成果
1937	1937/4/14	鼻头海面	中国戎克船一艘	—	—	该船漂流到鼻头海面，被基隆水上署发现并拖回基隆港调查。据了解该船由基隆出发，途中可能遭遇海盗袭击，船上血迹斑斑	—	—
	1937/6/23	距离旅顺海面约五海里的公海	东平号（大连市小林商行所有）	砂糖、人绢、杂货约二十万元	中国税关船	该船遭到临检，被怀疑而被捕	日本领事向中国政府抗议此种税关船的海盗行为	—

资料来源:《台湾日日新报》,1912—1937 年。

附录二

《申报》报导海盗摘要(1912—1937)

年份	报导日期	项 目					
		遇难地点	遇难船型	损 失	海盗规模	内容简述	缉捕成果
1912	1/6	金山奉贤南汇沿海	—	枪械	不明	海盗殴伤征租委员，又袭击驻防水军营区	松军政府拟调松防陆师二队驰往剿捕
	4/6	奉贤钱家桥镇	—	钱财、衣物	多人	海盗登陆打劫，唯茶馆酒肆幸免，男女各一名受伤	—
	4/17	三山浦洋面	渔船	—	盗船数艘	海盗见无值钱物件可抢，遂将船伙八人并船擒勒而去	呈县移请水师严缉
	4/29	华奉濒海一带村落	—	钱财、衣物	至少十八人	居民恐海盗上岸抢劫，每日提心吊胆	水师于洋面与盗船相遇，击杀数人，逮捕多名海盗
	5/17	宁属沥江洋面	沙船	—	不明	该团海盗抢完沙船，又于温属凤凰洋抢劫二商船	沿海师船营泛严剿押放追赃
	5/19	温台洋面	静安船帮之金永财、金秦利、金顺祥	草子豆饼四五百担、衣物、枪械	不明	三艘往来南北于温台洋面先后被劫，计掳去八人，又劫去船货约值二十余万金	沿海师船、营汛严剿补救
	7/21	蛇山洋面	宁波平粜米船金宝源号	米谷	海盗多人	该船遭到多艘盗船拦阻去路	兵轮急赶严办

续表

年份	报导日期	遇难地点	遇难船型	损失	海盗规模	内容简述	缉捕成果
1912	8/21	香港外海哑铃岛	—	枪械、钱财	海盗四十人各执枪械驾利泰小火轮	海盗登岸袭击警察署,击毙一名印捕,另有一名印捕及警员受伤,绑走一中国老人	据警察报告,各海盗乘利泰小轮驶至澳门附近之金克岛即弃轮登岸,挟赃逃逸
	9/6	江门附近	小火轮拖亚洲火油公司之货船	—	—	海盗开枪拦截将船主及总机司掳去,赎金二万元	小轮及货船均安抵江门
	11/5	大木山洋面	闽商允升木行商船金济川号	—	—	该船突被拦劫并将商伙董青葚据去,竟敢投函勒索洋三千五百元	第三营管带李治先在海门邻捕获洋匪巨酋林元龙一名,查该匪党羽千人专在洋面掳掠行旅
1913	1/31	定海县属东靖乡五桂山	—	钱财约二千元	—	大帮海盗靠岸向各户求借食物被拒,半夜竟执凶器抢劫	—
	2/1	赣榆县青口沿海一带	商船	—	—	由商家组织炮船巡察洋面	某次于青口巧遇,计沉盗船三只、贼匪四十余名,获贼船三只、匪首九名,又得快枪三十余杆以及零星兵器三套
	4/4	正出英国海面入西江口时	泰安轮船	钱财、枪械、衣物约二千多元	三十人至一百人	海盗乔装旅客挟鎗登船,海盗击毙中国舵手一名,有数人身着西装,口操英语旋勒令停轮	海关处获悉后,嘱瑞安轮前往援救,拖回香港
	6/26	渤海	日本渔船	—	—	烟台日领事函以渔船常遇海盗,拟派舰队保护	但苦于无囤积燃料之地,欲借矾岛,目下正交涉当中
	8/23	闽浙交界之花脑山	金源华、金有利	钱财、盐、枪械、衣物	海盗多人	突遇海盗,防御不及,全船被盗牵去	由警察派轮带队赶赴遭劫处剿除寇盗,歼其渠魁,将所擒去船只、掠去银物一起追回

附录二 《申报》报导海盗摘要(1912—1937)

民国时期东南沿海海盗研究（1912—1937）

年份	报导日期	项目					
		遇难地点	遇难船型	损失	海盗规模	内容简述	缉捕成果
1913	10/22	闽浙交界、苏浙交界、浙省所辖近海洋面	商船	—	何成龙海盗团	海盗自称奉有命令盘查往返商船，强令缴纳规费数十元	驻沪海军总司令部迅速饬派军舰，赶赴闽浙各洋面认真梭巡
1914	3/17	大亚湾	挪威商船乞尔达	邮件、人参、衣服现金约二万多元	海盗六十人	伪装乘客的海盗于半夜控制该船，开往岸边行抢	盗后释众人平安归港
	4/4	梧州海面	中国汽船顺泰	物品约三万元	—	海盗伪装乘客	—
	4/29	澳门之北淇澳	英国商船泰安	—	—	该船于海面遭到海盗拦截，四面纵火，幸船长奋力抵抗，不致被抢	船只遭纵火后，众人跳船逃生，香港方面派舰前往救援
	7/26	福清海面	乾泰号、金源成等商船	货物五万多元	杨九扇子团、周三榜团、王喜喜	海盗皆突来袭击，拦下船只抢劫	官府派兵加强巡缉
	8/30	象山界渡亭	—	—	七十多人、船两艘	海盗绑走一人，胁迫作为眼线，肉票不从，遂刑求后抛至无人烟的山区	所幸遇乡农解救
	8/31	定海东北之悬岛	—	钱财、衣物，烧杀掳掠	—	海外孤岛为渔业发达之处，自绿营裁撤后，海盗时常登岸进犯	向官厅求救
1916	7/19	江浙交界海面	民船、商船	货物、衣物	—	海盗充斥，近来屡将航海民船所装货物肆行劫掠	责令外海水警从严查缉
	7/23	大坝与哥罗湾	客轮	—	—	海盗拦截后驾驶	突遇巡海小船，立即通报澳门炮艇救援，海盗见状，驶往岸边逃入中国境内

年份	报导日期	项目					
		遇难地点	遇难船型	损　　失	海盗规模	内容简述	缉捕成果
1916	10/18	浙江温州洋面大渔关地方	仁利仁骏等木船九艘	钱财、衣物、枪械	—	海盗驾船围住去路，胁迫该船公司需以千元不等金额赎人	连水警队船只都被劫掠，温台镇守使派兵轮巡缉，必无大获
	10/18	宝山县北门外石洞口洋面	崇明船户毛金桂	现金、布五百、花衣二十余包	十余人乘一艘船	海盗假冒缉私员，向船户借钱，不允即抢	通报该管水警第一厅暨宝山县公署呈请饬缉赃盗务获究办
	11/9	吴淞口外铜沙脚相近洋面	翁长发、金福森两船	货物、财物	五六十人分乘五艘船	海盗以快枪压制两船，向船户借钱，后以六百元成交	向吴淞外海水警厅报告，请求查缉赃盗究办
	11/12	海盐澉浦镇地近海滨市廛	—	钱财、枪械	海盗百人，船约二十多艘	直冲警察局取军械，后劫附近船只	飞报嘉兴县署派员前往查勘，一面即饬探缉盗讯究
1917	6/17	吴淞口外鸭屎沙海面	闽帮船户曹福泰	钱财、衣物、白米	二十多人，驾一大号宁波船	海盗冒称海关稽查员，向船户借千元，后仅筹得一百五十元	向吴淞水上警察第一厅报告
	7/17	崇明县北小黑沙海面	牛庄沙船福泰号	豆饼、豆油、高粱	数十名海盗，船二艘	海盗突来，割断船帆下锚，掳舵工一名，一千五百元限期赎回	—
	12/21	定海县属洋面	商船三艘	货物、钱财	盗船数十艘	海盗围阻去路，并掳去一人	报告商会转告省长，令水上警察巡缉

续表

年份	报导日期	项　目					
		遇难地点	遇难船型	损　失	海盗规模	内容简述	缉捕成果
1918	1/11	浙江岱山洋面	万昌沙船	—	—	海盗拦截抢劫	由苏浙两省会同查缉
	3/6	东霍山外洋	螺门山庆安公司渔船三艘	钱财、衣物、船具	—	海盗连船带人一并掳去	由定海县追缉
	4/30	浙省镇海县金山嘴滩浒岛	—	钱财、衣物	海盗百人、四船，持快枪	上陆后不问情由，径行搜劫，俟全岛居户劫掠	—
	5/4	福建福宁洋面	传教船一艘	物品、帆索	海盗约二百人、二四艘船，各为台州式及福州式	海盗先以枪响停船，英国教士格拉姆声称为传教船，并无值钱物品，但海盗不信，遂将教士杀害	缉凶未成，引起英方不满，中英交涉当中
	6/13	大坝（译音）开回澳门途中	小轮船	贵重物品若干	—	遭遇海盗后被拖行若干里，被一艘路过官轮发现并追击，海盗挟持五名人质乘舢舨逃离，两人受伤	—
	8/9	定海县属青滨苗子湖	—	—	盗船数艘	当地常受海盗骚扰，由附近居民组成团勇抗敌，虽击退海盗但伤一名团勇	禀报定海县水警厅长追捕海盗
	11/14	崇明洋面	南市老白渡生记崇通海帮字号之货船黄合泰号	现洋七百余元，纱布六七十捆，黄豆数十石	海盗二三十人，分乘两船，持大刀，着青布衣裤	该船于傍晚七点遭遇海盗拦截，船主仅受轻伤	禀报吴淞外海水上警察第一厅，请求追缉
	12/8	浦东川沙县境蔡家路镇	—	损失约三四万金	海盗二百多人，分乘四艘船	海盗登岸抢劫商店居民二十家等	通饬水陆军警一体协缉

续表

年份	报导日期	项目					
		遇难地点	遇难船型	损失	海盗规模	内容简述	缉捕成果
1919	2/7	台州洋面	大批运木船	钱财、衣物等	海盗百余人	海盗驾船载运木船队四周开枪威吓,击伤一名船工	各船相继驶回口岸避难,并向上海总商会请求水警巡缉
	11/4	诸城县东南胶县西南大柱山洋面	商船	钱财、衣物、货物	—	海盗盘据此山,登高而下,常有商船遭难	地方绅商公电胶东道尹转电济南,业奉省长严电军警迅速进剿矣
1920	7/18	闽省渔山洋面	木植船户金森昌商船	—	海盗李云昌等四十余人	海盗劫船掳人近一月之久,后四人逃离匪手	爱特商之木业公所董事,请电禀闽省长官设法保卫
	11/6	华□向香港途中	汽船泰兴号	手枪两支,子弹若干,糖子四件,现款若干	海盗十人,疑似溃散之兵	海盗以手枪迫令搭客及船役入舱,使舵手驾驶前行。旋遇汽船泰利号,即向该船取煤若干,一面将所拘之人,驱入三民船	
1821	4/20	由上海驶往温州途中	瓯商金同发夹板船、新□顾夹板船、金瑞康夹板船	米五百九十七袋,火柴十二听,咸鱼四百斤,并本船牌照一张	台州盗船三艘	开枪遇船,劫去洋银衣被等物,将船牵至普陀山及南九山转牵至大头山暨米□门等处劫掠	迅咨该管地方官警严缉
	5/26	由吴淞口出航,前往泗礁山装运黄沙船,经大戢洋面	大帮运沙船	船中衣服及食米等货	海盗数十人	海盗突来,放枪威吓,除抢劫船物外,另绑走数名人质	呈报江苏水上警察厅
	5/31	大赤灯塔西向铜沙灯塔东向	美孚洋行油船	船货约值洋六百二十五元零	—	—	函请江苏特派交涉公署,转函该管官厅从严侦缉

279

续表

年份	项 目						
	报导日期	遇难地点	遇难船型	损 失	海盗规模	内容简述	缉捕成果
1921	6/4	畲由洋面	南口帮号商田广盛徐永兴等沙船	—	大帮海盗	将船掳劫，勒索一千元，又有金恒发、金恒利两沙船，驶经陈家沙洋面，突遇海盗驾舟尾追，意图掳劫，幸为万利轮船所见，尽力救护始得出险	呈报该管海上水警厅长，迅行拨派得力水警，从严剿捕外并请拨出兵轮，常川梭巡洋面等处，以期破获盗匪
	6/18	吴淞口外之洞沙洋面	姚姓黄砂泥钓船	—	盗船数艘、海盗百余人	该船突遇海盗，开枪击毙船老大一名。又有出口猪船一艘，冰鲜船两艘，均被盗匪掳去，并有夹板船两艘，亦被盗船追赶。至淞相离不远，幸未遭劫云	—
	6/21	温州界凤凰洋面	沪南巽森茂昌两木号之金森昌运木船一艘	财物、衣物	—	突遇海盗蜂拥上船，任意劫掠，并掳去船伙一名	呈请浙江督军及外海水警厅，一体拨派军警，分投侦缉，以期速破
	7/7	闽浙交界之凤凰洋	闽商船金恒和浙商船金森昌	财物、衣物、船货十余万元	—	海盗在此洋面猖狂非常，往返船只皆遭池鱼之殃	福建商船公会并黄培松南郡会馆，复电请蒋司令援救
	9/4	洞沙洋面	某江北船	数十只猪	—	突遇盗船拦阻，各匪持枪登舟，搜括财物	
	9/20	奉贤金山洋面	英商卜内门洋碱公司商船	财物	—	该船被海盗劫掠，并架去船伙一名	该公司呈由驻沪英总领事函请江苏特派交涉公署，转致式吻合警厅会同勒限缉捕
	10/19	闽洋北关地方	金裕盛帆船	—	—	海盗将人船并行劫去	请求镇海水上警察厅查缉

年份	报导日期	项目					
		遇难地点	遇难船型	损 失	海盗规模	内容简述	缉捕成果
1921	12/19	厦汕交界	广利轮	财物、衣物、运银、行李万余元，损失约十二万元	海盗伪装乘客二十余名	海盗控制该船后，驶向大西米湾，途有一艘民船也被挟持作为盗用，将广利轮财物移往民船后逃走	—
	12/29	闽浙海面	金裕和、金济元、金骏昌、金瑞茂、新驯源等运木商船	财物、衣物	—	海盗见该木船等满载货物，将船扣阻	经木商公所代表据情电达闽浙两省督军公署，请转令外海水警厅长赶紧饬属追缉是案赃盗
1922	3/14	鱼山海面	金泰源号	抢去苏布千余筒、色布杂货数十件、船上现银物件等，计失万余金	—	突遇海盗，令停船后遇劫	亟应据情呈请贵督军省长迅予饬属缉拿严办
	5/22	宁波镇海口外之四五里洋面	钓船李裕升号	货物、现金一百五十元	盗匪驾红头状似乌山船式之船两艘，共二十余名	李船船伙亦有十余人，见盗至船，皆奋勇抵御，寡不敌众，被盗匪蜂拥上船，将抗拒之船伙用铁棍大刀击伤者五六人，有伤头部，有背部腰害等处，受伤颇重，然后至各舱搜劫	报请该管官厅，缉拿盗匪究办
	6/15	大戢洋面	钓船金骏康、金震丰	—	海盗船二艘	突遇海盗船二艘，围住去路持械威吓。旋盗匪蜂拥登舟，当将船伙与船据去	—

左侧竖排：民国时期东南沿海海盗研究（1912—1937）

年份	报导日期	项目					
		遇难地点	遇难船型	损　　失	海盗规模	内容简述	缉捕成果
1922	7/15	大戢洋面	浙省岱山捕鱼渔户徐龙虎	银洋衣物及鲞鱼	—	各盗持枪开击，喝令下帆。盗匪蜂拥登舟，任意搜括。舟主及伙友，计被枪伤四人，三人手臂中弹洞穿，一人腿部受伤，其中一人伤势甚剧	—
	8/1	渔山洋面	沪南某木行之仁骏号运木船	杂货	该盗皆口操台州音，人数颇众	突遇盗匪多人驾舟拦阻，将该木船及船上各人尽行掳劫至台州辖境之南渔山地方	后每船出给洋银四五百元，始得将船人分别赎回。由各该号商报告该处外海水上警察厅，拨派巡洋舰在洋面巡缉
	9/9	扁担沙洋面地方	掘港渔商金骙之金恒利渔船一艘	—	盗船一艘，海盗六七人	执单刀快枪，蜂拥上船，逢人格打，喝令将本船渔具抛弃海中，欲为借船做马，如欲讨回原船，须备三千元至山东大山取赎等语	由事主报告渔团分局派丁追缉，并呈请通属□场渔团总局张局长转咨沿海各县一体协缉
	9/20	梧州约四十里洋面	安顺号	货物	舢板五艘、海盗多人	海盗用枪射击示威，并将安顺号所拖货船的拖缆斩断，骑劫该货船而去	顺安电轮向下流驶去，见有粤军，乃将该事报告粤军军官
	11/7	吴淞口外鸭窝沙	金顺利钓船、金宝利钓船、金祥发钓船	财物、衣物、货物	—	该海面海盗猖狂，接连数艘船只遭劫	吴淞水警第四区立派人员赶往巡缉
	11/23	上海往香港途中	端安轮	财物、衣物、货物约五万元	海盗伪装乘客多名	此次抢劫海盗筹划甚为缜密，惟印度守卫奋勇抗敌，多名重弹身亡	—

年份	报导日期	项目					
		遇难地点	遇难船型	损 失	海盗规模	内容简述	缉捕成果
1922	12/16	大戢洋面	浙省钓船金宝发号	—	盗船一艘，匪二三十人	俱登船面，喝令停船，各盗手持枪械，开放追赶，被迫途程，约近半里之遥	宝发船舵工见势不佳，急命伙友，将携带之防盗快枪五杆，取出还击。抵御良久，闻两下开枪，计数百响之多，幸该船扬帆向淞急驶，未被盗船追获
1923	3/25	铜沙洋面	宁波金顺兴之钓船，金恒源、金如丰、命宝兴，钓船金永康	财物、货物	—	金顺兴突遇海盗船数艘，盗匪各持枪刀威吓，来势汹汹，意图勒索，金恒源、金如丰、命宝兴亦遭盗船追赶至江苏洋面，幸未被劫，金永康下落不明	愿官厅从速派舰追捕，以保海上治安
	5/15	距汕头五十英里	招商局泰顺轮船	财物、货物、衣物约六万元	盗约五十人，扮为旅客	海盗压制该船后，驶向未知海面，将船物搬往另一艘渔船	—
	5/25	江浙交界渔山洋面	浙省钓船户金庆赍	—	盗船数艘	突遇海盗船数艘拦住去路，各盗持械登舟，将人船并掳	具呈江苏水警厅四区巡缉
	8/8	由香港往上海	广大轮	—	海盗伪装乘客登船，至少十余人	侦探见一名三等船客形迹可疑，上前盘查，欲拔枪被制止，后揪出其他同伙	—
	9/11	广东往香港途中	招商局新昌船	财物约二万元	海盗五十人伪装乘客	海盗于半途行劫，船长等均为驱入轮间，买办查票人及华人搭客九名被掳勒索	—
	9/21	吴淞口外之洞沙洋面	卤簟船一艘，小切篷钓船两艘，浙省船户吴源德	—	盗船数艘	虽被追赶，但幸无人员伤亡	—

续表

年份	报导日期	项目					
		遇难地点	遇难船型	损　　失	海盗规模	内容简述	缉捕成果
1923	10/4	南田大鱼山	邵士富、邵士贵家	—	海盗十余人	海盗破门而入，现三日内被洋三千赎人	事主分报该管警县，经该县陈知事勘验属实，分咨各邻县各营部协缉
	10/15	平岩头洋面	苏岙、马岙两航船	财物、货物	盗船两艘	突遇盗船两艘，开枪示威，跳过航船，将搭客货物掠劫一空	
	10/27	铜沙洋面	浙省钓船户金永丰	货物	—	突遇盗船，各盗手持凶器，蜂拥登舟。该钓船主一时情急，跃水自尽，后幸得某渔船救起	向水警四区呈禀被劫情形
	11/4	台州海面	沪南源茂木行之宝茂号钓船及骏康、祥裕两钓船	—	—	陡遇海盗，将船只纵火焚毁，并伤及船伙多人	呈请浙江督办迅饬水陆各属兜拿盗匪
	11/9	镇海柴桥郭衢地方	—	—	盗船四艘，一百二十多人	意图上岸抢劫，事为渔人某瞥见，当即报告该处自治会戴宗周，伊亦当夜至柴桥报告警备队暨警所	及水警厅兵轮驶至，盗船始逸
		台州洋面鹅冠山	金永茂帆船	财物、货物损失数万金	—	—	业经木商会馆呈准浙江卢督办令饬外海水警厅选派得力舰队，昨又急电卢督办请求准予指派超武军舰跟踪缉追，以截盗氛云
	11/14	定海长涂乡	—	—	盗船七艘，数百人	海盗登岸肆行，挨户奸淫掳掠	—
	11/29	铜沙洋面	宁波帆船奚顺利	杂货约一千元	—	该船遇到遭劫，货物被抢，掳走一名舵工	呈报水警，派舰追缉

续表

年份	报导日期	遇难地点	遇难船型	损失	海盗规模	内容简述	缉捕成果
1923	12/5	定海大蒲门	—	—	盗船四艘,五十人	海盗登岸抢掠,掳走三人	警备队、民团等驰赴会剿
	12/17	厦门往兴化途中	驾鳌轮	财物数十万元	海盗二十多人伪装乘客	海盗途中亮出枪械,威胁船客将钱财交出	后由双丰轮寻获回港,报警处理
1923	1/3	定海衢山岛	—	—	盗船二艘,约八十多人	海盗上岸抢劫,保卫团及警察奋起对抗	盗匪支持不下,遂逃逸
	1/7	吴淞口外海	陈长盛号	豆油一千篓	盗船数艘	该船被劫后下落不明	上海商会请求水警厅缉盗
	1/15	海门洋面	新宝华轮船	财物损失约一千多元	海盗数十人	该船突遇海盗遭劫	向官府报案
	1/23	万门外海	大利轮	—	海盗伪装乘客	海盗制服印度守卫六名后,掠夺船上值钱物品,搭救生艇逃跑	—
	2/22	香港往江门途中	安利轮	—	海盗伪装乘客	该船离港不远,随掉头回去,并发火箭通知水警	由水警护送入港后,派员上船检查形迹可疑者
	3/6	定海县支枝山	—	—	海盗约二十二人	海盗登岸抢劫并掳走五人	向官府报案
	3/15	象山县盘安乡小蔚庄	—	酒、谷物约五千元	盗船两艘,约四十人	疑寻仇登岸,遂向其他无辜民房下手	—
	4/3	定海县马目岛	—	财物损失约十万多元	盗船多艘,数百人	登岸烧杀掳掠	—
	4/13	江门至香港	大利轮	—	海盗多人乔装旅客	除船内海盗,岸上也有海盗持枪攻击,该船即鸣警号、射火箭求救	新宁船随即赶至救援

续表

年份	报导日期	项目					
		遇难地点	遇难船型	损失	海盗规模	内容简述	缉捕成果
1923	4/18	定海舌枝岛	—	财物损失约十五万元	海盗百余人	海盗登岸烧杀掳掠	—
	6/4	浙交界沥江北口之大刁果洋面	南□十六□□宝康钓船	—	海盗十余人	该船突遇海盗遭劫，另有一渔船遇难	—
	6/7	定海册子岛	—	财物损失约一万多元	海盗二十多人	海盗登岸劫掠	—
	7/26	象山南乡松岙地方	—	—	盗船数艘	扣六艘渔船，匪首绑数人要求赎金	—
	10/9	温州洋面	宁兴轮船	财物损失约二十万元	海盗三十多人伪装乘客	—	—
	10/15	临邑大汾庄	—	—	海盗百余人	登岸掠夺、勒索	—
	11/6	大戢山洋面	浦东高桥徐源发沙船	船货	盗船一艘，约二十多人	该船遭劫后，限期筹钱赎回船只	—
	11/21	黄冈往汕头途中，东陇海面	大有轮	—	海盗伪装乘客约十五人	海盗洗劫完后搭船逃逸	报官处理
	11/21	甬属南田岙山	—	—	人数约一百八十多人，分乘三四十艘船	该地筑有石城、炮塔，匪不仅一次来攻打	—
	12/8	平湖县属乍浦全公亭	渔船二艘	—	—	渔船突遇海盗被劫，命船主以千元赎回	—
1925	2/1	新加坡往厦门途中，近香港	丰华轮	财物损失五万多元	海盗三十多人伪装乘客	海盗得逞后驶向广东海丰陆丰	向香港官府报案

年份	报导日期	项目					
		遇难地点	遇难船型	损　失	海盗规模	内容简述	缉捕成果
1925	5/1	闽浙海洋交界	福建商船	—	—	突遇海盗拦阻	警厅派大队警船驰往救援
	7/8	五屿海面	黄冈货船金源发等五艘	财物损失二万多元	—	突遇海盗船劫掠	—
	7/30	宁波象山、定海	—	—	盗十余人	当地海盗时而登岸抢劫,或在洋面抢劫船只	—
	8/6	奉化王丝甬村	—	—	—	当地地处海滨,海盗时而出没掳人	该处驻防军派兵十余名在海滨巡逻
	9/23	洒港洋面	绍兴卤草船许永泰	—	盗船一艘,约二十五人	该船因无值钱物品,海盗改劫两艘海蜇船	呈报水警官厅
	9/29	黄埔外海	华安轮	财物一千余元	海盗船舶多艘	该船搁浅遭海盗劫掠	—
	10/14	铜沙洋面	宁波钓船刘忠华与邱阿龙、陈德富等三沙泥船	—	大帮温台海盗	海盗前后劫掠数十艘船	后由江浙渔会的福海护轮毙盗一名,救回数艘船只
	11/18	七□洋面	崇明油车桥沙船金大福	布、快枪	温台海盗十九人	海盗劫一猪船为坐船,靠近金大福旁边,盗众持械拥上,船主后以一万五千元赎回该船	—
	12/16	金塘洋面	木炭船	—	盗船数艘,六十多人	该船备有快枪十余支,与盗互相火并,互有人员伤亡	幸水警、松板舰经过助战,击退海盗
1926	1/12	黄埔附近	日本货船玄武号	财物损失约八千三百元	约十五人驾舟前来	遭海盗攻击	垫请台湾派驱逐舰搭救
	1/19	浏河附近洋面	海门青龙港沙船顾源顺	衣物、财货	—	突遇大帮江北海盗	向水警四区请护

续表

年份	报导日期	项目					
		遇难地点	遇难船型	损失	海盗规模	内容简述	缉捕成果
1926	1/26	浙江洋面	利泰号	银钱货物	盗船数艘	突遇海盗登船抢劫	通报浙江水警厅，派船加强巡逻
	1/30	岐头洋	商轮	—	—	遇匪被劫	通报浙江水警厅，派炮舰两艘加强巡逻
	2/20	火烧门与桃花渡间洋面	新宁海轮	财物损失一万三千元	海盗伪装乘客	海盗控制该船驶往沈家门，途中再劫一船	—
	3/16	东口火油栈房码头	第四七六号之驳船、伙食船	财物损失十五元、食物	海盗多名	海盗乘船而来开枪攻击	报请海关总巡严缉
	3/30	厦门港外	新康号	货物损失十余万元	—	该船出港后不久，随即遭劫	—
	5/25	铜沙洋面	—	—	大帮温台海盗乘钓船数艘	—	转报水警第四区署
	7/18	利泊尔斯湾	广利轮	财物损失约二十万元	海盗伪装乘客数十人	海盗执手枪攻击，控制船只驶至大亚湾劫掠，乘救生艇逃逸并掳走六人	—
	8/11	吕四市海滨	渔船	财物损失百余元		海盗连船带人一并劫去	—
	8/23	香港外海	外人渔船	财物损失约一千元	海盗五人乘舢舨	海盗持枪前来，将其中一船占为己有，驶向澳门	—
	8/28	距香港约一百里海面	山德维某Sandviken轮	财物损失约二万多元	海盗二十七人伪装乘客	幸接应盗船未到，船客得以免于被绑	—
	10/6	上海往烟台、天津	新丰轮	财物损失约三万多元	海盗伪装乘客二十人	控制船只后驶往大亚湾抢劫	—

续表

年份	报导日期	遇难地点	遇难船型	损失	海盗规模	内容简述	缉捕成果
1926	11/18	厦门往香港,距香港八十英里	太古公司新宁轮	—	海盗伪装乘客	—	—
	11/25	江门往阳江	—	—	海盗十二人伪装乘客	压制该船后,驶至车北,另有三十名海盗登船洗劫	—
	11/28	汕头外海	大阪公司之南华班隆光丸	—	—	遭遇海盗袭击抢劫	—
	11/30	吴淞口外海	宁波海蜑船金顺发号	财物损失约一千元	温台海盗八名乘舢舨而至	海盗持枪登船	请求水警四区缉盗
1927	2/13	吴淞外海三星岛	—	财物损失约二千元	海盗十余人	海盗乘舟登岛,迫灯塔管理员说出藏宝处	—
	4/23	吴淞三夹水外数十里元元沙洋面	渔船	财物损失约五百元	盗船一艘,约二十人	海盗于海面上劫掠船只	—
	5/15	福建外海	三北公司凤浦轮	—	海盗数十人	海盗持枪抢劫	电请水陆军警缉盗
	6/16	崇明县属草镇港洋面	有利沙船	衣服、蛋、小篓计五千元	温台海盗数十人,帆船一艘	海盗持枪袭来,造成一人受伤	向水警第四区报案
	7/29	距香港一百二十英里	大安华轮	财物损失约二万元	海盗伪装乘客	出港后不久遭袭,往大鹏湾驶去	向香港警务司报案
	9/1	上海往福州途中	新济轮	银六箱、绸缎、货物	海盗伪装乘客	控制该船驶往大鹏湾,并漆掉船名、烟囱	—
	9/2	汕头往上海途中	日升轮	财物损失约万元	海盗伪装乘客	—	—

续表

年份	报导日期	项目					
		遇难地点	遇难船型	损失	海盗规模	内容简述	缉捕成果
1927	10/13	大嵩洋面	福裕轮	财物损失约十万元	盗船五艘，九十多人	海盗埋伏此地已多日	电水警厅，派超武舰巡逻
	10/22	大鹏湾	爱仁轮	—	—	该船被海盗控制驶往大鹏湾，突遇在此湾练习的英国潜艇	潜艇疑该船被盗控制，便开火攻击，捕获海盗多人，并搭救该船乘客，该船后沉没
	11/12	吴淞口炮台湾	山东石家库沙船福长源	—	海盗九人乘小舟	威胁船员开船至台州，勒索七千元	—
	11/29	广东黄埔外海	日本轮船深康丸	—	海盗数人	该船于第二闩洲之上游遭袭，船员以猎枪击退。后在黄埔再度遭到攻击，亦再度击退海盗	—
	12/1	台州洋面	宁波帮坤除号、叶余兴号	货物共约四万元	盗船二艘，约六十人	海盗从洋面袭来，坤除号遭劫，船舵亦被击碎，幸有日船经过协助。叶余兴号也被劫，船员受伤数人	向闽浙两省水路官厅报案
	12/24	珠江口	民船	—	海盗小轮一艘	攻击民轮	刚好亚洲火油公司载水兵一队经过，开枪追击，海盗死伤各一，弃轮上岸逃逸
1928	1/17	白墩地方	宁海轮	财物损失约万余元	—	该船率被抢劫后，于舟山恰有数十人登船，再度被劫。随后二艘船驶近，海盗续劫	—
	1/31	海州	日轮源顺号	衣物	—	途中遭劫	—

年份	报导日期	项目					
		遇难地点	遇难船型	损　失	海盗规模	内容简述	缉捕成果
1928	2/7	距川沙八十余里之横沙岛	—	—	盗数十人	登岸抢劫	县长急电水警、驻防军队前来协助
	2/15	海州海面	平雄丸、海通丸	—	盗数十人	海盗以海通丸作为饵船,攻击邻近船只	日本派军舰前往海州救援
	2/29	开离上海不久	华安轮	财物约万元	海盗伪装乘客十人	海盗劫船后,将煤油洒于船内,扬言若有他船来救援,便放火烧船,掳走四人	—
	3/19	平潭海面	锦江丸	—	—	该船触礁后声称遭到附近作业船只抢劫	日本军舰赶往救援,开火攻击正在抢劫的海盗,造成数十人死亡
	3/22	大戢洋面	胡品记砂石行金颂兴吊船	黄沙、二元	盗船一艘	海盗在后追赶,开火命令停船,击伤船员一名	—
	3/23	吴淞外海	宁波钓船永祥得利等四艘	—	温台海盗	海盗要求二千二百元赎回永祥号,其他船只不详	—
	3/25	台州地方铜顶山洋面	金仁骅号木船	—	—	海盗因船上无货物,便将该船连人掳走	电浙江外海公安局要求缉盗
	4/14	七壳山海面	三江轮	—	—	该船因雾搁浅,又船底破一洞,一见船只搁浅,海盗便划船前来抢劫	该船刚好载有军服,船上亦有武装人员,得以脱险
	4/18	上海往香港途中	新华轮	—	海盗伪装乘客	海盗控制该船驶往大亚湾,随后掳走八人上岸逃逸	—

续表

年份	项目						
	报导日期	遇难地点	遇难船型	损 失	海盗规模	内容简述	缉捕成果
1928	5/20	吴淞外海	快船	—	温台海盗九人，乘一小船	以该船为坐船，攻击邻近船只	—
	5/30	海南岛	太古轮船德安	财物损失约四千元	—	海盗袭来，控制该船往大鹏湾，并掳走七人	英船派兵追剿
	6/2	清水潭附近	宁象轮	现金约六千二百元	操台音的海盗约八人	海盗持枪抢劫，随后乘船往白墩而去	—
	9/30	越南东应湾	安庆轮	财物损失约八万多元	海盗伪装乘客四十多人	海盗压制该船，有多人丧命，并掳走七人	—
	10/21	宝山北门外周家木桥土塘边	—	—	盗十多人	海盗乘船登岸行劫，击伤数人	呈报县公安局
	11/2	大戢洋面	金万利	财物损失约一万五千元	盗三十多人	该船突遇海盗，连船带人一同被劫，计三十五人质，赎金十万元	—
	11/14	福建洋面	新济轮	财物损失约百万元	—	该船搁浅后遭劫，海盗放火烧船，又邻近渔船前来打捞船货或上船抢劫	—
	11/21	崇明七澥口海面	金长泰	—	大帮海盗多人	该船与海盗火并，死伤惨重。后该船被劫，匪要求三万元赎金	—
	12/6	南通吕四场三甲镇一带	—	—	海盗六百多人	该帮海盗盘踞此地，火力强大，洗劫往返船只	县长请派军队剿匪
	12/19	畲山洋面	宁波钓船	财物损失约二千五百元	盗船二艘	盗船以查缉为由欲登船，被船户识破，加速逃离，随后被追上	—

年份	报导日期	项 目					
		遇难地点	遇难船型	损 失	海盗规模	内容简述	缉捕成果
1929	1/5	厦门外海、黄山洋面	货船	—	—	二船皆是突遇海盗被劫	—
	1/8	温台海面	洪裕隆沙船	财物损失约二万元		该船受风浪搁浅,被海盗看见,遂被劫	—
	1/13	温州海面	利泰轮	—	—	—	—
	1/17	吴淞口外海	金福兴	—	大帮海盗乘船一艘	海盗突袭该船,要求赎金二千二百元	—
	2/18	台州洋面	孙增裕沙船	—	—	该船受风浪搁浅,海盗得知后,便立即驾船前来行劫,伤船员二人	—
	3/10	吴淞口外石头沙	—	—	盗船二艘,约二十人	海盗乘船登岸抢劫	电吴淞水上公安队缉盗
	3/27	鄞东大咸乡登莱村	—	衣物、金银财饰	盗二十余人	海盗突袭该村,操象山口音	—
	3/27	崇明县陈家镇	—	—	盗船四艘,约八十人	海盗乘船登岸抢劫,与保卫团激战,掳走二十余人	呈崇明县请求协助
	4/1	定海金塘乡双礁村	—	损失约千元	盗二十多人	海盗趁该乡赛会之际袭来	—
	4/3	下沟山洋面	帆船	白米、行李二千元	盗船二艘,盗二十余人	该船突遇海盗,遂被劫	—
	4/5	吕四之东南三甲镇	—	—	盗船二十多艘,二百多人	盘踞掘港一带,掳人勒赎	幂江公安局、水警队联合进剿
	4/20	崇明县白卯港海面	金合兴	猪	盗船二艘,约二十人	海盗持枪登船,见无贵重物品,遂绑走二人	向吴淞水警报案
	4/2	浒浦洋面	谢长顺	猪	盗十余人	海盗在后发炮追赶,连船带人掳走,要求赎金	向吴淞水警报案

续表

年份	项　目						
	报导日期	遇难地点	遇难船型	损　失	海盗规模	内容简述	缉捕成果
1929	5/24	吴淞外海	金吉丰、金万兴、金松茂、金永兴、宋长发、金祥丰	猪	盗数十人，操北方口音，着军服	此六船各被掳走一人，并要求每船赎金二千元，疑为同一盗团所为	—
	5/29	七澳港洋面	渔船	鱼货，损失约六万多元	盗船五十多艘	渔船数十艘遭劫，海盗不问是否有悬挂"红旗"，一律包围	水警局派舰前往
	6/6	掘港长沙十六总	—	—	盗约三十人	海盗上陆抢富有人家，掳走两名小孩，要求赎金三千元	—
	6/7	吴淞口三夹水外圆圆沙洋面	龚长茂挑船、空卤簟船	货物	温台海盗金小宝等二十多人	海盗搭船于吴淞口炮台湾石堤内抢得二船后逃离	—
	6/8	吴淞口外海	金合利	鱼货	盗船一艘，二十多人	海盗持枪行抢渔船	—
	6/13	扬子江口	宁波钓船金生利	纸货	大帮海盗	该船突遇海盗喝令停船遂被抢，掳走三人	报吴淞水警队
	6/17	西乡沥海所	渔船	—	盗约八人，操南汇口音	劫掠往返渔船	—
	6/26	海南岛东方	大连汽船会社之天山丸	—		该船突遇海盗袭击，急电英国军舰，后全速逃离	—
	6/29	如皋苴镇	—	—	盗二十多人	海盗上陆抢劫、绑票	—
	8/8	镇涛柳圩港	—	—	盗三十多人	居民以为是军队，结果遭到抢劫、绑票	—
	8/10	三夹水口外畲山洋面	沙船丁同兴	鱼干、现金七百多元	盗船一艘，二十多人	海盗持枪行抢	报水警四区

年份	报导日期	项目					
		遇难地点	遇难船型	损失	海盗规模	内容简述	缉捕成果
1929	8/10	吴淞口外炮台湾	崇明船户金才郎	金戒、现金、衣物	盗船一艘，十余人	海盗持枪行抢	报官厅追缉
	9/2	南洋艇子黄牛礁螺头	当地渔船	—	—	当地渔船被劫数艘，掳走三十多人	电请水警局缉盗
	9/16	海州洋面	轮船挪威轮船波特尼亚号	—	盗船二艘	该船搁浅后遭劫，掳走外人五名	—
	9/22	汕头往香港途中	大阪商船会社之德里丸	财物损失约三十万元	海盗伪装乘客十余名，为首者为一妙龄女子	该船出港后不久被控制，驶至大亚湾劫掠，掳走四人	—
	9/27	掘港区东陵港口	渔船郭长利	—	—	该船停泊于东陵港，涨潮时被海盗劫去	—
	10/6	丰利东乡村	—	现金二百多元	—	海盗登岸抢劫，绑走数人	—
	11/1	吴淞口外之嵊山洋面	商船、渔船	—	盗船三艘，百余名	海盗在此地劫掠往返船只	吴淞海巡处获报，派舰前往
	11/4	定海县境沥港洋面	浙江宁海钓船金源源、金顺茂	货物	大帮温台海盗	海盗劫掠二船后，将金顺茂做盗船使用	突遇兵轮海鹰轮，与之火并，当场击杀海盗数名，救回二船
	11/28	沙埕	公口盐船	—	台州海盗	该船人员全被杀害	—
	11/28	吴淞口外铜沙洋面	新裕寿沙船	面粉、瓷器、杂货	盗二十七人	该船突遇海盗袭击抢劫	吴淞水警派舰前往，发现盗船正在铜沙洋面，遂与之火并，救回该船
	11/30	吴淞口外铜沙洋面	沙船	衣物	盗船一艘，约二十六人	海盗击伤一人，绑走一人	—

续表

年份	报导日期	遇难地点	遇难船型	损　失	海盗规模	内容简述	缉捕成果
1929	11/30	戟山洋面	沈振泰沙船	船货约五万元	—	该船受风浪，导致船桅断裂，货物漂流海面，遭附近盗民打捞	后由日轮救起
	12/1	温境勺班门港、宁波县鸡头山洋面	宁波钓船金泰康	木植	温台海盗，盗船二艘，约十六人	该船被劫两次	报水警队
	12/5	吴淞口外启东县境之小庙洪川洪港等一带洋面	—	—	盗船二十多艘，六百多人	劫掠往返船只	遭海军及水警队痛剿
	12/9	汕头往香港途中	陶格拉斯船公司之海澄号	—	海盗伪装乘客登船	海盗于途中发袭，与该船守卫发生激战，后放火烧船	英驱逐舰赶往救援
	12/18	吴淞口外、崇明岛	第七及第八增富丸两艘	鱼货	—	两船因浓雾而失去方向，遭遇海盗	第八增富丸巧遇邮轮若松丸搭救，第七增富丸下落不明
	12/26	吴淞口外海	沙船金义盛、金永盛、金源盛	杂货	大帮海盗，约七艘	三船突遇海盗，与之火并，随即逃亡	—
1930	1/9	吴淞口外畲山洋面	缪长兴	杂货约万元	—	该船避风浪驶至崇明县某小港停泊，被乡民当作海盗报官。该船因无人看守，遂被劫	—
	1/17	扬子江口	德和轮	—	火轮盗船二艘	盗船声称要检查德和轮货物，但德和轮加速逃逸，幸没有被害	—
	1/19	象港	宁象轮、驳船	货物约二百元	大帮海盗	海盗袭击驳船，将船货全部劫走	—
	2/9	掘港八九总地方	—	—	大队海盗，分为四队	海盗登岸抢劫，掳走数十人	电县府请求保卫

续表

年份	报导日期	项　目					
		遇难地点	遇难船型	损　失	海盗规模	内容简述	缉捕成果
1931	2/17	吴淞口外泗礁嵊山地方	渔船	—	大批海盗,盗船数十艘	海鹰轮巡逻该处却被盗船围住,以致被劫	—
	2/20	定海沥港口	渔船	鱼货、衣物约六百元	盗数十人	海盗持枪肆虐	—
	3/2	掘港区沙鱼洋子地方	—	—	盗船五十多艘	海盗登陆劫掠富家	—
	3/30	吕四港三角镇	—	—	盗二百多人	海盗上岸掳人勒赎	—
	4/5	吴淞口外吕四港	商船	—	大号沙船三十多艘	大批海盗袭来,附近船只遭劫	—
	4/10	南通白毛沙地方	猪船	—	盗船一艘,盗数人	海盗持枪行抢,掳走一人	—
	4/18	鹿苑镇	—	财物损失约数千元	盗六十多人	海盗乘船登岸抢劫,击伤数人	报公安局缉盗
	4/21	青口	沙船洪大福号	—	—	该船受风浪搁浅,遭盗劫掠	—
	4/22	吴淞北洋	渔船	—	盗五百多人	海盗以保护费规定每船缴纳八十元,渔船不堪其扰	—
	4/24	汕头外海	神吉丸	损失约十二万元	—	该船搁浅,人员被广利轮救出,货物遭劫	日舰正在搜寻
	5/4	广州往返中山	渡船	—	海盗数十人	该渡轮被威胁缴纳保护费,不给,海盗遂利用沿岸芦苇偷摸至船边埋炸药,海盗绑走多人	—
	5/5	乍浦外海金山洋面	小黄鱼船	—	—	海盗连船带人绑走,要求赎金千元	海鹰舰恰好经过,随即开火追击

附录二　《申报》报导海盗摘要(1912—1937)

297

民国时期东南沿海海盗研究（1912—1937）

年份	项 目					
	报导日期	遇难地点	遇难船型	损　　失	海盗规模	内容简述	缉捕成果
1931	5/15	吴淞口外大戢山东南洋面	渔船	—	盗船一艘，三十多人	海盗持枪行抢	海鹰舰前往，与盗激战，击杀数人
	5/20	吴淞口外鸭窝沙	—		大帮海盗	海盗乘船登岸抢劫	—
	5/20	吴淞口外吕四洋面	—		盗船二十余艘，约七百人	海盗在该洋面劫商船	—
	5/22	吕四洋面	商船、渔船	—	盗船十余艘	海盗与土匪结合，不仅袭击船只，更上岸抢劫	—
	5/23	吴淞口内江海常关对面浦东滩脚浦滨	冷冻船	鱼货	舢板一艘，十余人	海盗趁夜偷摸上船，遂将船只开走	—
	5/30	吴淞口外畲山洪港面	沙船	货物、现金	大股海盗	海盗劫船要求赎金	—
	6/9	大戢山洋面	沙船钱顺利	杂货	渔船数艘	海盗乘船而来，该船放弃抵抗被抢，掳走二人	呈报海军司令部、水上公安队
	6/21	香港往广州途中，澜石附近	新利和	—	海盗伪装军官	海盗伪装军人登船，发袭得手后，与外部盗船联系，绑走四十人	向官府报案
	7/13	三夹水外畲山洪洋面	沙船	鱼货	大帮海盗	数艘沙船突遇海盗袭击，要求赎金赎回船只	后由浙江水警第六队救回各船
	7/23	距香港数十里	大中华轮	财物损失八千元	海盗伪装乘客	海盗控制该船，驶往大亚湾劫掠，绑走十四人	—
	8/14	香港往江门	渡船	—	—	该船不肯缴保护费，海盗遂布置水雷，该船误触，多人溺毙	—
	8/16	镇海口外南州山沙洋面	渔船	—	盗船一艘，十余人	该船突遇海盗行劫	幸水警扮商船经过，击毙海盗一人

年份	报导日期	项 目					
		遇难地点	遇难船型	损 失	海盗规模	内容简述	缉捕成果
1931	8/17	崇启外沙洋面	—	—	盗船十余艘,约百人	海盗乘船登岸行抢,掳走多人	—
	8/18	镇海口外沥港洋面	金茂森号	杂物九百包、现金四千七百元	盗船三艘,三十多人	该船突遇海盗遭劫,绑走船主,要求赎金二万元	—
	8/29	北乡沥海所	—	—	操余姚方言海盗十余人	海盗闯入米行行抢,绑走一人	—
	9/16	温州往宁波途中	永宁轮	—	海盗伪装乘客	海盗得手后,控制该船,驶往温州洋面石塘,绑走三十人	—
	9/16	吴淞口外、南通海门两县交界之大安港	—	—	盗七百多人	海盗盘踞该港,劫掠往返船只五十多艘。后离开大安港,往他处离去	—
	9/25	邑西嵩厦雀嘴村	—	—	盗二十多人	海盗登岸抢劫掳人	—
	10/3	掘港北坎港	—	—	盗船一艘,十余人	海盗乘船登岸抢劫	该区保卫团与之交战,击溃匪团
	11/4	栟茶	—	—	盗四百多人	海盗登岸抢劫,掳走十余人	向第一保卫团求救
	11/5	定海沥港镇	—	—	盗九十多人	海盗登岸抢劫,与当地保卫团发生冲突,数人死伤	—
	11/6	长江沿岸、大浦江	武陵丸、大浦号	—	盗数十人	武陵丸遭枪击,后逃逸成功。大浦号两名警卫被杀,海盗得以登船抢劫	—
	11/8	福山区、西洋镇地	—	—	盗二十多人	海盗上岸抢劫,掳走数人	报县府救肉票

续表

年份	项　　目						
	报导日期	遇难地点	遇难船型	损　　失	海盗规模	内容简述	缉捕成果
	11/14	汕头往泰国途中	—	—	海盗伪装乘客	海盗控制该船驶至米尔斯湾,掳走三人	—
	11/16	定海洋面	福建大船	—	—	该船突遇盗船开火,便与之对抗	幸绥南舰经过,协助抗盗
	11/17	泥城镇	—	—	盗三十多人	海盗登岸抢劫,与警察发生冲突	—
	11/20	吴淞口外鸭窝沙洋面	沙泥船	—	盗船六艘,约七十人	数艘沙泥船在此遭劫,每名肉票赎金五百元	—
	11/21	嵊山洋面	渔船	—	盗一百八十人	海盗劫掠此区渔船,掳走多人	呈请海军部派舰保护
	12/1	宝山县第一区长兴乡	—	—	盗船二艘,约六十人	海盗登岸行抢,掳走数人	—
	12/8	姚北洋面	张正泰货船、官盐船、牛船	货物、牛、现金一千元	盗船一艘,二百多人	海盗劫四船,掳走二十多人	—
1931	12/28	吴淞口外马塘港	—	—	盗船一艘,三十多人	海盗登岸抢劫,与警团激战,被击退	—
	1/1	吴淞口外之东陆港镇	—	—	盗船八艘,百人	海盗乘船登岸抢劫,掳走数人	—
	1/14	上海往香港途中	新铭轮	—	海盗伪装乘客约三十人	海盗控制该船驶向大鹏湾掠夺,绑走四人	—
	1/15	吴淞三夹水口外	沙船	—	盗船四艘,二百人	海盗持枪行抢,已有九艘遇难	—
	1/18	福山东北洋面	沙船洪降发号	腌猪、胶菜	盗船二艘	该船遭遇风雪搁浅,遂被劫	—
	2/2	乍浦海面	商船	—	盗船六艘	该船突遇海盗喝令停船,急忙加速逃跑	—
	3/15	厦门东南渔人岛	挪威货船玫瑰村号	—	—	日本军舰发现该船并无一人,船货似被海盗劫走	—

年份	项　目						
	报导日期	遇难地点	遇难船型	损　失	海盗规模	内容简述	缉捕成果
1931	3/18	南海峡	日本大连伸盛汽社之第六伸盛丸	—	—	该船因浓雾不慎触礁,货物多被劫走	—
	3/31	厦门广州之间南海岛	日本大阪商事会社第六新清丸	—	盗船十余艘,三十多人	该船因雾触礁,随后被海盗劫掠货物	—
	4/23	黄洋漾海面	乍浦顺泰元本行货船宝泰号	—	盗船一艘,七人	海盗持枪行抢	—
	4/27	吴淞口外大戢山洋面	渔船	—	大帮海盗	海盗在此劫掠渔船数艘,要求赎金二千元不等	陈请水警查缉
	5/11	慈溪东乡湾塘新屋中周村	—	现金约一千八百元	盗六十人	海盗乘船登岸抢劫,掳走二人	—
	5/18	戢山洋面	宁波渔船	鱼货、现金	盗船二艘,四十多人	海盗持枪行抢,要求赎金	—
	6/11	慈镇海上	渔船	—	盗船二艘,约百人	海盗连船带人掳走	—
	6/12	山东往上海途中	金聚泰沙船	杂货	盗船数艘	该船队与之对抗,互有死伤,加速逃逸	—
	6/14	北乡徐家路镇	—	—	盗数十人	海盗乘船登岸抢劫,绑走三人,与警察互相开火	—
	6/24	东兴沙海口	渔船	—	盗船三艘	海盗持枪行抢	请求军舰护航
	6/26	姚横山下	猪船	猪	盗船二艘,约三十人	该船遭到行抢,后因风浪过大,海盗反而溺毙数人	—
	6/28	三门湾南港	永浦轮	财物损失约一万五千元	海盗伪装军警三十多人	海盗得手后掠夺一天一夜,与盗船联系逃走,绑走十余人	电海军司令部追缉

年份	报导日期	项目					
		遇难地点	遇难船型	损失	海盗规模	内容简述	缉捕成果
1931	7/5	吴淞口外蛇山洪洋面	沙船金同福	杂货	盗船五艘，约百人	该船与海盗火并，互有死伤，海盗知难而退	—
	7/11	戴山洋西北	北口沙船公和兴号	杂货	大帮海盗，盗船六艘	该船之海盗袭来，加速逃亡	—
	7/23	崇明外沙脚	公长隆沙船	杂货	—	该船遭风浪搁浅，遂被劫	—
	8/13	福州洋面	怡和洋行威升轮	行李、财物	—	该船遭风浪搁浅，海盗前来劫货物	—
	9/12	海门外口	永发沙船	木植	大帮海盗，盗船三艘	该船突遇海盗，人员死伤多人，绑走三人，要求赎金三千元	报水警追捕
	10/5	鹿河镇	—	—	盗船三艘，约五十人	海盗乘船登岸抢劫，绑走数十人	—
	11/7	峡山薛□海面	新宁轮	—	海盗伪装农民，约二十人	海盗击杀一人，连船带人共五十多人被劫走	—
	11/21	厦门外海	太古公司之汉阳轮	行李、货物	海盗伪装乘客，十五人	该船疑载有大批现金，遂成为海盗觊觎目标	—
	11/26	吴淞三夹水口外	金顺泰钓船	纸煤	温台海盗，四十多人	海盗持枪行抢	—
	12/26	浙江乍浦海口澉浦	—	财物损失约十余万	盗二百多人	海盗乘船登岸抢劫，绑走四十八人	—

年份	报导日期	项　目					
		遇难地点	遇难船型	损　失	海盗规模	内容简述	缉捕成果
1932	1/15	吴淞口外海	宝丰轮	财物损失约一千七百元	海盗伪装乘客，约三十人	海盗得手后开始抢劫，船上数名乘客不配合遭枪伤	—
	6/4	乍浦外海	渔船	鱼货	盗船十五艘	渔船二十多艘惨遭洗劫	—
	6/6	福建三沙海面	—	—	盗四十四名乘沙船	海盗持枪令停船，要求赎金五千元	海关巡轮经过，与之交战，救回人质
	7/10	南沙区常阴沙小沙地方	—	—	盗二十多人	海盗登岸抢劫，绑走数人，要求十万赎金	—
	8/9	葛沽	日商大连汽船株式会社九十九号汽船	现金八万多元	—	海盗拦截该船	—
	9/4	羊屿山	—	—	盗船四艘	水巡队获报前往，与海盗激战，救回大批难民	—
	10/2	福建海滨外海某岛	海底电线船	—	盗船二十多艘	该船突遇多艘盗船，以机枪击退	—
	10/7	南田鹤浦镇	—	—	盗四十人	海盗乘船登岸行抢，与县保卫团激战	—
	10/15	香港外海	英船希立康号	—	海盗伪装乘客	该船被控制驶至大鹏湾行抢，后绑走五人	—
	10/21	香港往西贡途中	大中华号	财物损失数千元	海盗伪装乘客，约十五人	该船被控制驶往汕尾，绑走四人	—
	12/10	嵊山洋面、马渍洋面	渔船	—	大帮海盗	渔业局征收护洋费，却没派舰护洋，导致渔船被劫数十艘	—
	12/13	东江口外	绍兴海船	酒	盗船一艘，二十多人	海盗连船带人劫走，索取赎金	—
	12/14	扬子江洋面	鸿大轮	—	盗约九人	海盗持枪上船抢劫，破坏船具	—

续表

| 年份 | 项目 | | | | | |
	报导日期	遇难地点	遇难船型	损　失	海盗规模	内容简述	缉捕成果
1933	1/16	大□洋面	金元宝	黄豆、豆油	—	该船突遇海盗洗劫，下落不明	—
	1/20	吴淞口外	大华轮	财物损失约三万元	海盗伪装乘客，约十五人，似从大鹏湾前来的盗团	海盗得手后，开始掠夺	报官处理
	2/28	香港往汕头途中	丹麦籍古斯太夫狄特里枢森号	—	—	海盗控制该船驶往大鹏湾劫掠	—
	3/30	牛庄口外	太古公司之南昌号	—	盗船三艘，十四人	海盗持枪登船，绑走四人	—
	4/18	澳门外海	中国海关巡船	—	—	海关船搁浅遭海盗袭击，船员数人死伤，该船亦被劫走	—
	4/27	厦门外海	货船三兴号	货物约四千元	海盗伪装乘客，约七人	海盗得手后，控制该船，驶至大鹏湾掠夺，绑走一人	—
	5/5	衢山、岱山	渔船	—	盗约七百人，盘踞附近岛屿	海盗趁渔汛期对作业渔船下手	—
	5/7	镇海口外招宝山前渔山洋面	钓船金顺源号	黄豆、杂货	盗船一艘，十余人	该船突遇海盗劫持，驶向北方	—
	5/17	东山往厦门途中	秦利行捷安轮	—	海盗伪装乘客，六人	海盗威胁驶至诏安宫口湾，仅劫财	—
	5/28	香港往安南途中，巴拉士岛	新中华轮	—	海盗伪装乘客，约十四人	海盗发袭后，仅劫财，船员数人受伤	请求英海军至附近岛屿巡逻
	5/28	营口往大沽口	和顺轮	财物损失十余万元	海盗伪装乘客，约二十一人	海盗得手后，控制该船驶至大清河掠夺，绑走二十人	—

年份	项目						
	报导日期	遇难地点	遇难船型	损　失	海盗规模	内容简述	缉捕成果
1933	5/29	海门外海	台州轮	财物损失二万多元	海盗伪装乘客,约十一人	海盗得手后,绑走二人,部分乘客受伤	电海门总局缉盗
	6/18	浦南金山嘴	渔船	—	—	该船突遇海盗,遂被劫,绑走二人	—
	8/4	汕头外海	遇顺轮	财物损失万余元	海盗伪装乘客,约二十人	海盗趁情报误传,该船于上海出航时严密检查,当时尚无海盗踪迹,于汕头搭载乘客时,海盗得以混入并控制船只,驶向海陆丰一带行抢	电香港、广州军警处查缉
	8/13	星浦	盛安轮	—	海盗疑为船员变节,五人	海盗原欲将该船驶至伐尔巴莱索出售,后搁浅于星浦,上岸逃亡,船员数人被杀	—
	8/16	南姜山钱岙乡	—	—	盗数十人	海盗乘船登岸行抢,村民死伤数人	—
	8/16	温州洋面	同福轮	—	大帮海盗	该船遭风浪,船具损坏,恰海盗袭来,却因大风浪,无法靠近行劫	—
	8/19	青口石岛山洋面	公顺利沙船	现金、货物约四万元	盗船二艘,约六十名	该船受风浪,船舱进水,忽有海盗出现,遂被劫	电水路官厅缉盗
	9/16	泥城洋面	官盐船	盐	盗约五人	海盗持枪行抢	缉私商队获报后,至附近乡镇,与盗火并
	9/19	楚门外海	新瑞平轮	财物损失约万元	海盗伪装乘客,九人	海盗得手后,强迫附近渔船搬运货物,随即逃逸	电当局追缉

续表

年份	报导日期	遇难地点	遇难船型	损失	海盗规模	内容简述	缉捕成果
					项　目		
1923	10/26	镇海祥面	煤船	煤屑	盗船一艘，约二十人	海盗命该船停船，绑走数人，要求赎金	—
	11/20	临海县洋面	渔船	—	大帮海盗	海盗在此海面劫掠作业渔船，已劫走数十艘渔船	象山石浦水警第三分队前往巡逻，与盗火并
	11/27	香港往海防途中	法船亨利李维莱号	财物损失约一万五千元	海盗伪装乘客	海盗得手后控制该船，驶往遮浪角，绑走四人	—
	12/30	吴淞炮台湾	—	—	—	水警发现外海有一艘疑似遭劫之木植船，欲上船盘查，不料甫一登船就被海盗击杀一人	港内其他水警队出动，捕获海盗三人
	12/31	漕泾东南之张家库海滩	卤淡船	鱼货	盗船二艘，数十人	海盗袭击速度缓慢的货船，掳走多人	外海缉私船虽在此地巡逻，并与盗交战，被击退
	12/31	吴淞口外海	穿山轮	财物损失二万元	海盗伪装乘客，约十一人	海盗得手后，与外部盗船联系，临走前破坏该船引擎	电水警局缉盗
1934	1/17	吴淞口外海	普安轮	财物损失约六千元	海盗伪装乘客，约十五人	海盗控制该船驶至汕头行抢，绑走九人	电厦闽水警局缉盗
	3/16	福州海面	怡生轮	—	海盗伪装乘客，约二十二人	海盗控制该船驶至大鹏湾行抢，绑走十人	电当局缉盗
	5/19	浦南漕泾沿海	渔船	货物、现金二百元	—	海盗突然袭来	—
	5/28	鄞县大嵩港	渔船	—	盗约二十人	海盗进港劫掠渔船，数人受伤，绑走三人	—

续表

| 年份 | 项　　目 |||||||
	报导日期	遇难地点	遇难船型	损　　失	海盗规模	内容简述	缉捕成果
1934		定海普陀佛顶山北麓	—	粮食、衣物、现金	盗约八人	海盗乘船登岸行抢	—
	6/9	大戬山洋面	新生隆号	现金七百元	大帮海盗	海盗持枪乘船而来，二人受伤	—
	6/12	同安近海	汽船	现金五百元	盗约十人	海盗持枪行抢	—
	6/16	北戴河	渔船、粮船	—	盗约二十二人	海盗行劫往返船只	海防队获报后，立即赶往现场，与盗火并，捕获海盗十七人
	6/19	黄河口	太古洋行顺天号	—	海盗伪装乘客登船	绑走二十多人	电当局缉盗
	8/25	厦门外海	隆盛轮	财物损失约三千	海盗伪装乘客登船六人	海盗击毙乘客一人，与外部盗船联系	—
	11/6	香港外海	嘉禾轮	现金约千元	海盗伪装乘客，约十二人	海盗控制该船，驶至大鹏湾行抢，绑走三人	电闽粤当局缉盗
	12/9	浙江石浦海面	新海门轮	杂货、现金	海盗伪装乘客，约二十人	数人死伤，绑走六人	电当局缉盗
1935	1/12	香港外海	安平轮	—	大帮海盗	海盗骑劫该船	—
	1/17	浙省小岠山洋面	协万兴	—	盗约十二名	海盗持枪登船行抢	报海关及航政局缉盗
	1/27	黄岗柘林往汕头	苏州轮	财物损失数千元	大帮海盗	海盗持枪行抢，控制船只向诏安海面，掳走八人	电公安局缉盗
	2/3	江苏海面之小山	通州轮	—	海盗伪装乘客，约十人	海盗与外部船只联系，船员数人死伤	电闽粤当局缉盗

续表

年份	项目						
	报导日期	遇难地点	遇难船型	损　失	海盗规模	内容简述	缉捕成果
1935	3/10	苏鲁交界青口洋面	沙船新德利号	货物、现金四百元	盗船二艘	该船因浓雾停泊于附近海边，遭海盗盯上	电当局缉盗
	4/19	台州海面	钓船金立源	—	盗船二艘	该船避风浪停泊于台州南岸港口，海盗袭来，数人死伤，绑走一人	—
	5/6	兴化湾	鹭江轮	财物损失约二十万元	海盗伪装乘客，约二十人	数人死伤，海盗抢完后逃走	电当局缉盗
	6/19	苏鲁交界石岛洋面	华景新沙船	杂货	盗船一艘	该船触礁遇劫	—
	10/10	汕头外海	恒生号	—	海盗伪装乘客，约三人	海盗劫完该船后，绑走三人，沉其船，乘客均逆避	—
	11/6	定海沈家门	渔船	—	大帮海盗	海盗劫掠洋面作业渔船，要求支付赎金	—
	12/24	厦门往兴化途中	商船	财物损失约万元	海盗伪装乘客，约八人	海盗控制该船，驶向大鹏湾，绑走二人	—
	12/28	沈家门海面	渔船	鱼货	大帮海盗	海盗持枪登船，驶至青堰头洋面行抢，击伤数人	—
1936	5/4	西江	港梧轮和平一号	财物损失约九千元	海盗伪装乘客，约二十五人	海盗得手后离去，未绑人	—
	7/5	吴兴县属善连镇	—	—	盗船二艘，约六十人	海盗乘船登岸抢劫	—

续表

年份	报导日期	遇难地点	遇难船型	损 失	海盗规模	内容简述	缉捕成果
1936	7/18	吴淞三夹水口	钓船金同华	货物损失约二千元	盗船一艘，约十一人	海盗持枪行抢	电当局缉盗
	8/6	厦门外海	顺兴轮	货物损失约五千元	海盗伪装乘客，约十人	海盗持枪行抢	—
	9/10	温州旗头洋光头洋面	益利帆船	—	盗十余人	海盗连船带人劫走	报县府缉盗
	11/8	吴淞外海	宝华轮	财物损失约四千元	海盗伪装乘客，约十六人	海盗仅劫掠	—
	11/20	温州磐石洋面	货船	木排	盗约二十人	海盗索取保护费不给，遂将全船烧掉	—
	12/2	梧州海面	和平乙号	现金一万元	海盗伪装乘客，约四人	海盗仅劫掠	—
1937	3/9	鲁冀交界城子口	北江轮	—	盗百余人	海盗封锁该海面，劫掠航行船只	海警局派炮舰驰援
	5/24	花市洋面	陈秀金、阿来两	货物	—	两船突遭海盗袭击、洗劫	—
	8/11	上海外海	货船	盐	—	该船突遭海盗洗劫	报水陆军警缉盗

资料来源：《申报》，1912—1937年。

参考文献

一、史　料

（一）档　案

1."中央研究院"近代史研究所藏外交档案

北洋政府外交部，中日关系/渔业交涉，《日本渔船在领海捕取及截买鲜鱼案》，《日轮在中国洋面捕鱼事应就上年国务会议议决办法切实进行以期根本整顿由》，民国十四年（1925年）五月，馆藏号：03—33—072—01—006。

北洋政府外交部，中日关系/渔业交涉，《日船越界捕鱼案》，《日本远洋渔船出渔渤海湾系属公海不能禁止亦不能无故赔偿损失及惩罚由》，民国十三年（1924年）七月，馆藏号：03—33—073—01—021。

北洋政府外交部，中日关系/渔业交涉，《日船越界捕鱼案》，《关于山东海面之日本渔船事系在公海捕鱼并未在中国领海由》，民国十三年（1924年）六月，馆藏号：03—33—073—01—016。

北洋政府外交部，中日关系/渔业交涉，《日船越界捕鱼案》，《筹划公海领海界线事》，民国十五年（1926年）十月，馆藏号：03—33—075—01—008。

北洋政府外交部，中日关系/渔业交涉，《日轮违约在石俚、蚧口各岛截买及捕鱼案》，《日本渔船大顺丸大理丸侵入崇明洋面捕鱼请抗议由》，民国十四年（1925年）五月，馆藏号：03—33—071—01—027。

北洋政府外交部，中日关系/渔业交涉，《日轮违约在石俚、蚧口各岛截买及捕鱼案》，《日本渔轮两艘侵入崇明洋面捕鱼请提向日使抗议由》，民国十四年（1925年）五月，馆藏号：03—33—071—01—020。

北洋政府外交部，外交部条约司译件/《外交部条约司译件》，《中国南部之海盗》，民国十三年（1924年）四月，馆藏号：03—46—029—29—002。

2.日本国立公文书馆亚洲历史资料中心藏

JACAR Ref. B10074462500,中国海贼关系杂件/第一卷（B—F—1—

8—0—1_001)（外务省外交史料馆）。

JACAR Ref. B10074463400,中国海贼关系杂件/第二卷（B—F—1—8—0—1_002）（外务省外交史料馆）。

JACAR Ref. B10074464900,中国海贼关系杂件/第三卷（B—F—1—8—0—1_003）（外务省外交史料馆）。

JACAR Ref. B10074467200,中国海贼关系杂件/第四卷（B—F—1—8—0—1_004）（外务省外交史料馆）。

JACAR Ref. A01200901800,公文类聚/第二十四编,明治三十三年（1900 年）,第二十八卷交通三·河川港湾·船车一（类 00899100）（国立公文书馆）。

JACAR Ref. A01200964500,公文类聚/第二十八编,明治三十七年（1904 年）,第十六卷军事二·海军·杂载、学事·学制·图书·杂载（类 00977100）（国立公文书馆）。

JACAR Ref. A04018154900,公文杂纂/大正八年（1919 年）,卷十八海外视察复命·海外视察复命（纂 01466100）（国立公文书馆）。

JACAR Ref. A06032501600,部报第 41 号（台湾总督府刊行物/部报）。

JACAR Ref. B02030045100,济南事件/排日及排货关系,第一卷（B—A—1—1—015）（外务省外交史料馆）。

JACAR Ref. B02030100100,济南事件/陆海军情报关系（B—A—1—1—050）（外务省外交史料馆）。

JACAR Ref. B02130023000,外务省警察法规聚（B—亚—16）（外务省外交史料馆）。

JACAR Ref. B08061500500,保险关系杂件,第一卷（B—E—2—5—0—1_001）（外务省外交史料馆）。

JACAR Ref. B08061519600,保险关系杂件,第四卷（B—E—2—5—0—1_004）（外务省外交史料馆）。

JACAR Ref. B09030029700,外国ニ于ケル海事ニ关スル法规关系杂件,第二卷（B—F—1—1—0—2_002）（外务省外交史料馆）。

JACAR Ref. B09030099300,各国ニ于ケル船舶取缔关系杂件（B—F—1—3—0—11）（外务省外交史料馆）。

JACAR Ref. B09042193600,本邦渔业关系杂件/中国沿岸渔业关系,第一卷（B—E—4—9—0—7—3_001）（外务省外交史料馆）。

JACAR Ref. B09042195500，本邦渔业关系杂件/中国沿岸渔业关系，第三卷（B—E—4—9—0—7—3_003）（外务省外交史料馆）。

JACAR Ref. B09042196600，本邦渔业关系杂件/中国沿岸渔业关系，第四卷（B—E—4—9—0—7—3_004）（外务省外交史料馆）。

JACAR Ref. B09042196600，民族问题关系杂件，第三卷（I—4—6—0—003）（外务省外交史料馆）。

JACAR Ref. B09042238900，本邦渔船遭难关系杂件，第二卷（B—E—4—9—0—9_002）（外务省外交史料馆）。

JACAR Ref. B10070239800，広东省土匪ニ关スル考察/1931年（在外_74）（防卫省防卫研究所）。

JACAR Ref. C04013455100，明治三十年（1897年）十二月 ，"壹大日记"（陆军省—壹大日记—M30—12—16）（防卫省防卫研究所）。

JACAR Ref. C04015454500，公文备考/杂件三卷一二六（海军省—公文备考—S1—140—3493）（防卫省防卫研究所）。

JACAR Ref. C04016226800，公文备考/舰船卷七四（海军省—公文备考—S3—77—3707）（防卫省防卫研究所）。

JACAR Ref. C05021180200，公文备考/昭和五年（1930年），舰船卷四役务行动三（海军省—公文备考—S5—91—4027）（防卫省防卫研究所）。

JACAR Ref. C06091157700，公文备考/明治三十一年（1898年），舰船卷五至卷八（海军省—公文备考—M31—8—296）（防卫省防卫研究所）。

JACAR Ref. C08020279500，公文备考/大正二年（1913年），卷三五舰船十六（海军省—公文备考—T2—35—1555）（防卫省防卫研究所）。

JACAR Ref. C10126192400，公文杂辑/明治三十年（1897年），卷十三图书　医事（海军省—公文杂辑—M30—13—216）（防卫省防卫研究所）。

3.政府公报

《呈以该省警卫水警两总队官兵犯罪应视同军人以军法程序进行审判准予备案由》，《国民政府公报》渝字第二三八号，民国二十九年（1940年）3月9日，第13页，政府公报信息网系统识别号：E10B4462，网址：http://gaz. ncl. edu. tw/detail. jsp? sysid＝E10B4462，下载日期：2012/2/21。

《呈准军事委员会函据广东绥靖主任余汉谋转请将渒亚士湾改名为大亚湾准予备案由》，《国民政府公报》第二三〇九号，民国二十六年（1937年）3月23日，第2页，政府公报信息网系统识别号：E1166565 网址：http://

gaz. ncl. edu. tw/detail. jsp？sysid＝E1166565,下载日期:2012/2/21。

《附"国民政府交通部航业公会章程"》,《国民政府公报》第十九号,民国十六年(1927)11 月,第 22～24 页,政府公报信息网系统识别号:E0751083,网址:http://gaz. ncl. edu. tw/detail. jsp？sysid＝E0751083,下 载 日 期:2012/2/21。

《大总统令制定"海上捕获条例"》,《政府公报(重印本)》第六百四十三号,民国六年(1917 年)10 月 31 日,第 283 页,政府公报信息网系统识别号:D1700079,网址:http://gaz. ncl. edu. tw/detail. jsp？sysid＝D1700079,下载日期:2012/2/21。

《大总统令制定"船舶无线电信条例"》,《政府公报(重印本)》第三千九百三十九号,民国十六年(1927 年)4 月 10 日,第 1002～1003 页,政府公报信息网系统识别号:D2700011,网址:http://gaz. ncl. edu. tw/detail. jsp？sysid＝D2700011,下载日期:2012/2/21。

《大总统申令制定"惩治盗匪条例"》,《政府公报(重印本)》教令第 89号,卷 775,民国三年(1914 年)7 月 3 日,第 62 页,政府公报信息网系统识别号:D1400228,网址:http://gaz. ncl. edu. tw/detail. jsp？sysid＝D1400228,下载日期:2012/2/21。

《中华民国国民政府令制定"统一广东军民财政及惩办盗匪奸宄特别刑事条例"》,《国民政府公报》第十号,民国十四年(1925 年)9 月 30 日,第 13页,政府公报信息网系统识别号:D2500124,网址:http://gaz. ncl. edu. tw/detail. jsp？sysid＝D2500124,下载日期:2012/2/21。

《中华民国国民政府令制定"无线电信条例"》,《国民政府公报》第四十六号,民国十五年(1926 年)9 月 25 日,第 7～8 页,政府公报信息网系统识别号:D2600090,网址:http://gaz. ncl. edu. tw/detail. jsp？sysid＝D2600090,下载日期:2012/2/21。

《中华民国国民政府令制定"广东省政府军事厅组织法"》,《国民政府公报》第二号,民国十四年(1925 年)7 月 15 日,第 28 页,政府公报信息网系统识别号:D2500104,网址:http://gaz. ncl. edu. tw/detail. jsp？sysid＝D2500104,下载日期:2012/2/21。

《中华民国国民政府令制定"缉私卫商管理委员会组织法"》,《国民政府公报》第二十五号,民国十五年(1926 年)2 月 24 日,第 5 页,政府公报信息网系统识别号:D2600058,网址:http://gaz. ncl. edu. tw/detail. jsp？sysid

＝D2600058,下载日期:2012/2/21。

《中华民国国民政府令制定"缉私卫商暂行条例"》,《国民政府公报》第二十五号,民国十五年(1926 年)2 月 24 日,第 2~3 页,政府公报信息网系统识别号:D2600057,网址:http://gaz.ncl.edu.tw/detail.jsp? sysid＝D2600057,下载日期:2012/2/21。

《中华民国国民政府令制定"惩治盗匪暂行条例"》,《国民政府公报》第八号,民国十六年(1927 年)11 月 18 日,第 1~2 页,政府公报信息网系统识别号:D2700193,网址:http://gaz.ncl.edu.tw/detail.jsp? sysid＝D2700193,下载日期:2012/2/21。

《中华民国国民政府令卫戍区军队查缉盗匪考绩条例》,《国民政府公报》第一六八号,民国十八年(1929 年)5 月 18 日,第 1~2 页,政府公报信息网系统识别号:D2900081,网址:http://gaz.ncl.edu.tw/detail.jsp? sysid＝D2900081,下载日期:2012/2/21。

《中华民国国民政府令县长办理盗匪案件考绩暂行条例》,《国民政府公报》第六十九号,民国十七年(1928 年)6 月 23 日,第 1~2 页,政府公报信息网系统识别号:D2800127,网址:http://gaz.ncl.edu.tw/detail.jsp? sysid＝D2800127,下载日期:2012/2/21。

外交部编:《外交公报》第 67~68 期,民国十六年(1927 年)1—2 月,台北:文海出版社,1987 年。

《交通部令订定"航业公会暂行章程"》,《政府公报(重印本)》第二二七三号,民国十一年(1922 年)7 月 1 日,第 2951 页,政府公报信息网系统识别号:D2200050,网址:http://gaz.ncl.edu.tw/detail.jsp? sysid＝D2200050,下载日期:2012/2/21。

《交通部令订定"商船船员抚恤章程"》,《政府公报(重印本)》第三千三百十五号,民国十四年(1925 年)6 月 23 日,第 7 页,政府公报信息网系统识别号:D2500049,网址:http://gaz.ncl.edu.tw/detail.jsp? sysid＝D2500049,下载日期:2012/2/21。

《交通部饬订定"无线电报收发规则"十六条》,《政府公报(重印本)》第九百十四号,民国三年(1914 年)11 月 20 日,第 897 页,政府公报信息网系统识别号:D1400387,网址:http://gaz.ncl.edu.tw/detail.jsp? sysid＝D1400387,下载日期:2012/2/21。

《行政院令制定"缉盗护航章程"》,《国民政府公报》第一三三〇号,民国二十三年(1924 年)1 月 8 日,第 4～5 页,政府公报信息网系统识别号:D3400001,网址:http://gaz. ncl. edu. tw/detail. jsp? sysid＝D3400001,下载日期:2012/2/21。

《海军部令修正"海军舰艇警备规程"》,《政府公报(重印本)》第二百九十六号,民国五年(1916 年)10 月 31 日,第 414 页,政府公报信息网系统识别号:D1600074,网址:http://gaz. ncl. edu. tw/detail. jsp? sysid＝D1600074,下载日期:2012/2/21。

《国民政府令制定"交通部航政局组织法"》,《国民政府公报》第六四九号,民国十九年(1930 年)12 月 16 日,第 1～2 页,政府公报信息网系统识别号:D3000211,网址:http://gaz. ncl. edu. tw/detail. jsp? sysid＝D3000211,下载日期:2012/2/21。

《国民政府令制定"海上捕获条例"及"捕获法院条例"》,《国民政府公报》第一〇〇五号,民国二十一年(1932 年)12 月 16 日,第 3 页,政府公报信息网系统识别号:D3200148,网址:http://gaz. ncl. edu. tw/detail. jsp? sysid＝D3200148,下载日期:2012/2/21。

《国民政府令制定"海洋渔业管理局组织条例"》,《国民政府公报》洛字第十一号,民国二十一年(1932 年)6 月 20 日,第 3～4 页,政府公报信息网系统识别号:D3200044,网址:http://gaz. ncl. edu. tw/detail. jsp? sysid＝D3200044,下载日期:2012/2/21。

《国民政府令制定"海关缉私条例"》,《国民政府公报》第一四六七号,民国二十三年(1934 年)6 月 20 日,第 2 页,政府公报信息网系统识别号:D3400056,网址:http://gaz. ncl. edu. tw/detail. jsp? sysid＝D3400056,下载日期:2012/2/21。

《国民政府令制定"护渔巡舰及渔业调查试验等船旗帜图"》,《国民政府公报》第一七一二号,民国二十四年(1935 年)4 月 11 日,政府公报信息网系统识别号:D3500055,网址:http://gaz. ncl. edu. tw/detail. jsp? sysid＝D3500055,下载日期:2012/2/21。

《国民政府令修正"陆海空军刑法"》,《国民政府公报》第二四一〇号,民国二十六年(1937 年)7 月 20 日,第 2 页,政府公报信息网系统识别号:E0527309,网址:http://gaz. ncl. edu. tw/detail. jsp? sysid＝E0527309,下载日期:2012/2/21。

《国民政府指令修正"军政部查验自卫枪炮及给照暂行条例"》,《国民政府公报》第一一〇号,民国十八年(1929年)3月7日,第12～13页,政府公报信息网系统识别号:E0753459,网址:http://gaz. ncl. edu. tw/detail. jsp? sysid=E0753459,下载日期:2012/2/21。

《国民政府训令军政部查验自卫枪炮及给照暂行条例(续)》,《国民政府公报》第一一一号,民国十八年(1929年)3月8日,第12页,政府公报信息网系统识别号:E0753460,网址:http://gaz. ncl. edu. tw/detail. jsp? sysid=E0753460,下载日期:2012/2/21。

《实业部令制定"海洋渔业管理局巡舰服务规则"》,《国民政府公报》第一〇七二号,民国二十二年(1933年)3月7日,第5页,政府公报信息网系统识别号:D3300011,网址:http://gaz. ncl. edu. tw/detail. jsp? sysid=D3300011,下载日期:2012/2/21。

4. 资料汇编

(清)昆冈等奉敕撰:《钦定大清会典》第十八册,台北:新文丰出版公司,1976年。

(清)昆冈等奉敕撰:《钦定大清会典》第十九册,台北:新文丰出版公司,1976年。

(清)昆冈等奉敕撰:《钦定大清会典》第二十册,台北:新文丰出版公司,1976年。

(清)许同莘等编:《清历朝条约》第二册,台北:文海出版社,1988年。

(清)许同莘等编:《清历朝条约》第九册,台北:文海出版社,1988年。

中国第二历史档案馆:《中华民国史档案资料汇编》第三辑,民众运动,南京:江苏古籍出版社,1991年。

中国第二历史档案馆:《中华民国史档案资料汇编》第五辑第一编,外交(二)。南京:江苏古籍出版社,1994年。

中国第二历史档案馆:《中华民国史档案资料汇编》第五辑第一编,政治(一),南京:江苏古籍出版社,1994年。

中国第二历史档案馆:《中华民国史档案资料汇编》第五辑第一编,军事(一),南京:江苏古籍出版社,1994年。

中国第二历史档案馆:《中华民国史档案资料汇编》第五辑第一编,财政经济(七),南京:江苏古籍出版社,1994年。

中国边疆研究资料文库·海疆文献初编:《沿海形势及海防》第一辑,第四册,北京:知识产权出版社,2011年。

中国边疆研究资料文库·海疆文献初编：《沿海形势及海防》第一辑，第五册，北京：知识产权出版社，2011 年。

《民初时期文献》第一辑，台北："国史馆"，1998 年。

《中华民国法律汇辑》第二册，台北："国民大会宪政研讨委员会"编印，1966 年。

《中华民国法律汇辑》第三册，台北："国民大会宪政研讨委员会"编印，1966 年。

《中华民国法律汇辑》第四册，台北："国民大会宪政研讨委员会"编印，1966 年。

《中华民国法律汇辑》第五册，台北："国民大会宪政研讨委员会"编印，1966 年。

陈支平主编：《台湾文献汇刊》第五辑（台湾舆地资料专辑）第九册，北京：九州出版社，厦门：厦门大学出版社，2005 年。

《台湾总督府公文类纂》，《海贼取缔ニ关シ通牒》第 5741 册，第 2 号，1914 年 1 月 1 日。

陈志奇编：《中华民国外交史料汇编》第五册（1926—1928），台北：渤海堂，1996 年。

《点石斋画报》元集第一册，广州：广东人民出版社，1983 年。

《点石斋画报》行集第七册，广州：广东人民出版社，1983 年。

中国人民政治协商会议广东省委员会文史资料研究委员会编：《广东文史资料》第四十九辑，粤系军事史大事记，广州：广东人民出版社，1986 年。

林国梁主编：《台湾兴安会馆落成纪念专辑——福建兴化文献》，台北：台北市莆仙同乡会，1978 年。

5. 报纸期刊

《申报》，1894—1937 年。

《台湾日日新报》，1895—1937 年。

《读卖新闻》，1895 年、1908 年、1918 年、1927 年、1932 年。

《日本女海盗谋东山再起：潜到厦门聚集残党》，《公教周刊》第 7 卷第 6 期，1935 年，第 5 版。

《各界代表通过对日绝交办法》，《珠海画报》1928 年第 8 期，第 3 版，收入姜亚沙、经莉、陈湛绮主编：《民国画报汇编·港粤卷》第四册，北京：全国图书馆文献缩微复制中心，2007 年，第 455 页。

《地理：中国沿海险要略说（续）》，《沧浪杂志》1910年第3卷，第38～43页。

《香港海盗》，《摄影画报》第9卷第3期，1933年，第30页。

王希仁：《海盗的歌》，《晨报副刊》第11卷第6期，1926年，第15～16页。

王宗培：《中国沿海之渔民经济》，《经济学季刊》第3卷第1期，1932年，第97～154页。

史慕山：《说海：遇匪脱险纪事十绝》，《崇善》1929年第59期，第13～14页。

区肇威：《21世纪的海上公敌：索马利亚海盗》，《尖端科技军事杂志》第294期，2009年2月，第70～74页。

张克明：《南海海盗小史》，《国闻周报》第4卷第12期，1927年，第1～2页。

（二）地方志书

（清）不著绘制图人名氏：《广东舆地全图》，台北：成文出版社，1967年。

（清）毛鸣宾、郭嵩焘等修，桂文灿纂：《广东图说》，台北：成文出版社，1967年。

（清）朱正元辑：《江苏沿海图说》，台北：成文出版社，1974年。

（清）陈锳等修，邓廷祚等纂：乾隆《海澄县志》，台北：成文出版社，1968年。

（清）章寿彭等修，陆飞纂：乾隆《归善县志》，台北：成文出版社，1967年。

（清）舒懋官修，王崇熙等纂：嘉庆《新安县志》，台北：成文出版社，1974年。

（清）瑞麟、戴肇辰等修，史澄等纂：光绪《广州府志》，台北：成文出版社，1966年。

（清）刘溎年修，邓抡斌等纂：光绪《惠州府志》，台北：成文出版社，1966年。

林学增等修，吴锡璜纂：民国《同安县志》，台北：成文出版社，1967年。

黄履思纂修：民国《平潭县志》，台北：成文出版社，1967年。

中国地方志集成编辑委员会编：《中国地方志集成·乡镇志》专辑26，

上海：上海书店，1992年。

山东通志编辑委员会编：民国《山东通志》，台北：山东文献杂志社，2002年。

二、专　著

(一)中　文

中国社会科学院近代史研究所民国史研究室、四川师范大学历史文化学院编：《一九一〇年代的中国》，北京：社会科学文献出版社，2007年。

中国社会科学院近代史研究所民国史研究室、四川师范大学历史文化学院编：《一九二〇年代的中国》，北京：社会科学文献出版社，2005年。

中华民国史事纪要编辑委员会：《中华民国史事纪要》，台北：中华民国史料研究中心，1975年。

中华民国史专题第四届讨论会秘书处编：《中华民国史专题论文集第四届讨论会》第二册，台北："国史馆"，1998年。

片桐大自著，陈宝莲等译：《联合舰队军舰大全》，台北：麦田出版社，1997年。

王日根、陈支平：《福建商帮》，香港：中华书局，2000年。

包遵彭：《中国海军史》下册，台北：中华丛书编审委员会，1970年。

石之瑜：《近代中国对外关系新论：政治文化与心理分析》，台北：五南出版社，1995年。

交通研究所：《国际海法》，台北：交通研究所，1971年。

任克明、李万君、林贺新编著：《世界军武发展史·水中兵器篇》，台北：世潮出版社，2004年。

朱寿田编：《帝国主义侵略中国小史》，上海：中华书局，1934年。

池子华：《中国近代流民》(修订版)，北京：社会科学文献出版社，2007年。

池子华：《中国流民史：近代卷》，合肥：安徽人民出版社，2000年。

艾瑞克·霍布斯邦(Eric J. Hobsbawm)著，郑明萱译：《盗匪：从罗宾汉到水浒英雄》，台北：麦田出版社，1998年。

何伯英著，张关林译：《影像中国：早期西方摄影与明信片》，香港：三联书店，2008年。

李士豪、屈若搴:《中国渔业史》,台北:台湾商务印书馆,1980年。

李钦贤:《台湾的风景绘叶书》,台北:远足文化图书公司,2003年。

汪荣祖主编:《地方史研究集》,嘉义:中正大学台湾人文研究中心,2007年。

贝思飞(Phil Billingsley)著,徐有威等译:《民国时期的土匪》,上海:上海人民出版社,1992年。

忻平、胡正豪、李学昌主编:《民国社会大观》,福州:福建人民出版社,1991年。

依田憙家著,卞立强等译:《日本帝国主义研究》,上海:上海远东出版社,2003年。

奈杰尔·考索恩(Nigel Cawthorne)著,黄丽莉、黄玉珍译:《海盗的故事》,台中:好读出版社,2009年。

林育德:《记忆邮递:百年前发自中国的50封明信片》,台北:脸谱出版社,2001年。

林博格(Michael Lindberg)、托德(Daniel Todd)著,高一中译:《近岸、近海及远洋舰队:自1861年迄今地理环境对海军作战之影响》,台北:史政编译局,2005年。

松浦章、卞凤奎编:《明代东亚海域海盗史料汇编》,台北:乐学书局,2009年。

松浦章著,卞凤奎译:《东亚海域与台湾的海盗》,台北:博扬出版社,2008年。

河北文史资料编辑部编:《近代中国土匪实录》,北京:群众出版社,1992年。

邱锦添:《鹿特丹规则与海牙规则、威斯比规则及汉堡则之比较》,台北:邱锦添出版,2011年。

邱锦添、王肖卿:《海上货物索赔之理论与实务》,台北:文史哲出版社,2005年。

徐有威、贝思飞(Phil Billingsley)主编:《洋票与绑匪:外国人眼中的民国社会》,上海:上海古籍出版社,1998年。

海军总司令部编:《海军舰队发展史》(一),台北:史政编译局,2001年。

秦孝仪主编:《中国现代史辞典》,台北:近代中国出版社,1987年。

财团法人保险事业发展中心编:《海上保险》,台北:财团法人保险事业发展中心,2001 年。

财团法人保险事业发展中心编:《海上保险训练教材》,台北:财团法人保险事业发展中心,1991 年。

史政编译局:《抗日战史(湘粤赣边区之作战)》,台北:史政编译局,1981 年。

许可:《当代东南亚海盗研究》,厦门:厦门大学出版社,2009 年。

陈汝勤、刘鸿喜、曹永和:《中国全集》第五册(海洋中国),台北:锦锈出版社,1982 年。

陈贞寿:《图说中国海军史:古代至 1955 年》,福州:福建教育出版社,2002 年。

惠顿(Wheaton)著,(清)丁韪良译:《万国公法》,台北:联经出版公司,1998 年。

森村宗冬著,吴锵煌译:《海盗事典》,台北:霹雳新潮社,2008 年。

汤熙勇主编:《中国海洋发展史论文集》第七辑,台北:"中央研究院"人文社会科学研究所,1999 年。

汤锦台:《开启台湾第一人郑芝龙》,台北:果实出版社,2002 年。

费正清主编,刘敬坤、潘君拯主译:《剑桥中国史》第十二册,民国篇(1912—1949),台北:南天书局,1999 年。

黄志繁:《贼民之间:12—18 世纪赣南地域社会》,北京:生活·读书·新知三联书店,2006 年。

黄异:《渔业法规》,台北:渤海堂,1999 年。

杨金森、范中义:《中国海防史》,北京:海洋出版社,2005 年

虞奇编著:《抗日战争简史》,台北:黎明文化事业公司,1985 年。

廖宜方:《图解台湾史》,台北:易博士文化出版,2004 年。

廖乐柏(Robert Nield)著,李筱译:《中国通商口岸:贸易与最早的条约港》,上海:东方出版中心,2010 年。

台湾省文献委员会整理组编辑:《台湾文献史料整理研究学术研讨会论文集》,南投:台湾省文献会,2000 年。

刘香成编著:《一九一一:从鸦片战争到军阀混战的百年影像史》,台北:五南出版社,2011 年。

刘慕白:《中国土匪纪实》,广州:暨南大学出版社,1993 年。

乐炳南:《日本出兵山东与中国排日运动(1927—1929)》,台北:"国史

馆",1988年。

欧阳宗书:《海上人家——海洋渔业经济与渔民社会》,南昌:江西高校出版社,1998年。

蔡少卿主编:《民国时期的土匪》,北京:中国人民大学出版社,1993年。

郑广南:《中国海盗史》,上海:华东理工大学出版社,1998年。

郑梁生:《明代倭寇》,台北:文史哲出版社,2008年。

穆黛安(Dian H. Murray)著,刘平译:《华南海盗,1790—1810》,北京:中国社会科学出版社,1997年。

应俊豪:《公众舆论与北洋外交:以巴黎和会山东问题为中心的研究》,台北:政治大学历史系,2001年。

应俊豪:《外交与炮舰的迷思:1920年代前期长江上游航行安全问题与列强的因应之道》,台北:学生书局,2010年。

戴宝村:《近代台湾海运发展:戎克船到长荣巨舶》,台北:玉山社,2000年。

戴宝村:《台湾的海洋历史文化》,台北:玉山社,2011年。

谭其骧主编:《中国历史地图集》第八册(清时期),北京:中国地图出版社,1996年。

谭传毅:《现代海军手册:理论与实务》,台北:时英出版社,2000年。

(二)外文

大阪商船株式会社编:《航路案内》,大阪:大阪商船,1919年。

小山清次:《続中國研究丛书》第2卷,东京:东亚实进社,1919年。

井东宪:《中國の秘密》,东京:秋丰园出版部,1939年。

木村元雄:《海上公法》,新潟县岛崎村:木村元雄,1897年。

外务省条约局:《国民政府法务关系并二其他法规》,东京:外务省条约局第二课,1930年。

东亚实进社编:《中國研究丛书》第9卷,东京:东亚实进社,1918年。

松浦章:《中國の海贼》,东京:东方书店,1995年。

长沼さやか:《広东の水上居民:珠江デルタ汉族のエスニシティとその变容》,东京:风响社,2010年。

后藤朝太郎:《土匪村行脚》,东京:北斗书房,1938年。

《军舰外务令解说》,东京:海军省大臣官房,1942年。

福本胜清:《中国革命を駆け抜けたアウトローーたち:土匪と流氓の世界》,东京:中央公论社,1998 年。

《台湾产业概要》,台南:台湾总督府殖产局,1924 年。

三、论文

(一)期刊论文

王蓉霞:《再谈英日同盟及其解体》,《北京科技大学学报(社会科学版)》第 25 卷第 3 期,2007 年,第 134～139 页。

禾成:《古代海盗之一:倭寇》,《人民公安》2000 年第 12 期,第 8 页。

禾成:《古代海盗之二:艇匪与旗帮海盗》,《人民公安》2000 年第 12 期,第 12 页。

朱海燕:《八国联军侵华战争与英日同盟缘起的关系》,《聊城大学学报(社会科学版)》2007 年第 2 期,第 46～48 页

何文平:《清末地方军事化中的国家与社会——以广东团练为例》,《学术研究》2009 年第 9 期,第 114～160 页。

余丰:《从明末清初郑氏的海上经营看中国古代的海权维护》,《台湾源流》第 42 期,2008 年 3 月,第 100～111 页。

吴建升:《嘉庆十年(1805 年)海盗蔡牵攻台行动之研究》,《昆山科技大学学报》第 4 期,2007 年 7 月,第 143～166 页。

李若文:《追寻文本世界的海盗踪迹:关于台湾蔡牵的传说》,《台湾文献》第 60 卷第 1 期,2009 年 3 月,第 89～128 页。

李若文:《飙风战海女英枭:论蔡牵妈》,《台湾文献》第 57 卷第 1 期,2006 年 3 月,第 193～223 页。

林玉茹:《清末北台湾渔村社会的抢船习惯:以〈淡新档案〉为中心的讨论》,《新史学》第 20 卷第 2 期,2009 年 6 月,第 115～165 页。

林志勇:《论海盗行为之国际法发展》,《警专学报》第 3 卷第 5 期,2004 年 12 月,第 115～139 页。

林智隆、陈钰祥:《前事不忘,后事之师:清代粤洋海盗问题的检讨(1810—1885)》,《美和技术学院学报》第 28 卷第 1 期,2009 年 3 月,第 121～141 页

林智隆、陈钰祥:《盗民相赖,巩固帮众:清代广东海盗的组织与行为

(1810—1885)》,《高雄海洋科大学报》第 22 期,2008 年 2 月,第 129～144 页。

松浦章:《日治时期台湾海峡的海难与海盗之缉捕》,《台北文献》直字第 145 期,2003 年 9 月,第 57～82 页。

姜修宪、王列辉:《开埠初期闽浙沿海的海盗活动初探》,《安徽史学》2006 年第 2 期,第 24～30 页。

许进发:《清季抢船事件与台湾沿海地区民众风俗》,《台湾风物》第 57 卷第 1 期,2007 年 3 月,第 71～100 页。

陈钰祥:《在洋之盗,十犯九广:清咸同年间广艇海盗布兴有事迹考》,《故宫学术季刊》第 24 卷第 2 期,2006 年,第 109～144 页。

陈钰祥:《清代中叶广东海盗之研究(1810—1885)》,《成功大学历史学报》第 34 期,2008 年 6 月,第 93～130 页。

杨波:《我国海上警察的建立及发展》,《海洋开发与管理》2004 年第 6 期,第 34～37 页。

董纯朴:《民国水上警察制度考略》,《黑龙江史志》2009 年第 4 期,第 47～48 页。

刘平:《乾嘉之交广东海盗与西山政权的关系》,《江海学刊》1997 年第 6 期,第 117～123 页。

刘平:《清中叶广东海盗问题探索》,《清史研究》1998 年第 1 期,第 39～49 页。

蔡同炳:《海盗蔡牵始末(上)》,《台湾文献》第 25 卷第 4 期,1974 年 12 月,第 1～24 页。

谈谭:《论 17 世纪郑氏海商集团的生存困境》,《中州学刊》第 2 期,2010 年 3 月,第 193～197 页。

戴宝村:《船难与救难:日治初期台湾海难史研究(1895—1912)》,《台湾文献》第 61 卷第 3 期,2010 年 9 月,第 191～242 页。

(二)学位论文

吕振民:《由国际法论我国对海盗犯罪行为之防制》,基隆:台湾海洋大学海洋法律研究所硕士学位论文,2007 年。

林志勇:《从法制面论两岸海盗犯罪及其防制》,基隆:台湾海洋大学海洋法律研究所硕士学位论文,2003 年。

许启业:《公海渔业登临检查管理制度之研究》,基隆:台湾海洋大学海洋法律研究所硕士学位论文,2006年。

陈衍廷:《由国际法对防制海盗行为之理论与实践论我国海盗罪之修正》,基隆:台湾海洋大学海洋法律研究所硕士学位论文,2008年。

陈钰祥:《清代粤洋与越南的海盗问题研究(1810—1885)》,台中:东海大学历史学系硕士学位论文,2005年。

(三)研讨会论文

松浦章:《浙东海域海盗之探讨》,发表于2010年10月8—9日成功大学人文社会科学中心主办海洋文化学术研讨会论文集,第361～384页。

应俊豪:《外交、军事与海盗:五卅事件后英国政府对广东海盗问题的因应对策》,发表于2010年10月8—9日成功大学人文社会科学中心主办海洋文化学术研讨会论文集,第405～440页。

四、网络数据库

"台湾大百科全书",http://taiwanpedia. culture.

"台湾百年写真GIS数据库",http://www. tbmc. com.

"Google Map",https://maps. google. com.

"维基百科",http://zh. wikipedia. org.

参考文献

325

后　记

笔者承蒙指导老师"中央研究院"朱德兰教授提携，于研究生毕业之后还能将此拙论付诸出版，实感荣幸。也感谢厦门大学王日根教授给予忝列海上丝绸之路研究丛书，能够为学界提供一份绵薄之力。犹稀记得在撰写硕士学位论文时，获得朱德兰教授许多宝贵意见，以及答辩委员吴蕙芳教授的精辟解析，令拙著更臻完美。另外于写作之余，在"中央大学"历史所的研究室，与同窗及学长姊留下许多美好的回忆，都是促使拙著能够诞生的因素。特别感谢"中央大学"历史所李力庸教授及校内指导郑政诚教授，于本人就读期间的嘘寒问暖。最后，拙著尚有许多不足之处，劳请各方先进不吝指正，期许本论著能带来些许贡献。

江定育

记于 2017 年 12 月 17 日